Hoffmann

Technik der Fallbearbeitung im Wirtschaftsprivatrecht

Technik der Fallbearbeitung im Wirtschaftsprivatrecht

von

Dr. iur. Uwe Hoffmann

3., überarbeitete Auflage

Verlag Franz Vahlen München

VERLAG
VAHLEN
MÜNCHEN
www.vahlen.de

ISBN 978 3 8006 3743 0

Wilhelmstraße 9, 80801 München
Satz: Fotosatz Buck
Zweikirchener Straße 7, 84036 Kumhausen
Druck und Bindung: Druckhaus Nomos
In den Lissen 12, 76547 Sinzheim

Gedruckt auf säurefreiem, alterungsbeständigem Papier
(hergestellt aus chlorfrei gebleichtem Zellstoff)

Vorwort

Das Buch richtet sich an Studierende, die das **Wirtschaftsprivatrecht** entweder im Rahmen der wirtschaftswissenschaftlichen Ausbildung an Universität, Fachhochschule oder Akademie absolvieren oder aber als Teil des Fachhochschulstudiums mit dem Abschluss eines Wirtschaftsjuristen erlernen sowie an junge Juristen im Universitätsstudium.

Ziel des Buches ist es weniger, materielles Rechtswissen auszubreiten, sondern den Lesern **technisches Rüstzeug** an die Hand zu geben, das sie befähigt, sich in der Prüfungssituation um die Probleme des zu lösenden Falls zu kümmern und nicht erst jetzt Zeit auf **Sprachstil, gutachterliche Aufbaukonzeptionen, Prüfungsschemata** und **Methodenlehre** zu ver(sch)wenden.

Dieser Zielsetzung entsprechend orientieren sich die Fälle mit ihren Lösungen im Wesentlichen an der **Praxis der Zivilgerichte.** Dies geschieht nicht, weil sie immer und ausnahmslos Recht hätten. **Klausurtaktisch** und auch in der **praktischen Rechtsanwendung** wird man aber eine Rechtslösung auf der Basis geltender Rechtsprechung kaum als abwegig bezeichnen können. Auch die zitierten Literaturstimmen sollen den Lesern eher die nähere Beschäftigung mit bestimmten Teilaspekten des Falls durch weiterführende Hinweise ermöglichen. Ein exemplarischer Überblick über die verschiedenen Facetten juristischer Meinungen im Schrifttum erfolgt hier nicht.

Häufig stellt sich heraus, dass **unbefriedigende Klausurbearbeitungen** weniger Resultat mangelhaften Wissens sind als vielmehr **mangelnder Übung in der Umsetzung** des gelernten Stoffes. Tatsächlich ist die Niederschrift eines Gutachtens „Übungssache“, die sich trainieren lässt. Demgegenüber ist es kaum sinnvoll, Fälle „auswendig“ zu lernen, weil sie sich kaum exakt so wie gelernt wiederholen werden.

Den **größten Nutzen** wird sicher derjenige aus der „Technik der Fallbearbeitung“ ziehen, der zunächst versucht, **selbst** zumindest eine **Lösungsskizze** nach Lektüre des Falls zu entwerfen, bevor er sich den Lösungsvorschlag zu Gemüte führt. Auch die Fallbesprechung in **kleineren Arbeitsgruppen**, die jedem Studierenden sehr ans Herz zu legen ist, sollte in dieser Form erfolgen. Der Lerneffekt ist immer dann größer, wenn man zunächst selbst versucht, die Aufgabe zu bewältigen. Gelegentlicher Ärger über mehr oder (hoffentlich) weniger starkes Misslingen dieses Versuchs kann diese Wirkung sogar noch verstärken. Dass der **Gesetzestext** daneben aufgeschlagen und gelesen wird, ist unerlässliche Selbstverständlichkeit.

Die **Fälle** wurden **thematisch** geordnet, wobei naturgemäß Überschneidungen auftreten. Ein Fall zu § 15 HGB mit rechtlichem Bezug zu einer GmbH könnte ebenso gut im Gesellschaftsrecht erscheinen, die Stellvertretung spielt im BGB ebenso eine Rolle wie etwa im Handelsrecht. Die Stoffauswahl kann naturgemäß nicht repräsentativ für das gesamte Wirtschaftsprivatrecht sein. Auch ein etwa als Wahlfach interessantes Gebiet wie z.B. das Wettbewerbsrecht konnte für die vorliegende Darstellung nicht berücksichtigt werden.

Zitate in Fußnoten dienen nur der **Vertiefung** und sollen selbstverständlich in einer Klausurbearbeitung nicht auftauchen, allein schon um sich nicht dem Verdacht auszusetzen, unlautere Hilfsmittel benutzt zu haben. Für Hausarbeiten und Klausurvorbereitung können sie allerdings einen weiteren Einstieg in die Materie ermöglichen. Die angeführten Hinweise stammen aus allgemein zugänglichen Quellen, vor allem aus **Zeitschriften**, welche in den meisten Bibliotheken, auch den wirtschaftswissenschaftlichen, vorhanden sind. Die **Literaturangaben** beschränken sich auf einige wenige Werke, die generell in den Bibliotheken verfügbar sein dürften.

Mein Dank gilt Herrn Professor Dr. iur. *Klaus Schreiber*, Bochum, und Herrn Professor Dr. iur. *Dirk Olzen*, Düsseldorf, für mannigfach hilfreiche Ratschläge. Die Betreuung der äußeren Form sowie der Verzeichnisse und Register haben Frau Dipl.-Ök. *Miriam Vetter* und Herr stud. oec. *Paul Brandt* übernommen, denen ich hierfür meinen Dank schulde, ebenso wie den die Vorauflagen betreuenden Herren Dr. iur. Dipl.-Ök. *Oliver Marc Hartwich* und Dipl.-Ök. *Dennis Hunter*.

Mülheim, im Oktober 2009 *Uwe Hoffmann*

Inhaltsverzeichnis

Abbildungsverzeichnis

Abkürzungsverzeichnis

a.A.	andere(r) Ansicht
aaO	am angegebenen Ort
Abs.	Absatz
Abt.	Abteilung
a.E.	am Ende
a.F.	alte(r) Fassung
AG	Aktiengesellschaft
AGB	Allgemeine Geschäftsbedingung(en)
AktG	Aktiengesetz
Alt.	Alternative
Anm.	Anmerkung
Art.	Artikel
Aufl.	Auflage
AuslInvestmG	Gesetz über den Vertrieb ausländischer Investmentanteile
AWR	Anwartschaftsrecht
BAG	Bundesarbeitsgericht
BayObLG	Bayerisches Oberstes Landesgericht
BB	Betriebs-Berater
BetrVG	Betriebsverfassungsgesetz
BFH	Bundesfinanzhof
BFHE	Entscheidungen des Bundesfinanzhofs, amtliche Sammlung
BGB	Bürgerliches Gesetzbuch
BGBl.	Bundesgesetzblatt
BGH	Bundesgerichtshof
BGHZ	Entscheidung des Bundesgerichtshofs in Zivilsachen, amtliche Sammlung
BörsG	Börsengesetz
BSG	Bundessozialgericht
BT-Drucks.	Bundestagsdrucksache
BVerfG	Bundesverfassungsgericht
c.i.c.	culpa in contrahendo
DB	Der Betrieb
ders.	derselbe, dieselbe
DSL	Drittschadensliquidation
EBV	Eigentümer-Besitzer-Verhältnis
EStG	Einkommensteuergesetz

e.V.	eingetragener Verein
EWIV	Europäische wirtschaftliche Interessenvereinigung
FGG	Reichsgesetz über die freiwillige Gerichtsbarkeit
GbR	Gesellschaft des bürgerlichen Rechts
GenG	Gesetz betreffend die Erwerbs- und Wirtschaftsgenossenschaften (Genossenschaftsgesetz)
GeschmacksmusterG	Geschmacksmustergesetz
GG	Grundgesetz
GmbH i.G.	GmbH in Gründung (= Vor-GmbH)
GmbH	Gesellschaft mit beschränkter Haftung
GmbHG	Gesetz betreffend die Gesellschaft mit beschränkter Haftung
GmbHR	GmbH-Rundschau
GoA	Geschäftsführung ohne Auftrag
GWB	Gesetz gegen Wettbewerbsbeschränkungen
HGB	Handelsgesetzbuch
HinterlegungsO	Hinterlegungsordnung
HM	Herrschende Meinung
H.S.	Halbsatz
InsO	Insolvenzordnung
i.S.d.	im Sinne des/der
i.S.v.	im Sinne von
i.Ü.	im Übrigen
i.V.m.	in Verbindung mit
Jura	Juristische Ausbildung
JuS	Juristische Schulung
JZ	Juristenzeitung
KAGG	Gesetz über Kapitalanlagegesellschaften
KG	Kommanditgesellschaft
KGaA	Kommanditgesellschaft auf Aktien
KSchG	Kündigungsschutzgesetz
KunstUrhG	Kunsturhebergesetz
LG	Landgericht
MarkenG	Markengesetz
m.a.W.	mit anderen Worten
MoMiG	Gesetz zur Modernisierung des GmbH-Rechts und zur Bekämpfung von Missbräuchen
MuSchG	Mutterschutzgesetz
m.w.N.	mit weiteren Nachweisen
n.F.	neue(r) Fassung
NJW	Neue Juristische Wochenschrift
NJW-RR	NJW-Rechtsprechungsreport
NZG	Neue Zeitschrift für Gesellschaftsrecht

o.g.	oben genannt
OHG	offene Handelsgesellschaft
OLG	Oberlandesgericht
PartGG	Gesetz über Partnerschaftsgesellschaften Angehöriger Freier Berufe (Partnerschaftsgesellschaftsgesetz)
PatentG	Patentgesetz
ProdHaftG	Produkthaftungsgesetz
PVV	Positive Vertragsverletzung (eigentlich: positive Forderungsverletzung, pFV)
RG	Reichsgericht
RGZ	Entscheidungen des Reichsgerichts in Zivilsachen, amtliche Sammlung
Rn.	Randnummer
Rnrn.	Randnummern
S.	Satz
s.o.	siehe oben
StGB	Strafgesetzbuch
str.	strittig
st. Rspr.	ständige Rechtsprechung
TVG	Tarifvertragsgesetz
u.a.	unter anderem
UKlaG	Unterlassungsklagengesetz
UrheberrechtsG	Urheberrechtsgesetz
u.U.	unter Umständen
UWG	Gesetz gegen den unlauteren Wettbewerb
VersR	Versicherungsrecht
vgl.	vergleiche
Vorbem.	Vorbemerkung
WM	Wertpapier-Mitteilungen
Ziff.	Ziffer
ZIP	Zeitschrift für Wirtschaftsrecht (vormals: Zeitschrift für die gesamte Insolvenzpraxis)
ZPO	Zivilprozessordnung
z.T.	zum Teil
ZVG	Zwangsversteigerungsgesetz

A. Die Fallbearbeitungstechnik

I. Das Wirtschaftsprivatrecht

Vor einer Fallbearbeitung im Wirtschaftsprivatrecht sollte man sich zunächst über den **Standort** dieser **Rechtsmaterie** klar werden. Geht man davon aus, dass Gesetze dem Ausgleich widerstreitender Interessen und der Lösung sozialer Konflikte dienen, so ist es **Ziel des Privatrechts**, die widerstreitenden Interessen **gleichgeordneter Rechtssubjekte** auszutarieren. Das Merkmal der **Gleichordnung** unterscheidet das **Privatrecht** vom **öffentlichen Recht**. Während hier einer der Beteiligten in hoheitlicher Eigenschaft auftritt und aufgrund entsprechender rechtlicher Ermächtigungen Sonderbefugnisse wahrnimmt[1], befinden sich im Privatrecht die **Rechtssubjekte**, also die Inhaber von Rechten und Pflichten, im rechtlichen Sinn auf ein und derselben Ebene.

1. Bürgerliches Recht und Sonderprivatrecht

Derjenige Teil des Privatrechts, der für jedermann gilt, ist das **Bürgerliche Recht**. Er ist im wesentlich im BGB geregelt und die Grundlage des Privatrechts. Neben dem BGB haben sich **Sonderprivatrechtsgebiete** entwickelt, welche zusammen mit dem BGB den Begriff des Wirtschaftsprivatrechts prägen.

- Zu nennen ist hier das **Handelsrecht** als das Sonderprivatrecht der Kaufleute. Es ist vorwiegend im HGB geregelt. In ihm finden sich Bestimmungen über Kaufleute, die Besonderheiten der von ihnen getätigten Handelsgeschäfte, **gesellschaftsrechtliche Normen** über die **Personengesellschaften** OHG und KG, der Exot des Seehandels und Bestimmungen über die Bilanzierung. Normen über **Kapitalgesellschaften**, also z.B. AG oder GmbH, finden sich wiederum in Sondergesetzen.
- Ein weiteres Sonderprivatrecht ist das **Wettbewerbsrecht**, das im Wesentlichen durch das Gesetz gegen den **unlauteren Wettbewerb** (UWG) und das Gesetz gegen **Wettbewerbsbeschränkungen** (GWB) geprägt wird.
- In eine ähnliche Richtung zielt der **gewerbliche Rechtsschutz**, welcher immaterielle Rechte betrifft. Hierher gehört das UrheberrechtsG, das GeschmacksmusterG, das PatentG, das MarkenG etc. Es handelt sich dabei regelmäßig um **geistige Werke**.
- Starke Bedeutung hat außerdem das **Arbeitsrecht** als Sonderprivatrecht der abhängigen unselbständigen Arbeitnehmer. Spezialgesetzliche Reglungen gegenüber dem Bürgerlichen Recht enthalten hier neben den richterlich entwickelten Grundsätzen etwa das Kündigungsschutzgesetz (KSchG), das Mut-

---

[1] Z.B. das Finanzamt, die Polizei, die Stadtverwaltung, die Baubehörde usw.

terschutzgesetz (MuSchG), das Betriebsverfassungsgesetz (BetrVG) oder das Tarifvertragsgesetz (TVG).

Die vorliegende Darstellung behandelt als Kernbereiche das **Bürgerliche Recht** sowie das **Handels**- und das **Gesellschaftsrecht**. Bei unseren Erörterungen im Bereich des **Wirtschaftsprivatrechts** bleiben Rechtsfragen außer Betracht, die wie das Familien- oder Erbrecht eher der Individualsphäre angehören.

2. Die Gesetzgebungstechnik

Schwierig für den Anfänger ist es zunächst, sich im Dschungel der Vorschriften zurecht zu finden und Zusammenhänge zwischen verschiedenen Normenkomplexen auszumachen. Tatsächlich folgen die Gesetze im Privatrecht meist einer gewissen Logik, auch wenn dies auf den ersten Blick nicht erkennbar ist. Typischerweise werden **allgemeine Grundsätze** und **Begriffe** zu Anfang der Gesetze geregelt. So bestimmt § 1 BGB: „Die Rechtsfähigkeit des Menschen beginnt mit der Vollendung der Geburt." Fundamentaler geht es kaum. § 1 I HGB sagt: „Kaufmann im Sinne dieses Gesetzbuchs ist, wer ein Handelsgewerbe betreibt." Die angesprochene Personengruppe ist damit bereits zu Anfang umrissen. Die **nachfolgenden Vorschriften** werden immer **spezieller**. Auch die Gesetzesuntergliederungen, die **Abschnitte** und sogenannten **Bücher**, in denen sich die Vorschriften befinden, lassen sich so einteilen. Ein Blick in die Inhaltsverzeichnisse der Gesetze verdeutlicht dies. Das erste Buch des HGB regelt den Handelsstand, das erste Buch des BGB heißt „Allgemeiner Teil" etc. Die nachfolgenden Bücher oder Abschnitte betreffen spezielle Bereiche und bauen auf den zuvor geregelten Komplexen auf.

Beispiel: Der **Abschluss eines Kaufvertrags** beruht auf folgenden Regelungen:

- § 1 BGB, **Rechtsfähigkeit** (Wer kann Träger von Rechten und Pflichten sein?)
- §§ 104 ff. BGB, **Geschäftsfähigkeit** (Wer kann seine geschäftlichen Belange selbst und ohne Mitwirkung Dritter regeln?)
- §§ 116 ff. BGB, **Willenserklärungen** allgemein (Wie äußert man seine rechtsgeschäftlichen Absichten?)
- §§ 145 ff. BGB, **Angebot** und **Annahme** als besondere Willenserklärungen (Wie kommt das spezielle Rechtsgeschäft Vertrag zustande?)
- §§ 320 ff. BGB, **gegenseitiger Vertrag** allgemein (In welchem Verhältnis stehen Leistung und Gegenleistung bei einem Vertrag?)
- §§ 433 ff. BGB, **Kaufvertrag** als besonderer gegenseitiger Vertrag (Welche Rechte und Pflichten treffen speziell beim Kaufvertrag die Beteiligten?)

Hilfreich ist es, sich **Querverweise** an den Rand von Gesetzen zu notieren. Allerdings sollte man sich vor einer Klausur darüber vergewissern, ob ein solcher „glossierter"[2] Gesetzestext in der Prüfung verwendet werden darf. Wem überhaupt nicht mehr einfällt, an welcher Stelle sich eine Regelung befindet, kann durch einen

[2] Glossen waren rechtshistorisch Randbemerkungen zum römischen Recht im Mittelalter – die Vorläufer der Gesetzeskommentare.

Blick in das Sachverzeichnis oder Stichwortregister am Ende einer Textausgabe Auskunft erhalten.

Denken Sie daran:

- **Hilfsmittel** in einer Klausur sind neben einem kühlen Kopf **ausschließlich Schreibmaterial und der Gesetzestext!**
- Keine Angst vor verschroben erscheinenden Formulierungen: greifen Sie zum äußersten: schauen Sie ins Gesetz!

3. Der Rechtsfolgebegriff und seine Voraussetzungen

Die Vorschriften des Privatrechts regeln, unter welchen **Voraussetzungen** das Verhalten einer Person bestimmte Rechtsfolgen im Verhältnis zu anderen Personen bzw. Sachen auslöst. Sind die **Tatbestandsvoraussetzungen** einer Norm erfüllt, tritt die sog. **Rechtsfolge** ein.

Beispiel: Vgl. § 823 I BGB. A und B können sich beim Bier nicht über Fragen des empirischen Existentialismus einigen. Die Diskussion gewinnt an Heftigkeit, während B einige Zähne verliert, nachdem A seine Argumente schlagkräftig vorträgt. B verlangt von A Schadensersatz.

a) Im zitierten Beispiel tritt mit der Verwirklichung der **Tatbestandsvoraussetzungen** des § 823 I BGB eine **Rechtsfolge kraft Gesetzes** ein. Der Schädiger braucht sich bei seiner Handlung keine Gedanken darüber gemacht zu haben, welche Rechtsfolgen (Schadensersatz, Schmerzensgeld) diese auslösen mag. Die Verpflichtung zum Schadensersatz tritt einfach kraft gesetzlicher Anordnung ein.

b) Anders verhält es sich mit den **Rechtsfolgen kraft Rechtsgeschäftes.** Hier ist es notwendig, dass sich die Beteiligten darüber Gedanken gemacht haben, welche Rechtsfolge eintreten soll.

Beispiel: Es ist notwendig, dass ich mir beim Zeitungskauf darüber im klaren bin – und dies auch zum Ausdruck bringe –, ob ich einen SPIEGEL oder die FRAU IM SPIEGEL erwerben möchte. Eine Rechtsfolge kraft Gesetzes scheidet hier aus (vgl. § 433 BGB).

Rechtsfolgen kraft Rechtsgeschäfts werden vor allem durch das Institut des (zwei- oder mehrseitigen) **Vertrages** bestimmt (vgl. § 311 I BGB). Die vertragschließenden Parteien haben es in der Hand, selbst zu bestimmen, ob und wie sie einen Konsens herbeiführen wollen. Diesen Grundsatz, auf dem die Rechtsfolgen kraft Rechtsgeschäfts beruhen, nennt man **Privatautonomie**. Ihre Ausgestaltungen sind die **Abschlussfreiheit**, (d.h. ich kann bestimmen, ob und mit wem ich einen Vertrag abschließen will), die **Gestaltungsfreiheit** (d.h. ich kann den Inhalt des Vertrages bestimmen), die **Eigentumsfreiheit** (vgl. § 903 BGB) und die sog. **Testierfreiheit** (vgl. § 1937 BGB).

c) **Rechtsfolgen** können aber auch **kraft einseitiger Erklärung** eintreten.

Beispiele: Kündigung, Aufrechnung, Widerruf, Anfechtung, Testament.
Gegenbeispiel: Die Schenkung stellt nach § 516 BGB einen Vertrag dar; man muss sich nichts schenken lassen!

Insbesondere die sog. **Gestaltungsrechte**[3] sind dadurch gekennzeichnet, dass der Erklärende einseitig eine Rechtsfolge auszulösen vermag.

Beispiele: Kündigung eines Arbeitsvertrages, eines Mietverhältnisses, Anfechtung eines Vertragsangebots, Rücktritt vom Vertrag, Aufrechnung mit einer Gegenforderung, Widerruf einer Willenserklärung etc.

4. Natürlich und juristische Personen sowie Personengesellschaften

Hier geht es um die Frage, wer eigentlich Träger von Rechten und Pflichten sein kann.

Beispiel: Der vermögende V möchte seinem Mitmenschen etwas Gutes tun. Hierzu will er dem jüngsten Sohn seiner Mutter, dem B, den er wie einen Bruder liebt, zu Lebzeiten 500.000,– € schenken. Des Weiteren will er den „Bedürftigen des Bahnhofsvorplatzes" nach seinem Tod die gleiche Summe zukommen lassen. Der „Verein zur Bekämpfung der Sperrstunde e.V.", dem schon immer seine ganze Sympathie galt, soll weitere 500.000,– € schenkweise erhalten. Auch sein Pudel soll erben.

Anhand dieser Beispiele wird deutlich, dass nach der bürgerlichen Rechtsordnung nur bestimmte Rechtssubjekte anerkannt werden. Zweifel bestehen hinsichtlich des B nicht, da er eine **natürliche Person** ist. Nach § 1 BGB ist er rechtsfähig. Wenn V „die Bedürftigen" bedenken will, könnte man an eine sog. **Personengesamtheit** denken. Allerdings ist diese Gruppe nicht hinreichend bestimmt und abgrenzbar. Insofern ist die Verfügung des V nichtig. Der e.V. ist eine Personengesamtheit. Er ist eindeutig bestimmt und organisiert, er hat einen Vorstand, der für ihn im Rechtsverkehr handeln kann. Das BGB erkennt derartige Personengesamtheiten unter bestimmten Voraussetzungen als Rechtssubjekte an. Im Gegensatz zu den natürlichen Personen werden sie als **juristische Personen** bezeichnet und beruhen auf einem Errichtungsakt. Der Verein etwa erlangt die Rechtsfähigkeit gemäß §§ 21, 55 ff. BGB durch die Eintragung in das Vereinsregister, das beim zuständigen Amtsgericht geführt wird. **Personengesellschaften** schließlich beruhen auf der Gesellschaft des bürgerlichen Rechts (§ 705 BGB) und sind durch eine sog. gesamthänderische Bindung nach § 719 BGB gekennzeichnet. Sie entstehen regelmäßig durch Abschluss eines Gesellschaftsvertrages.

[3] Durch Ausübung eines solchen Rechtes kann eine Person einseitig Rechtsfolgen herbeiführen, wodurch die Rechtslage eben neu gestaltet wird.

II. Die Aufgabe – Sinn und Zweck

Die Grundzüge des **Gutachtenstils** zu beherrschen ist notwendig, um im Rahmen einer Klausur oder einer Hausarbeit einen Fall lösen zu können. Im vorgegebenen zeitlichen Rahmen müssen Sie

- den **Sachverhalt** erfassen;
- die **Fallfrage** verstehen und nach ihrer Vorgabe
- Ideen zur Lösung **stichwortartig sammeln** und eine vorläufige **gedankliche Lösung** erstellen;
- diese gedankliche Lösung schriftlich als **Gliederung** für sich skizzieren;
- anhand der Skizze die (ebenfalls gegliederte) Lösung, das **Gutachten**, niederschreiben.

Im Rahmen einer **Hausarbeit** sind zusätzlich bestimmte Formalien zu beachten, welche weiter unten (VI.) behandelt werden. Im Übrigen gelten für die Abfassung einer Hausarbeit stilistisch und gliederungstechnisch keinerlei Besonderheiten.

Die nachfolgenden Hinweise sollen Ihnen dabei helfen, Ihre Gedanken **strukturiert** in einem bestimmten **Sprachstil**, nämlich dem **Gutachtenstil** zu formulieren. Ihre Gliederung wird sich dabei – zumindest gedanklich – immer an Reihenfolgen orientieren, welche uns sogleich beschäftigen werden.

III. Der Fall und die Fallfrage

In der Praxis ist seltener problematisch, welche Norm rechtlich einschlägig ist oder ob der Sachverhalt unter eine Tatbestandsvoraussetzung gefasst (= **subsumiert**!) werden kann. Vielfach scheitert ein Anspruch daran, dass der vermeintliche Anspruchsinhaber die Voraussetzung tatsächlich nicht beweisen kann.

> Im Zivil(Prozess-)recht gilt der Grundsatz, dass jeder die ihm günstigen Tatsachen auch beweisen muss, wenn sie von der Gegenpartei bestritten werden (sog. **Beweislast**).

Mit **Beweisfragen** müssen wir uns im Rahmen des Gutachtens regelmäßig **nicht** beschäftigen. Der Fall ist so hinzunehmen, wie er geschildert wird. In ihn darf nichts hinein gedeutet werden, was der Verfasser des Falls nicht selbst aufgenommen hat. Des Weiteren dürfen nicht „lebensnahe“ Hilfserwägungen angestellt werden, die häufig nur darauf beruhen, dass man einen ähnlichen Fall schon mal gehört hat. Ähnliche Fälle haben jedoch in der Regel nur marginal mit dem zu untersuchenden Sachverhalt zu tun und können höchstens eine Argumentationsstütze darstellen. Zudem verführt der „ähnliche Fall“ dazu, in einer bestimmten Schiene zu denken, ohne sich um die tatsächlichen Gegebenheiten des gerade zu prüfenden Falls näher zu kümmern. Sehr häufig ist dann eine **Sachverhaltsquetsche** die Folge, der Bearbeiter prüft einen Fall, der so nicht Gegenstand der Lösung sein soll.

Den Abschluss eines Fallsachverhalts bildet die **Fallfrage**. Sie kann konkret sein, aber auch umfassend. So kann sie etwa lauten: **„Hat A gegen B den geltend gemachten Kaufpreisanspruch?“**. Sie kann aber auch heißen: **„Welche Ansprüche haben die Beteiligten?“**. Hier sind dann die Ansprüche von A gegen B aus allen erdenklichen Anspruchsgrundlagen zu prüfen, ebenso die Ansprüche von B gegen A. Es geht dann u.U. nicht nur um Zahlung aus Kaufvertrag, sondern auch noch um Schadensersatz wegen Nichterfüllung, Verzugsschaden, Unterlassungsansprüche etc.

Handeln mehrere Personen und lautet die Fallfrage **„Welche Ansprüche bestehen?“**, sind alle Ansprüche der Beteiligten untereinander zu untersuchen. Auch die Frage **„Wie ist die Rechtslage?“** bedeutet, dass alle denkbaren Ansprüche der beteiligten Personen untereinander begutachtet werden müssen.

Bei **mehreren Beteiligten** kann es hilfsreich sein, sich die rechtlichen Beziehungen anhand einer **Skizze** zu vergegenwärtigen.

Beispiel: A nimmt bei der C-Bank ein Darlehn auf. Hierfür verlangt die C Sicherheiten. B verbürgt sich für die Verbindlichkeit gegenüber der Bank, E sichert den Kredit durch eine Hypothek an seinem Grundstück.

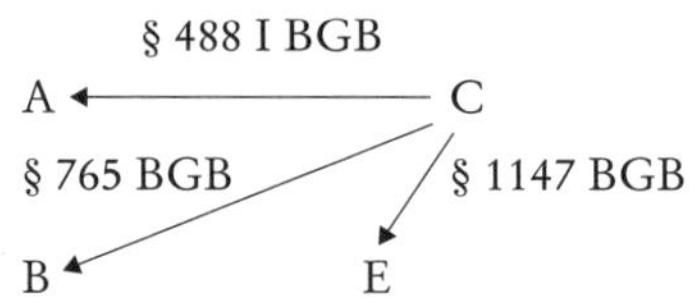

Tauchen im Sachverhalt verschiedene **zeitliche Daten** auf, sollte man sich eine **Zeittafel** in chronologischer Reihenfolge notieren, in der neben dem Datum kurz **Stichworte** vermerkt sind, die sich auf das Geschehen beziehen.

Bei **Grundfall und Abwandlung** sollten Sie in Anbetracht der knappen Bearbeitungszeit Wiederholungen vermeiden. In der Fallabwandlung sind regelmäßig nur die Punkte zu erörtern, in denen die Lösung vom Grundfall abweicht.

IV. Gutachten und Anspruchsaufbau

1. Sinn und Unsinn von Prüfungsschemata

Bei jeder Form von Prüfungsschema im Recht muss man sich über zweierlei im klaren sein: zum einen sind selten alle theoretisch denkbaren Prüfungspunkte auch tatsächlich für die Falllösung relevant, zum anderen können Umstellungen oder Ergänzungen aus Gründen der **Verständlichkeit** erforderlich sein. Daher sollte man ein Schema vor allen Dingen in der ersten gedanklichen Beschäftigung mit dem Fall daraufhin überprüfen, welche seiner Punkte für das Gutachten ernsthaft in Betracht kommen und welche nach kurzer Überlegung nicht erwähnt werden sollten.

Prüfungsreihenfolgen können sich auf das gesamte **Gutachten**, eine einzelne **Anspruchsgrundlage** (z.B. § 823 I BGB), ein bestimmtes **Rechtsgeschäft** (z.B. die Anfechtung) oder eine bestimmte **Rechtsfolge** (z.B. Verzug mit der Leistung, §§ 280 II, 286 BGB) beziehen.

2. Das Gutachten

Das Gutachten soll dem Leser einen Überblick über alle **denkbaren Rechtsbeziehungen** verschaffen. Sind **mehrere Personen** am Sachverhalt beteiligt und ist die Fallfrage so gestellt, dass alle Rechtsbeziehungen zu überprüfen sind („Wie ist die Rechtslage?" z.B.), ist zweckmäßigerweise nach Personenverhältnissen zu gliedern („1. Teil: Ansprüche X gegen Y … 2. Teil: Ansprüche Y gegen Z …" etc.).

Innerhalb dieser **Personenverhältnisse** kann etwa nach den unterschiedlichen rechtlichen oder wirtschaftlichen **Zielen** gegliedert werden, die derjenige verfolgt, der Ansprüche gegen einen anderen geltend macht („A. Anspruch auf **Herausgabe** des PKW" … „B. Anspruch auf **Schadensersatz**" … „C. Anspruch auf **Herausgabe** des erzielten **Kaufpreises**" etc.).

Innerhalb dieser **Anspruchsziele** werden dann die einzelnen **Anspruchsgrundlagen** untersucht, die von ihrer Rechtsfolge her an sich das erstrebte Ziel enthalten, vorausgesetzt ihre Tatbestandsvoraussetzungen sind erfüllt.

Ist der Fall gliederungstechnisch weniger kompliziert, sind nur die einzelnen Anspruchsgrundlagen nacheinander zu prüfen. Hierfür kann man sich an ein **Schema** halten, welches eine Reihenfolge aufstellt, die auf (rechts-) logischen Vor- und Nachrangigkeitsprinzipien gründet[4].

3. Der Anspruch

Der einzelne Anspruch muss auf einer entsprechenden **Anspruchsgrundlage** basieren.

Anspruch ist das **Recht**, von einem anderen ein **Tun** oder **Unterlassen verlangen zu können** (vgl. auch § 194 I BGB!).

Nur wenn alle **Voraussetzungen** der Anspruchsnorm vorliegen, kann sich als **Rechtsfolge** das gewünschte Tun oder Unterlassen ergeben. Ob die Rechtsfolge eintreten kann, hängt also zunächst davon ab, dass alle ihre **Tatbestandsvoraussetzungen** vorliegen.

Im Anschluss daran sind – sofern der Sachverhalt hierfür einen Anknüpfungspunkt gibt – solche Ereignisse zu prüfen, die den zunächst **entstandenen Anspruch** wieder **untergehen lassen**. Hat etwa der Käufer das ursprünglich geschuldete Geld gezahlt, ist der Anspruch des Verkäufers aus § 433 II BGB erloschen, also untergegangen (vgl. § 362 I BGB).

Schließlich kann sich der Anspruchsverpflichtete gegenüber dem Anspruchsinhaber möglicherweise auf Umstände berufen, die dazu führen, dass er seine an sich bestehende Verbindlichkeit **nicht erfüllen muss**. Fällt etwa dem Verkäufer erst nach Überprüfung seiner Unterlagen auf, dass er seit mehreren Jahren eine Kaufpreisforderung besitzt, kann sich der Käufer auf **Verjährung** derselben (§ 214 I BGB) berufen und muss nicht zahlen. Er kann eine sog. **Einrede** erheben[5].

---

[4] Vgl. das Schema, S. 9.

[5] Sog. **Einwendungen** sind hingegen auch ohne entsprechende Äußerungen „von Amts wegen", also automatisch zu berücksichtigen. Beispiel: Das Mitverschulden des Geschädigten gemäß § 254 I BGB.

Diese Dreiteilung muss nicht in allen Fällen notwendig zu prüfen sein. Gedanklich sollte sie jedoch in jedem Fall durchgespielt werden[6].

Im Gutachten sind **alle denkbaren Anspruchgrundlagen** zu untersuchen, auch wenn eine von ihnen bereits bejaht worden ist! Dem Leser soll ein **umfassender** Überblick über die rechtlichen Möglichkeiten gegeben werden.

Beispiel: Auch wenn der Käufer gegen den Verkäufer einen Schadensersatzanspruch aus § 437 Nr. 3 i.V.m. § 280 I BGB hat, ist als weitere Anspruchsgrundlage z.B. § 823 BGB zu untersuchen. Insgesamt erhält der Geschädigte natürlich nur einmal seinen Schaden ersetzt, auch wenn beide Vorschriften erfüllt sein sollten.

Der Anspruchsaufbau

A. Der Anspruch muss **entstanden** sein.

- Prüfung der **Tatbestandsvoraussetzungen** der jeweiligen Anspruchsgrundlage
- U.U. zu prüfen, ob
  - **Geschäftsfähigkeit** fehlt (§§ 104, 105, 105a BGB) oder eingeschränkt (§§ 106 ff. BGB)
  - **Formvorschriften** verletzt (§ 125 BGB i.V.m. einer Formvorschrift, z.B. § 311b BGB)
  - **Verbotsgesetze** verletzt (§ 134 BGB)
  - **Verstoß** gegen die guten Sitten (§ 138 BGB)
- **Folge: Nichtigkeit**, der Anspruch **entsteht gar nicht erst**

B. Der Anspruch darf **nicht untergegangen** sein.

- Prüfung von Umständen, die den zunächst **entstandenen Anspruch** wieder **vernichten**
- **Beispiele:**
  - Rückwirkende Vernichtung einer Willenserklärung durch **Anfechtung** (§ 142 I BGB) wenn Anfechtungsgrund und ordnungsgemäße, rechtzeitige Anfechtungserklärung vorliegen (s.u.)
  - **Unmöglichkeit** der **Leistung** (§ 275 I BGB); u.U. damit auch **Untergang** des Anspruchs auf die **Gegenleistung**, welcher ursprünglich entstanden war (§ 326 I BGB)
  - **Erfüllung** des Anspruchs (§ 362 I BGB)
  - **Aufrechnung** mit einer Gegenforderung (§§ 387 ff. BGB)
  - **Rücktritt** (§§ 346 ff. BGB)

[6] Vgl. dazu unten das Schema zum Anspruchsaufbau.

C. Dem Anspruch dürfen keine Einreden entgegenstehen, er muss durchsetzbar sein.

- **Dauernde** Einreden (sog. **peremptorische** Einreden) wie etwa:
  - ➢ **Verjährung** des Anspruchs (§§ 194 ff., 438, 634a, 852 BGB z.B.)
  - ➢ Einrede der **Mangelhaftigkeit** (z.B. § 438 IV 2 oder § 634a IV 2 BGB)
- **Aufschiebende** Einreden (sog. **dilatorische** Einreden), welche die Durchsetzbarkeit des Anspruch nur für eine gewisse Zeit hindern:
  - ➢ **Stundung** einer Forderung
  - ➢ Einrede des **nicht erfüllten Vertrages** (§ 320 BGB)
  - ➢ **Zurückbehaltungsrechte** (z.B. § 273 oder § 1000 S. 1 BGB)
- Einrede aus **Treu und Glauben** (§ 242 BGB): ausnahmsweise ist die Berufung auf den Anspruch bzw. ein Recht in bestimmten Fallgruppen **rechtsmissbräuchlich** und damit nicht gestattet.

4. Insbesondere der vertragliche Anspruch

Man beginnt das Gutachten grundsätzlich mit Ansprüchen aus einem **Vertrag** zwischen den Beteiligten. Das hat verschiedene Gründe.

Zum einen kann damit der **Parteiwille** am stärksten berücksichtigt werden. Dies ist beim Zivilrecht, welches vom Prinzip der **Privatautonomie** beherrscht wird, von großer Bedeutung. Zum anderen haben die Parteien häufig gesetzliche Regelungen durch ihre Vereinbarung **abgeändert** oder neue, eigene und **im Gesetz nicht geregelte Vertragsarten** gewählt. Das Leasing ist hierfür ein Beispiel. **Gesetzliche Anspruchsgrundlagen** wie etwa § 823 I BGB sind demgegenüber an relativ starre Voraussetzungen geknüpft und nehmen weniger Rücksicht auf den Parteiwillen.

Die Reihenfolge denkbarer Anspruchsgrundlagen im Gutachten

I. Aus Vertrag

(etwa § 433 II BGB, 631 BGB, Leasingvertrag, Garantieversprechen etc.).

Vorrangig, weil vertragliche Anspruchsgrundlagen dem **Willen** der Parteien am nächsten kommen und i.Ü. aus logischen Gründen andere Normen ausschließen können.

II. Aus Verschulden bei Vertragsschluss, §§ 280 ff. BGB i.V.m. § 311 II und III BGB[7]

Vorrangig gegenüber nachfolgenden Anspruchsgrundlagen, weil ein pflichtenbegründendes Schuldverhältnis bereits im Stadium der **Vertragsanbahnung** (§ 311, III BGB) entsteht.

[7] Früher: gewohnheitsrechtliche culpa in contrahendo.

III. Aus Geschäftsführung ohne Auftrag (GoA), §§ 677 ff. BGB.

Gesetzliches Schuldverhältnis. Vorrangig, weil berechtigte GoA

1. Recht zum Besitz nach § 986 BGB darstellt
2. Rechtsgrund i.S.v. § 812 BGB liefert,

so dass IV. und VI. ausscheiden.

IV. Aus Eigentum, §§ 985 ff. BGB

Vorrang gegenüber (sog. deliktischen) Ansprüchen aus unerlaubter Handlung (§§ 823 ff. BGB z.B.) und solchen aus ungerechtfertigter Bereicherung (§§ 812 ff. BGB), weil

1. § 993 I a.E. BGB dies **generell** entnommen wird und i.Ü.
2. §§ 987 ff. **detaillierte Sonderregeln** für das Eigentümer-Besitzerverhältnis (**EBV**) enthalten, welche allgemeine Normen ausschließen.

V. Aus unerlaubter Handlung, §§ 823 ff. BGB, oder Gefährdungshaftung

Z.B. §§ 826, 831 BGB, ProdHaftG, UmweltHaftG

VI. Aus gerechtfertigter Bereicherung, §§ 812 ff. BGB

Kein Schadensersatz, sondern **Rückabwicklung** einer **nicht berechtigten Vermögensverschiebung**, beschränkt auf eine noch vorhandene Bereicherung (vgl. § 818 III BGB).

VII. Aus früherem Besitz, § 1007 BGB, oder verbotener Eigenmacht, §§ 861 ff. BGB

Merke:

- Im Gutachten wird der Aufbau selbst nicht begründet, sondern muss logisch aus sich heraus verständlich sein!
- In so gut wie keinem Fall sind tatsächlich im Gutachten alle eben genannten Anspruchsarten zu prüfen!

V. Der Gutachtenstil

Eine mühevoll wirkende Sprachübung ist die Erlernung des Gutachtenstils. Er dient im Wesentlichen dazu, sich an ein Rechtsproblem und seine Lösung heran zu bewegen und dem Leser einen Überblick über die denkbaren Rechtsbeziehungen und rechtlichen Möglichkeiten zu verschaffen. Dabei gilt, dass Übertreibungen nicht förderlich sind. Dort, wo völlig unproblematische Punkte in langatmigen „sollte"-, „könnte"- und „müsste"-Formulierungen behandelt werden, ist der Sinn des gutachterlichen Stils nicht erkannt worden. Sie sollten daher problemlose Punkte auch nur kurz festhalten.

1. Abgrenzung – Der Urteilsstil

Den **Gegensatz** zum Gutachtenstil stellt der **Urteilsstil** dar. Er wird von den Gerichten verwendet. In einem Urteil sagt der Richter zuerst, was Rechtens ist. Erst im nächsten Satz begründet er diese Rechtsfindung.

Beispiel: Im Urteil des Landgerichts steht in den Entscheidungsgründen: „Die Klage ist **begründet**. Der Kläger hat gegen den Beklagten einen **Anspruch** auf Zahlung i.H.v. (...) € aus Kaufvertrag vom 4.12. (...). Aus diesem Kaufvertrag **folgt**, dass sich der Beklagte zur **Zahlung** einer Summe von (...) € gegen Lieferung von 1000 Flaschen Wein der Marke „Dinkelsbühler Leberschreck" **verpflichtet** hat. Eine **Einigung** der Parteien wurde zum o.g. Datum erzielt. Danach war der Beklagte verpflichtet, die Ware zum Abkäufer des Beklagten, dem Zeugen Ivan Reblaus zu schaffen. Dies geschah auf **Verlangen** des Beklagten. **Unerheblich** ist es, dass der Wein beim Transport infolge eines Verkehrsunfalls, den der Kläger nicht zu vertreten hatte, zerstört wurde. Nach § 447 BGB trägt insofern der Beklagte als Käufer das **Risiko des Untergangs** und bleibt weiterhin zur Zahlung des Kaufpreises verpflichtet (...)."

Man könnte quasi alle Sätze des Urteils, die nach dem ersten folgen, mit einem **„denn"** einleiten. Jeder Satz stellt eine Begründung für den vorangehenden dar. Der **Urteilsstil** geht also **vom Ergebnis aus** und begründet es in jedem Satz weiter.

Genau die **umgekehrte Prüfungsfolge** ist für den **Gutachtenstil** kennzeichnend. Hier steht das **Ergebnis** am **Ende** der Erörterung. Es wird zu Anfang eine **Möglichkeit** aufgeworfen, die erst im weiteren Verlauf peu à peu untersucht wird.

2. Merkmale des Gutachtenstils

Naturgemäß erfreut es jeden Aufgabensteller, wenn „seine" Lösung getroffen wird. Dies sollte Sie jedoch nicht zu der Annahme führen, dass die Falllösung kein kreativer Akt ist. Damit ist allerdings nicht gemeint, dass Sie Ihre Impressionen zum Fall zunächst (oder gar als eigentliche Lösung) in allgemeinen Ausführungen zum Ausdruck bringen. Wichtig ist ein **gliederungstechnisch** nachvollziehbarer Aufbau.

Vorschriften müssen immer **zitiert** werden. Dies bedeutet, dass Sie eine Norm im Text nennen („Es könnte eine Unmöglichkeit **gemäß § 275 I BGB** vorliegen."), dagegen nicht, dass Sie sie abschreiben. Der Prüfer wird selbst ein BGB etc. besitzen.

Noch ein Wort zu **eigenen Lösungswegen**, die von der Lösungsskizze das Klausurstellers abweichen: Ein **Grundsatz**, auf den Sie bestehen können, lautet: **was vertretbar ist, ist auch als in Ordnung zu bewerten.** Schon aus diesem Grund verstehen sich die nachfolgenden Ausführungen zu den Fällen nur als Lösungsvorschlag.

Häufig werden die Lehrstühle die Möglichkeit zur **Nachkorrektur** eröffnen. Selbst wenn an Ihrer Fakultät nicht eine solche generelle Möglichkeit besteht, sollten Sie das Gespräch mit dem zuständigen Dozenten bzw. Übungsleiter suchen. Nicht nur Bearbeiter, auch Prüfer machen gelegentlich Fehler. Ihre Aussichten auf Nachkorrektur verbessern Sie deutlich, wenn Sie die aus Ihrer Sicht unzutreffenden Bewertungen im Einzelnen auf- und Ihre Meinung dazu ausführen. Begründungen wie

„Die Bewertung ist nicht nachvollziehbar" oder gar „Ich habe genau dasselbe (!) geschrieben wie mein Nachbar" bieten dagegen kaum Aussicht auf Erfolg.

Beispiel: W aus Westfalen besucht Köln. Vor einem Stehimbiss sieht er ein Schild, auf dem „Halve Hahn für 2,50 €" angeschrieben steht. W, der meint, es handele sich um ein halbes Hähnchen, bestellt bei Imbissbesitzer K einen „Halve Hahn". Als er ein Käsebrötchen bekommt, will er es nicht annehmen. K besteht auf Zahlung.

Zu Recht?

Lösung[8]**:**

„K könnte gegen W einen Anspruch auf Zahlung von 2,50 € aus §433 II BGB haben."

Dies stellt den sog. **Obersatz** dar. Er enthält die zu prüfenden **Anspruchsvoraussetzungen**, die möglicherweise das von K verfolgte Ziel, die Zahlung des Kaufpreises, auslösen. Der Obersatz besteht aus den **vier W's**:

Wer will von **wem was woraus?**

K will von W den Kaufpreis; diese **Rechtsfolge** kann sich aus §433 II BGB ergeben. Die Norm, die eine Rechtsfolge zugunsten eines Anspruchsinhabers auslöst, ist die **Anspruchsgrundlage.** Wir bauen unser Gutachten – wie gesehen – nach diesen Anspruchsgrundlagen auf.

Der **Obersatz** ist durch **Formulierungen** wie **„müsste"**, **„könnte"**, oder **„Fraglich ist, ob ..."**, **„Möglicherweise ..."** gekennzeichnet. Hierdurch wird deutlich, dass zunächst eine **Fragestellung** aufgeworfen wird, welche man im Folgenden untersucht.

Nach dem Obersatz folgt die Prüfung der **Voraussetzungen** der Anspruchsgrundlage. In unserem Fall setzt die Anspruchsgrundlage §433 II BGB voraus, dass zwischen K und W ein Kaufvertrag abgeschlossen worden ist. Und genauso formuliert man auch im weiteren:

A. „Dies setzt zunächst voraus, dass der Anspruch **entstanden** ist. K und W müssten einen entsprechenden Kaufvertrag abgeschlossen haben."

Unter diese **Voraussetzung** (Kaufvertrag) wird jetzt der **Sachverhalt subsumiert.** D.h. man untersucht, was an Tatsachenstoff zur Verfügung steht und ob dieser Tatsachenstoff ausreicht, um die Voraussetzung einer Norm zu erfüllen. Es wird überprüft, ob der Sachverhalt unter die Norm passt, insbesondere die einzelnen **Tatbestandsvoraussetzungen** erfüllt. Dabei wird als **Untersatz** der Teil des Sachverhalts verstanden, welcher der gesetzlichen Voraussetzung zugeordnet werden soll.

Da der Begriff „Vertrag" nicht aus dem Gesetz folgt, muss er erläutert werden. Man **definiert** also im Folgendem, was unter einem Vertrag zu verstehen ist.

---

[8] Lesen Sie die Lösung einfach im Hinblick auf den Aufbau und die Formulierungen. Inhaltliche Aspekte sollen uns zunächst noch nicht weiter interessieren.

„Ein Vertrag kommt durch mindestens zwei inhaltlich **übereinstimmende Willenserklärungen** zustande, nämlich durch **Angebot** und **Annahme**.

I. Fraglich ist, worin das **Angebot** i.S.v. § 145 BGB zu sehen ist.

1. Es könnte in dem Schild zu sehen sein. Dies richtet sich jedoch an eine Vielzahl möglicher Käufer und stellt kein Angebot, sondern vielmehr eine **Aufforderung** an Kunden dar, ihrerseits ein solches anzugeben (invitatio ad offerendum)."

Der erste Satz enthält eine **Begriffsdefinition** des Vertrages. Dem schließt sich die Auswertung des Sachverhaltsteils an, der das Merkmal „Angebot" im konkreten Fall ausfüllen könnte. Dies nennt man **Subsumtion:** der **Sachverhalt** wird unter eine Vorschrift **subsumiert**, ihr **unter-** oder besser: **zugeordnet.**

„Das Angebot hat also W abgegeben."

Das ist ein **Schlusssatz**, der ein (Zwischen-) **Ergebnis** festhält. Diese Ergebnissätze sind durch Worte wie **„damit"**, **„also"**, **„somit"** oder **„mithin"** gekennzeichnet.

Damit ist das **nächste Problem** aufgeworfen; auch hier muss also ein **Einleitungssatz** folgen:

2. „Fraglich ist jedoch der **Inhalt** dieses Angebots. Gewollt hat W ein halbes Hähnchen, erklärt hat er „Halve Hahn". Es stellt sich also die Frage, **was maßgeblich** ist.

   a) **Willenserklärungen** sind gemäß § 133 BGB zunächst nach dem **Willen des Erklärenden** auszulegen. Danach hätte W ein Angebot über den Kauf eines halben Hähnchens abgegeben.

   b) Damit wäre allerdings nicht berücksichtigt, dass die Erklärung auf Vertragsschluss gerichtet war und nach § 157 BGB nicht allein der Wille des Erklärenden entscheidend ist. **Empfangsbedürftige Willenserklärungen** sind vielmehr so auszulegen, wie sie ein verständiger Dritter verstehen dufte, also nach **objektivem Empfängerhorizont**. Hier wird in Köln mit dem Begriff des „Halven Hahns" üblicherweise ein Käsebrötchen gemeint.

   Damit hat objektiv W ein Angebot über den Kauf eines solchen abgegeben."

Auch hier wieder ein **Zwischenergebnis** („damit").

II. „Dieses Angebot müsste K gemäß § 146 BGB angenommen haben."

Auch wieder ein **einleitender Satz**, der deutlich macht, welche Fragestellung („müsste") geprüft wird.

„Zumindest durch Übergabe des Brötchens hat K **schlüssig** (konkludent) die **Annahme** des Vertragsangebots erklärt."

Das ist die **Subsumtion** eines Sachverhaltsteils (Brötchenübergabe) unter das Merkmal „Annahme". Danach folgt erneut ein **Zwischenergebnis**. Dabei wird quasi **rückwärts zusammengefasst:**

„**Also** ist ein **Vertrag** über den Kauf eines Käsebrötchens zwischen K und W zustande gekommen. Der Anspruch auf Zahlung ist **somit** zunächst **entstanden**."

Jetzt sind **Umstände** des Sachverhalts zu berücksichtigen, die den Anspruch möglicherweise wieder **untergehen** lassen:

B. „Möglicherweise ist der Anspruch jedoch wieder untergegangen. Dies wäre der Fall, wenn W seine Willenserklärung angefochten und gemäß § 142 I BGB rückwirkend vernichtet hat. Damit wäre auch der Vertrag hinfällig geworden."

Zu prüfen sind also die **Voraussetzungen**, unter denen sich jemand durch **Anfechtung** von einer Erklärung lösen kann, die er nur **irrtümlich** abgegeben hat.

I. „Dann müsste W zunächst einen **Anfechtungsgrund** haben. In Betracht kommt ein Inhaltsirrtum gemäß § 119 I 1. Alt. BGB. Hierbei misst der Erklärende seinem Ausdruck eine falsche Bedeutung bei. Er weiß **was** er erklärt, aber nicht, was er **damit** erklärt. W verband mit der Bestellung „Halve Hahn" ein Angebot über ein halbes Hähnchen; er irrte also über die Bedeutung seiner Erklärung und befand sich mithin in einem **Inhaltsirrtum**."

Zwischenergebnis zum Anfechtungsgrund:

„**Damit** liegt ein Anfechtungsgrund vor."

Außer einem Anfechtungsgrund setzt die Anfechtung ihre wirksame **Erklärung** sowie die Einhaltung einer zeitlichen **Frist** für diese Erklärung voraus:

II. W müsste die Anfechtung gegenüber **dem richtigen Anfechtungsgegner erklärt** haben, § 143 I und II BGB.

1. Er hat zum Ausdruck gebracht, dass er wegen seines Irrtums nicht an seinem Angebot festhalten will. Dies genügt für eine schlüssige Anfechtungserklärung.
2. W hat dies auch gegenüber dem K als **Vertragspartner** und **Anfechtungsgegner** erklärt, § 143 I und II BGB.

III. Die Erklärung der Anfechtung müsste **unverzüglich**[9] i.S.v. § 121 I BGB erfolgt sein. W hat dies gleich geäußert, nachdem er seinen Irrtum bemerkte. Damit geschah die Anfechtung ohne schuldhaftes Zögern, also unverzüglich nach § 121 I BGB.

Damit ist infolge wirksamer Anfechtung das Angebot des W rückwirkend vernichtet worden, § 142 I BGB. Somit ist auch die vertragliche Einigung W/K rückwirkend entfallen."

---

[9] Nicht gleichbedeutend mit „sofort"!

Zwischenergebnis und **Schlusssatz** des Gutachtens:

„Damit hat W seine Willenserklärung wirksam angefochten. Sie ist rückwirkend vernichtet. Also existiert kein Vertrag mehr zwischen K und W.

Somit hat K keinen Anspruch gegen W aus § 433 II BGB auf Zahlung."

VI. Besonderheiten bei der Bearbeitung einer Hausarbeit

Die Arbeitsweise bei der Abfassung einer Hausarbeit unterscheidet sich nicht wesentlich von der einer Klausurbearbeitung. Entscheidender Unterschied ist, dass dem Gutachten eine umfangreiche **Recherche** vorausgehen muss, welche die rechtlichen Probleme des Falls anhand von Literatur und Rechtsprechung beleuchtet. Hieraus folgt des Weiteren die Notwendigkeit, die verwendeten Meinungen durch Nachweise **in Fußnoten belegen** zu müssen.

I.d.R. besteht Ihr **Gutachten** im Rahmen einer **Hausarbeit** aus
- Titelblatt
- Sachverhalt
- Gliederung/Inhaltsverzeichnis
- Literaturverzeichnis
- (ggf.) Abkürzungsverzeichnis
- Gutachten
- Versicherung und Unterschrift

1. Titelblatt

Beispiel:
Gutachten (alternativ: Falllösung)

Fachgebiet:	Bürgerliches Recht WS 2009/2010
Dozent:	Prof. Dr. Posemuckel
Vorgelegt von:	Annette Idee Hinter'm Acker 7 44780 Bochum
Studiengang:	Betriebswirtschaft

Ausgabetermin: (...)
Abgabetermin: (...)

2. Sachverhalt

Die Wiedergabe des Sachverhalts inklusive der Fallfrage wird gelegentlich als unnötige Pflichtaufgabe empfunden, zumal der Sachverhalt wortwörtlich wiederholt werden muss. Hier ist keine kreative Zusammenfassung des Geschehens verlangt. Die Wiedergabe soll den Prüfer in die Lage versetzen zu erkennen, ob der Bearbeiter eventuell irrtümlich von falschen Prämissen bei der Lösung ausgegangen ist.

3. Gliederung

Sie orientiert sich am Lösungsweg des Gutachtens und gibt dessen Gliederung in Form kurzer Überschriften, versehen mit Seitenzahlen wieder.

Beispiel 1 (alphanumerische Gliederung):

1. Teil: Ansprüche Z gegen A	S. 1
A. Kaufvertragliche Ansprüche	S. 1
I. Anspruch auf Lieferung der Ware aus § 433 I 1 BGB	S. 1
1. Entstehen des Anspruchs	S. 1
2. Untergang wegen Unmöglichkeit	S. 4
3. usw.	
II. Anspruch auf Schadensersatz aus § 280 I BGB	S. 6
(usw.)	
B. Ansprüche aus Delikt	S. 9
I. § 823 I BGB	S. 10
1. Rechtsgutsverletzung	S. 10
2. Kausalität	S. 10
3. usw.	
II. § 831 I BGB	S. 11
2. Teil: Ansprüche Z gegen B	S. 12
(usw.)	

Beispiel 2 (numerische Gliederung):

1. Ansprüche Z gegen A	S. 1
1.1. Kaufvertragliche Ansprüche	S. 1
1.1.1. Anspruch auf Lieferung der Ware aus § 433 I 1 BGB	S. 1
1.1.1.1. Entstehen des Anspruchs	S. 1
1.1.1.2. Untergang wegen Unmöglichkeit	S. 4
1.1.1.3. usw.	S. 5
1.1.2. Anspruch auf Schadensersatz aus § 280 I BGB	S. 6
(usw.)	
1.2. Ansprüche aus Delikt	S. 9
1.2.1. § 823 I BGB	S. 10
1.2.2. § 831 I BGB	S. 12
2. Ansprüche Z gegen B	S. 16
(usw.)	

Diese Gliederungspunkte und Bezeichnungen sollen auch im Gutachten selbst als **Überschriften** auftauchen.

4. Literaturverzeichnis

Das Literaturverzeichnis kann auch am Ende, vor der Versicherung platziert werden.

Es wird nur die **verwendete Literatur** angeführt. Das Verzeichnis enthält also

- weder zur Information Gelesenes, das nicht im Gutachten als Beleg zitiert wurde
- noch Urteile.

Lehrbücher werden aufgeführt nach Autor, Titel, Auflage, Verlagsort und Erscheinungsjahr.

Beispiel: Jung, Gesellschaftsrecht, 7. Auflage München 2008

Aufsätze erscheinen mit Autor, Titel, Name der Zeitschrift (abgekürzt), Jahrgang der Zeitschrift, Seitenbeginn.

Beispiel: Wolf-Hegerbekermeier, Das neue Gesetz zur Beschleunigung fälliger Zahlungen – ein Überblick, BB 2000, S. 786 ff.

Bei Kommentaren ist es hilfreich, kurz die Zitierweise anzukündigen.

Beispiel: Palandt, BGB 68. Auflage München 2009 (zitiert: Palandt/Bearbeiter).

Fundstellen aus dem **Internet** können etwa wie folgt benannt werden:

Beispiel: Posemuckel, Quo vadis, Verschulden bei Vertragsschluss mit Vertrauen in Anspruch nehmenden Dritten?, www.judas.de

Die antiquierte Einteilung in Lehrbücher, Kommentare, Aufsätze, Festschriftbeiträge usw. sollte zugunsten einer einfachen alphabetischen Aufzählung vernachlässigt werden.

Beispiel Literaturverzeichnis:

Brox/Henssler	Handelsrecht, 20. Aufl. München 2009 (zitiert: Brox/Henssler, Handelsrecht)
Canaris	Handelsrecht, 24. Auflage München 2006 (zitiert: Canaris, Handelsrecht)
Hoffmann	Die Formen des Eigentumsvorbehalts, Jura 1995, S. 457 ff.
Jauernig	BGB, 12. Auflage München 2007 (zitiert: Jauernig/Bearbeiter)
Medicus	Bürgerliches Recht, 21. Aufl. Köln/Bonn/Bonn/München 2007 (zitiert: Medicus, BR)
Palandt	BGB, 68. Aufl. München 2009 (zitiert: Palandt/Bearbeiter)
Priebe	Der Alkohol in der Rechtsprechung des Gerichtshofs der Europäischen Gemeinschaft, in: Festschrift für Nagelmann, Baden-Baden 1984, S. 147 ff. (zitiert: Priebe, FS Nagelmann)
Scharlach/Hoffmann	Die Partnerschaft – auf Umwegen zum Erfolg, WM 2000, S. 2082 ff.
Windel	Mankoleistung im Kaufrecht, Jura 2003, S. 793 ff.
ders.	Was nie sich fügt, was nie gelingt – Systematisierungsversuche zu § 311a BGB, JR 2004, S. 265 ff.

(usw.)

5. Abkürzungsverzeichnis

Dies ist nur erforderlich, wenn umfangreich Abkürzungen verwendet werden oder solche, die nicht allgemein bekannt sein dürften.

6. Gutachten

Die Abfassung erfolgt prinzipiell in gleicher Weise, wie dies bei einer Klausur der Fall wäre. Entscheidender **Unterschied**: Meinungen, Urteile, **Zitate** generell sind durch **Fußnoten** zu belegen. Dabei genügt in der Fußnote die Nennung des Autors, sofern er nicht mit mehreren Arbeiten im Literaturverzeichnis vertreten ist. In diesem Fall kann durch ein kurzes Stichwort klargestellt werden, welches Werk gemeint ist.

Beispiel: Das Literaturverzeichnis enthält Hüffer, AktG und Hüffer, Gesellschaftsrecht. In der Fußnote wird zitiert: „Hüffer, Gesellschaftsrecht, § 7 ..."

Sofern ein Buch **Randnummer** aufweist, sollte danach zitiert werden, da diese leichter aufzufinden sind und sich anders als Seitenzahlen nicht in jeder Auflage ändern.

Beispiel: Palandt/Heinrichs, § 330 Rn. 2

Aufsätze zitiert man nach Autor, Zeitschrift, Jahrgang, Anfangsseite und konkreter Fundstellenseite, letztere in Klammern. Der Aufsatztitel wird in der Fußnote nicht genannt.

Beispiel: Altmeppen, NJW 2009, S. 2241 ff. (2243).

Rechtsprechung wird wie folgt zitiert:

Entscheidungen in **Zeitschriften** benennt man wie Aufsätze.

Beispiel: BGH NJW 2009, S. 1078 ff. (1079)

Entscheidungszitate aus der **amtlichen Sammlung** des BGH in Zivilsachen (BGHZ) werden zitiert nach Nummer des Entscheidungsbandes, erster Seite der Entscheidung und – in Klammern – der konkreten Fundstelle des Zitates.

Beispiel: BGHZ 103, 302 (306)

Eine Fundstelle aus dem **Internet** könnte etwa unter ausnahmsweiser Nennung des **Aktenzeichens** der Entscheidung zwecks leichterer Auffindbarkeit wie folgt zitiert werden:

Beispiel: OLG Hamm (15.09.2004 – 10 WF 122/04) www.judicalis.de

Erforderlich **im Gutachtentext** ist eine **Zusammenfassung** der Argumente unter Nennung ihrer Vertreter in einer Fußnote.

Im Übrigen gilt, dass **wörtliche Zitate unterbleiben** sollten. Allenfalls dort, wo es ganz **ausnahmsweise** auf die wortwörtliche Formulierung etwa einer Urteilsbegründung ankommt, kann in Anführungszeichen ein Zitat notwendig sein.

7. Versicherung

An dieser Stelle muss der Verfasser schriftlich versichern, dass er die Arbeit selbstständig und ohne fremde Hilfe verfasst hat. Vergessen Sie nicht Ihre Unterschrift.

Wichtig:
Beachten Sie einen möglicherweise vorgegebenen **Höchstumfang der Bearbeitung**, lassen Sie mindestens **ein Drittel** an **Korrekturrand** frei (!), schreiben Sie **1,5-zeilig**. Es soll außerdem Prüfer geben, die mit dem Lineal den **Schriftgrad** nachmessen.

VII. Kurzklausuren und Fragenklausuren

Im Hinblick auf die Vorbereitung kürzerer Fallkonstellationen bzw. von Fragen- oder Multiple-choice-Aufgaben besteht keine grundsätzliche Besonderheit. Regelmäßig wird die Fragestellung dem zeitlichen Bearbeitungsrahmen entsprechend eingeschränkter sein und muss daher auf den Punkt beantwortet werden.

Die nachfolgende Aufgabenstellung ist z.B. auf einen zeitlichen Rahmen von 45 Minuten ausgelegt, in der die drei Kurzfälle gelöst werden sollten:

Beantworten Sie die nachfolgenden Fragen mit entsprechenden Begründungen und unter Berücksichtigung der einschlägigen Vorschriften des BGB.

1. Die 17-jährige Pamplona Feldmaus will beim Elektrohändler URANUS eine Sonnenbank kaufen, deren Preis sie nach und nach aus ihrem Taschengeld in Monatsraten abstottern will. Unter welchen denkbaren Voraussetzungen wäre das Geschäft nach den §§ 106 ff. BGB wirksam?
2. Der völlig mittellose Rainer Sprit füllt ein Bestellformular aus, welches er in einem Kaufhauskatalog des Unternehmens „Oddo“ gefunden hat und bestellt drei Anzüge, diversen Schmuck sowie ein Superplanar-TV. Ist bereits ein Kaufvertrag zustande gekommen?
3. Zu seinem Entsetzen muss Mario Ahner (M) feststellen, dass er beim Internethandel „Rio Grande“ (R) versehentlich statt des Architekturbuches „Hochblüte der Gothik“ die CD „Headbanger's Gothic“ in einer anderen Rubrik angeklickt und damit bestellt hat. Unter welchen drei Voraussetzungen kann M gegenüber R anfechten und welche Folge hätte dies?

Anm.: pro Frage sollten 15 Minuten Bearbeitungszeit einkalkuliert werden[10].

1. Die 17-Jährige ist zuvorderst beschränkt geschäftsfähig gem. § 106 BGB.

   Nach § 107 BGB ist ihre Willenserklärung nur wirksam wenn sie lediglich einen rechtlichen Vorteil aus dem Geschäft zieht, also eine Vermögensmehrung eintritt ohne das sie sich zur Gegenleistung verpflichtet.

   Hier findet ein Kaufvertrag auf Raten statt. Also verpflichtet sie sich den Kaufpreis zu zahlen im Verpflichtungsgeschäft. Somit ist ihre Willenserklärung unwirksam.

   Der „Taschengeldparagraph“ § 110 BGB kann jedoch so ausgelegt werden, dass sie das Geld, das ihr zur freien Verfügung überlassen wurde von ihren gesetz-

[10] Nachfolgend eine Originallösung.

lichen Vertretern, nutzen kann und die Überlassung bereits als Einwilligung angesehen werden kann.

Die Eltern können auch direkt nach § 107 BGB ihr Einverständnis zu dem Geschäft gegeben haben, wodurch das Geschäft wirksam wäre.

Da bei beschränkt Geschäftsfähigen jedoch ein Rechtsgeschäft auf Raten erst mit Bezahlung der letzten Rate wirksam ist, können die Eltern bis zur letzten Rate ihre Genehmigung gem. § 183 BGB verweigern und so das Rechtsgeschäft unwirksam werden lassen.

2. Ein Kaufvertrag gem. § 433 I BGB kommt erst zustande bei übereinstimmenden Willenserklärungen (Angebot-Annahme) gem. § 145 BGB und § 146 BGB. Die Auslegung des Katalogs als Angebot erfolgt mittels Prüfung der § 133 BGB und § 157 BGB.

   Der objektive Empfängerhorizont ist hierbei entscheidend. Der Empfänger des Katalogs muss davon ausgehen, dass das Kaufhaus kein verbindliches Angebot durch den Katalog abgegeben hat.

   Zum einen könnten die Lagerbestände nicht ausreichen um alle Bestellungen zu erfüllen. Das Kaufhaus würde vertragsbrüchig.

   Zum anderen will das Kaufhaus eventuell nicht mit jedem, auch mittellosen, Kunden einen Vertrag schließen.

   Bei einem Katalog handelt es sich vielmehr um eine invitatio ad offerendum, also eine Aufforderung an den anderen Teil ein Angebot gem. § 145 BGB abzugeben.

   Der Kaufvertrag kommt erst zustande wenn das Kaufhaus dieses Angebot annimmt, entweder schriftlich oder durch zusenden der Ware.

   Da im vorliegenden Fall nur das Angebot durch Rainer Sprit abgegeben wurde, jedoch noch keine Annahme durch das Kaufhaus, ist hier noch kein Kaufvertrag zustande gekommen.

3. Man prüft zuerst, ob ein Kaufvertrag gem. § 433 BGB und die daraus resultierenden Pflichten entstanden sind. Nach Auslegung der Willenserklärung von M nach § 133 BGB und § 157 BGB und dem objektiven Empfängerhorizont muss R davon ausgehen, dass M ein verbindliches Angebot abgegeben hat.

   Nimmt R dieses Angebot an und versendet die bestellte CD ist ein Kaufvertrag gem. § 433 BGB mit übereinstimmenden Willenserklärungen nach § 145 BGB und § 146 BGB zustande gekommen. Nach § 142 I BGB kann das Rechtsgeschäft angefochten werden mit der Folge seiner rückwirkenden Vernichtung.

   Dazu müssen drei Voraussetzungen gegeben sein. Zuerst könnte ein Anfechtungsgrund gem. § 119 I BGB gegeben sein. Der Irrtum muss in der Abgabe der Willenserklärung liegen. Hier wurde „verklickt" (gleichzusetzen mit versprechen oder vertippen), er wollte diese Erklärung so nicht abgeben. Also liegt ein Erklärungsirrtum gem. § 119 I 2. Alt. BGB vor.

   Zweitens muss eine Anfechtungserklärung gegenüber dem Vertragspartner gem. § 143 I und II BGB erfolgen. M muss seine Anfechtungserklärung dementsprechend gegenüber R erklären.

Dritte Voraussetzung ist die Einhaltung der Anfechtungsfrist gem. § 121. Die Anfechtungserklärung muss unverzüglich, ohne schuldhaftes Zögern, nach bemerken des Irrtums erklärt werden.

Sind diese drei Voraussetzungen erfüllt kann das Rechtsgeschäft angefochten werden und somit gem. § 142 I BGB rückwirkend nichtig sein.

Allerdings muss der Anfechtende gem. § 122 BGB u.U. Aufwendungen erstatten, die im Vertrauen auf die Gültigkeit des Rechtsgeschäfts vom Anfechtungsgegner getätigt wurden.

B. Bürgerliches Recht

I. Allgemeiner Teil des BGB

Das **erste Buch des BGB** wird als **„Allgemeiner Teil“** (AT) bezeichnet. Er enthält Normen, die für alle nachfolgenden vier Bücher von Bedeutung sind. Diese Gesetzgebungstechnik nennt man **Abstraktion.** Sie ist dadurch gekennzeichnet, dass allgemeine Begriffe „vor die Klammer“ gezogen werden. So ist in § 1 BGB geregelt, dass die **Rechtsfähigkeit** des Menschen mit der Vollendung der Geburt eintritt. In einem der späteren Bücher, etwa im Erbrecht als letztem Buch des BGB, ist es daher überflüssig, noch eine Regelung zur Rechtsfähigkeit aufzunehmen. § 90 BGB sagt, „was **Sache** ist“ und ist damit auch etwa für das dritte Buch (Sachenrecht) des BGB verbindlich. § 104 BGB regelt, dass bestimmte Personen nicht **geschäftsfähig** sind, also im Geschäftsleben nicht ohne Mitwirkung Dritter rechtswirksam auftreten können. Dies gilt für alle Bereiche des Bürgerlichen Rechts, ist also folgerichtig im AT aufgeführt.

Insbesondere sind im Allgemeinen Teil die Regeln enthalten, die ein **rechtsgeschäftliches Handeln** betreffen. Hierbei ist das Zustandekommen von **Verträgen** von großer Bedeutung.

§ 1
Willenserklärung, Einigung und Auslegung

Der vertragliche Anspruch

A. Der Anspruch aus der jeweiligen Anspruchsgrundlage (z.B. § 433 II BGB) muss **entstanden** sein.

I. Das setzt einen Vertragsschluss zwischen den Beteiligten voraus.
Ein Vertrag beruht auf inhaltlich übereinstimmenden Willenserklärungen, nämlich **Angebot** (§ 146 BGB) und **Annahme** (§§ 147 ff. BGB).

1. Angebot **wirksam**? U.U. zu prüfen:
   - a) **Abgabe** der Willenserklärung
   - b) **Zugang** der Willenserklärung, § 130 BGB
   - c) **Geschäftsfähigkeit**, §§ 104 ff. BGB
   - d) Wirksame **Stellvertretung**, §§ 164 ff. BGB oder
   - e) **Botenschaft**, § 120 BGB
   - f) Beachtung möglicher **Formvorschriften** (z.B. § 766 S. 1 i.V.m. § 125 BGB)

2. Annahme **wirksam**? U.U. zu prüfen

   a)–f) wie oben, 1.

   g) **Rechtzeitigkeit** der Annahme, §§ 147 ff. BGB

3. Inhaltliche **Übereinstimmung** von Angebot und Annahme?

   a) **Auslegung**, §§ 133, 157 BGB: Wie musste ein objektiver (= gedachter) Empfänger die Erklärung verstehen (sog. **Auslegung nach objektivem Empfängerhorizont** bzw. **normative Auslegung**)?

   b) U.U. nach Auslegung: **Dissens**, §§ 154, 155 BGB?

II. Der Vertrag darf **nicht verstoßen** gegen

1. **Verbotsgesetze**, § 134 BGB;
2. die **guten Sitten**, § 138 BGB;
3. mögliche **Formerfordernisse**, § 125 BGB i.V.m. Formvorschriften (z.B. §§ 128, 311b BGB) etc.

B. Der Anspruch darf nicht wieder **untergegangen** sein.

I. Insbesondere kann die Einigung durch **Anfechtung** einer der Vertragserklärungen rückwirkend wieder beseitigt worden sein (§§ 119 ff., 142 I BGB).

II. i.Ü. vgl. Prüfungsfolge zum Anspruchsaufbau[11]

C. Dem Anspruch dürfen keine **Einreden** entgegenstehen, er muss also **durchsetzbar** sein.

Vgl. dazu das Schema zum Anspruchsaufbau

Fall 1: Auslegung von Willenserklärungen

Spielwarenhändler K schreibt an Puppenfabrikant V: „Können Sie mir 50 Babypuppen Modell Bäuerle liefern?“ Als V sein Antwortschreiben verfasst, ist er irrtümlich der Meinung, K wolle 50 Puppen Modell Brüllerle. Da er dies noch auf Lager hat, während Bäuerle bereits ausgelaufen ist, antwortet er: „Ich schicke Ihnen 50 Puppen des gewünschten Modells zu.“

Ist zwischen V und K ein Kaufvertrag über die Lieferung von 50 Bäuerle zustande gekommen?

Lösung:

Der Kaufvertrag ist zustande gekommen, wenn V und K sich **geeinigt** haben, also inhaltlich übereinstimmend **Angebot** und **Annahme** vorliegen.

I. Äußerlich übereinstimmende Willenserklärungen der Parteien liegen vor.

II. Problematisch ist jedoch, wie sie **auszulegen** sind. Es könnte entscheidend sein, was V tatsächlich gewollt hat, aber auch, wie aus Sicht des K die Erklärungen aufzufassen waren.

Nach § 133 BGB ist bei der Auslegung zunächst der **wirkliche Wille** des Erklärenden entscheidend. Aber dieser kann nur ein erster Anhaltspunkt sein, wenn Willenser-

[11] Vgl. oben S. 7.

klärungen mit einem bestimmten Inhalt zugehen müssen, also bei den **empfangsbedürftigen** Willenserklärungen i.S.v. § 130 I BGB. Bei solchen Erklärungen ist daher weiter zu fragen, wie ein objektiver Empfänger (also nicht unbedingt der tatsächliche Empfänger der Erklärung!) sie verstehen durfte. Gestützt wird diese Betrachtungsweise von § 157 BGB. Dies bezeichnet man als **normative Auslegung** oder Auslegung nach dem **Empfängerhorizont** gemäß §§ 133, 157 BGB.

Damit ist mangels anderweitiger Anhaltspunkte für einen objektiven Empfänger von einem Vertrag über die Puppen der Marke „Bäuerle" auszugehen.

Anmerkung:

Ob V seine Willenserklärung wegen Irrtums anfechten kann, ist nach der Fallfrage nicht zu erörtern. Es wird sich wohl – ähnlich wie im Fall des „Halve Hahn" – um einen Inhaltsirrtum, § 119 I 1, 1. Alt. BGB handeln. Dazu später mehr.

Fall 2: Auslegung und Dissens[12]

Die Firma K benötigt eine größere Menge an Druckkassetten für ihre IBM-Drucker. Auf eine Anfrage hin bietet die Firma V der K „1.500 Stück Druckkassetten: IBM-Drucker 4028" zu einem bestimmten Preis an. K erklärt daraufhin die Bestellung von „1.500 Original-IBM-Druckkassetten". V liefert daraufhin die vereinbarte Menge an Druckkassetten. Hierbei handelt es sich allerdings nicht um Originalware des Herstellers IBM, sondern um IBM-kompatible Druckkassetten. K weigert sich, die gelieferte Ware abzunehmen. V besteht auf Zahlung des Kaufpreises.

Zu Recht?

Lösung:

V könnte gegen K einen Anspruch auf Kaufpreiszahlung aus § 433 II BGB haben.

Dies setzt einen entsprechenden **Kaufvertrag** zwischen V und K voraus. Ein Vertrag beruht auf zumindest zwei inhaltlich übereinstimmenden Willenserklärungen, nämlich **Angebot** (§ 145 BGB) und **Annahme** (§ 146 BGB).

I. Die Anfrage der K stellt noch kein rechtverbindliches Angebot dar. Ein solches hat vielmehr die Firma V gegenüber der K abgegeben. **Inhalt** war die Lieferung von „1.500 Stück Druckkassetten: IBM-Drucker 4028" zu einem bestimmten Preis.

II. Daraufhin erklärte K die **Annahme**, bezogen auf „1.500 Original-IBM-Druckkassetten".

III. Fraglich ist jedoch, ob Angebot und Annahme **inhaltlich übereinstimmen**. Dies ist durch **Auslegung** nach §§ 133, 157 BGB zu ermitteln.

   1. V wollte Druckkassetten für den IBM-Druckertyp 4028 liefern. Diese Wareneigenschaft erfüllen auch IBM-kompatible Produkte. Demgegenüber

[12] OLG Hamm OLG-Report 1998, S. 21.

bezog sich die Annahmeerklärung der K eindeutig auf Originalware des Herstellers IBM. Die Erklärungen sind **eindeutig**, aber **perplex**: sie widersprechen einander, eine Einigung liegt nicht vor.

2. Die fehlende Einigung betrifft **nicht**, wie §§ 154, 155 BGB als Auslegungsvorschriften für den **Dissens** voraussetzen, **vertragliche Nebenpunkte**, sondern den **Leistungsgegenstand** selbst. Damit haben K und V sich über einen **wesentlichen Vertragsbestandteil** nicht geeinigt[13]. Ein Kaufvertrag aufgrund der ausgetauschten Erklärungen liegt damit nicht vor.

IV. Die Erklärung der Firma V könnte als **neues, abänderndes Angebot** gemäß § 150 II BGB zu werten sein. Allerdings hat K durch ihre Weigerung, die Lieferung abzunehmen, unmissverständlich zu verstehen gegeben, dass sie ein solches Angebot nicht annimmt.

Somit bleibt es dabei, dass K und V keine Einigung erzielt haben, so dass ein Kaufvertrag zwischen den Beteiligten nicht vorliegt. V hat also keinen Anspruch auf Zahlung aus § 433 II BGB gegen K.

Auslegungsgrundsätze:

- Eine **Auslegung** erfolgt hinsichtlich empfangsbedürftiger Willenserklärungen nach dem **objektiven Empfängerhorizont** (vgl. oben; §§ 133, 157 BGB).
- Fehlt es an einer Einigung über einen **wesentlichen Vertragsbestandteil**, ist ein Vertrag insgesamt nicht zustande gekommen.
- Hinsichtlich **Nebenabreden** des Vertrages unterscheidet man den **offenen**, § 154 BGB, und den **versteckten Dissens**, § 155 BGB. Beim offenen Dissens sind sich die Parteien darüber im klaren, dass eine Einigung über einen Nebenpunkt noch nicht erzielt worden ist; beim versteckten Dissens übersehen sie die fehlende Einigung. Hier gilt der Grundsatz **pacta sunt servanda**; im Zweifel soll der Vertrag aufrechterhalten bleiben, da ja auch die Parteien von einem Vertrag ausgingen – anders als beim offenen Dissens. Dort ist im Zweifel der **Vertrag nicht zustande gekommen.**
- Bei der Ermittlung des **Vertragsinhalts** ist nach § 157 und § 133 BGB zu verfahren. Die jeweilige Verkehrssitte ist zu beachten. Die Vertragsauslegung kann auch Punkte erfassen, an welche die Parteien selbst überhaupt nicht oder nur lückenhaft gedacht haben. Dies nennt man **ergänzende Vertragsauslegung.** Hier ist nach dem Sinn und Zweck des Vertrages zu fragen und aus diesen eine Bestimmung dessen zu treffen, was die Parteien geregelt hätten, wenn sie den Punkt bedacht und bestimmt hätten.

Fall 3: Wesentliche Vertragsbestandteile, Auslegung

Die P hat einen neuen Freund F. Sie geht mit ihm in den Autosalon der Firma A, um ein zu F passendes Auto auszusuchen. Im Schaufenster steht ein roter Porsche 911 mit schwarzen Ledersitzen. Der Verkäufer, der die Sachlage sofort überblickt, fordert F auf, sich einmal in das Auto zu setzen. F setzt sich in den Porsche und ruft: „Da werden die Jungs aber Augen machen!“ Darauf erklärt P dem Verkäufer:

[13] Zu den wesentlichen Vertragsbestandteilen vgl. den nachfolgenden Fall 3.

„Den Schlitten nehme ich." Der Verkäufer flüstert P den Kaufpreis ins Ohr, P schluckt und haucht dann „Einverstanden!" Verkäufer und P gehen in den hinteren Teil des Raums, wo ein Tisch steht, auf dem Vertragsunterlagen ausgebreitet sind. In diesem Augenblick hat F bei dem Versuch, die Liegesitze auszuprobieren, die Handbremse gelöst. Dabei setzt sich das Fahrzeug, das auf einer schrägen Unterlage steht, rückwärts in Bewegung. F springt kreidebleich heraus. Der Porsche durchbricht die Schaufensterscheibe, gerät auf die Straße und dort unter einen Schützenpanzer der Bundeswehr. P möchte ihn nicht mehr abnehmen.

Rechtsbeziehungen zwischen Fa. A und P?

Lösung:

I. A könnte gegen P einen Anspruch auf **Kaufpreiszahlung** aus § 433 II BGB haben. Dies setzt einen Kaufvertrag zwischen A und P voraus.

1. Äußerlich übereinstimmende Erklärungen über die Parteien, den Kaufgegenstand[14] sowie den Preis[15] liegen vor. Dies sind die **wesentlichen Bestandteile** (sog. **essentialia negotii**) eines (Kauf-) Vertrages, so dass man vom Vertragsschluss ausgehen könnte.
2. Allerdings ist fraglich, ob bereits ein endgültiger Abschluss erzielt wurde oder noch die Vertragsverhandlungen schwebten. Auch wenn über die essentialia eine Einigung vorliegt, können noch **weitere Umstände** nach dem Willen der Parteien regelungsbedürftig sein, wie auch aus § 154 BGB folgt. Hier ist Folgendes zu berücksichtigen: es sollte offenbar noch eine Vertragsurkunde unterschrieben werden, die Fragen der Überführung, der Anmeldung und der entsprechenden Kosten waren ebenso wenig geklärt wie die von Gewährleistung, Garantie, Versicherung etc. Dies deutet eher auf noch nicht abgeschlossene Vertragsverhandlungen hin.

Damit scheidet ein Anspruch aus § 433 II BGB mangels Vertrages aus.

II. A könnte gegen P einen Anspruch auf **Schadensersatz** aus § 280 I i.V.m. §§ 311 II, 241 II BGB[16] haben. Auch wenn im **Stadium der Vertragsanbahnung** Rechtsgüter eines anderen beschädigt wurden, ist der F jedenfalls **nicht** gemäß § 278 BGB mit **Wissen und Wollen** der P in deren Pflichtenkreis tätig. Er ist **nicht Erfüllungsgehilfe** bei den Vertragsverhandlungen, so dass eine Zurechnung seines Verschuldens bei P über § 278 BGB ausscheidet.

III. Ein Anspruch des A gegen P aus § 831 I BGB setzte voraus, dass F **Verrichtungsgehilfe** der P ist. Hier fehlt es jedoch bereits an dem notwendigen Abhängigkeitsverhältnis, verbunden mit einer Weisungsbefugnis der P gegenüber dem F, um F als Verrichtungsgehilfen der P ansehen zu können[17]. § 831 I BGB liegt also nicht vor. A hat also keinen Anspruch gegen P.

---

[14] Generell: den Leistungsgegenstand.

[15] Generell: ob und wenn ja: welche Gegenleistung. Beim Schenkungsvertrag (§ 516 BGB) einigt man sich, dass eben keine Gegenleistung erbracht werden soll.

[16] Vor der Schuldrechtsreform: culpa in contrahendo (c.i.c.) als gewohnheitsrechtliche Anspruchsgrundlage.

[17] Dazu unten § 17 Fall 2.

§ 2
Das Zustandekommen von Verträgen; Angebot und Annahme

Das auf Vertragsschluss gerichtete Angebot ist gemäß § 145 BGB grundsätzlich **verbindlich** für den Erklärenden. Auch ein **Widerruf** kommt nach § 130 I 2 BGB nicht mehr in Betracht, wenn zuvor das Angebot beim Empfänger zuging. Den Vertragsschluss kann der Annehmende durch ein schlichtes „Ja" herbeiführen, sofern er hierbei die **Annahmefristen** aus §§ 146 ff. BGB beachtet.

Abzugrenzen ist eine verbindliche Angebotserklärung von Äußerungen, welche noch keine Rechtsfolge auslösen, sondern etwa Interessenten zu eigenen Angeboten animieren sollen. Sie werden als **invitatio ad offerendum** bezeichnet und stellen eine Aufforderung an Personen dar, ihrerseits ein Angebot zu äußern.

Fall 1: Bindendes Angebot oder invitatio ad offerendum

Der Odo-Versand verschickt seine neuen Kataloge, u.a. auch an Karl Beljau (K). K bestellt einen Videorecorder der Bestell-Nr. 123/4. O schreibt zurück, dass dieses Gerät leider nicht mehr lieferbar sei. K besteht auf Lieferung. Er droht an, notfalls anderswo einen gleichwertigen Recorder zu kaufen – was O kalt lässt – und O den Differenzbetrag in Rechnung zu stellen – was O eher beunruhigt.

Hat K Recht?

Abwandlung: Tod des Antragenden

K bestellt bei O eine Herrenhose, Größe 62, verstirbt aber kurz nach Absendung der Bestellkarte. O versendet nichts ahnend eine Hose der bestellten Marke und Größe. W, die Witwe und Alleinerbin des K, verweigert Abnahme und Bezahlung.

Lösung:

K könnte gegen O einen Anspruch auf Lieferung des Video-Recorders aus § 433 I 1 BGB haben.

Voraussetzung ist, dass **zwischen K und O** ein **entsprechender Kaufvertrag** abgeschlossen wurde. Ein Vertrag beruht auf mindestens zwei inhaltlich übereinstimmenden Willenserklärungen, nämlich **Angebot** (§ 145 BGB) und **Annahme** (§ 146 BGB). Dabei muss das **Angebot** inhaltlich so bestimmt sein, dass bereits die **wesentlichen Vertragsbestandteile** enthalten sind, so dass die **Annahme** durch ein schlichtes „ja" erfolgen kann. Fraglich ist, worin das – zeitlich vorangehende – Angebot zu sehen ist.

I. Möglicherweise liegt in der Versendung des Kataloges ein Angebot begründet. Ein solches muss nicht ausdrücklich so bezeichnet werden; es reicht eine **schlüssige** Erklärung (**konkludente Erklärung**). Das Zusenden des Kataloges ist auszulegen. Die Auslegung erfolgt nach dem **objektiven Empfängerhorizont**, d.h. es ist nicht allein entscheidend, was der Erklärende gewollt hat, sondern vielmehr, wie ein objektiver Dritter die Erklärung verstehen konnte, wie aus §§ 133, 157 BGB folgt[18].

1. Aus verständiger Sicht kann nicht davon ausgegangen werden, dass O bereits eine nach § 145 BGB **rechtlich verbindliche Vertragsofferte** abgegeben hat. Möglicherweise reichen nämlich gar nicht alle vorhandenen und am Lager befindlichen Video-Recorder aus, um alle Kunden zu befriedigen, die einen solches Gerät bestellen wollen. O würde sich damit vertragsbrüchig machen.
2. Zudem möchte O sicherlich nicht mit jedem, möglicherweise auch insolventen Kunden einen entsprechenden Kaufvertrag abschließen. Das Versenden des Kataloges stellt vielmehr eine sog. **invitatio ad offerendum**[19] dar. Dies ist eine Aufforderung an den anderen Teil, seinerseits ein Angebot abzugeben. Die Katalogversendung kann daher nicht als Angebot angesehen werden.

II. Das Angebot liegt vielmehr auf Seiten des K vor, der durch seine Bestellung kundgegeben hat, er möchte einen Kaufvertrag über einen entsprechenden Video-Recorder abschließen.

III. Diesen Antrag hat O jedoch **abgelehnt**; es ist kein Kaufvertrag zustande gekommen. K hat keinen Anspruch auf Lieferung eines Video-Recorders aus § 433 I 1 BGB gegen O. Insofern scheidet auch Schadensersatz nach §§ 280 I und III, 281 BGB aus.

Lösung der Abwandlung:

Abnahme- und Zahlungsanspruch O gegen W aus §§ 1967, 433 II BGB

W hat keinerlei eigene vertragliche Beziehungen zu O, so dass sie allenfalls **als Erbin** auf Zahlung einer Verbindlichkeit des K gemäß §§ 1967, 433 II BGB in Anspruch genommen werden könnte. Dies setzt voraus, dass wirksam ein **Kaufvertrag zwischen K und O** zustande gekommen ist.

I. Wie im Ausgangsfall stellen die Angaben im Katalog lediglich eine **invitatio ad offerendum** seitens O dar. Das Angebot i.S.v. § 145 BGB kann also nur durch K erfolgt sein.

1. Indem K die Bestellkarte abschickte, hat er das Angebot so **auf den Weg gebracht**, dass an der **Endgültigkeit seines Willens kein Zweifel** besteht. Damit liegt **Abgabe** des Angebots vor.
2. Fraglich ist jedoch der **Zugang** gemäß § 130 I BGB als weitere Wirksamkeitsvoraussetzung einer empfangsbedürftigen Willenserklärung. **Zugang** liegt dann vor, wenn die **Willenserklärung** so **in den Machtbereich** des Empfängers gelangt ist, dass **mit baldiger Kenntnisnahme gerechnet werden kann**. Dies ist nach Eintreffen der Karte bei O der Fall. Gemäß § 130 II BGB ist es auch unerheblich für den Zugang, dass K nach Abgabe der Willenserklärung verstarb. Damit liegt ein wirksames Angebot vor.

II. Dies müsste O **angenommen** haben, § 146 BGB.

1. Eine entsprechende **schlüssige Erklärung** hat O durch Versand der bestellten Ware abgegeben.

---

[18] Dazu auch oben den „Halve Hahn“, S. 101.
[19] Hk-BGB/Dörner, § 145 Rn. 4. Beispiele bei Jauernig/Jauernig, § 145 Rn. 3.

2. **Zugang** könnte jedoch nach dem Tod des K nicht mehr möglich sein. Allerdings spricht § 153 BGB aus, dass **prinzipiell** das **Zustandekommen eines Vertrages nicht** dadurch **gehindert** wird, dass der Antragende vor Annahme **stirbt.** In diesem Fall entstünde eine Verbindlichkeit, für welche W als Erbin des K einstehen müsste. Etwas anderes gilt nach § 153 BGB aber dann, wenn ein anderer Wille des Antragenden K anzunehmen ist. Angesichts des bestellten Gegenstandes (Herrenhose Größe 62) ist zu vermuten, dass es sich um sehr **persönlichen Bedarf** des K gehandelt hat, der für Erben keinerlei weiteres eigenes Interesse aufweist.

Somit ist kein wirksamer Vertrag zwischen K und O zustande gekommen. Ein Zahlungsanspruch steht O gegen W nicht zu.

Fall 2: Angebot, Annahme und Widerruf

Importeur Ignaz Imme (I) richtet an Sportartikelhändlerin Claire Grube (G) abends nach 20.00 Uhr ein Fax des folgenden Inhalts: „Ich biete Ihnen 500 Bauchwegtrainer der Marke Fatsuit zu 150,– € pro Stück an." Als das Fax bei G eingeht, ist dort niemand mehr im Büro. Gegen 23.00 Uhr erhält I von einem befreundeten Importeur den Tipp, dass die Preise für das Trainingsgerät in den USA, wo es hergestellt wird, am folgenden Tag wahrscheinlich erheblich steigen werden. Darauf sendet I ein zweites Fax an G mit folgendem Inhalt: „Ich widerrufe das Angebot und biete zu 200,– € pro Stück an". Von beiden Schreiben nimmt die G am nächsten Morgen kurz nacheinander Kenntnis. Sie lässt an I zurückschreiben: „Ich nehme Ihr Angebot über 500 Stück zum Preis von 150,– € je Stück an."

Muss I zu 150,– € pro Stück liefern?

Abwandlung: Angebot und Annahme, Verzicht auf Zugang

G richtet an den Importeur I ein Fax des folgenden Inhalts: „Überrollt von Fitness-Welle. Liefern Sie mir bitte umgehend 500 Bauchwegtrainer der Marke Fatsuit, Preislimit 150,– € pro Stück." I beantwortet das Fax nicht, bringt aber 500 Stück an G zur Versendung. Ehe die Geräte bei G eintreffen, erreicht I die Nachricht, dass die Preise anziehen. Er faxt kurzerhand dem G: „Die bei Ihnen eintreffenden Trainingsgeräte kann ich Ihnen nur zum Preis von 170,– € pro Stück verkaufen."

Ist zwischen I und G ein Kaufvertrag zum Preis von 150,– € pro Stück zustande gekommen?

Lösung:

G könnte gegen I einen Anspruch auf **Lieferung** von 500 Stück der Trainingsgeräte zum Preis von 150,– € je Stück aus § 433 I BGB haben. Dies setzt voraus, dass zwischen I und G ein Kaufvertrag mit entsprechendem Inhalt zustande gekommen ist. Ein Vertrag kommt durch **Angebot** und eine diesem inhaltlich entsprechende **Annahme** zustande.

I. I müsste ein Angebot über 150,– € pro Stück abgegeben hat. Dies hat er in seinem ersten Fax getan.

1. Fraglich ist jedoch, ob dieses Angebot auch **wirksam** geworden ist. Ein Angebot ist eine empfangsbedürftige Willenserklärung. Zu ihrer Wirksam-

keit ist erforderlich, dass einerseits die Willenserklärung abgegeben wird, andererseits, dass sie dem Empfänger zugeht. **Abgabe** ist die **endgültige willentliche Entäußerung der Erklärung.** Die Erklärung muss so mit Willen des Erklärenden auf den Weg gebracht werden, dass an der **Endgültigkeit** des Willens **kein Zweifel** mehr bestehen kann[20]. Dies ist hinsichtlich des ersten Fax der Fall.

2. Gemäß § 130 I 1 BGB wird eine Willenserklärung, die einem anderen gegenüber abzugeben ist, wenn sie in dessen Abwesenheit abgegeben wird, in dem Zeitpunkt wirksam, in welchem sie ihm **zugeht. Zugang** liegt vor, wenn die **Erklärung** so in den **Machtbereich des Empfängers gelangt** ist, dass **unter regelmäßigen Umständen mit Kenntnisnahme gerechnet werden** kann[21]. Die tatsächliche Kenntnisnahme durch den Empfänger ist danach nicht entscheidend. Es genügt die Gelegenheit hierzu. Fraglich ist, **wann** das Fax **zugegangen** ist. Nach 20.00 Uhr war das Büro der G nicht mehr besetzt. Dies war auch zu erwarten, so dass eine Kenntnisnahme durch G erst am nächsten Tag zu den üblichen Geschäftszeiten seitens des I erwartet werden konnte. Der Zugang erfolgte also erst am nächsten Tag.

II. An den **Antrag** ist der Erklärende gemäß § 145 BGB zunächst **gebunden.** Nach § 146 BGB **erlischt** der Antrag jedoch, wenn er dem Antragenden gegenüber **abgelehnt** oder **nicht rechtzeitig** nach §§ 147 ff. BGB **angenommen** worden ist. Die Annahme hat G erklärt.

III. Allerdings wäre dann nicht berücksichtigt, dass I sein Angebot **widerrufen** hat. Dass dies grundsätzlich möglich ist, folgt aus § 130 I 2 BGB. Danach wird eine Willenserklärung nicht wirksam, wenn dem anderen **vorher** oder **gleichzeitig** ein **Widerruf** zugeht. Der Widerruf ist im zweiten Fax enthalten. Der Widerruf ist am nächsten Tag zugegangen, als die Möglichkeit zu seiner Kenntnisnahme für G bestand, also **gleichzeitig** mit dem ersten Angebot. Damit ist das Angebot nicht wirksam geworden. Ein Vertrag zwischen I und G über Lieferung der Geräte zu 150,– € pro Stück ist also nicht zustande gekommen.

Lösung der Abwandlung:

Möglicherweise ist zwischen G und I ein Kaufvertrag i.S.v. § 433 BGB über die Trainingsgeräte zu 150,– € pro Stück zustande gekommen.

Ein **Angebot** der G liegt vor. **Fraglich** ist jedoch, ob I dieses Angebot **angenommen** hat.

I. **Ausdrücklich** hat I die Annahme **nicht** erklärt. Indes kann eine Willenserklärung auch **konkludent** erfolgen. In der Ausführung der Lieferhandlung liegt **schlüssig** die Annahme des Vertragsangebotes[22]. An sich müsste diese Annahmeerklärung gemäß § 130 I 1 BGB an G zugehen. Ein gesonderter **Zugang** ist jedoch gemäß § 151 BGB dann **nicht erforderlich**, wenn eine solche

---

[20] Ähnlich Jauernig/Jauernig, § 130 Rn. 1.
[21] Jauernig/Jauernig, § 130 Rn. 4 m.w.N.
[22] Hier ist **kein** Fall des **Schweigens als Willenserklärung** gegeben, denn I vollzieht eine Handlung mit Erklärungswert. Dies ist gerade das Gegenteil von untätigem Schweigen, das grundsätzlich nicht als Willenserklärung gilt.

Erklärung nach der Verkehrssitte nicht zu erwarten ist oder der Antragende auf sie verzichtet hat. Hier ergibt sich aus der **Dringlichkeit** des Geschäfts, dass der Antragende auf einen **Zugang** der Annahmeerklärung **verzichtet** hat.

II. Fraglich ist, ob I seine schlüssige Vertragsannahme durch das Fax gemäß § 130 I 2 BGB **widerrufen** hat. Inhaltlich möchte I offenbar seine Erklärung nicht aufrechterhalten, so dass ein Widerruf anzunehmen ist. Dieser müsste G **vorher** oder **spätestens gleichzeitig** mit der Annahmeerklärung des I **zugegangen** sein. Wie gesehen hat I das Vertragsangebot der G nach § 151 BGB angenommen, so dass ein gesonderter Zugang der Annahmeerklärung nicht notwendig war. Bereits mit **Absenden der Ware** ist also ein Kaufvertrag zwischen G und I zustande gekommen und nicht erst mit ihrer Ankunft. Ein Widerruf der Annahme durch I war also nicht mehr möglich.

Somit besteht ein Kaufvertrag zwischen I und G über die vereinbarte Ware zum Stückpreis von 150,– €.

Fall 3: Abgabe und Zugang; Annahmefrist

A hat bei B eine Garage angemietet. B kündigt dem A zum 1.7. A schreibt an V, der – wie A aus einer entsprechenden Zeitungsannonce mit Preisangaben weiß – ebenfalls Garagen vermietet, und verfasst ein Angebot auf Abschluss eines Mietvertrages. Dies übergibt er am 15.6. der Schwester S des V, der gerade nicht anwesend ist. Am 17.6. erklärt B in einem Anfall von Großmut dem A, er könne die Garage weiterhin behalten. Am 16.6. hatte V das Angebot des A angenommen und ein entsprechendes Schreiben an A abgeschickt. Dieses Schreiben geht A aber erst am 23.6. zu, obwohl es den Stempel vom 17.6. trägt. A antwortet nicht, weil er das Schreiben des V für verspätet hält. V besteht auf Zahlung der vereinbarten Miete ab dem 1.7.

Zu Recht?

Zeittafel:

Kündigung durch B zum 1.7.

15.6. → Angebot A/V (S)

16.6. → Annahmeerklärung V

17.6. → B an A

17.6. → Stempel der Post

23.6. → Zugang Erklärung V

Abwandlung: Verspätetes Angebot

Wie verhält es sich, wenn A die Verspätung der Zustellung erkennt, dies per Fax noch am selben Tag dem V anzeigt und zwei Tage später V erklärt, die Garage doch zum 1.7. zu nehmen, weil er sich endgültig mit B zerstritten hat?

Lösung:

Anspruch V gegen A auf Zahlung des Mietzinses aus § 535 II BGB

V kann von A Zahlung des Mietzinses ab dem 1.7. verlangen, wenn zwischen ihnen ein entsprechender **Mietvertrag** abgeschlossen wurde. Ein Vertrag beruht auf **Angebot** (§ 145 BGB) und inhaltlich übereinstimmender **Annahme** (§ 146 BGB).

A. Die Zeitungsannonce des V stellt eine **invitatio ad offerendum**, also noch kein bindendes Vertragsangebot dar. Ein solches kann vielmehr nur A wirksam angegeben haben.

I. In seinem Schreiben vom 15.6. hat A seinen Willen dahingehend geäußert, von V zu einem bestimmten Preis ab dem 1.7. die Garage anmieten zu wollen. Die **wesentlichen Vertragsbestandteile (essentialia negotii)**, welche ein Angebot enthalten muss, sind also in seiner Erklärung enthalten.

II. Fraglich ist die **Wirksamkeit** dieses Angebots des A. Es handelt sich um eine empfangsbedürftige Willenserklärung, die gemäß § 130 I 1 BGB durch **Abgabe** und **Zugang** wirksam wird[23].

1. Indem A der S das Schriftstück aushändigt, hat er sein Angebot so auf den Weg gebracht, dass an Ernsthaftigkeit und Endgültigkeit seiner Willenserklärung kein Zweifel mehr besteht. Eine **Abgabe** liegt also vor.

2. Der nach § 130 I 1 BGB erforderliche **Zugang** liegt vor, wenn die Willenserklärung so in den Machtbereich des Empfängers gelangt ist, dass unter normalen Umständen alsbald mit einer Kenntnisnahme gerechnet werden kann. S gehört offenbar dem Haushalt des V an und ist damit als **geeignet** und **ermächtigt** anzusehen, die schriftliche Erklärung entgegenzunehmen. Sie ist damit **Empfangsbotin** i.S.v. § 120 BGB[24]. Mit Entgegennahme des Angebots durch sie ist damit auch Zugang der Willenserklärung bewirkt worden.

Somit liegt auf Seiten des A ein wirksames Angebot vor.

B. Dieses Angebot müsste V wirksam **angenommen** haben.

I. Eine entsprechende Willenserklärung enthält das Schreiben vom 16.6.

II. Die Willenserklärung muss nach § 130 I 1 BGB **abgegeben** worden und **zugegangen** sein.

1. V hat die Annahmeerklärung am 16.6. so auf den Weg gebracht, dass an Ernsthaftigkeit und Endgültigkeit seines Willens kein Zweifel mehr besteht. Am 23.6. ist die Erklärung in den Machtbereich des A gelangt, der sie alsbald zur Kenntnis nehmen konnte.

2. Fraglich ist jedoch, ob dieser **Zugang** am 23.6. **rechtzeitig** i.S.v. § 146 a.E. BGB war.

a) Eine **ausdrückliche Annahmefrist** nach § 148 BGB hat A nicht bestimmt. Daher ist eine Fristbestimmung nach § 147 II BGB notwendig. Normalerweise wäre nach **regelmäßigen Umständen** eine Frist für die Zustellung von Angebot und Annahme sowie eine gewisse Überle-

---

[23] Hierzu vgl. Schreiber, Jura 2002, S. 249 ff.

[24] Vgl. dazu unten § 6.

gungszeit von insgesamt 4–5 Tagen zu erwarten. An sich ist damit die Annahme **verspätet** zugegangen und damit nach § 146 BGB nicht rechtzeitig erfolgt.

b) Möglicherweise ist die **Fristüberschreitung** nach § 149 BGB **unschädlich.** V hatte das Schreiben rechtzeitig abgesendet. Aufgrund des Stempels konnte A erkennen, dass der Beförderungsweg ungewöhnlich lang war und normalerweise das Schreiben rechtzeitig eingetroffen wäre. Dies hat er V nicht mitgeteilt. Damit wird gemäß § 149 S. 2 BGB die **Rechtzeitigkeit der Annahme fingiert.** Der Mietvertrag über die Garage ab dem 1.7. zwischen V und A ist also zustande gekommen.

V kann somit von A Zahlung des Mietzinses ab dem 1.7. verlangen.

Lösung der Abwandlung:

Fraglich ist die Wirksamkeit von Angebot und Annahme zwischen A und V.

Auch hier lag das Angebot ursprünglich auf Seiten des A vor. V hat die Annahme erklärt, sie ist jedoch verspätet zugegangen.

I. Im Unterschied zum Grundfall hat A dem V **rechtzeitig angezeigt**, dass die **Annahmeerklärung verspätet** ist. Die Rechtzeitigkeit kann also nicht nach § 149 S. 2 BGB fingiert werden. Das **ursprüngliche** Angebot des A ist damit **erloschen,** § 146 BGB.

II. Damit entfällt allerdings nicht jede Rechtswirkung der verspäteten Annahmeerklärung. Vielmehr gilt sie gemäß § 150 I BGB als **neuer Antrag,** diesmal seitens des V.

III. Dieses Angebot hat A zwei Tage später angenommen, also **innerhalb einer Frist,** in der unter normalen Umständen gemäß § 147 II BGB der Eingang der Antwort erwartet werden darf. Also ist auch in der Abwandlung ein Mietvertrag zwischen A und V zustande gekommen.

Fall 4: Zugang bei Übergabeeinschreiben und Zugangsverzögerung[25]

Die Firma Bohrerkäs (B) verlangt von Frau Karla Wahn (K) Bezahlung des Kaufpreises für einen Campingbus. K gab am 8.9. ein Angebot zum Kauf des Fahrzeugs für 14.000,– € ab. Im von ihr unterzeichneten Bestellformular hieß es u.a.:

„Der Käufer ist an diese Bestellung 10 Tage gebunden. Der Kaufvertrag ist abgeschlossen, wenn der Verkäufer die Annahme der Bestellung innerhalb dieser Frist schriftlich bestätigt hat oder die Lieferung ausgeführt ist."

Mit an K gerichtetem Übergabeeinschreiben vom 10.9. erklärte B die Annahme des Angebots vom 8.9. Der Postbote traf jedoch K nicht an. Er hinterließ deshalb in ihrem Briefkasten die schriftliche Mitteilung, für sie sei bei der näher bezeichneten Poststelle ein eingeschriebener Brief niedergelegt. K holte die Postsendung nicht ab. Mit Stempelaufdruck vom 21.9. und dem Vermerk „Empfänger benachrichtigt. Da nicht abgefordert, nach Ablauf der Lagerfrist zurück" ging der Einschreibebrief zurück an B. K nahm in der Folgezeit das Fahrzeug nicht ab. B verlangt Zahlung Zug um Zug gegen Lieferung des Campingbusses.

---

[25] BGH NJW 1998, S. 976 f.

Zeittafel:
8.9. → Abgabe Angebot durch K
10.9. → Einschreiben der B
21.9. → Rücksendung durch Post an B

Lösung:

Ein Anspruch der B gegen K auf Abnahme und Zahlung des Kaufpreises aus § 433 II BGB setzt einen entsprechenden **Kaufvertrag** zwischen K und B voraus.

I. Ein **Angebot** gemäß § 145 BGB ist durch K am 8.9. **abgegeben** worden.

II. Die **Annahme** i.S.v. § 146 BGB wurde von B im Schreiben vom 10.9. erklärt. Durch Versendung dieses Schreibens liegt eine endgültige und willentliche Entäußerung der Willenserklärung, also eine **Abgabe** vor. Fraglich ist allerdings, ob die Annahme auch **rechtzeitig** gemäß § 146 BGB **zugegangen** ist. Im Angebot der K war eine **Frist** für die Annahme von 10 Tagen nach § 148 BGB bestimmt. Die Annahme müsste also innerhalb der Frist nach § 130 I 1 BGB zugegangen sein, um rechtzeitig i.S.v. § 147 BGB zu sein.

1. **Zugang** liegt vor, wenn eine Willenserklärung so in den **Machtbereich des Empfängers** gelangt ist, dass unter normalen Umständen damit zu rechnen ist, der Empfänger **könne** von ihrem **Inhalt Kenntnis nehmen**[26]. Das Schreiben vom 10.9. ist aber selbst nie in den Machtbereich der K gelangt und also auch nicht zugegangen.

2. Fraglich ist jedoch, ob durch den **Benachrichtigungsschein** Zugang bewirkt wurde. Hiermit teilt der Zusteller dem Empfänger aber nur mit, dass für ihn bei der Post ein Einschreiben zur Abholung bereit liegt. Hinweise auf Absender oder Inhalt des Schreibens enthält die Benachrichtigung nicht, so dass der Empfänger **keine Gelegenheit** hat, von dem **Inhalt Kenntnis zu nehmen.** Auch insofern liegt kein Zugang vor.

3. U.U. muss sich K jedoch nach **Treu und Glauben**, § 242 BGB, so behandeln lassen, als ob der Zugang rechtzeitig erfolgt wäre.

   a) Derjenige, der mit dem **Eingang** rechtsgeschäftlicher Erklärungen **rechnen muss**, hat durch **geeignete Vorkehrungen** den Empfang solcher Erklärungen sicherzustellen[27]. Wird dies versäumt, muss sich der Empfänger möglicherweise so behandeln lassen, als ob Zugang erfolgt wäre.

   b) Ein Rückgriff auf Treu und Glauben kommt aber nur dann in Betracht, wenn der Erklärende seinerseits alles **Erforderliche und Zumutbare** getan hat, um die Erklärung in den Machtbereich des Empfängers gelangen zu lassen. Insbesondere ist er regelmäßig gehalten, unverzüglich einen **neuen Versuch** zu unternehmen, dem Adressaten die Erklärung zukommen zu lassen, wenn für ihn ein Ausbleiben des Zugangs erkennbar wird[28]. Der **Grund** hierfür ist, dass eine empfangsbedürftige Willenser-

---

[26] BGH NJW 1983, S. 929 ff. (930).
[27] BGHZ 67, 271 (278); BAG DB 1986, S. 2336 f. (2337).
[28] BGH VersR 1971, S. 262 f. (263); BAG DB 1986, S. 2336 f. (2337).

klärung prinzipiell erst Wirkung entfalten soll, wenn sie auch tatsächlich zugegangen ist. Dieser **weitere Zugangsversuch** wirkt dann wie ein rechtzeitiger Zugang. Eine erneute Zugangsbemühung seitens der B liegt aber nicht vor.

c) Ein **erneuter Zustellungsversuch** ist nur dann **nicht erforderlich**, wenn der Adressat, der mit dem Eingang einer rechtlich relevanten Willenserklärung rechnen muss, deren **Annahme grundlos verweigert**[29] oder sogar **arglistig den Zugang verhindert**. Dies ist nicht der Fall: insbesondere musste K nicht aufgrund des Benachrichtigungsschreibens ohne weiteres davon ausgehen, dass es sich um das Annahmeschreiben des B handelte. Außerdem war nach dem Bestellformular lediglich Schriftform erforderlich, aber nicht von Einschreiben die Rede. K musste also nicht zwingend davon ausgehen, dass es sich um die Annahmeerklärung der B handelte.

Damit ist die Annahmeerklärung der B nicht wirksam geworden. Es liegt kein Vertrag zwischen B und K vor. Ein Anspruch B gegen K aus §433 II BGB besteht damit nicht.

Anmerkung:
Der Gesetzgeber sieht das **Schweigen grundsätzlich nicht als Willenserklärung** an. In §151 BGB wird lediglich auf den Zugang einer Annahme verzichtet; die Annahme selbst muss erfolgen, etwa schlüssig durch Vornahme der Leistung (s.o.).

Schweigen als Willenserklärung

- Besondere Vereinbarung
- Gesetzliche Regelung, §362 I HGB
- Schweigen auf kaufmännisches Bestätigungsschreiben
- §242 BGB

Abbildung 1: Schweigen als Willenserklärung

Fall 5: Vorverhandlungen, Schweigen auf ein Angebot[30]

Die K-Bank steht mit der B seit Jahren in Geschäftsbeziehungen. Insgesamt belaufen sich die der B eingeräumten Kredite auf ca. 2 Mio. €. Die finanzielle Situation der B verschlechterte sich zusehends. B bemühte sich unter Einbeziehung aller Gläubigerbanken, u.a. auch der K, um eine Lösung. Am 16.12. kam man nach einer längeren Verhandlung zu einer abschließenden Besprechung. Hier wurde eine Lösungsalternative gefunden. Diese sah vor, dass die B den Kredit ihrer Gläubigerbanken unter Abzug eines 20%igen Nachlasses bis zum 31.12. ablösen sollte. Für den Fall fristgerechter Ablösung erklärten die Gläubigerbanken vorbehaltlich

[29] BGH NJW 1983, S.929f. (930).
[30] BGH NJW 1995, S.1281f.

der Gremiumsentscheidung in den einzelnen Häusern und nicht gebunden an eine Kollektiventscheidung, Forderungsverzichte auszusprechen. Die K stellte der B dem gemäß einen Teilerlass in Höhe von 205.000,– € in Aussicht.

Durch Fernschreiben vom 22.12. informierte B die K, dass sie ihre Schulden unter Abzug von 205.000,– € bis zum 31.12. ablösen werde. B überwies den angekündigten Betrag in Höhe von 1,7 Mio. € am 29.12. Er wurde von der K widerspruchslos gutgeschrieben. Das bei der K zuständige Gremium entschied jedoch am 5.1. des Folgejahres, der B keinen Teilerlass in Höhe von 205.000,– € zu gewähren. Sie fordert den Restbetrag. B ist demgegenüber der Auffassung, die Restforderung der K sei durch den wirksamen Abschluss eines Teilerlassvertrages erloschen.

Besteht ein Zahlungsanspruch der K gegen B?

Zeittafel:

16.12. → Besprechung B/K

22.12. → Fernschreiben B an K

29.12. → Überweisung von 3,4 Mio. durch B an K

31.12. → In Aussicht genommene Zahlungsfrist

5.1. → Entscheidung innerhalb der K

Lösung:

A. Die K besaß gegen B zunächst einen Anspruch auf **Rückzahlung** des Darlehns aus § 488 I 2 BGB.

B. Soweit die B einen Betrag von 1,7 Mio. € am 29.12. überwiesen hat, ist nach § 362 I BGB **Erfüllung** eingetreten. Hinsichtlich der Restsumme könnte die Forderung durch Abschluss eines **Erlassvertrages** nach § 397 BGB erloschen sein. Fraglich ist, **wann** ein solcher Erlassvertrag zustande gekommen sein könnte.

I. Im Hinblick auf den Gremiumsvorbehalt ist davon auszugehen, dass die Vertreter der K-Bank in der Besprechung vom 16.12. noch **keine verbindliche Vereinbarung** treffen wollten. Eine solche sollte nur bereits in Einzelheiten vorbereitet werden.

II. Insofern ist auf das folgende Verhalten von K und B abzustellen.

1. Zunächst müsste ein **Angebot** auf Abschluss des Erlassvertrages vorliegen. In dem den Abreden entsprechenden Verhalten der B – fristgerechte Überweisung des nach Abzug des vorgesehenen Teilerlasses von 205.000,– € verbleibenden Restschuldbetrages sowie fernschriftliche Ankündigung dieser Überweisung – lag ein Angebot an die K vor.

2. Dieses Angebot müsste die K **angenommen** haben. Mangels ausdrücklicher oder konkludenter Erklärung kommt nur eine **Annahme durch Schweigen** in Betracht.

a) Eine entsprechende **besondere Vereinbarung** dergestalt, dass das Schweigen ausnahmsweise die Bedeutung einer Willenserklärung haben soll, liegt zwischen den Beteiligten nicht vor.

b) Das **Schweigen auf ein kaufmännisches Bestätigungsschreiben** bewirkt, dass ein zuvor mündlich abgeschlossener Vertrag dann inhaltlich verändert wird, wenn der Absender in gutem Glauben von der ursprünglichen Vereinbarung mit seiner Bestätigung abweicht[31]. Ob die Beteiligten Kaufleute oder zumindest wie Kaufleute anzusehen sind, kann dahinstehen. Es wurde am 16.12. ausdrücklich noch **kein** rechtsverbindlicher **mündlicher Vertrag** abgeschlossen, der durch ein nachträgliches Schreiben der B bestätigt werden konnte.

c) Auch der Ausnahmefall des § 362 I HGB für **bestimmte kaufmännische Geschäftsbesorgungsverträge** ist nicht einschlägig.

d) U.U. kommt nach dem **Grundsatz von Treu und Glauben** aus § 242 BGB ausnahmsweise dem Schweigen die Bedeutung einer Willenserklärung zu. Möglicherweise war hier nach **Treu und Glauben** ein **Widerspruch** des Angebotsempfängers **erforderlich**. Nach dem BGH ist in dem Schweigen auf ein endgültiges Angebot, das aufgrund einverständlicher und alle wichtigen Punkte betreffender Vorverhandlung ergeht, in der Regel eine **stillschweigende Annahme** zu sehen[32]. Der Lösungsvorschlag der Gläubigerbanken zur Abwendung einer Insolvenz der B war unter maßgeblicher Beteiligung der K erarbeitet worden. Sie hatte auch den Teilerlass in Aussicht gestellt, den entsprechenden Betrag errechnet und eine mögliche Zustimmung des Gremiums zumindest angekündigt. Die **Initiative** für eine diesen Bedingungen entsprechende Ablösung überließ sie der B. Hätte sie damit die Überweisung nur als Teilleistung akzeptieren wollen, hätte sie nach Treu und Glauben einen Widerspruch äußern müssen. Damit hat die K den **Erlassvertrag durch Schweigen angenommen**, wobei der Zugang der Annahme nach § 151 BGB entbehrlich war.

Damit ist zwischen B und K ein **Erlassvertrag** nach § 397 I BGB zustande gekommen. Der Anspruch der K gegen die B ist damit insgesamt untergegangen.

Das Erlöschen des Schuldverhältnisses			
Erfüllung, §§ 362 ff. BGB	**Hinterlegung, §§ 372 ff. BGB**	**Aufrechnung, §§ 387 ff. BGB**	**Erlass/negatives Schuldanerkenntnis, § 397 BGB**
Gem. § 362 I BGB, wenn die geschuldete Leistung bewirkt wird	Gem. § 372 BGB Hinterlegung bestimmter Gegenstände	Gem. § 388 BGB durch einseitige Erklärung des Schuldners gegenüber dem anderen Teil	Gem. § 397 I BGB Erlassvertrag zwischen Gläubiger und Schuldner

[31] Dazu unten § 32 Fall 1.
[32] BGH NJW 1995, S. 1281 f. (1281) m.w.N.

Erfüllung, §§362ff. BGB	**Hinterlegung, §§372ff. BGB**	**Aufrechnung, §§387ff. BGB**	**Erlass/negatives Schuldanerkenntnis, §397 BGB**
Gem. §364 I BGB, wenn Gläubiger andere Leistung (endgültig) an Erfüllungs Statt annimmt	Ort: Hinterlegungsstelle gem. §374 I BGB; nach §1 II HinterlegungsO das Amtsgericht.	Voraussetzung: §387 BGB • Gläubiger hat bewirkbare (§271 BGB) Hauptforderung gegen Schuldner • Schuldner hat gleichartige, fällige (§271 BGB) Gegenforderung gegen Gläubiger	Gem. §397 II BGB negatives Schuldanerkenntnis durch Vertrag zwischen Gläubiger und Schuldner
Aber: kein Erlöschen bei Annahme einer (weiteren) Leistung erfüllungshalber (vgl. §364 II BGB)! Bsp.: Wechselhingabe an Gläubiger: ursprüngliche Forderung bleibt bestehen	Voraussetzung: regelmäßig Annahmeverzug des Gläubigers, §372 i.V.m. §§293ff. BGB	Ausgeschlossen z.B., wenn • Aufrechnungsverbot vereinbart • **Gegen**forderung einredebehaftet, §390 S.1 BGB • **Haupt**forderung aus unerlaubter Handlung, §393 BGB oder • unpfändbar, §394 BGB	
	Unmittelbare Erfüllungswirkung der Hinterlegung nur, wenn Rücknahme ausgeschlossen gem. §§376 II, 378 BGB	Wirkung: §389 BGB, Erlöschen der gegenseitigen Forderungen, soweit sie sich decken	

Abbildung 2: Das Erlöschen des Schuldverhältnisses

§3
Anfechtung der Willenserklärung wegen Irrtums

Anfechtung

A. **Anwendbarkeit** der Anfechtungsregeln:

- nicht, wenn Sonderregeln eingreifen wie §§434ff. BGB gegenüber §119 II BGB;
- nicht, wenn beispielsweise Anfechtung durch den Verkäufer dazu dienen soll, sich seinen Gewährleistungspflichten nach §§434ff. BGB zu entziehen;
- str. ob bei beiderseitigem Irrtum[33].

[33] Dazu unten Fall 2.

B. Anfechtungsgrund:

I. Erklärungsirrtum, § 119 I 2. Alt. BGB
II. Inhaltsirrtum, § 119 I 1. Alt. BGB
III. Eigenschaftsirrtum, § 119 II BGB
IV. Widerrechtliche Drohung oder arglistige Täuschung, § 123 BGB[34]
V. Falsche Übermittlung durch Boten, § 120 BGB
VI. Bei Einschaltung eines Stellvertreters muss nach § 166 I BGB der Anfechtungsgrund prinzipiell in seiner Person vorliegen!

C. Kein **Ausschluss** durch **Bestätigung,** § 144 BGB

D. Anfechtungserklärung:

I. Ausdrücklich oder konkludent möglich.
II. Gegenüber richtigem Anfechtungsgegner, § 143 I, II BGB.

E. Anfechtungsfrist:

I. § 121 BGB (ohne schuldhaftes Zögern) für §§ 119, 120 BGB
II. § 124 BGB für § 123 BGB

Fall 1: Inhaltsirrtum, Schadensersatz, negatives Interesse

Axel Puder (A) wollte während des Monats Mai Ferien machen. Ende März fuhr er nach Oberammergau und sah sich anhand eines Prospektes mehrere Ferienhäuser an. Er begann unten an der S-Straße mit dem „Haus Frieden", dessen Lage ihm aber viel zu unruhig war. Ebenfalls an der S-Straße, aber weiter oben, lag das „Haus Friedel", das dem A besser gefiel. Einige Tage später entschied er sich für das ruhigere Haus weiter oben an der S-Straße. Er schrieb eine Postkarte an das „Haus Frieden, S-Straße" und fragte, ob er das Haus im Mai zum im Prospekt angegebenen Preis mieten könne. Eigentümer Basilius Runkel (B) war damit einverstanden. Als A am 1.5. eintraf, stellte er fest, dass er das falsche Haus angeschrieben hatte und dass das Haus Friedel noch frei war. Er erklärte dem B, dass die Anfrage gar nicht für ihn bestimmt gewesen sei und er das Haus nicht nehmen wolle. B will sich darauf nicht einlassen.

Welche Ansprüche hat B gegen A?

Lösung:

A. Anspruch B/A auf Mietzins, § 535 II BGB

I. Dies setzt voraus, dass ein **Mietvertrag** zustande gekommen und damit der **Anspruch entstanden** ist.

1. Ein **Angebot** des A könnte vorliegen. Nach dem äußerer Tatbestand ist dies der Fall, und zwar nach der gemäß §§ 133, 157 BGB entscheidenden

[34] Vgl. dazu unten § 6 Fall 4.

Auslegung **nach objektivem Empfängerhorizont** bezogen auf das Haus Friedel.

2. B hat das Angebot **angenommen.** Also ist ein Mietvertrag über das Haus Friedel zustande gekommen; der Anspruch ist **entstanden.**

II. Der Anspruch ist möglicherweise wieder **untergegangen.** Eventuell hat A durch Anfechtung seiner Erklärung nach § 142 I BGB diese **rückwirkend (ex tunc)** vernichtet, so dass auch der Vertrag A/B wieder **hinfällig** wurde.

Dies setzt einen **Anfechtungsgrund** und eine wirksame **Anfechtungserklärung** innerhalb der **Anfechtungsfrist** voraus.

1. Als **Anfechtungsgrund** kommt eine irrtümliche Willenserklärung i.S.v. § 119 I BGB in Betracht. Dort wird zwischen Erklärungs- und Inhaltsirrtum unterschieden. Fraglich, ist, welche Irrtumsform hier vorliegt.

a) Ein **Erklärungsirrtum** (2. Alt.) ist durch eine mechanische Fehlleistung (Verschreiben, Versprechen o.ä.[35]) des Erklärenden gekennzeichnet. Dies ist im Hinblick auf A nicht der Fall.

b) Bei einem **Inhaltsirrtum** (1. Alt.) misst der Erklärende seinem Ausdruck eine falsche Bedeutung bei[36]. Er weiß **was** er erklärt, aber nicht, was er **damit** erklärt. A verband mit dem Schreiben an das „Haus Frieden“ ein Angebot über das Haus in der ruhigeren Lage; er irrte also über die Bedeutung seiner Erklärung und befand sich mithin in einem Inhaltsirrtum.

Damit liegt ein Anfechtungsgrund vor.

2. A müsste die Anfechtung gegenüber **dem richtigen Anfechtungsgegner erklärt** haben, § 143 I und II BGB.

a) Er hat zum Ausdruck gebracht, dass er wegen seines Irrtums nicht an seinem Angebot festhalten will. Dies genügt für eine **schlüssige** Anfechtungserklärung.

b) A hat dies auch gegenüber dem B als Vertragspartner und **Anfechtungsgegner** erklärt, § 143 I und II BGB.

3. Die Erklärung der Anfechtung müsste **unverzüglich**[37] i.S.v. § 121 I BGB erfolgt sein. A hat dies gleich erklärt, nachdem er seinen Irrtum bemerkte. Damit geschah die Anfechtung ohne schuldhaftes Zögern, also unverzüglich nach § 121 I BGB.

Damit ist infolge wirksamer Anfechtung das Angebot des A rückwirkend vernichtet worden, § 142 I BGB. Somit ist auch die vertragliche Einigung A/B rückwirkend entfallen.

Also ist der Anspruch B/A auf Mietzins aus § 535 II BGB **untergegangen.**

B. Anspruch B/A auf Schadensersatz aus § 122 I BGB

Möglicherweise steht B gegen A ein Anspruch auf **Schadensersatz** aus § 122 I BGB zu.

---

[35] Jauernig/Jauernig, § 119 Rn. 6.
[36] Jauernig/Jauernig, § 119 Rn. 7 m.w.N.
[37] Nicht gleichbedeutend mit „sofort“!

I. Die Willenserklärung des A ist nach § 119 BGB von ihm **angefochten** worden.

II. **Ersetzbar** ist für den Empfänger der nunmehr nichtigen Willenserklärung das sog. **negative Interesse**: B wird so gestellt, als hätte er vom Angebot des A nie gehört. Hier sind verschiedene Varianten denkbar:

1. Hätte er in diesem Fall das Haus an einen Dritten vermietet, dem er wegen des Angebots von A absagen musste, erhält er den Betrag, den er aus dieser Vermietung bekommen hätte. Allerdings darf er **nicht besser gestellt** werden, als er stünde, wenn A nicht angefochten hätte. D.h. er bekommt allenfalls den Mietzins, den auch A zu zahlen versprochen hatte und nicht einen höheren, den u.U. der Dritte gezahlt haben würde. Die **Grenze** für den Schadensersatz aus § 122 I BGB stellt also das sog. **positive Interesse** dar, welches B an der Erfüllung des ursprünglich bestehenden Vertrages mit A hatte.
2. Hätte er keine anderen Interessenten an Stelle des A gehabt, bekommt B nichts, weil ihm durch das Vertrauen auf die Wirksamkeit der Erklärung des A kein Schaden entstanden ist.

Grundsatz:

- Der **Geschädigte** ist gemäß § 249 BGB so zu stellen, wie er **ohne das schädigende Verhalten** des Anspruchsgegners stehen würde.
- **Unterscheidung positives/negatives Interesse:**

Beim **Ersatz des Erfüllungsschadens (= positives Interesse/)** wird der Geschädigte wirtschaftlich so gestellt, als ob (positiv) korrekt gehandelt, erfüllt worden wäre.

Beim **Ersatz des Vertrauensschadens (= negatives Interesse/)** soll der Geschädigte so gestellt werden, als habe er nie (negativ) etwas von der Handlung, die sein Vertrauen hervorrief, erfahren.

Der **Ersatz** des **positiven Interesses** ist im Gesetz der **Regelfall** (z.B. §§ 280 I, 536a BGB). **Negatives Interesse** wird ersetzt nach §§ 122 I, 179 II BGB sowie aufgrund Verschuldens bei Vertragsschluss (§ 311 II BGB, vormals: c.i.c.)[38].

Fall 2: Eigenschaftsirrtum und Kalkulationsirrtum[39]

Karla Gerfeld (K) erkundigte sich in der Galerie von Beate Pauper-Spiritus (B) nach dem Preis der Graphik „Papageno“. Die B erklärte daraufhin, sie wisse den Preis nicht auswendig und müsse erst in der Preisliste nachsehen. Daraufhin nannte B der K einen Kaufpreis von 850,– €. Die K akzeptierte diesen Preis und einigte sich mit B dahingehend, dass das Bild von ihr am nächsten Tag abgeholt werden sollte. Beim Herausgehen entdeckte die K ein Aquarell zum Preis von 900,– €, das ihr sofort gefiel. Nach Auskunft der B handelte es sich um das Werk eines unbekannten

---

[38] Der Ersatzanspruch aus **c.i.c.** wurde nicht durch das positive Interesse begrenzt, BGHZ 69, 53 (56). Insoweit ist auch nach der Schuldrechtsreform inhaltlich keine Änderung eingetreten, vgl. Palandt/Heinrichs, § 311 Rnrn. 11 und 57.

[39] LG Bremen NJW 1992, S. 915; BGH NJW 1988, S. 2597 ff.

Künstlers des 19. Jahrhunderts. B und K vereinbarten, dass auch dieses Bild am nächsten Tag zusammen mit dem „Papageno" abgeholt werden sollte.

Am darauffolgenden Tag rief die B die K an und teilte ihr mit, dass sie die Graphik nur zu einem Preis von 2.500,– € bekommen könne. Sie – die B – habe nämlich versehentlich nicht in der aktuellen Preisliste, sondern in der veralteten vom Vorjahr nachgesehen, die 850,– € als Preis ausgewiesen habe. In der neueren Liste sei als Preis 2.500,– € verzeichnet gewesen. Bei dem Bild eines vermeintlich unbekannten Künstlers habe sich heute herausgestellt, dass es sich um ein Werk des englischen Künstlers Turner handele, das einen wesentlich höheren Wert besitze als 900,– €. Daher fechte die B ihre Erklärungen wegen Irrtums an. Die K verlangt von B weiterhin Lieferung der Bilder gegen Zahlung der vereinbarten Preise.

Zu Recht?

Lösung:

A. Anspruch K gegen B aus § 433 I 1 BGB auf Übergabe und Übereignung des „Papageno" Zug um Zug gegen Zahlung des vereinbarten Preises

I. Hierzu müsste zunächst zwischen der B und der K ein entsprechender **Kaufvertrag** zustande gekommen sein.

Übereinstimmende Willenserklärungen über Kaufgegenstand, Preis und Parteien des Kaufvertrages (**essentialia negotii**) liegen zwischen K und V vor. Somit ist zwischen K und B ein Kaufvertrag über die Graphik zum Preis von 850,– € zustande gekommen.

II. Durch **Anfechtung** der Erklärung der B könnte ihre Willenserklärung nach § 142 I BGB **rückwirkend nichtig** geworden sein, so dass damit auch der vertragliche Anspruch der K **untergegangen** wäre.

1. Die **Erklärung der Anfechtung** durch B ist unzweideutig gegenüber der K als Vertragspartnerin gemäß § 143 II BGB erklärt worden. Die **Frist** des § 121 BGB ist eingehalten. Eine wirksame Anfechtungserklärung der B liegt damit vor[40].

2. Problematisch ist jedoch das Vorliegen eines **Anfechtungsgrundes.**

a) In Betracht kommt ein Irrtum gemäß § 119 I BGB. Hier ist eine Abgrenzung vom **Erklärungs- und Inhaltsirrtum** zum bloßen **Motivirrtum** notwendig. Danach irrte die B weder in der Erklärungshandlung noch im Erklärungsinhalt. Ihr Irrtum betraf den Bereich der **Willensbildung**, weil sie eine veraltete Preisliste für maßgeblich hielt. B irrte sich hinsichtlich eines der Preisermittlung zugrunde gelegten Umstandes. Also fand der Irrtum bei der Willensbildung im **Motivbereich** statt und nicht, wie § 119 I BGB verlangt, bei der **Abgabe** der Willenserklärung. Das Risiko eines solchen Fehlers bei der Vorbereitung der Erklärung liegt einzig beim Erklärenden. Ein sog. **Kalkulationsirrtum** ist also grundsätzlich unbeachtlich.

---

[40] Weil diese Punkte unproblematisch sind, können sie vorgezogen und in gebotener Kürze abgehandelt werden.

b) Sofern die **Grundlage für die Preisbildung** dem anderen Vertagsteil **erkennbar** ist, wird in der Literatur eine entsprechende Anwendung von § 119 I BGB erwogen[41], wohingegen der BGH auch in dieser Fallgruppe die Anfechtbarkeit verneint[42]. Ob dies gerechtfertigt ist, kann dahinstehen: die Fehlkalkulation der B war der K nicht erkennbar.

Damit liegt kein Anfechtungsgrund nach § 119 I BGB vor.

c) Denkbar ist ein **Eigenschaftsirrtum** nach § 119 II BGB. Allerdings stellen der Wert oder der Preis einer Sache selbst keine Eigenschaften dar. Eigenschaften sind vielmehr die **wertbildenden Faktoren**, die den Preis einer Sache mit zu bestimmen pflegen[43].

Somit liegt kein Anfechtungsgrund hinsichtlich des „Papagenos“ vor. Der Anspruch der K ist nicht infolge Anfechtung untergegangen.

III. Eine **Störung der Geschäftsgrundlage nach § 313 BGB**[44], die ausnahmsweise zum Rücktritt berechtigt, käme nur in Betracht, wenn die Preisbildung nicht ausschließlich in den **Risikobereich** der B fiele, z.B. bei gemeinsamem Irrtum über die Berechnungsgrundlage[45]. Ihre eigene Fehleinschätzung kann sie dagegen nicht zum Rücktritt berechtigen.

Damit steht der K gegen die B der Anspruch aus § 433 I 1 BGB hinsichtlich des „Papageno“ zu.

B. Anspruch der K gegen B aus § 433 I 1 BGB auf Übergabe und Übereignung des Aquarells Zug um Zug gegen Zahlung des vereinbarten Preises

I. Auch hier ist der Anspruch durch Einigung zwischen V und K zunächst **entstanden.**

II. Möglicherweise kann sich die B von der Einigungserklärung mit K durch **Anfechtung** lösen, § 142 I BGB.

1. Nach der Rechtsprechung und dem überwiegenden Teil der Literatur kann dem Verkäufer ein Anfechtungsrecht verwehrt sein, wenn es **rechtsmissbräuchlich** dazu dienen soll, sich seiner eigenen **Gewährleistungspflicht** unter Inkaufnahme der Schadensersatzpflicht nach § 122 BGB zu **entziehen**[46]. Allerdings macht hier die K keine Gewährleistungsrechte geltend. Insofern erübrigt sich eine Auseinandersetzung mit der Frage, ob das Bild infolge der sich später herausstellenden tatsächlichen Urheberschaft mit einem Mangel i.S.d. § 434 I BGB behaftet sein könnte.

2. Zum Teil wird in der Literatur vertreten, dass dem Verkäufer nur dann ein Anfechtungsrecht zustehe, wenn die gelieferte Sache von **besserer Beschaffenheit** als die geschuldete sei[47]. Ob diese Ansicht zutreffend

---

[41] Vgl. Heiermann, BB 1984, S. 1836 ff. (1840). Differenzierend Hk-BGB/Dörner, § 119 Rn. 14.

[42] Ausführlich hierzu BGHZ 139, 177.

[43] BGHZ 16, 54 (57); 88, 240 (245).

[44] Dazu unten S. 43.

[45] Dazu BGH NJW-RR 2008, 1716 f.

[46] BGH NJW 1988, S. 2597 ff. (2598) m.w.N.; Jauernig/Jauernig, § 119 Rn. 16 bezogen auf § 119 II BGB.

[47] Vgl. Nachweise beim BGH NJW 1988, S. 2597 ff. (2598).

ist, braucht nicht entschieden werden, weil hier der höhere Wert eines William Turner eindeutig ist.

3. Hinsichtlich der **Anfechtungserklärung** gilt das oben Gesagte.
4. Es müsste ein **Anfechtungsgrund** gemäß § 119 II BGB vorliegen. Die den Wert beeinflussende Urheberschaft, dagegen nicht der höhere Wert des Bildes an sich ist als wesentliche Eigenschaft anzusehen[48].
5. Möglicherweise ist jedoch wegen **beiderseitigen Eigenschaftsirrtums** die Verkäuferanfechtung ausgeschlossen. Vorliegend gingen beide Vertragsteile davon aus, dass es sich um ein Bild eines unbekannten englischen Malers des 19. Jahrhunderts handelte. Für diesen Fall wird **teilweise** vertreten[49], die Lösung über § 119 II BGB sei **nicht interessengerecht**, da der Anfechtende dem Anfechtungsgegner den **Vertrauensschaden** gemäß § 122 BGB zu ersetzen habe. Das Risiko eines Irrtums über die Geschäftsgrundlage solle aber beide Teile gleichermaßen treffen. Wenn dem gefolgt wird, könnte B den Kaufvertrag nicht anfechten. In diesem Fall wäre eine Vertragsanpassung oder – ausnahmsweise – ein **Rücktritt** vom Vertrag nach den Grundsätzen der **Störung der Geschäftsgrundlage** zu erwägen.

   Nach anderer, vorzugswürdiger Ansicht gilt auch hier die **Lehre von der Geschäftsgrundlage** nur **subsidiär.** Insbesondere ist es nach dieser Ansicht nicht unbillig, denjenigen, der aus der Anfechtung Vorteile zieht, mit der Schadensersatzpflicht des § 122 BGB zu belasten[50]. Danach ist die Anfechtung nicht durch eine Anwendung der Grundsätze zur Störung der Geschäftsgrundlage ausgeschlossen. Der Kaufvertrag zwischen B und K hinsichtlich des Aquarells ist mithin **nichtig**, der Anspruch der K gegen B aus § 433 I 1 BGB damit **untergegangen**[51].

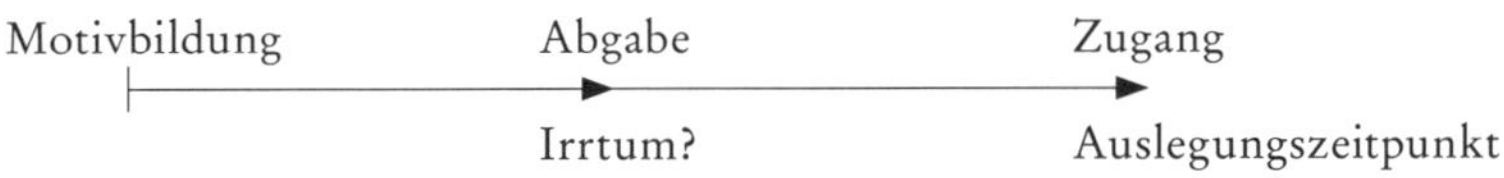

Störung der Geschäftsgrundlage, § 313 BGB

- **Ziel: Anpassung** eines Vertrages an geänderte äußere **Umstände**, die **nicht selbst Teil des Vertrages** geworden sind (§ 313 I BGB)[52].
- Ist Anpassung nicht möglich, wird **Rücktritt** vom Vertrag eingeräumt (§ 313 III BGB).
- Die Anpassung scheidet aus, wenn der geänderte Umstand ausschließlich in die **Risikosphäre** eines der Vertragspartner fällt (§ 313 I BGB).

---

[48] Vgl. BGHZ 63, 369 (371).
[49] Vgl. Palandt/Heinrichs, § 119 Rnrn. 21a und 30 m.w.N.
[50] Vgl. Medicus, Bürgerliches Recht, Rn. 162.
[51] Selbstverständlich sind in einer Klausur zum zuletzt diskutierten Punkt beide Ansätze vertretbar.
[52] Beispiel: Inflationsfälle in den 20er Jahren, bei denen die Gegenleistung dem Währungsverfall angepasst wurde. Weitere Beispiele bei Rösler, JuS 2004, S. 1058 ff., JuS 2005, S. 27 ff. und S. 120 ff.

Fall 3: Auslegung und Anfechtung bei Kaufverträgen per Internet[53]

Beate Pauper-Spiritus (B) betreibt ein Online-Kaufhaus für Computer und Computerzubehör. Die Bestellungen können online erfolgen. Karl Bunkel (K) bestellt einen Computer Apple Powermac G4 733 zum Preis von 327,50 € sowie einen Monitor Apple Studio Display 15.1" TFT Flat Panel zu 90,50 €. Hierbei bezieht sich K auf Preise, die auf der Homepage der B unter der Rubrik „Preisbrecherangebote" in einer entsprechenden Preisliste genannt worden sind. Die Bestellungen werden durch zwei automatische E-Mails mit folgendem Inhalt umgehend beantwortet: „Vielen Dank für Ihren Auftrag, den wir so schnell als möglich ausführen werden."

Die tatsächlichen Preise betragen 3.275,– € und 905,– €. Die Falschangabe in der Preisliste beruht darauf, dass der Provider eine neue Software verwendete, welche die Kommastelle falsch gesetzt hatte. Hierauf weist B den K am Tag nach der Bestellung hin. Sie fragt, ob er auch zu den zutreffenden Preisen die Geräte erwerben möchte. Dies verneint K und besteht auf Lieferung gegen Zahlung i.H.v. 418,– €.

Zu Recht?

Abwandlung: Auslegung und Anfechtung bei Auktionen per Internet[54]

B stellt privat die o.g. neuwertigen Geräte zusammen als Paket bei der Firma E-BUY (E) zur Auktion ins Internet. Hierbei gibt sie einen Startpreis i.H.v. 10,– € an. Zum Ende der Bieterzeit steht fest, dass Interessent K das höchste Gebot mit 400,– € abgegeben hat. Nach den Allgemeinen Geschäftsbedingungen (AGB) von E, welche alle Teilnehmer per Mausclick akzeptieren und auch zur Kenntnis nehmen können, kommt ein Vertrag ohne weitere Erklärung seitens des Veräußerers zustande, welcher – wörtlich – „bereits durch Freischaltung der Internet-Seite die Annahme des höchsten Angebots am Ende der Bieterzeit erklärt". Zudem fungiert E gemäß den AGB als Empfangsvertreter für alle Teilnehmer. In dieser Funktion teilt E dem K mit, dass er das höchste Gebot abgegeben hat und nennt ihm Name, Anschrift und Telefonnummer der B, damit er sich mit dieser in Kontakt setzt.

Als K die B anruft und den Sachverhalt erklärt, weigert sich B, die Geräte zum Preis von 400,– € an K zu liefern. Auf ein Mahnschreiben des K hin lässt B zwei Wochen später ihren Rechtsanwalt antworten, ein Vertrag zwischen K und B sei mangels Annahmeerklärung durch B gar nicht zustande gekommen. Außerdem habe sie sich beim Startpreis vertan und eigentlich 100,– € eintippen wollen. Zumindest wegen dieses Irrtums sei sie nicht an einen Vertrag gebunden.

Kann K von B Lieferung der Geräte zum Preis von 400,– € verlangen?

Lösung:

K könnte gegen B einen Anspruch auf Leistung der Geräte aus § 433 I 1 BGB gegen Zahlung von 418,– € haben.

[53] OLG Frankfurt/Main (20.11.2002 – 9 U 94/02) http://www.olg-frankfurt.justiz.hessen.de.

[54] OLG Hamm ZIP 2001, S. 291 ff.; BGHZ 149, 129; BGH NJW 2002, S. 363 ff.

A. Der Anspruch ist **entstanden**, wenn ein entsprechender Kaufvertrag zwischen K und B geschlossen worden ist. Dies setzt inhaltlich übereinstimmende Willenserklärungen, nämlich Angebot (§ 145 BGB) und Annahme (§ 146 BGB) zwischen K und B voraus. Dafür ist jedes Zeichen mit Erklärungswert geeignet.

I. Das **Angebot** könnte die B durch Angaben auf der Homepage gemacht haben. Fraglich ist, ob hierin ein rechtsverbindliches **Angebot** nach § 145 BGB oder nur eine unverbindliche **invitatio ad offerendum** zu sehen ist. Die **Auslegung**, ob ein Rechtsbindungswille vorliegt, erfolgt nach objektivem Empfängerhorizont. Hier entspricht die Funktion der Webseite der eines Katalogs oder Prospektes. Es handelt sich also um eine Aufforderung an Interessenten, ihrerseits ein Angebot abzugeben.

II. Das Angebot kann durch K erfolgt sein. Die **wesentlichen Vertragsbestandteile** (Parteien, Leistungsgegenstand, Gegenleistung) müssen dabei bestimmt oder zumindest bestimmbar sein.

1. **Leistungsgegenstand** waren die in der Bestellung genannten Geräte.
2. Durch die Bezugnahme auf die Preise, welche auf der Homepage genannt worden waren, sind im Wege der Auslegung die Preise bestimmbar, und zwar 927,50 € und 90,50 €.
3. Die Vertragsparteien sollten K und B sein.

Somit liegt ein Angebot durch K vor.

III. Fraglich ist, ob eine **Annahme** der B durch die automatisierten Computererklärungen („Mail-Link“) erfolgt ist.

1. Das wäre nicht der Fall nicht, wenn durch sie nur der Empfang der Bestellung bestätigt würde. Nach objektivem Empfängerhorizont handelt es sich aber um keine bloße Bestätigung, wie nach § 312e I Nr. 3 BGB seit 1.1.2002 erforderlich. „Schnellstmögliche Ausführung“ bedeutet Annahme des Vertragsangebots. Ansonsten wäre auch eine ausdrückliche Beschränkung auf eine „Bestätigung“ möglich gewesen.
2. Zwar handelt es sich um automatisierte Erklärungen, so dass ihr Charakter als Willenserklärungen fraglich ist. Sie beruhen aber letztlich auf einem menschlichen Willen, nämlich der Programmierung, so dass sie als Willenserklärungen angesehen werden können.

Also liegt eine Vertragsannahme vor, der Anspruch ist **entstanden**.

B. Der Anspruch wäre **untergegangen**, wenn B ihre **Annahme rückwirkend** gemäß § 142 I durch Anfechtung **vernichtet** hat. Dann wäre auch der vertragliche Anspruch entfallen.

I. Die Anfechtungsregeln müssten auf automatisierte Computererklärungen **anwendbar** sein. Letztlich basiert auch die automatisierte Erklärung auf einer menschlichen Handlung, nämlich der Programmierung, welche auf den Willen des Betreffenden zurückgeht (s.o.). Daher sind die Regeln zur Anfechtung von Willenserklärungen anwendbar.

II. **Anfechtungsgrund** könnte nach § 120 BGB ein **Übermittlungsirrtums** sein.

Die nicht erkannte Softwareänderung durch den Provider führte zur falschen Kommasetzung bei den ansonsten richtig durch B übermittelten Preisen. Insofern wäre ein Übermittlungsfehler in der Form eines Erklärungsirrtums i.S.v. § 119 I 2 Alt. BGB denkbar. Dieser betraf aber nicht die automatisierte Annahmeerklärung, sondern unmittelbar nur die Angaben in der **invitatio ad offerendum**. Diese wären als Willenserklärungen zwar anfechtbar, jedoch nicht als unverbindliche Aufforderungen.

1. Für Anfechtbarkeit spricht, dass der Fehler quasi in den Annahmeerklärungen fortwirkt. Zudem ist die invitatio zum **Vorteil** für den Anbieter entwickelt worden. Es wäre u.U. widersinnig, ihm unter dem Aspekt des § 120 BGB die Anfechtung insoweit zu verwehren, als der Irrtum in der späteren Willenserklärungen **fortdauert**[55].
2. Gegen diese Lösung spricht, dass ein Irrtum vor Abgabe einer Willenserklärung regelmäßig als unbeachtlicher **Motivirrtum** betrachtet wird. Insofern liegt es näher, einen unbeachtlichen **Kalkulationsirrtum** anzunehmen. Mit dieser Lösung kann B ihre Annahmeerklärung nicht wirksam anfechten und ist zu Lieferung gegen Zahlung von 418,– € verpflichtet. Dies erscheint interessengerecht, da B ihrerseits den Schaden gegenüber dem eigentlichen Verursacher, nämlich den Provider geltend machen kann.

Lösung der Abwandlung:

K könnte gegen B einen Anspruch auf Lieferung gegen Zahlung von 400,– € haben.

A. Der Anspruch wäre **entstanden**, wenn ein entsprechender Kaufvertrag[56] zwischen K und B geschlossen worden ist. Dies setzt inhaltlich übereinstimmendes Angebot (§ 145 BGB) und Annahme (§ 146 BGB) voraus. Da hierfür jedes Zeichen mit Erklärungswert geeignet ist, genügt etwa auch ein Mausklick.

I. Das **Angebot** könnte B durch Freischalten der Angebotsseite abgegeben haben.

1. Fraglich ist zunächst, ob es sich hierbei um ein rechtsverbindliches **Angebot** i.S.v. § 145 BGB oder um eine unverbindliche **invitatio ad offerendum** handelt. Die **Auslegung**, ob ein Rechtsbindungswille bereits bei der Freischaltung bestand, erfolgt nach objektivem Empfängerhorizont. Hierbei sind die AGB von E von Bedeutung, welche nach § 305 BGB in die Vertragsverhältnisse einbezogen wurden.

a) Allerdings ist ihr Inhalt **widersprüchlich**: einerseits soll das Angebot durch die Bieter erfolgen, was dafür spräche, die Freischaltung erst als reine invitatio zu klassifizieren. Andererseits soll ein Vertrag ohne

---

[55] So das OLG Frankfurt/Main a.a.O. Diese Lösung ist jedenfalls vertretbar und damit richtig. Damit wären noch Anfechtungserklärung und -frist zu erwähnen. Die Anfechtung hätte Erfolg, der Lieferanspruch bestünde nicht.

[56] Dass es sich bei derartigen Vertragsanbahnungen nicht um eine Versteigerung i.S.d. § 156 BGB handelt, hat der BGH im Zusammenhang mit der nicht nach § 312d IV Nr. 5 BGB ausgeschlossenen Widerrufsmöglichkeit entschieden, vgl. BGH NJW 2005, S. 53ff.

weitere Erklärungen des Veräußerers nach dem höchsten „Angebot“ zustande kommen.

b) **Sinn** und **Zweck** der invitatio ad offerendum ist es, dem Veräußerer die **Überprüfung** des kommenden Vertragspartners wie auch die der eigenen Leistungsfähigkeit nach entsprechenden Anfragen der Kunden zu ermöglichen[57]. Hier ist der B weder das eine noch das andere möglich bzw. für sie notwendig. Sie akzeptiert den höchsten Bieter und es geht nur um die einzelnen beiden Geräte. Zusammengenommen damit, dass ein Vertrag ohne weitere Erklärungen der B zustande kommen sollte, spricht dies dafür, bereits in der Freischaltung das Angebot zu sehen.

2. Das Angebot muss die **wesentlichen Vertragsbestandteile** (Parteien, Leistungsgegenstand, Gegenleistung) bestimmt bzw. bestimmbar enthalten.

Bestimmbarer Vertragspartner der B ist der höchste Bieter innerhalb der Bieterzeit. Leistungsgegenstand sind die beiden in Rede stehenden Geräte. Der Preis ist nach objektiver Empfängerhorizont jeder Preis über dem Startpreis von 10,– €. Ein entgegenstehender Wille der B wäre gemäß § 116 BGB i.Ü. unbeachtlich.

3. **Zugang** des Angebots nach § 130 I BGB ist bei E als Empfangsvertreter nach § 164 III BGB erfolgt.

II. Die **Annahme** (§ 146 BGB) durch K erfolgte per Doppelklick. Ihr Zugang bei E (§ 164 III BGB) liegt ebenfalls vor. Damit ist der Anspruch **entstanden.**

B. Der Anspruch wäre **untergegangen**, wenn B ihr **Angebot rückwirkend** gemäß § 142 I **durch Anfechtung vernichtet** hat. Damit wäre auch der vertragliche Anspruch entfallen.

I. Eine **Anfechtungserklärung gegenüber K gemäß** § 143 I und II BGB liegt vor.

II. Fraglich ist der **Anfechtungsgrund.** Prinzipiell läge ein **Erklärungsirrtum,** § 119 I 2. Alt. BGB, also eine mechanische Fehlleistung durch das von B behauptete falsche Eintippen vor. Allerdings ist die **Ursächlichkeit des Irrtums** fraglich. Aus § 119 I a.E. BGB wird geschlossen, dass der Irrtum sich auch auf den Geschäftsabschluss ausgewirkt haben muss[58]. Dies ist in zweierlei Hinsicht fraglich. Zum einen hätte B den K auch bei einem Startpreis von 100,– € als höchsten Bieter akzeptieren müssen. Zum anderen ist noch die Frage, ob bei einem höheren Startpreis sich auch ein höherer Endpreis hätte erzielen lassen oder ob nicht die Zahl der Interessenten wegen des höheren Startpreises geringer gewesen wäre

III. Jedenfalls hat B die **Anfechtungsfrist** aus § 121 I BGB versäumt, als sie erst zwei Wochen nach Bemerken ihres Irrtums durch den Anwalt die Anfechtung erklären ließ. Damit ist der Anspruch des K gegen B auf Lieferung aus § 433 I 1 BGB nicht untergegangen.

---

[57] Hk-BGB/Dörner, § 145 Rn. 4.

[58] Hk-BGB/Dörner, § 119 Rn. 18; Palandt/Heinrichs, § 119 Rn. 31.

§4
Trennung zwischen Verpflichtungs- und Verfügungsgeschäften

Abstraktionsprinzip (= Trennung von Verpflichtungs- und Verfügungsgeschäft)[59]	
Verpflichtungsgeschäfte	**Verfügungsgeschäfte**
Begründung einer Verbindlichkeit:	**Herbeiführen einer Rechtsänderung:**
• (künftiges) Tun oder Unterlassen wird versprochen • Verpflichtungsgeschäft stellt Grund (= causa) für eine Verfügung über ein Recht dar • durch Verpflichtung tritt aber noch keine Rechtsänderung ein; Wirksamkeit rechtlich unabhängig von Verfügung	• Recht wird **unmittelbar** übertragen, belastet, aufgehoben oder inhaltlich geändert • dient meist der Erfüllung einer Verpflichtung (causa) • unterschiedlichste Gründe sind für Verfügung denkbar (Eigentumsübertragung in Vollzug von Schenkung? Kauf? Darlehn? Tausch?) • rechtliche Wirksamkeit aber unabhängig von Verpflichtungsgrund
Beispiele:	**Beispiele:**
• §433 I und II BGB („verpflichtet") • §535 I und II BGB („verpflichtet") • §765 I BGB („verpflichtet")	• §929 S. 1 BGB („Übertragung des Eigentums") • §§873 I, 877 BGB • §1113 I BGB („belastet werden") • §398 BGB („übertragen werden")

Abbildung 3: Abstraktionsprinzip

Fall 1: Verpflichtungs- und Verfügungsgeschäft

Karl Bunkel (K) und Viktor Hugo (V) schließen einen Kaufvertrag über den gebrauchten PKW des Verkäufers V. Den PKW will K bei V am nächsten Tag abholen. Am Abend zuvor wird jedoch der an der Straße vor dem Haus des V parkende PKW vom alkoholisiert und völlig überladen fahrenden X auf dessen Weg zum Flaschencontainer zerstört.

Wer kann von X Schadensersatz verlangen?

Lösung:

Vertragliche Beziehungen von K oder V zu X scheiden aus, so dass als Anspruchsgrundlage einzig §823 I BGB in Betracht kommt.

I. Anspruch K gegen X auf Schadensersatz aus §823 I BGB

K kann von X **Schadensersatz** verlangen, sofern in Bezug auf ihn eines der in §823 I BGB genannten Rechtsgüter verletzt worden ist. In Betracht kommt

[59] Vgl. i.e. Petersen, Jura 2004, S. 98ff.

eine **Eigentumsverletzung.** Dann müsste K Eigentümer des zerstörten PKW gewesen sein.

1. K und V haben gemäß § 433 BGB einen Kaufvertrag über den PKW abgeschlossen. Hierdurch wird K zur Zahlung des vereinbarten Kaufpreises (Abs. 2) und V zur Eigentums- und Besitzverschaffung an K (Abs. 1) verpflichtet. Ein Eigentumsübergang findet hingegen (noch) nicht statt. Durch ein **Verpflichtungsgeschäft** ändert sich also noch nicht die Rechtszuständigkeit.
2. Das Rechtsgeschäft, welches die eigentliche Rechtsänderung herbeiführt, ist das **Verfügungsgeschäft.** Die Definition lautet:

   Durch ein **Verfügungsgeschäft** wird ein **Recht unmittelbar übertragen, belastet, aufgehoben** oder **geändert.**

   Die Übertragung von Eigentum an **beweglichen Sachen** geschieht nach § 929 S. 1 BGB. Der Veräußerer (= Eigentümer, hier V) muss die Sache dem Erwerber (hier K) übergeben (**Übergabe**) und beide müssen darüber einig sein, dass der Erwerber das Eigentum an der Sache erwerben soll (**Einigung** = sog. **dinglicher Vertrag**). Zur Übergabe ist es jedoch nicht gekommen. Zuvor wurde der PKW bereits zerstört. Also ist K nie Eigentümer des PKW geworden. Er hat keinen Anspruch aus § 823 I BGB auf Schadensersatz gegen X.

II. Anspruch V gegen X auf Schadensersatz aus § 823 I BGB

V kann u.U. von X **Schadensersatz** aus § 823 I BGB verlangen

1. Es müsste bei V eine **Rechtsgutverletzung** eingetreten sein. Im Moment der Zerstörung war V **noch Eigentümer** des PKW, so dass eine Rechtsgutverletzung bei ihm eingetreten ist.
2. Diese hat X **verursacht.**
3. Rechtfertigungsgründe liegen hierfür nicht vor, so dass X auch **widerrechtlich** handelte.
4. Infolge der Alkoholisierung handelte er jedenfalls ohne die im Verkehr erforderliche Sorgfalt und damit **fahrlässig.**

Also hat V einen Anspruch aus § 823 I BGB auf Schadensersatz gegen X.

Fall 2: Mehrfache Verpflichtung und Verfügung

V verkauft wieder seinen PKW an K. Später verkauft und überlässt V den PKW – noch vor Übergabe an K – dem ahnungslosen X, der ihm einen höheren Kaufpreis geboten hat.

Sind die Rechtsgeschäfte wirksam?

Lösung:

Aufgrund des **Abstraktionsprinzips** ist im Hinblick auf die Wirksamkeit wiederum zwischen den Verpflichtungs- und Verfügungsgeschäften zu unterscheiden.

A. Rechtsgeschäfte zwischen V und K

I. V und K haben sich über einen **Kaufvertrag** nach § 433 BGB **geeinigt**. Wirksamkeitsmängel sind nicht ersichtlich.

Damit war das **Verpflichtungsgeschäft** zwischen K und V **wirksam**.

II. Es könnte außerdem ein wirksames **Verfügungsgeschäft** nach § 929 S. 1 BGB zwischen K und V vorliegen.

Indes ist es nie zur **Übergabe** des PKW an K gekommen. Diesen hat vielmehr der V dem X überlassen. Also ist K nicht Eigentümer des PKW geworden.

B. Rechtsgeschäfte zwischen V und X

I. Fraglich ist, ob ein wirksames **Verpflichtungsgeschäft** in Gestalt eines Kaufvertrages zwischen V und X nach § 433 BGB abgeschlossen worden ist.

1. Eine entsprechende **Einigung** haben V und X erzielt.
2. X wusste nichts von den Beziehungen zwischen K und V. Daher wird man nicht davon ausgehen können, dass X den K zum Vertragsbruch verleiten wollte und das Rechtsgeschäft i.S.v. § 138 I BGB gegen die guten Sitten verstieß. Der **Kaufvertrag** ist also auch zwischen V und X **wirksam**.

II. Es könnte außerdem ein wirksames **Verfügungsgeschäft** nach § 929 S. 1 BGB zwischen X und dem ursprünglichen Eigentümer V vorliegen.

1. Der Veräußerer V hat die Sache dem Erwerber X übergeben (**Übergabe**).
2. Beide waren darüber einig, dass der X das Eigentum an dem Sache erwerben soll (**Einigung**).

Damit ist X Eigentümer des PKW geworden.

Anmerkung:
Natürlich macht sich der Verkäufer V gegenüber K **schadensersatzpflichtig**, weil er sich die Vertragserfüllung schuldhaft unmöglich gemacht hat. Zu diesem Schadensersatzanspruch vgl. unten § 9.

§ 5
Willenserklärungen nicht oder beschränkt geschäftsfähiger Personen

Geschäftsunfähige	Beschränkt Geschäftsfähige
Personenkreis: • Personen unter 7 Jahren, § 104 Nr. 1. BGB • Dauernd Geistesgestörte, § 104 Nr. 2 BGB	**Personenkreis:** • § 106 BGB, Minderjährige zwischen 7 und 18 Jahren
Folgen: • Nichtigkeit der Willenserklärung, § 105 I BGB • Bei vorübergehender Geistesstörung (z.B. Trunkenheit): Nichtigkeit der (eigenen) abgegebenen Willenserklärung. Zugang fremder Erklärungen dagegen möglich (§ 105 II BGB). • Nach § 105a BGB Bargeschäfte des täglichen Lebens erwachsenen Geistesgestörten möglich.	**Folgen:** • Wirksamkeit der eigenen Willenserklärung des Minderjährigen nach §§ 107ff. BGB zu prüfen. • Wirksamkeit von Willenserklärungen gegenüber dem Minderjährigen nach § 131 II BGB zu prüfen.

Abbildung 4: Geschäftsfähigkeit

Die beschränkt Geschäftsfähigen, §§ 106ff. BGB:

A. Eine **Willenserklärung** des beschränkt Geschäftsfähigen (vgl. § 106 BGB!) ist **von Anfang an wirksam**, wenn

I. **Einwilligung** (§ 183 BGB) des gesetzlichen Vertreters (i.d.R. Eltern, § 1629 I BGB) vorliegt, § 107 BGB;

II. Willenserklärung dem beschränkt Geschäftsfähigen **lediglich** einen **rechtlichen Vorteil** verschafft:
- Nicht entscheidend: wirtschaftlicher Vorteil.
- Aus Sinn und Zweck von § 107 BGB: auch für den Minderjährigen neutrale Geschäfte sind ihm möglich (vgl. etwa § 165 BGB).
- Lediglich rechtlicher Vorteil liegt vor bei einem Plus an Rechten ohne persönliche Verpflichtung des beschränkt Geschäftsfähigen. Der bloße Eigentumserwerb z.B. ist grundsätzlich lediglich rechtlich vorteilhaft.

III. **„Taschengeldparagraph"**, § 110 BGB, eingreift:
- Mittel zur freien Verfügung überlassen.
- § 110 BGB gilt nur, soweit Leistung tatsächlich vom Minderjährigen bewirkt, also nicht für Ratengeschäfte.
- § 110 BGB gilt nicht für dinglichen Vertrag im Rahmen einer Eigentumsübertragung (etwa § 929 S. 1 BGB).

IV. Im Rahmen eigener **Erwerbstätigkeit**, §§ 112, 113 BGB.

B. Willenserklärung **wird** nach Schwebezustand (**„schwebend unwirksam“**[60]) **endgültig**

I. **wirksam,** wenn **Genehmigung** nach § 108 I BGB (vgl. § 184 I BGB) erteilt wird durch gesetzlichen Vertreter;

II. **unwirksam,** wenn

- **Genehmigung** ausdrücklich oder konkludent **verweigert,**
- nach **Aufforderung** des anderen Vertragsteils Genehmigung ihm gegenüber verweigert wird, § 108 II 1 BGB, oder Frist hierfür ohne Erklärung verstreicht, § 108 II 2 BGB oder
- anderer Vertragsteil noch vor Genehmigung **Widerrufsrecht** ausübt, § 109 BGB.

C. Willenserklärung **ohne Schwebezustand unwirksam**

bei einseitigen Rechtsgeschäften ohne Einwilligung des gesetzlichen Vertreters, § 111 BGB.

Fall 1: Geschäftsunfähige

Der 6-jährige A hat von seinem Onkel eine Briefmarkensammlung geerbt. Er tauscht mit seinem gleichaltrigen Freund B eine wertvolle Marke gegen ein großformatiges Poster von Pamela Anderson. Die Eltern des A geben das Poster an B zurück und verlangen, dass B die Marke wieder an A herausgibt.

Mit Recht?

Lösung:

A. Anspruch A/B aus § 346 I i.V.m. § 480 i.V.m. 437 Nr. 2 BGB

Ein Anspruch des A, vertreten durch seine Eltern, gegen B auf **Rückgabe** der Marke aus den oben genannten Vorschriften wäre auf **Rückabwicklung** nach Rücktritt von einem zuvor wirksam zwischen A und B abgeschlossenen **Tauschvertrag** nach § 480 BGB gerichtet. Sowohl die Willenserklärung des 6-jährigen A als auch die des gleichaltrigen B sind jedoch gemäß §§ 104 Nr. 1, 105 I BGB **nichtig.** Ein vertraglicher Anspruch scheidet daher aus.

B. Anspruch A/B aus § 985 BGB[61]

A könnte gegen B einen Anspruch auf **Herausgabe** der Marke aus § 985 BGB haben.

I. B hält die Marke in Händen, übt also die **tatsächliche Sachherrschaft** nach § 854 I BGB aus. B ist also **Besitzer** der Marke.

---

[60] Vgl. insoweit den Wortlaut des § 108 I BGB: „hängt“!

[61] Nach vertraglichen Anspruchsgrundlagen sind oft solche zu prüfen, welche keine wirksame vertragliche Beziehung zwischen den Beteiligen voraussetzen, sog. gesetzliche Anspruchsgrundlagen. Vgl. zum Prüfungsaufbau insoweit oben S. 9. Zum Herausgabeanspruch aus § 985 BGB vgl. Schreiber, Jura 2005, S. 30 ff.

II. A müsste noch **Eigentümer** der Marke sein[62].

1. **Ursprünglich** war O Eigentümer der Marke. Er hat sie dem A nach §§ 1922, 1942 BGB vererbt, so dass das Eigentum an der Marke auf A überging.
2. A seinerseits könnte das Eigentum an der Marke nach § 929 S. 1 BGB auf B **übertragen** haben. Dies setzt **Einigung** über den Eigentumswechsel zwischen Eigentümer und Erwerber sowie **Übergabe** der Sache voraus.
   a) Die **Übergabe** ist erfolgt.
   b) Fraglich ist jedoch, ob eine **wirksame Einigung**[63] zwischen A und B über den Eigentumsübergang vorliegt. Auch hier gilt, dass die Willenserklärungen von A und B nach §§ 104 Nr. 1, 105 I BGB **nichtig** sind, so dass keine wirksame Einigung geschlossen wurde.

Also ist A **immer noch Eigentümer** der Marke.

III. B müsste die Marke nicht herausgeben, sofern er an ihr ein **Recht zum Besitz** nach § 986 BGB hat. Dies ist jedoch nicht der Fall, ein tauschvertraglicher Anspruch auf Besitzeinräumung besteht nach den obigen Ausführungen nicht.

Somit kann A, vertreten durch seine Eltern, von B Herausgabe der Marke aus § 985 BGB verlangen.

C. Anspruch A/B aus § 812 I 1, 1. Alt. BGB[64]

A könnte gegen B einen Anspruch auf **Herausgabe des Erlangten** nach § 812 I 1, 1. Alt. BGB haben.

I. Dazu müsste B zunächst **etwas erlangt** haben. B hat zwar nicht das Eigentum an der Marke erworben (s.o.). Er hat aber den **Besitz** an ihr erlangt.

II. Dies müsste weiterhin **durch Leistung** des A geschehen sein. **Leistung** ist die **bewusste** und **zweckgerichtete Mehrung fremden Vermögens**[65]. Hier hat A **bewusst** im Hinblick auf den vermeintlichen Vertrag das Vermögen

---

[62] Im Rahmen von § 985 BGB ist die **Eigentumslage historisch** zu prüfen. Dies bedeutet, dass zunächst gefragt werden muss, wer ursprünglich Eigentümer der umstrittenen Sache war. Als nächstes ist zu untersuchen, ob diese Person ihr Eigentum an einen anderen verloren haben könnte. In Fällen mit mehreren Beteiligten kann so eine chronologische Prüfungskette entstehen. Dass Sie historisch prüfen, folgt aus Ihrem Aufbau und wird nicht weiter im Gutachten erwähnt. Auch hier gilt, dass Übertreibungen nicht förderlich sind. Niemand erwartet, dass die Eigentumslage an dem Grundstück erörtert wird, auf dem der Baum stand, aus dessen Holz das Papier angefertigt wurde, auf dem ein Wechsel ausgefertigt wurde, den anschließend verschiedene Personen in Händen hielten.

[63] Die Einigung im Rahmen von § 929 S. 1 BGB stellt einen sog. **dinglichen Vertrag** im Rahmen des Verfügungsgeschäfts dar. Sein Inhalt beschränkt sich darauf, dass Erwerber und Veräußerer einig sind, dass der Erwerber **Eigentümer** der Sache werden soll. Dieser Vertrag darf wegen des o.g. **Abstraktionsprinzips** nicht mit der Einigung über ein Verpflichtungsgeschäft verwechselt werden! Warum der Erwerber Eigentümer werden soll – Schenkung, Kaufvertrag, Darlehnsvertrag, Tauschgeschäft, Werklieferung etc. –, ist für § 929 S. 1 BGB völlig belanglos.

[64] Zum Bereicherungsrecht nach §§ 812 ff. BGB vgl. unten § 19. Auch wenn eine Anspruchsgrundlage (B.) erfüllt ist, sind im Gutachten weitere Anspruchsnormen mit demselben Ziel zu erörtern.

[65] BGH NJW 2005, S. 60 f. (60).

des B vermehrt durch Überlassung der Marke. **Zweck** war die Erfüllung des vermeintlichen Tauschvertrags. Die Übertragung des Besitzes an der Marke von A auf B stellt also eine Leistung des A dar.

III. Die Leistung des A müsste **ohne rechtlichen Grund** erfolgt sein. Rechtsgrund („**causa**") sollte der Tauschvertrag zwischen A und B sein. Dieser war jedoch nichtig (s.o.). Damit erfolgte die Leistung rechtsgrundlos.

Also hat A gegen B einen Anspruch aus § 812 I 1, 1. Alt. BGB auf Herausgabe des Erlangten, mithin auf Rückübertragung des Besitzes an der Marke.

Fall 2: Beschränkt Geschäftsfähige

Der 14-jährige Arno Nyhm (A) sieht im Schaufenster des Uhrmachers Urban Orbi (U) eine Armbanduhr zum überaus günstigen Preis von 30,– €. Da diese Summe genau seinem Taschengeld entspricht, einigt er sich mit U, dass er die Uhr mitnimmt, das Taschengeld von zu Hause holt und sofort bringt. Als er zu Hause ankommt, erzählt er seinen Eltern von dem Geschäft. Diese erklären, A solle mit seinen anderen acht Armbanduhren auskommen und die Uhr zu U zurück bringen.

Haben A und U einen wirksamen Kaufvertrag abgeschlossen?

Abwandlung: Rückabwicklung des gescheiterten Vertrages

A bringt weder Uhr noch Geld zu U. Nach welchen Vorschriften kann U die Uhr heraus verlangen?

Lösung:

Ein Kaufvertrag gemäß § 433 BGB setzt inhaltlich übereinstimmende, wirksame Erklärungen voraus. A ist gemäß § 106 BGB in seiner **Geschäftsfähigkeit beschränkt**, so dass seine Willenserklärung anhand der §§ 107 ff. BGB zu überprüfen ist. Auch die Willenserklärung des U ist gemäß § 131 II BGB nur wirksam, wenn die Voraussetzungen für ein wirksames Geschäft mit einem beschränkt Minderjährigen vorliegen.

I. Gemäß § 107 BGB ist eine Willenserklärung, die dem Minderjährigen **lediglich einen rechtlichen Vorteil** verschafft, auch ohne Mitwirkung der gesetzlichen Vertreter wirksam. Der Preis der Uhr ist laut Sachverhalt sehr günstig. Diese **wirtschaftliche** Einschätzung ist aber für § 107 BGB **unerheblich**. Es kommt auf einen lediglich **rechtlichen** Vorteil an. Ein solcher liegt immer dann **nicht** vor, wenn der Minderjährige sich zu einer **Gegenleistung** verpflichtet. Dies ist bei einem Kaufvertrag der Fall. Also ist die Willenserklärung des A nicht bereits wegen lediglich rechtlichen Vorteils wirksam.

II. Die Eltern als gesetzliche Vertreter nach § 1629 BGB können dem Minderjährigen **im Voraus** eine **Zustimmung** zu Geschäften erteilen, auch wenn sie nicht lediglich rechtlich vorteilhaft sind, wie aus § 107 BGB folgt. Eine solche sog. **Einwilligung** als **vorherige Zustimmung** (§ 183 BGB) liegt indes nicht vor.

III. Möglicherweise ist das Geschäft nach § 110 BGB wirksam.

1. § 110 BGB gilt nur im Rahmen von **Verpflichtungsgeschäften**, wie überwiegend daraus geschlossen wird, dass die Vorschrift von „vertragsmäßige(r)

Leistung" spricht, die der Minderjährigen bewirkt. § 110 BGB ist also auf Verfügungsgeschäfte nicht anwendbar. Vorliegend geht es jedoch um ein schuldrechtliches Verpflichtungsgeschäft zwischen U und A, so dass die Anwendbarkeit von § 110 BGB nicht ausgeschlossen ist.

2. Dem A wurde von seinen Eltern Geld **zur freien Verfügung** überlassen.
3. Die **Kaufpreissumme entspricht** auch **dem**, was der Minderjährige zu leisten in der Lage ist.
4. **Fraglich** ist jedoch, wie es zu werten ist, dass A **noch nicht gezahlt** hat und seine Eltern sich zwischenzeitlich **gegen** den Kauf **ausgesprochen** haben.
   a) Sieht man die Geldüberlassung als **Form der Einwilligung** an, wäre nach § 183 BGB eventuell ein Widerruf nur bis zur Vornahme des Geschäfts möglich. Das wäre u.U. der Abschluss des Kaufvertrages.
   b) Andererseits ist auch eine solche in der Mittelüberlassung zu sehende Einwilligung in ihrer **Reichweite auszulegen.** § 110 BGB wird so ausgelegt, dass erst nach vollständiger Leistungsbewirkung durch den Minderjährigen der Vertrag wirksam ist. Insofern ist der Wortlaut dergestalt zu ergänzen, dass das Geschäft erst wirksam wird, wenn der Minderjährige seine Leistung „bewirkt **hat**". Daher werden z.B. **Ratenzahlungsgeschäfte** eines beschränkt Geschäftsfähigen erst **mit der letzten Ratenzahlung wirksam.** Dies spricht auch dafür, den Eltern bis zur **kompletten Vertragserfüllung** die Entscheidung über die Wirksamkeit des Geschäftes zu lassen, wenn keine Ratenzahlung vereinbart wurde, der Minderjährige aber seine Gegenleistung noch nicht erbracht hat.

Damit ist er Kaufvertrag zwischen A und U nicht bereits nach § 110 BGB wirksam.

IV. Somit ist die Willenserklärung des A **zunächst schwebend unwirksam.** Die Eltern haben gemäß §§ 108 I, 184 I BGB die Möglichkeit, eine **nachträgliche Zustimmung (Genehmigung)** zu erteilen. Eine solche Genehmigung haben sie indes verweigert.

Also ist die Willenserklärung des A endgültig unwirksam. Ein Kaufvertrag zwischen A und U besteht also nicht.

Lösung der Abwandlung:

A. Vertragliche Ansprüche U/A auf Herausgabe der Uhr

Nach der Prüfung im Ausgangsfall scheiden vertragliche Ansprüche des U gegen A **mangels** wirksamen **Vertrages** aus.

B. Anspruch U gegen A auf Herausgabe der Uhr aus § 985 BGB

Möglicherweise kann U von A gemäß § 985 BGB **Herausgabe** der Uhr verlangen. Dies setzt voraus, dass A die Uhr **ohne Berechtigung besitzt** (§ 986 BGB) und U immer noch **Eigentümer** der Uhr ist.

I. A übt die **tatsächliche Sachherrschaft** über die Uhr nach § 854 I BGB aus, er **besitzt** sie also.

II. U müsste noch **Eigentümer** der Uhr sein[66].

1. **Ursprünglich** war U ihr Eigentümer.

2. Er könnte jedoch das Eigentum nach § 929 S. 1 BGB wirksam auf A **übertragen** haben.

   a) U hat dem A die Uhr **übergeben.**

   b) Weiterhin müssten A und U sich darüber einig gewesen sein, dass das Eigentum an der Uhr auf A übergehen soll. Diese sog. **dingliche** oder **sachenrechtliche Einigung** stellt ebenfalls einen **Vertrag**, und zwar im Rahmen des Verfügungsgeschäfts nach § 929 S. 1 BGB dar. Die Wirksamkeit der Willenserklärungen bezogen auf **diese** Einigung ist – unabhängig von der Prüfung des Verpflichtungsgeschäfts – nach §§ 106 ff. BGB zu untersuchen.

   Möglicherweise sind die Willenserklärungen nach §§ 107, 131 II BGB wegen **lediglich rechtlichen Vorteils** zugunsten des A wirksam.

   Nach dem **Abstraktionsprinzip** ist die Übereignung als Verfügungsgeschäft vom Verpflichtungsgeschäft Kaufvertrag zu trennen. Die Übereignung führt ausschließlich zu einer Vermögensvermehrung des A, nämlich zu einem **zusätzlichen Eigentumsrecht.** Daher ist die Einigung zwischen A und U, nach der A Eigentümer der Uhr werden soll, nach §§ 107, 131 II BGB wirksam.

   c) U war auch als **Eigentümer zur Verfügung berechtigt.** Also liegen die Voraussetzungen von § 929 S. 1 BGB vor, A ist Eigentümer der Uhr geworden.

Damit hat U gegen A keinen Herausgabeanspruch aus § 985 BGB.

C. Anspruch U gegen A auf Herausgabe des Erlangten aus § 812 I 1, 1. Alt. BGB

U.U. kann U jedoch von A die **Rückgängigmachung dieser Vermögensverschiebung** verlangen. Dies wäre der Fall, wenn U gegen A einen Anspruch auf Herausgabe der von A erlangten Vermögensposition verlangen kann[67].

I. A hat **etwas,** nämlich **Eigentum** und **Besitz** an der Uhr erlangt.

II. Dies müsste durch **Leistung** des U, also bewusste und zweckgerichtete Mehrung fremden Vermögens, geschehen sein. U **wollte** dem A die Uhr übereignen. Dies geschah zum **Zweck,** den vermeintlichen Kaufvertrag mit A zu erfüllen. Also liegt eine Leistung des U an A vor.

III. Diese Leistung müsste **ohne rechtlichen Grund** erfolgt sein. Der beabsichtigte Rechtsgrund, der Kaufvertrag, war tatsächlich unwirksam.

Also schuldet A dem U die Herausgabe des Erlangten, nämlich Eigentum und Besitz an der Uhr aus § 812 I 1, 1. Alt. BGB.

---

[66] Auch hier ist die Eigentumslage wieder historisch zu prüfen (s.o.). Generell zum Herausgabeanspruch aus § 985 BGB vgl. Schreiber, Jura 2005, S. 30 ff.

[67] Wie gesehen ist Zweck der §§ 812 ff. BGB, eine unberechtigte Vermögensverschiebungen rückgängig zu machen. Entscheidender Nachteil der Anspruchsgrundlagen aus ungerechtfertigter Bereichung ist § 818 III BGB. Der Bereicherte schuldet grundsätzlich die Herausgabe nur im Rahmen dessen, was bei ihm noch vorhandenen ist.

Fall 3: Minderjährigengeschäft; Abstraktionsprinzip; rechtlicher Nachteil

Patenonkel Paul Ahner (P) will seinem 17-jährigen Neffen Mario Ahner (M) ein Grundstück schenken und übertragen. Das Grundstück ist 500.000,– € wert und mit einem hypothekarisch gesicherten Darlehn zugunsten der D-Bank in Höhe von 450.000,– € belastet. P will die Tilgungsraten des Darlehns und die Zinsen bis zur vollständigen Tilgung zahlen.

Können P, der sich mit den Eltern des M zerstritten hat, und M die erforderlichen Verträge vor einem Notar ohne die Einschaltung dritter Personen abschließen?

Lösung:

A. Schenkungsvertrag gemäß § 516 BGB

Fraglich ist, ob P und M einen **Schenkungsvertrag** gemäß § 516 BGB in der Form der §§ 518, 311b, 128 BGB wirksam und ohne Einschaltung Dritter abschließen können.

I. Es müssten **Angebot** (§ 145 BGB) und inhaltlich übereinstimmende **Annahmeerklärung** (§ 146 BGB) zwischen P und M ausgetauscht werden.

II. Bedenken hinsichtlich der Wirksamkeit der Willenserklärung des M bestehen, weil er minderjährig und damit nach § 106 BGB in der **Geschäftsfähigkeit beschränkt** ist. Es könnte außerdem am **Zugang** der Willenserklärung des P nach § 131 II BGB fehlen. Sofern die Willenserklärungen dem M jedoch lediglich einen **rechtlichen Vorteil** verschaffen, läge nach § 107 und § 131 II BGB Wirksamkeit vor.

1. Durch Abschluss eines Schenkungsvertrags mit P erwirbt M einen **Anspruch auf Eigentumsübertragung** am Grundstück, ohne sich zu einer Gegenleistung zu verpflichten. Dies stellt einen **rechtlichen Vorteil** dar. Eine wirtschaftliche Betrachtung ist nicht anzustellen. Es geht einzig darum, ob ein **zusätzliches Recht ohne eigene persönliche Verpflichtung**[68] erworben wird. Nicht entscheidend ist damit, ob das Grundstück mehr wert ist als seine Belastungen und ob P die Tilgungen des Darlehns aufbringen will.
2. Der Erwerb eines **hypothekarisch belasteten** Grundstücks führt dazu, dass der neue Eigentümer M Schuldner nach § 1147 BGB wird. Er müsste also als späterer Eigentümer gegebenenfalls eine Zwangsversteigerung des Grundstücks dulden. Fraglich ist, ob dies einen rechtlichen Nachteil im Hinblick auf das Schenkungsgeschäft darstellt. Schuldrechtliche und dingliche Seite sind nach dem **Abstraktionsprinzip** grundsätzlich zu trennen[69]. Der Schenkungsvertrag gibt nur einen **Anspruch** auf Übereignung. Durch ihn wird M jedoch noch nicht Eigentümer, der einem Duldungsanspruch aus § 1147 BGB ausgesetzt sein kann.

Also können P und M den Schenkungsvertrag allein vor einem Notar abschließen.

---

[68] Anders etwa im Fall BayObLG (31.3.2004 – 2 Z BR 45/04) www.judicialis.de oder BayObLG NJW 2003, S. 1129 f., wo eine aus dem sonstigen Vermögen des Minderjährigen zu erfüllende persönliche Pflicht möglich war.

[69] Vgl. BGHZ 15, 169 (170). Dies ist u.U. anders bei Erwerb von Wohnungseigentum und den damit verbundenen persönlichen Verpflichtungen, vgl. BGHZ 78, 28.

B. Übereignung des Grundstücks von P auf M gemäß §§ 873 I, 925 I BGB

Problematisch ist, ob P und M wirksam ohne Mitwirkung Dritter die **Übereignung** nach §§ 873 I, 925 I BGB durchführen können.

I. Dies setzt zunächst eine **Einigung über den Eigentumsübergang** auf M zwischen P und N, also eine sog. **Auflassung** nach § 925 I BGB voraus. Ob M und P einen solchen **dinglichen Vertrag** wirksam ohne Mitwirkung Dritter abschließen können, hängt wiederum davon ab, ob es sich nach § 107 und § 131 II BGB um ein für den M **lediglich rechtlich vorteilhaftes Geschäft** handelt.

1. Fraglich ist der rechtliche Vorteil im Hinblick auf die **Belastung** des Grundstücks mit der **Hypothek.** M als Eigentümer könnte eine solche Hypothek selbst nicht bestellen, weil er hierdurch einen Nachteil erlitte. Hier hingegen erwirbt er ein **Mehr an Rechten**, nämlich das Eigentum an dem bereits belasteten Grundstück. Diese ursprünglich **bereits vorhandene Belastung** schränkt den rechtlichen Vorteil des Eigentumserwerbs ein, begründet aber keinen rechtlichen Nachteil[70]. Auch der hier vorliegende eingeschränkte Erwerb ist also noch rechtlich vorteilhaft: es wird **keine persönliche Belastung** des M durch die Übereignung des bereits belasteten Grundstücks **begründet**.

2. Mit dem Rechtserwerb verbundene **öffentliche Lasten** (Steuern, Beiträge, Gebühren) bleiben außer Betracht. Sie sind **nicht Folge der Willenserklärung („durch die ...“**, vgl. Wortlaut § 107 BGB), sondern entstehen **kraft Gesetzes** und begründen keine Verbindlichkeit, die sich unmittelbar aus der privatrechtlichen Willenserklärung des M ergäbe.

Also können M und P auch die Auflassung vor dem Notar ohne Mitwirkung Dritter erklären.

II. Schließlich muss der Eigentumswechsel gemäß § 873 I BGB in das **Grundbuch eingetragen** werden, damit M Eigentümer des Grundstücks werden kann.

§ 6
Botenschaft und Stellvertretung

Bei **Willenserklärungen** können **Dritte** eingeschaltet werden, die den Geschäftsherrn unterstützen.

Abzugrenzen vom **Boten** (§ 120 BGB) ist der **Stellvertreter,** §§ 164 ff. BGB. Er unterscheidet sich vom Boten durch die Eigenständigkeit seines Handelns und dadurch, dass er eine eigene Willenserklärung im Namen eines anderen abgibt.

[70] BayObLG NJW 1998, S. 3574 ff. (3576).

Stellvertretung:

A. **Eigene Willenserklärung** des Vertreters

Abgrenzung zum Boten nach äußerem Erscheinungsbild des Auftretens.

B. **Im Namen** des Vertretenen, sog. **Offenkundigkeitsprinzip**, § 164 I BGB.

Kann ausdrücklich erklärt werden oder sich aus den Umständen ergeben.

Ausnahmen hiervon:

- Handeln für den Betriebsinhaber: dieser wird bei betriebsbezogenem Geschäft berechtigt und verpflichtet, nicht der Handelnde.
- Bargeschäfte des täglichen Lebens („Brötchenkauf").
- Handeln unter fremden Namen, wenn Name von Bedeutung für Geschäft[71].

C. Vertretungsmacht:

I. Kraft **Gesetzes**, z.B. § 1629 BGB, Eltern.
II. Kraft **Rechtsgeschäfts**: Vollmacht, § 167 BGB.

D. Vertreter ohne Vertretungsmacht:

- Geschäftsherr kann Geschäft genehmigen, § 177 BGB.
- Tut er dies nicht, haftet der Vertreter ohne Vertretungsmacht wahlweise dem anderen Teil auf Erfüllung oder Schadensersatz, § 179 I BGB.
- § 179 II BGB, u.U. nur Ersatz des Vertrauensschadens.
- Beschränkt Geschäftsfähige (vgl. § 165 BGB!) haften nicht als Vertreter ohne Vertretungsmacht, § 179 III 2 BGB.

Fall 1: Einschaltung von Vertreter bzw. Boten

Student Peer Siehl (S) wohnt in einem teuren Appartement, welches Felix Elix (E) gehört. S bemüht sich um einen Platz im Studentenwohnheim. Am Nachmittag des 15. erfährt er von einem Bekannten, dass der für die Verteilung zuständige Ausschuss ihm für den nächsten Ersten ein Zimmer zugeteilt habe. Da er spätestens zum 15. kündigen muss, geht er gegen Abend zu E, trifft dort aber nur dessen 13-jährige Tochter T an. S schreibt die Kündigung auf einen Zettel und gibt ihn der T mit der Bitte, ihn dem E deutlich sichtbar hinzulegen. T vergisst dies zunächst über diversen Vorabend-Soaps, so dass E erst am 16. von der Kündigung erfährt. E will die Kündigung erst zum Ende des nächsten Monats gelten lassen.

Wie ist die Rechtslage?

[71] Dazu unten Fall 3.

Lösung:

Das Mietverhältnis zwischen S und E könnte durch **rechtzeitige** wirksame **Kündigung** zum 15. beendet worden sein.

Die Kündigung ist ein **Rechtsgeschäft**, welches aus nur **einer Willenserklärung** besteht. Ist die Kündigung **fristgebunden**, muss sie rechtzeitig zugehen. Dies ist hier fraglich.

I. **Abgabe** der Willenserklärung, also die **endgültige willentliche Entäußerung** der Erklärung durch S, lag vor, als S den Zettel der T übergab. In diesem Moment hat die Erklärung den Machtbereich des Erklärenden endgültig verlassen.

II. Fraglich ist der **Zugang**. Möglicherweise ist § 130 I 1 BGB anzuwenden.

1. Dann müsste es sich um eine **Erklärung unter Abwesenden** handeln. E war nicht anwesend, sondern nur T. Damit liegt ein Fall der Einschaltung eines Dritten bei Übermittlung einer Willenserklärung vor. Insofern stellt sich die Frage, ob die T an Stelle des E mit der Folge getreten ist, dass es sich um eine Erklärung unter **Anwesenden** handeln könnte.

2. Man unterscheidet **Boten** und **Stellvertreter.**

   a) Der **Stellvertreter** hat eigene Befugnisse und gibt **eigene Willenserklärungen** ab (vgl. § 164 I BGB). Der **Bote** hingegen wird nur zur mechanischen Übermittlung eingesetzt, hat keine eigenen Befugnisse und gibt auch **keine eigene Willenserklärung** ab. Man unterscheidet **Erklärungs- und Empfangsboten.** Erstere werden vom Erklärenden eingeschaltet, letztere befinden sich auf der Seite des Empfängers („menschliche Brieftaube" oder „menschlicher Briefkasten").

   War T **Empfangsvertreterin** des E nach § 164 III BGB, liegt Erklärung unter Anwesenden vor. War sie hingegen **Botin**, handelt es sich um eine Erklärung unter Abwesenden.

   b) Dass T **minderjährig** ist, spricht **nicht gegen eine Stellvertreterstellung,** wie aus § 165 BGB folgt. Aber T besaß zumindest keine eigenen Befugnisse, für E Erklärungen anzunehmen oder abzugeben, also keine Vertretungsmacht. Sie war damit Botin, so dass die Kündigung des S eine Erklärung unter Abwesenden gemäß § 130 I 1 BGB darstellt.

3. Fraglich ist der **Zugangszeitpunkt.**

   Zugang liegt vor, wenn die Willenserklärung so in Machtbereich des Empfängers gelangt, dass mit alsbaldiger Kenntnisnahme zu rechnen ist. Tatsächliche Kenntnisnahme ist nicht hierfür notwendig. Hier konnte bei der 13-Jährigen T damit gerechnet werden, dass sie den Zettel dem E umgehend zur Kenntnisnahme hinlegt. Die Erklärung war also in Machtbereich gelangt und es war mit baldiger Kenntnisnahme zu rechnen.

Damit ist die Kündigung fristgemäß zugegangen.

Gegenbeispiel:

Die Einschaltung der 5-jährigen Tochter des E oder eine bloß mündliche Erklärung durch S, welche T ausrichten soll. In diesen Fällen liegt noch kein Zugang vor. Ein zur Übermittlung **ungeeigneter Bote** wird vielmehr zum **Erklärungsboten.** Die Übergabe der Erklärung an ihn bewirkt nicht Zugang, sondern erst die Abgabe der Willenserklärung. Der Bote wird dann auf Seiten des Erklärenden S tätig, der die ungeeignete T **auf sein Risiko hin einschaltete.**

Fall 2: Vertretung; Handeln im fremden Namen

Lehrer Valerius Karzer (V) organisiert für die Teilnehmer seines VHS-Kurses eine Studienreise nach England. Aufgrund einer Anmeldungsliste, in welche sich die Teilnehmer der Reise eingetragen hatten und die er am Schalter des Agenturbüros vorlegte, buchte er den Flug nach London für 16 Personen. Die Tickets sollten bei Abholung bezahlt werden. Teilnehmer Arnold Schwartensäger (A) erscheint zum Flugtermin nicht, weil er eine Einladung zu einem Selbstfindungs- und Töpferkurs in der Toskana erhalten hat. Fluggesellschaft B verlangt von V Zahlung des Tickets, weil der Platz nicht mehr anderweitig besetzt werden konnte. Dieser meint, nicht er, sondern A müsse zahlen.

Ist A gegenüber B verpflichtet worden?

Lösung:

B könnte gegen A einen Zahlungsanspruch aus § 631 I BGB haben. Dies setzt voraus, dass zwischen B und A ein entsprechender Vertrag abgeschlossen worden ist.

I. Willenserklärungen, gerichtet auf Abschluss eines **Werkvertrages** in Gestalt eines Erfolges, nämlich der Personenbeförderung, sind zwischen V und B ausgetauscht worden, so dass **Angebot** und **Annahme** vorliegen.

II. Hieraus wäre allerdings nicht V verpflichtet, wenn er mit Wirkung **für und gegen A** den Vertrag abgeschlossen hätte. Dies wäre unter den Voraussetzungen von § 164 I 1 BGB der Fall.

1. Eine **eigene Willenserklärung** des V ist darin zu sehen, dass er eigenständig eine Auswahl aus dem Reiseangebot traf.
2. Er müsste **weiterhin im fremden Namen** gehandelt haben, § 164 I 1 BGB. Maßgeblich ist dabei der objektive Erklärungswert seines Auftretens.
   a) Eine **ausdrückliche** Erklärung, im Namen der Teilnehmer auftreten zu wollen, liegt nicht vor.
   b) Möglicherweise folgt das Handeln des V im fremden Namen aus den **äußeren Umständen** gemäß § 164 I 2 BGB. Wer eine Flugreise für jemanden bucht, zu dem er nicht in näherer Beziehung steht, will in der Regel keine eigene Zahlungsverpflichtung eingehen, sondern nur vermittelnd auftreten[72]. Dies war B auch erkennbar durch die Vorlage der Teilnehmerliste. Damit handelte V im fremden Namen.
3. V müsste schließlich gemäß § 164 I 1 BGB innerhalb einer ihm zustehenden **Vertretungsmacht** den Vertrag abgeschlossen haben. In Betracht kommt

[72] BGH BB 1978, S. 928 f. (928).

eine **Vollmachterteilung** der Teilnehmer an V gemäß § 167 I 1. Alt. BGB. Durch ihre Unterschrift haben die Teilnehmer nicht lediglich ihr Interesse an einer Reise bekundet, sondern sich **verbindlich** mit der Anmeldung zur Reise einverstanden erklärt, die V durchführte. Hierin ist eine Bevollmächtigung zu sehen, so dass V mit Vertretungsmacht auftrat.

Also wurde aus dem Vertrag mit B der A verpflichtet.

Damit besteht der Zahlungsanspruch der B aus § 631 I BGB gegen A.

Fall 3: Handeln unter fremdem Namen

Der 17-jährige Schüler A glaubte sich von seinem Lehrer B ungerecht behandelt, nachdem B einen Aufsatz des A mit „kaum noch mangelhaft" bewertet hatte. Er rächte sich in der Weise, dass er sich am Telefon als B ausgab und bei verschiedenen Firmen Waren (Kühlschränke, Sonnenbänke, „Fatsuit-Bauchwegtrainer" etc.) bestellte, die ins Haus geliefert werden sollten. B verweigerte jedes Mal die Annahme der Ware. Erst durch eine Fangschaltung konnte A ermittelt werden.

Die Firmen möchten wissen, ob ihnen Zahlungsansprüche gegen A zustehen.

Lösung:

A. Zahlungsanspruch aus § 433 II BGB

Die Firmen könnten von A Zahlung verlangen, wenn A aus Kaufverträgen mit ihnen verpflichtet wurde.

I. **Angebot** und **Annahme** hinsichtlich entsprechender Kaufverträge liegen laut Sachverhalt vor.

II. Fraglich ist jedoch, wer hieraus verpflichtet werden sollte.

1. An sich gingen die Firmen davon aus, dass B Käufer ist. Tatsächlich war indes **A unter fremdem Namen** aufgetreten. Dies fällt nach dem Wortlaut nicht unter § 164 I BGB, der ein Handeln **im** fremden Namen voraussetzt.

2. Es ist jedoch zu klären, ob eine Lösung **analog** dem **Stellvertretungsrecht** interessengerecht wäre. Bei der Lösung ist zu **differenzieren.**

a) Ist der **Name ohne jede Bedeutung** für den Vertragspartner, will er gerade mit dem abschließen, den er vor sich hat. Ist der **Name** hingegen dem Vertragspartner **nicht gleichgültig**, wird über **Stellvertretungsrecht** gelöst. Als eine Ausnahme vom Offenkundigkeitsprinzip hat hier der **wahre Namensträger** die Möglichkeit, das Geschäft durch **Genehmigung** nach § 177 BGB analog an sich zu ziehen. Verweigert er hingegen die Genehmigung, wird der unter fremden Namen Auftretende wie ein **Vertreter ohne Vertretungsmacht** nach § 179 BGB analog behandelt[73].

b) Bei schriftlichen oder telefonischen Geschäftsabschlüssen wird der Vertragspartner in aller Regel mit dem **wahren Namensträger** abschließen wollen, da hier der Name das **einzige Individualisierungs-**

---

[73] BGHZ 45, 193 (195); 111, 334 (338).

merkmal darstellt. Also sollte B und nicht A Vertragspartei sein. Ein Anspruch der Firmen aus § 433 II BGB gegen A besteht somit nicht.

B. Anspruch aus § 179 I BGB analog

Möglicherweise ist A den Firmen aus § 179 I BGB analog nach deren Wahl zu **Erfüllung** oder **Schadensersatz** verpflichtet.

I. B hat die Genehmigung des vollmachtlosen Handelns durch A nach § 177 I BGB analog verweigert.

II. Damit ist § 179 I BGB erfüllt, so dass als **Rechtsfolge** die Firmen an sich wahlweise Erfüllung oder Schadensersatz von A verlangen können.

III. Allerdings gilt wegen § 179 III 2 BGB etwas anderes, weil A gemäß § 106 BGB **minderjährig** ist. Wer sich nicht wirksam rechtsgeschäftlich verpflichten kann, soll auch nicht über § 179 BGB in Anspruch genommen werden können.

Also haftet A den Firmen auch nicht als Vertreter ohne Vertretungsmacht.

C. Schadensersatzanspruch aus § 823 I BGB

Voraussetzung für einen Schadensersatz der Firmen gegen A aus **unerlaubter Handlung** wäre, dass eines der in § 823 I BGB **genannten Rechtsgüter** verletzt wurde. Allerdings ist dem Sachverhalt nicht zu entnehmen, dass die Firmen infolge der telefonischen Bestellungen durch A etwa das Eigentum an ihren Waren verloren hätten. Die Aufwendungen für Verpackung, Versand etc. stellen **reine Vermögensschäden** dar, die nicht von § 823 I BGB erfasst werden[74].

Ein Schadensersatzanspruch der Firmen gegen A aus § 823 I BGB scheidet daher aus.

D. Schadensersatzanspruch aus § 823 II BGB i.V.m. § 263 I StGB (Betrug)[75]

Möglicherweise steht den Firmen gegen A ein Anspruch aus § 823 II BGB i.V.m. § 263 I StGB zu.

I. Im Gegensatz zu § 823 I BGB nennt § 823 II BGB nicht abschließend bestimmte, absolut geschützte Rechtsgüter, die von jedermann zu respektieren sind. Für den Fall, dass ein besonderes Gesetz verletzt wurde, welches den Schutz eines anderen bezweckt (sog. **Schutzgesetz**), kann dies ebenfalls zu Schadensersatzpflicht des Täters führen. In diesem Fall werden **auch reine Vermögensschäden** erfasst.

II. Derartige Schutzgesetze enthält insbesondere das **StGB**. So ist in § 263 I StGB ausdrücklich der Begriff der **Vermögensbeschädigung** durch einen „Betrüger" genannt. Rein finanzielle Aufwendungen der Firmen wären hiervon erfasst, auch wenn sie hierdurch nicht in ihrem Eigentum an den Waren verletzt wurden.

---

[74] Zu § 823 I BGB vgl. unten § 17.

[75] § 263 I StGB lautet: „Wer in der Absicht, sich oder einem Dritten einen rechtswidrigen Vermögensvorteil zu verschaffen, das Vermögen eines anderen dadurch beschädigt, dass er durch Vorspiegelung falscher oder durch Entstellung oder Unterdrückung wahrer Tatsachen einen Irrtum erregt oder unterhält, wird mit Freiheitsstrafe bis zu fünf Jahren oder mit Geldstrafe bestraft."

III. Indem A sich am Telefon für den B ausgab und vorgeblich Waren bestellte, erregte er eine Fehlvorstellung bei den Firmen über ihren Vertragspartner. Durch **Vorspiegelung** dieser **falschen Tatsache** wurde bei den Firmen ein **Irrtum** erregt.

IV. Allerdings setzt § 263 I StGB voraus, dass der Täter in der **Absicht** handelt, sich oder einem Dritten einen **rechtswidrigen Vermögensvorteil** zu verschaffen.

A wollte sich indes ausschließlich an B rächen, ohne hierdurch sein eigenes Vermögen oder das eines Dritten zu vermehren. Jedenfalls hieran scheitert die Annahme eines Betrugs durch A.

Also können die Firmen auch nicht aus § 823 II BGB i.V.m. § 263 I StGB Schadensersatz von A verlangen.

Anmerkung:
Einen weiteren **Haftungsausschluss** sieht § 179 III 1 BGB bei **mangelnder Schutzwürdigkeit** des Geschäftspartners vor.

Vollmachtsarten			
Erteilung der Vollmacht	**Inhalt der Vollmacht**	**Persönliche Berechtigung zur Vertretung**	**Beziehung zum Geschäftsherrn**
Innenvollmacht, § 167 I 1. Alt. BGB	**Generalvollmacht:** berechtigt zur Vertretung in allen Geschäften.	**Einzelvollmacht:** eine Person allein zur Vertretung berechtigt.	**Hauptvollmacht:** vom Geschäftsherrn selbst erteilt.
Außenvollmacht, § 167 I 2. Alt. BGB	**Gattungsvollmacht:** berechtigt zur Vertretung in einem bestimmten Kreis von Geschäften (gesetzlich geregelter Fall: §§ 48 ff. HGB, Prokura).	**Gesamtvollmacht:** mehrere Personen nur gemeinsam zur Vertretung berechtigt.	**Untervollmacht:** von einem (Haupt-) Bevollmächtigten erteilt.
Bevollmächtigung durch **Erklärung an die Öffentlichkeit:** gewohnheitsrechtlich anerkannt (kein Fall des § 171 BGB, der eine bereits erteilte Vollmacht voraussetzt!).	**Spezialvollmacht:** berechtigt zur Vertretung in einem bestimmten Geschäft oder bestimmten einzelnen Geschäften.		

Abbildung 5: Vollmachtsarten

Fall 4: Kenntnis des Vertreters; Anfechtung wegen arglistiger Täuschung

Immobilienhändler Athanasius Assel (A) versucht seit langem, ein Villengrundstück von Frau Anna Gramm (G) zu erwerben. Erst als er ihr vorspiegelt, in der Nachbarschaft würde ein schwer goldschmuckbehangener Geschäftsmann ein zweifelhaftes Etablissement eröffnen, lässt sie sich umstimmen. Sie gibt ihrem Vermögensverwalter und Generalbevollmächtigten Alois Vera (V) die Anweisung, das Grundstück an den A zu veräußern, ohne ihm den Grund für ihren Entschluss mitzuteilen. V schließt daraufhin namens der G den notariellen Kaufvertrag mit A. Wenig später erfährt G, dass A sie getäuscht hat. Sie teilt daraufhin dem V und dem A mit, sie lasse den Kaufvertrag wegen der Täuschung durch A nicht gelten. A besteht auf Vertragsausführung.

Zu Recht?

Lösung:

Anspruch A gegen G aus § 433 I 1 BGB auf Übereignung des Grundstücks[76]

A könnte gegen G einen Anspruch auf **Übertragung des Eigentums** an dem Grundstück aus § 433 I 1 BGB haben.

A. Der Anspruch müsste dazu zunächst **entstanden** sein.

I. Es müssten inhaltlich übereinstimmende Willenserklärungen, also **Angebot** (§ 145 BGB) und **Annahme** (§ 146 BGB), gerichtet auf Abschluss eines Grundstückskaufvertrages vorliegen, aus denen G und A Vertragspartner wurden.

1. Angebot und Annahme haben A und V erklärt, jedoch nicht die G und A.

2. Die Willenserklärung des V wirkte für und gegen G, **wenn** V sie gemäß § 164 I BGB **wirksam vertreten** hat.

a) Zwar handelte V auf **Weisung** der G. Es ist dem Sachverhalt aber nicht zu entnehmen, dass er etwa lediglich als Bote auftrat und eine ihm fremde Willenserklärung der G übermittelte. Das für die **Abgrenzung** zwischen Botenhandeln und Stellvertretung entscheidende äußere Auftreten des V spricht für die Abgabe einer **eigenen Willenserklärung** des V als Stellvertreter der G.

b) V ist ausdrücklich **im Namen** der G aufgetreten.

c) G hatte dem V gemäß § 167 I, 1. Alt. BGB eine **Innenvollmacht** im Umfang einer **Generalvollmacht** erteilt, so dass V grundsätzlich mit Vertretungsmacht handelte.

d) Möglicherweise bedurfte die **Vollmachterteilung** jedoch der **Form** der notariellen Beurkundung nach §§ 311b I 1, 128 BGB, weil ein Grundstückskaufvertrag abgeschlossen werden sollte. Grundsätzlich ist gemäß § 167 II BGB die Vollmachterteilung selbst dann **formlos** möglich, wenn das Rechtsgeschäft, auf das sich die Vollmacht bezieht, formbedürftig ist. Eine Ausnahme gilt für eine Vollmacht, die der

---

[76] = Auflassung gemäß § 925 I BGB plus Eintragung in das Grundbuch, § 873 I BGB.

Geschäftsherr entgegen § 168 BGB **unwiderruflich** einem Vertreter zu einem derartigen Rechtsgeschäft erteilt. In diesem Fall ist bereits eine Bindung des Geschäftsherrn ohne die Möglichkeit eingetreten, einseitig das Grundstücksgeschäft durch Widerruf der Vollmacht zu verhindern. Die **Warnfunktion** der notariellen Beurkundung wäre in derartigen Fällen geboten[77]. Vorliegend hat jedoch G dem V keine unwiderrufliche Generalvollmacht erteilt. Die Einhaltung einer Form ist nicht erforderlich.

3. Die nach §§ 311b I 1, 128 BGB im Rahmen eines Grundstückskaufvertrages erforderlich Form der **notariellen Beurkundung** ist im Hinblick auf Angebot und Annahme eingehalten worden.

Damit ist ein Kaufvertrag zwischen V und A wirksam abgeschlossen worden, aus dem G zur Übereignung des Grundstücks verpflichtet wird. Der Anspruch des A gegen G aus § 433 I 1 BGB ist also zunächst **entstanden.**

B. Möglicherweise ist der Anspruch jedoch wieder **untergegangen.** Dies wäre der Fall, wenn die G die Willenserklärung ihres Vertreters V wegen Irrtums **anfechten** und gemäß § 142 I BGB **rückwirkend (ex tunc)** vernichten könnte. Damit wäre dann auch der Vertrag zwischen G und A als von Anfang an nichtig anzusehen.

I. In der Erklärung der G, den Kaufvertrag wegen der Täuschung durch A nicht gelten lassen zu wollen, ist eine **Anfechtungserklärung** gemäß § 143 I und II BGB gegenüber dem **Vertragspartner** A zu sehen. Nicht erforderlich ist die ausdrückliche Verwendung des Begriffs „Anfechtung"; es genügt, dass der Irrende sich erkennbar wegen des Irrtums von der Willenserklärung lösen möchte.

II. Es müsste ein **Anfechtungsgrund** vorliegen. In Betracht kommt eine **arglistige Täuschung** durch A gemäß § 123 I BGB.

1. A hat der G vorgespiegelt, dass auf dem Nachbargrundstück eine zweifelhafte Lokalität eröffnet werde, so dass eine **Täuschungshandlung** vorliegt. A rechnete zumindest damit, dass ansonsten der Kaufvertrag nicht oder zumindest nicht so zustande kommen würde, er handelte also auch gemäß § 123 I BGB **arglistig** gegenüber G.

2. Problematisch ist jedoch, dass A die Täuschung nicht gegenüber dem V, der als Vertreter der G eine **eigene** Willenserklärung abgegeben hat, begangen hat. Auch die G hatte dem V nicht die näheren Umstände mitgeteilt. Die Erklärung des **V** war damit **nicht von** einem **Willensmangel beeinflusst.** Es stellt sich damit die Frage, ob hinsichtlich des Irrtums auf die Geschäftsherrin G oder den Vertreter V abzustellen ist.

a) **Grundsätzlich** ist gemäß § 166 I BGB insoweit die **Person des Vertreters** entscheidend. Dies korrespondiert damit, dass der Vertreter eine eigene Willenserklärung abgibt und daher seine Bewusstseinslage entscheidend sein muss. Danach wäre eine Anfechtung wegen Irrtums der G ausgeschlossen.

[77] BGHZ 89, 41 (47).

b) Nach § 166 II BGB ist **ausnahmsweise** im Hinblick auf die Kenntnis oder das Kennenmüssen von Umständen die **Person des Geschäftsherrn** entscheidend, sofern der Geschäftsherr dem Vertreter **bestimmte Weisungen erteilt** hat. Letzteres ist zwar der Fall. Jedoch **bezweckt** § 166 II BGB den **Schutz des Geschäftsgegners** in Fällen, in denen der Geschäftsherr selbst arglistig oder bösgläubig ist, aber einen ahnungslosen und daher gutgläubigen Vertreter mit Weisungen vorschickt. In diesen Fällen soll sich der Geschäftsherr nicht auf den guten Glauben des Vertreters berufen können.

Hier dagegen liegt der Fall **genau umgekehrt**: nicht G ist arglistig und verwendet einen gutgläubigen Vertreter, sondern der Geschäftspartner A täuscht über Umstände. § 166 II BGB ist damit nicht erfüllt[78].

c) Das Ergebnis nach dem reinen Wortlaut des Gesetzes erscheint **unbillig**, weil G ohne weiteres anfechten könnte, wenn sie selbst den Vertrag mit A abgeschlossen hätte. Es ist daher zu untersuchen, inwieweit eine **analoge Anwendung** des § 166 BGB in Frage kommt. Die Voraussetzungen für die analoge Anwendung einer Vorschrift sind das Vorliegen einer **planwidrigen Regelungslücke**, die der Gesetzgeber also nicht beabsichtigt hat, sowie eine **weitgehende Gleichheit der Interessenlage** zwischen dem gesetzlich geregelten und dem nicht vom Gesetzeswortlaut erfassten Fall.

aa) Eine **Regelungslücke** in dem o.g. Sinn liegt vor: § 166 BGB erfasst nicht den vorliegenden Fall.

bb) Es müsste außerdem eine **weitgehende Gleichheit der Interessenlage** zwischen dem in § 166 BGB geregelten und dem ungeregelten Fall existieren. **Grundgedanke** des § 166 BGB ist, dass es auf Person und Bewusstseinslage desjenigen ankommt, der den Willen zum Geschäftsschluss gebildet und nach außen hin geäußert hat. Auf seiner Interessenbewertung und Entschließung beruht in diesem Fall der Geschäftsabschluss[79]. Normalerweise ist diese Person der Vertreter, wie auch § 166 I BGB regelt. Im Fall der **Weisungserteilung** beruht der Geschäftsabschluss dagegen wesentlich auf der Bewertung durch den **Vertretenen**. Folglich müssen auch zu seinen Gunsten Willensmängel in seiner Person entscheidend sein. Daher wird auf den vorliegenden Fall § 166 II BGB analog anzuwenden sein.

Also ist bezüglich der arglistigen Täuschung nach § 123 I BGB auf die G abzustellen. Ein **Anfechtungsgrund** liegt somit vor.

III. Die **Anfechtungsfrist** des § 124 I BGB von einem Jahr ab Entdeckung der Täuschung (§ 123 II BGB) ist gewahrt.

Damit hat G durch Anfechtung nach § 142 I BGB die Willenserklärung des Vertreters V **rückwirkend vernichtet**. Dadurch ist auch der Vertrag

[78] Kontrollüberlegung: Hätte G arglistig einen ahnungslosen Vertreter V vorgeschoben und mit Weisungen ausgestattet, um A zu täuschen, wäre § 166 II BGB erfüllt. G könnte sich nicht auf die Ahnungslosigkeit des V berufen.

[79] BGHZ 51, 141 (147).

zwischen G und A als von Anfang an nichtig anzusehen. Ein Anspruch des A gegen G aus § 433 I 1 BGB besteht nicht.

Voraussetzungen einer Analogie

Regelungslücke

- Voraussetzungen einer vorhandenen gesetzlichen Regelung erfassen nicht (alle) Aspekte eines Sachverhalts (Lücke im Gesetz).
- Lücke ist planwidrig, also vom Gesetzgeber nicht beabsichtigt[80].

Weitgehende Gleichheit der Interessenlage

- Welchen Interessenausgleich bezweckt die gesetzliche Regelung?
- Ist die Interessenlage im ungeregelten Fall dem weitgehend gleich zu beurteilen?

Kein „Analogieverbot"

Generell nicht analogiefähig sind z.B.:
- Spezialvorschriften, die nur Sonderfälle regeln.
- Ausnahmevorschriften, die – ähnlich der Spezialvorschrift – eine enge Ausnahme von der Regel anordnen[81].

Abbildung 6: Analogie

Fall 5: Duldungsvollmacht

Student V jobbte beim Sportgeschäftsinhaber G. Im Laufe der Zeit ergab es sich, dass V auch mit Firmenvertretern verhandelte und Bestellungen im Namen des G aufgab, obwohl ihm keine Vollmacht erteilt worden war. G wusste darum und hatte dies nie beanstandet. Erst als V einen größeren Posten „Fatsuit-Bauchwegtrainer" bei der Firma A bestellt, greift G ein. G erklärt gegenüber A, er lasse die Bestellung des V nicht gelten. A besteht auf Zahlung und Abnahme.

Zu Recht?

Abwandlung: Anscheinsvollmacht

G, der nicht gern allein trinkt, hält sich mittlerweile hauptsächlich vor dem Badezimmerspiegel auf und kümmert sich nur noch oberflächlich um die Geschäfte. Daher entgeht es ihm auch, dass seine Sekretärin A öfters Einrichtungsgegenstände beim Möbelhaus M im Namen der Firma G bestellt, aber in die eigene Wohnung schafft. Erst als A einen Fernsehsessel bestellt und G in einem seiner seltenen nüchternen Momente die Auftragsbestätigung liest, geht im ein Licht auf. Er teilt M mit, die Bestellung sei ungültig. M besteht auf Vertragserfüllung.

Zu Recht?

---

[80] Ob eine **„Planwidrigkeit der Lücke"** erforderlich ist, ist nicht unstreitig. Nach a.A. sind auch vom Gesetzgeber bewusst gelassene Lücken per Analogie schließbar. Eine Auseinandersetzung mit dieser Frage sollte in einer Klausur aber unterbleiben, zumal der Wille des Gesetzgebers in Bezug auf Lücken des Gesetzes während der Bearbeitung kaum ermittelt werden kann.

[81] **Allgemein:** Vorsicht mit der Annahme einer Analogie! In einer Klausur sollte man sich auf die gesicherten Bereiche beschränken, welche die Rechtsprechung als analogiefähig anerkannt hat. Generell zu Auslegung, Analogie und Umkehrschluss Klunzinger, Bürgerliches Recht, § 3 II. 2.

Lösung:

A könnte gegen G einen Anspruch auf Zahlung aus § 433 II BGB haben. Dies setzt einen wirksamen **Kaufvertrag** zwischen A und G voraus.

A. Eine Einigung zwischen A und G liegt nicht vor.

B. Die zwischen V und A erzielte Einigung wirkt für und gegen G, wenn die **Voraussetzungen** einer **Stellvertretung** nach § 164 I BGB erfüllt sind.

I. V hat die Bestellung selbst aufgegeben, so dass eine **eigene Willenserklärung** des V vorliegt.

II. V handelte ausdrücklich **im Namen** des G.

III. V müsste **Vertretungsmacht** besessen haben.

1. G könnte V eine **Vollmacht** nach § 167 I 2. Alt. BGB erteilt haben.

   Ausdrücklich ist dies **nicht** geschehen. Möglicherweise liegt jedoch eine **konkludente Vollmachterteilung** an V vor. Diese könnte darin zu sehen sein, dass G das Verhalten des V kennt und hiergegen nicht einschreitet, sondern es duldet.

   Nach einem Teil der Literatur stellt die Duldung einen Fall der Außenvollmachtserteilung durch schlüssiges Verhalten dar[82]. Hiergegen wird zu Recht eingewandt, dass auch eine konkludente Bevollmächtigung eine Willenserklärung voraussetzt, nämlich in Gestalt eines äußeren Verhaltens, dem ein **Erklärungswert** zukommt[83]. Dieses Verhalten darf nur den Schluss zulassen, dass eine Bevollmächtigung gewollt ist. Die fehlende Beanstandung durch G lässt indes nicht zwingend einen Schluss auf Vollmachterteilung nach außen zu.

2. Allerdings könnte in einem solchen Fall der Geschäftsherr, der um das Verhalten des vermeintlichen Vertreters weiß, sich je nach Günstigkeit des Geschäfts auf die fehlende Vollmacht des Handelnden berufen, um etwaigen nachteiligen Verbindlichkeiten zu entgehen. Um ein derartig widersprüchliches Verhalten zu verhindern, ist die Figur der **Duldungsvollmacht**[84] entwickelt worden. Sie setzt Folgendes voraus:

   a) Der vermeintliche Vertreter muss **im Namen des Geschäftsherrn** Geschäfte abschließen. Dies ist hier der Fall.

   b) Der **Vertretene** muss **zurechenbar den Rechtsschein der Bevollmächtigung gesetzt** haben. G setzt V in seinem Geschäft ein; er kennt das Verhalten des V und duldet es, so dass er zurechenbar den Rechtsschein einer Bevollmächtigung des V gesetzt hat.

   c) Die **Vertragspartner kannten nicht** die **wahren Verhältnisse** und durften nach den Umständen von einer Bevollmächtigung ausgehen.

---

[82] Medicus, Bürgerliches Recht, Rn. 101; Palandt/Heinrichs, § 172 Rn. 11.

[83] Vgl. die Begründung der Duldungsvollmacht in BGH NJW 2003, S. 2091 ff. (2092); NJW-RR 2003, S. 1203 ff. (1204). Generell zu Duldungs- und Anscheinsvollmacht BGH (11.1.2005 – XI ZR 279/03) www.bundesgerichtshof.de.

[84] Jauernig/Jauernig, § 167 Rn. 8 m.w.N.

Damit besaß V Vertretungsmacht in Form einer Duldungsvollmacht. Der Kaufvertrag zwischen A und G ist wirksam, A kann gemäß § 433 II BGB den mit V vereinbarten Kaufpreis von G verlangen.

Lösung der Abwandlung:

M könnte gegen G einen Zahlungsanspruch aus § 433 II BGB haben.

Dies setzt einen entsprechenden **Kaufvertrag** zwischen M und G voraus.

A. Eine vertragliche Einigung zwischen M und G liegt nicht vor.

B. Möglicherweise haben A und M eine Einigung mit Wirkung für und gegen G erzielt. Dies wäre der Fall, wenn G durch A gemäß § 164 I BGB **wirksam vertreten** wurde.

I. A suchte die Ware selbst aus und gab **eine eigene Willenserklärung** ab.

II. A handelte **im Namen der Firma** G. Firma ist der Name des Kaufmanns im Geschäftsverkehr, wie aus § 17 I HGB folgt. A handelte damit im Namen des G.

III. Fraglich ist die **Vertretungsmacht** der A.

1. Eine **ausdrückliche** oder **konkludente Vollmacht** hat G der A nicht erteilt.
2. G wusste nichts von dem Handeln der A, so dass eine **Duldungsvollmacht** im o.g. Sinn **nicht** vorliegt.
3. Möglicherweise greifen die Grundsätze der sog. **Anscheinsvollmacht** ein[85]. Sie liegen vor, wenn der **Vertretene** das Handeln seines angeblichen Vertreters **zwar nicht** wie bei einer Duldungsvollmacht **kennt**, er es aber bei **Anwendung pflichtgemäßer Sorgfalt hätte erkennen** und **verhindern können**. Wenn dann die **Geschäftspartner** aufgrund des so entstandenen falschen Rechtsscheins **nach Treu und Glauben annehmen durften**, der Vertretene billige das Handeln des vermeintlichen Vertreters, wird es so angesehen, als habe der Handelnde in Vertretungsmacht gehandelt.

Ein solcher **Rechtsschein** ist angesichts der **Häufigkeit** und **Dauer** des Handelns der A entstanden. G hat seine Geschäfte vernachlässigt und so **fahrlässig den Rechtsschein ermöglicht**. M war **gutgläubig** hinsichtlich der Vertretungsmacht der A.

Also liegen die Voraussetzungen einer Anscheinsvollmacht vor. G ist durch den Vertragsschluss zwischen A und M zur Zahlung gemäß § 433 II BGB verpflichtet worden.

Fall 6: Untervollmacht

Hausbesitzer A erteilt seinem Hausverwalter B telefonisch Auftrag und Vollmacht zum Ankauf neuer Badewannen. B ist sehr mit dem neuen „Fatsuite-Bauchwegtrainer“ beschäftigt und bittet seinen volljährigen Sohn U, den Kauf mit dem Sanitärhändler S abzuschließen. U teilt daraufhin dem S den Sachverhalt mit und unterzeichnet das Bestellformular, auf dem als Käufer A eingetragen wird, mit

[85] Vgl. BGH NJW 1981, S. 1727 ff.; Palandt/Heinrichs, § 172 Rn. 11 ff. m.w.N.

seinem Namen und dem Zusatz „i.V.“. Später stellt sich heraus, dass A schon vor dem Anruf bei B geisteskrank geworden war.

Welche Rechte stehen dem S zu?

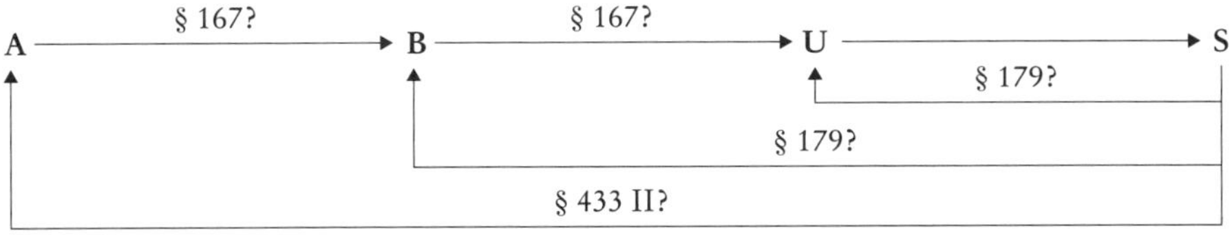

Voraussetzungen der Untervollmacht:

1. Ein **Hauptvertreter** erteilt im Namen des Geschäftsherrn
2. **mit Vertretungsmacht** für den Geschäftsherrn
3. einem **Untervertreter Vollmacht.**

Lösung:

A. Anspruch S/A, § 433 II BGB

S könnte gegen A einen Zahlungsanspruch aus § 433 II BGB haben. Dies setzt einen wirksamen Kaufvertrag zwischen S und A voraus.

I. Eine vertragliche Einigung durch Erklärung zwischen S und A liegt nicht vor.

II. Möglicherweise ist A durch Erklärungen von B bzw. U vertraglich zur Zahlung verpflichtet worden. Dies wäre der Fall, wenn **B und U** den **A wirksam** gemäß § 164 I BGB **vertreten** hätten.

1. Im Fall der Einschaltung von **Bevollmächtigtem** und **Unterbevollmächtigtem** ist zunächst eine **wirksame Bevollmächtigung** des **Hauptvertreters** gemäß § 167 I BGB, hier also des B notwendig. Die Vollmachterteilung des A an B war jedoch wegen der Geisteskrankheit des S gemäß §§ 104 Nr. 2, 105 I BGB **nichtig**. Es liegt bereits keine wirksame Hauptvollmacht vor. Damit ist auch die Bevollmächtigung des U durch B nicht wirksam, da es sich hierbei nur um eine abgeleitete Untervollmacht handelt.
2. Auch **Rechtsscheinsgrundsätze** greifen **nicht** ein, da der von einem Geschäftsunfähigen gesetzte Rechtsschein diesem **nicht zurechenbar** ist[86].

Also ist A nicht durch B und U vertraglich verpflichtet worden. Ein Zahlungsanspruch des S gegen A aus § 433 II BGB besteht nicht.

B. Anspruch S/B, § 179 BGB

Möglicherweise kann S den B als **vollmachtlosen Vertreter** nach § 179 BGB in Anspruch nehmen.

I. B ist als Vertreter des A aufgetreten, als er dem U Untervollmacht für den Ankauf der Badewannen bei S erteilte.

[86] Palandt/Heinrichs, § 172 Rn. 11 m.w.N.

II. Tatsächlich besaß er keine wirksame Vollmacht (s.o.) und handelte also **ohne Vertretungsmacht**.

III. Allerdings wusste B nichts davon, dass A geschäftsunfähig und daher seine Vollmacht unwirksam war. Daher kann S den B nicht gemäß § 179 I BGB wahlweise auf Erfüllung des Vertrages oder Schadensersatz in Anspruch nehme, sondern ist darauf beschränkt, gemäß § 179 II BGB seinen **Vertrauensschaden** von B ersetzt zu verlangen.

S kann von B also gemäß § 179 II BGB Ersatz der Aufwendungen verlangen, die er im Vertrauen auf die Wirksamkeit der Vertretungsmacht des B tätigte, z.B. etwaige dem S entstandene Beschaffungs- oder Transportkosten.

C. Anspruch S/U, § 179 BGB

Fraglich ist, ob S auch den U als **Vertreter ohne Vertretungsmacht** in Anspruch nehmen kann.

I. U hat als Vertreter des A einen Vertrag mit S abgeschlossen.

II. Dies müsste ohne entsprechende Vollmacht geschehen sein. Eine Unterbevollmächtigung durch seinen Vater B war an sich zulässig und ihrerseits ohne Rechtsmängel. Es fehlt jedoch an der Vertretungsmacht des B, für den Geschäftsherrn A handeln zu können, so dass **mangels wirksamer Hauptvollmacht** auch **keine Untervertretungsmacht** des U bestand.

III. Als **Rechtsfolge** kann gemäß § 179 II BGB S von U Ersatz des **Vertrauensschadens** verlangen, weil U den Mangel seiner Vertretungsmacht nicht kannte. Diese Rechtsfolge stößt jedoch überwiegend in Literatur und Rechtsprechung insoweit auf **Bedenken**, als der Fehler nicht im Verhältnis des Untervertreters zu demjenigen gründet, von dem er seine Vollmacht herleitet. Zu berücksichtigen ist vielmehr, dass § 179 II BGB Ersatz des durch **enttäuschtes Vertrauen** auf die Wirksamkeit der Vertretungsmacht entstandenen Schadens ermöglichen soll.

Nach der Rechtsprechung ist in einem solchen Fall danach zu **differenzieren, wie** der Untervertreter gegenüber dem Geschäftsgegner **auftrat**[87].

1. Bei **verdeckter mehrstufiger Vertretung** tritt der Untervertreter wie ein vom Geschäftsherrn selbst Bevollmächtigter auf. Er leitet seine Vertretungsmacht gegenüber dem Geschäftsgegner unmittelbar vom Geschäftsherrn ab und erwähnt seine Stellung als Untervertreter nicht. In einem solchen Fall ist seine uneingeschränkte Haftung sachgerecht, weil der Geschäftsgegner darauf vertraut, dass der tatsächliche Untervertreter **unmittelbar** den Geschäftsherrn vertritt und **unmittelbar** von ihm legitimiert wurde.

2. Bei **offengelegter Untervertretung** nimmt der Untervertreter dagegen nur das **Vertrauen** in die **ihm selbst erteilte** Untervollmacht in Anspruch, nicht aber das in die Hauptvollmacht.

3. Aufgrund dieses interessengerechten Ansatzes ist festzustellen, dass vorliegend U den gesamten Sachverhalt gegenüber S offengelegt hat, also

[87] BGHZ 32, 250 (251 f.); 68, 391 (394 f.).

auch nur Vertrauen des S in die Wirksamkeit seiner Untervollmacht in Anspruch nahm. Die Erteilung der Untervollmacht an sich war indes mangelfrei.

Somit kann S von U nicht Schadensersatz nach § 179 II BGB verlangen.

Fall 7: Missbrauch der Vertretungsmacht[88]

Die 80-jährige Rosa Wolke (W) besitzt bei der Sparkasse S ein Sparkonto mit einem Guthaben i.H.v. 75.000,– €. Sie lässt sich von ihrem Hausarzt Dr. Placebo (P), den sie aufgrund einschlägiger Fernsehserien auch für einen guten Menschen hält, dazu überreden, das Geld anderweitig anzulegen. Dabei spiegelt P ihr vor, dass hierfür eine Mindestsumme von 100.000,– € notwendig sei.

Daraufhin lässt W ihr Geld von der Sparkasse S auf ein neu eröffnetes Sparkonto der B-Bank transferieren, welche P ihr genannt hat, und erteilt dem P eine diesbezügliche Verfügungsvollmacht. Zudem nimmt W bei der Sparkasse S ein Darlehn in Höhe von 25.000,– € auf. Diese Summe übergibt sie dem P, der sie auf dem neuen Konto der W bei der B-Bank einzahlt. Kurz darauf löst P das Konto der W bei der B-Bank im Namen der W auf und lässt – wie von Anfang an beabsichtigt – den Betrag von 100.000,– € auf einem eigenen Konto gutschreiben, welches er bei der B-Bank unterhält. Mit diesem Betrag werden Verbindlichkeiten des P gegenüber der B-Bank beglichen.

Als W von den wahren Umständen Kenntnis erhält, verlangt sie von der B-Bank Rückzahlung des Sparguthabens. B weigert sich, da sie mit befreiender Wirkung an P ausgezahlt habe.

Kann K von B Zahlung des gesamten Betrages verlangen?

Lösung:

W könnte gegen B einen Anspruch auf **Rückzahlung** ihrer Sparguthabens i.H.v. 100.000,– € aus § 488 I 2 BGB haben.

A. Dazu müsste zunächst ein entsprechender **Darlehnsvertrag** zwischen W und B abgeschlossen worden sein. In Bezug auf Spareinlagen ist strittig, ob es sich unmittelbar um ein **Darlehn** i.S.v. § 488 BGB handelt[89] oder um eine sog. **unregelmäßige Verwahrung** nach § 700 I BGB[90]. Indes verweist § 700 I BGB auch für den letzteren Fall auf die Darlehnsvorschriften, so dass § 488 I 2 BGB jedenfalls anwendbar ist. Aufgrund der Vereinbarung zwischen B und W war die B verpflichtet, nach § 488 I 2 BGB das Guthaben an W zurückzuzahlen.

B. Möglicherweise besteht **kein Rückzahlungsanspruch** der W, wenn P wirksam ihr Sparkonto **aufgelöst** und den **Betrag an sich hat auszahlen** lassen. Sofern P rechtlich zulässig seine Verfügungsvollmacht ausübte, könnte er einerseits das Konto nach § 489 BGB gekündigt und andererseits durch Auszahlung des Betrages an sich bewirkt haben, dass der Rückzahlungsanspruch gegen B gemäß § 362 I BGB durch **Erfüllung** erloschen ist.

---

[88] BGH WM 1999, S. 1617 ff.
[89] BGH WM 1965, S. 897 ff. (900).
[90] Palandt/Sprau, § 700 Rn. 1.

Dies wäre der Fall, wenn P wirksam gemäß § 164 I BGB als **Vertreter** der W gegenüber der B aufgetreten ist.

I. P gab **eigene Willenserklärungen** gegenüber der B ab.

II. Er trat ausdrücklich **im Namen der W** auf.

III. W hatte den P auch durch die **Verfügungsvollmacht** nach § 167 I 1. Alt. BGB bevollmächtigt, so dass die Voraussetzungen wirksamen Vertreterhandelns nach § 164 I BGB an sich vorliegen.

IV. Möglicherweise ist jedoch das zwischen P und B abgeschlossene Geschäft wegen **Verstoßes gegen die guten Sitten** nach § 138 I BGB **nichtig.** In diesem Zusammenhang sind bestimmte Fälle des **Missbrauchs der Vertretungsmacht** in der Rechtsprechung als sittenwidrige Ausübung der Vertretungsmacht anerkannt.

1. Wirken Geschäftsgegner und Vertreter treuwidrig zum Nachteil des Geschäftsherrn zusammen, spricht man von einem **kollusivem Verhalten,** welches dazu führt, dass das geschlossene Geschäft gemäß § 138 I BGB wegen Sittenwidrigkeit nichtig ist[91]. Ein solches bewusstes Zusammenwirken der B-Bank mit P zum Nachteil der W ist nicht ersichtlich.

2. Darüber hinaus wird derjenige **nicht als schutzwürdig** angesehen, der **erkennt** oder infolge von **Fahrlässigkeit nicht erkennt,** dass der **Vertreter bewusst zum Nachteil des Geschäftsherrn** tätig wird. Dies ist der Fall, wenn der Vertreter von seiner Vertretungsmacht in so offensichtlich verdächtiger Weise Gebrauch gemacht hat, dass beim Vertragspartner **begründete Zweifel** entstehen mussten, ob nicht ein Treueverstoß des Vertreters gegenüber dem Vertretenen vorliegt[92]. Bei Anwendung dieser Grundsätze ergibt sich bezogen auf den Fall Folgendes:

   a) B wusste, dass das von der W bei ihr angelegte Sparguthaben durch eine Darlehnsaufnahme der W um 25.000,– € auf 100.000,– € erhöht worden war. Die W gewährte ihrem Hausarzt (und nicht etwa einem Familienangehörigen) eine umfassende Verfügungsvollmacht, die nur kurze Zeit nach der Eröffnung des Kontos und nach dem Eingang eines Betrages i.H.v. 75.000,– € dazu verwendet wurde, das Sparguthaben aufzulösen, um damit eigene Darlehnsverbindlichkeiten des Bevollmächtigten bei der B zu tilgen.

   b) Zudem hätte es einfachere Wege gegeben, wenn die W mit dem Sparguthaben die persönlichen Schulden ihres Hausarztes hätte tilgen wollen. Es handelt sich hier nicht um ein alltägliches und normales Geschehen im bankgeschäftlichen Verkehr. Der Vorgang ist vielmehr so auffällig, dass sich der B als Vertragspartnerin der W der Verdacht eines Missbrauchs der Vollmacht hätte aufdrängen müssen.

Damit bestanden **starke Verdachtsmomente,** die für eine Zweckentfremdung der abgehobenen Geldbeträge und dafür sprachen, dass der Vertreter diese der Vertretenen unter Missbrauch seiner Vollmacht entziehen wollte.

[91] Palandt/Heinrichs, § 164 Rn. 13 m.w.N.
[92] BGHZ 113, 315 (320); 127, 239 (241).

Somit liegt ein der B **erkennbarer Missbrauch der Vertretungsmacht** durch P vor. Die Kündigung des Kontos durch P ist **wegen Verstoßes gegen die guten Sitten** gemäß §138 I BGB **nichtig**. Damit war W auch nicht zur Auszahlung der 100.000,– € an P berechtigt. Sie ist grundsätzlich weiterhin zur Rückzahlung dieser Summe an W verpflichtet.

V. Strittig ist, ob der Gedanke eines **Mitverschuldens** des Geschädigten nach §254 BGB auch auf den Vertretenen bei Missbrauch der von ihm eingeräumten Vollmacht anzuwenden ist[93]. Dies hätte zur Folge, dass W nicht die gesamte Summe von B verlangen könnte.

Allerdings wird über die reine Vollmachterteilung hinaus ein Mitverschulden der W nicht feststellbar sein, zumal nach dem BGH der P einem Berufsstand angehört, der allgemein als vertrauenswürdig gilt[94].

Also kann W von B Rückzahlung der gesamten Summe i.H.v. 100.000,– € verlangen, ohne dass der Betrag um eine „Eigenverschuldensquote" gekürzt wird.

§7
Besonderer Verbraucherschutz beim Zustandekommen von Verträgen

Der Verbraucherschutz des BGB knüpft an verschiedene **Vertriebsformen** an[95]:

Haustürgeschäfte §312 I BGB

Zweck ist es, eine bestimmte, für den Verbraucher[96] psychologisch nachteilige Verhandlungssituation dadurch auszugleichen, dass der Kunde sich leichter von dem Vertrag lösen kann. Es soll sozusagen der **Überrumpelungseffekt** eines Haustürgeschäfts relativiert werden. Zu prüfen sind vor allem die nachfolgenden Punkte:

I. **Anwendungsbereich**, §312 I BGB:

1. Vertrag über entgeltliche Leistung zwischen **Verbraucher** (§13 BGB) und **Unternehmer** (§14 BGB).
2. **„Haustürsituation"**, §312 I Nrn. 1–3 BGB, oder **Umgehungsgeschäft**, §312f. BGB:
   a) Verhandlungen in Privatwohnung oder am Arbeitsplatz
   b) Freizeitveranstaltung
   c) Überraschendes Ansprechen auf öffentlich zugänglicher Verkehrsfläche oder in Verkehrsmitteln

---

[93] Dafür z.B. BGHZ 50, 112 (114f.).
[94] BGH WM 1999, S.1617ff. (1618).
[95] Überblick bei Führich Rnrn. 303ff.
[96] Nach dem durch das Fernabsatzgesetz eingefügten §13 BGB ist Verbraucher jede natürliche Person, die ein Rechtsgeschäft zu einem Zweck abschließt, der weder ihrer gewerblichen noch ihrer selbständigen beruflichen Tätigkeit zugerechnet werden kann.

d) Ähnlich überrumpelnde Vertragsschlusssituation (Hotel, Biergarten etc.[97])

3. **Ausnahmen** mit der Folge, dass kein Widerrufsrecht besteht, regelt § 312 III BGB.

II. **Widerruf:** § 312 i.V.m. § 355 BGB:

1. Keine Begründung nötig.
2. Frist: Absendung (!) innerhalb von zwei Wochen; Ausnahme: Widerrufsbelehrung falsch oder gar nicht erfolgt.
3. Abs. 3: 6 Monate; Ausnahme: gar keine Belehrung.

III. **Zwingendes** Recht (keine abweichende Vereinbarung möglich) und **Umgehungsverbot,** § 312 f. BGB.

Fernabsatzgeschäfte, §§ 312b–312e BGB

Mit den §§ 312b ff. BGB soll den abstrakten Gefahren begegnet werden, welche mit einem Vertragsschluss **ohne persönlichen Kontakt** zwischen einem Unternehmer (§ 13 BGB) und einem Verbraucher (§ 14 BGB) unter ausschließlicher Verwendung von **Fernkommunikationsmitteln** (vgl. § 312b I BGB) einhergehen können. Insbesondere die kaum mögliche Produktüberprüfung und die Gefahr voreiliger Kaufentschlüsse soll wiederum durch eine **Widerrufsmöglichkeit** nach § 355 BGB ausgeglichen werden.

Zu **prüfen** sind vor allem:

I. Anwendungsbereich, § 312b BGB

1. Begriff **Fernkommunikationsmittel,** § 312b II BGB
2. Bestimmte Verträge **nicht** erfasst, § 312b III BGB

II. **Informationspflichten** des Unternehmers, § 312e BGB

III. **Widerruf:** § 312d i.V.m. § 355 BGB

Ausnahme: § 312d VI BGB

IV. **Zwingendes** Recht und **Umgehungsverbot,** § 312 f. BGB

Fall 1[98]: Haustürgeschäft

Bert Bricht (B) möchte an sein Einfamilienhaus einen Wintergarten anbringen lassen. Er telefoniert mit dem Bauunternehmer Korbinian Saklzement (K). Dieser macht ein verbindliches Angebot von einer Ortsbesichtigung bei B abhängig. Allerdings – so B – sei er nicht besonders ortskundig. Er schlage daher das ihm bekannte Hotel Z als Treffpunkt vor, von wo aus man dann zur Baustelle des B

[97] Beispiele bei Palandt/Grüneberg, § 312 f Rn. 3.
[98] OLG Dresden NJW 1995, S. 1164.

fahren könne. Als B mit seiner Ehefrau am vereinbarten Treffpunkt eintrifft, finden sie K in der Hotelhalle bei einer Tasse Kaffee. K setzt sofort mit Vertragsverhandlungen an und führt sie auch erfolgreich zu Ende, ohne die Örtlichkeiten für den geplanten Wintergarten am Haus des Beklagten gesehen zu haben.

Kurz darauf reut den B sein vorschneller Vertragsschluss mit K, zumal sich andere Firmen als weitaus preisgünstiger erwiesen haben. Er gibt dem K gegenüber zum Ausdruck, dass er mit dem Vertrag nichts zu tun haben wolle. K besteht auf Zahlung.

Zu Recht?

Lösung:

K könnte gegen B einen **Vergütungsanspruch** aus § 649 S. 2 BGB aufgrund eines **Werkvertrages** besitzen. Dieser greift ein, wenn der Besteller den Werkvertrag **kündigt**.

A. K und B haben in der Hotelhalle des Hotels Z einen **Werkvertrag** abgeschlossen. Es liegt kein Werklieferungsvertrag nach § 651 BGB vor.

B. B könnte seine auf Vertragsschluss gerichtete Willenserklärung nach § 312 I i.V.m. § 355 I BGB **widerrufen** haben.

I. B ist nach § 13 BGB Verbraucher, K gemäß § 14 BGB Unternehmer.

II. Es müsste ein Haustürgeschäft vorliegen.

1. Die **mündlichen Verhandlungen** der Parteien über den Vertrag sind **nicht im Bereich der Privatwohnung** des B geführt worden, so dass ein Widerrufsrecht nach § 312 I Nr. 1 BGB nicht besteht. Die Hotelhalle ist auch **kein Bereich** einer **öffentlich zugänglichen Verkehrsfläche** i.S.v. § 312 I Nr. 3 BGB.

2. Jedoch ist § 312 BGB nach § 312 f. S. 2 BGB anwendbar, wenn es sich um eine der **Umgehung** dienende Gestaltung handelt. Nach dem Willen des Gesetzgebers soll § 312 f. S. 2 BGB der Gefahr begegnen, dass durch Umgehungen versucht wird, nach außen hin die Merkmale eines Haustürgeschäftes zu verdecken[99]. Der bewusst weit gefasste Rahmen der Norm erstreckt sich auf alle rechtsgeschäftlichen Vereinbarungen und auch sonstigen Umstände, die dem **Schutzzweck des § 312 BGB** unterfallen[100]. Schutzzweck ist es, einen **Ausgleich** für die in § 312 I Nr. 1–3 BGB beschriebenen Umstände zu schaffen. Diese Situationen sind durch eine Gefahr der Beeinträchtigung der rechtsgeschäftlichen Entscheidungsfreiheit des Kunden gekennzeichnet[101].

a) In diesem Zusammenhang ist es etwa anerkannt worden, dass eine Geschäftsanbahnung in einer Hotelhalle das Umgehungsverbot unterfällt[102]. Ähnlich verhält es sich mit Vertragsverhandlungen, die statt in einer Privatwohnung in einem Hotel oder Café geführt werden. Auch dort muss man nicht mit Geschäften rechnen. Eine **psychologisch**

[99] OLG Dresden NJW 1995, S. 1164; BT-Drs. 10/2876, S. 14.
[100] Beispiele Palandt/Putzo, § 312 f Rn. 2.
[101] BT-Drs. 10/2876, S. 7.
[102] OLG Frankfurt a.M. NJW 1994, S. 1806 f. (1807).

nachteilige Verhandlungssituation tritt hier wie bei einer Privatwohnung für den Kunden ein.

b) Hier wollte der Kläger den Beklagten zu Vertragsverhandlungen aufsuchen, und zwar bei diesem zu Hause. Nur die vom Kläger behauptete Ortsunkenntnis war Anlass zum Treffen im Hotel Z. Dort musste der Beklagte sich nicht einer Vertragsanbahnung versehen. Geplant war ein Gespräch beim B, das unzweifelhaft § 312 BGB unterfallen hätte. Das Hotel sollte nicht einmal Ausweichort sein, sondern nur als Treffpunkt dienen. Wird der B mit diesen Vorgaben und in dieser Situation in Vertragsverhandlungen gezogen, so ist ihm ebenso die etwa für ein Ladengeschäft typische **Umkehrmöglichkeit** und Überlegungszeit genommen wie beim Vertragsschluss in seiner Privatwohnung[103]. B hätte im Falle eines gewünschten Abbruchs der Verhandlung zugleich seine Rolle als Gast im Hotel beenden und die einvernehmliche, eigentliche Zielsetzung des Treffens, nämlich Verhandlungen am Objekt des Bauplatzes, ausräumen müssen. Die **Entschlussfreiheit des B** war damit i.S.d. § 312 BGB beeinträchtigt.

Damit liegt ein **Umgehungsgeschäft** nach § 312f. S. 2 BGB vor.

III. Ein Widerruf ist nach § 312 III Nr. 1 BGB ausgeschlossen, wenn die mündlichen Verhandlungen auf vorhergehende **Bestellung** des Kunden geführt wurden. Hier hat B zwar zunächst den K angerufen. Er hat ihn aber nicht zu sich bestellt. Für § 312 III Nr. 1 BGB wäre es demgegenüber notwendig, dass die **Verhandlungsinitiative** vom Kunden ausgeht. Dies ist nicht der Fall, B wollte lediglich Preise erfragen.

Der Widerruf ist **mangels Belehrung** des B hinsichtlich der Widerrufsmöglichkeit jedenfalls **nicht verfristet,** wie aus **§ 312 I 1 i.V.m. § 355 III BGB folgt.**

IV. Ein **Widerrufsgrund** ist – im Gegensatz zu Gestaltungsrechten wie Kündigung oder Anfechtung – **nicht erforderlich.** Die reine Vertragsreue genügt hier ebenso. Dies spricht auch § 355 I 2 BGB ausdrücklich aus.

Damit hat B den Vertrag mit K wirksam widerrufen. Ein Anspruch des K gegen B aus § 649 S. 2 BGB besteht nicht.

II. Schuldrecht AT

Als **Schuldverhältnis** wird eine **Sonderrechtsbeziehung** zwischen **bestimmten Personen** bezeichnet. Außenstehende haben an dieser Beziehung kein rechtlich schutzwürdiges Interesse.

Als **Schuldverhältnis im engeren Sinn** lässt sich der **einzelne Anspruch** verstehen, wie er in § 241 I oder auch § 194 I BGB angesprochen ist. Kraft des Schuldverhältnisses ist der Gläubiger berechtigt, vom Schuldner eine Leistung zu fordern.

[103] OLG Dresden NJW 1995, S. 1164.

Die Leistung kann auch in einem Unterlassen bestehen[104]. Als **Schuldverhältnis im weiteren Sinn** bezeichnet man dagegen ein Gefüge von Rechten und Pflichten (z.B. einen Mietvertrag zwischen V und M).

Das Schuldverhältnis kann **kraft Gesetzes** (z.B. durch Verwirklichung des Tatbestandes einer unerlaubten Handlung, § 823 I BGB) oder **kraft Rechtsgeschäfts** (z.B. durch einen Vertragsschluss) entstehen.

Im **Allgemeinen Teil des Schuldrechts** sind **Grundsätze** niedergelegt, die **allen Schuldverhältnissen gemein** sind.

§ 8 Generelle Pflichtverletzungen; Vertrag mit Schutzwirkung für Dritte (VSD)

§ 280 I BGB stellt die **zentrale Anspruchsgrundlage** für Schadensersatz wegen Pflichtverletzungen dar:

- Von ihr ausgehend sind nach Abs. 2 und 3 **eventuell weitere Voraussetzungen** zu prüfen, sofern es um spezielle Schadensersatzansprüche geht.
- Soweit dies nicht der Fall ist, bleibt es bei § 280 I BGB.

§ 280 I BGB: allgemeine Voraussetzungen für Schadensersatz wegen Pflichtverletzung

A. Anwendbarkeit

I. **Nicht**, wo **Sondernormen** (z.B. § 536a I BGB) Schadensersatz regeln.

II. Besondere Verweisungsnormen bei bestimmten Vertragsarten mit Modifikationen (z.B. §§ 437 Nr. 3, 440; §§ 634 Nr. 4, 636 BGB).

III. Ansonsten bei Schuldverhältnissen ohne besondere eigene Leistungsstörungsregelungen (z.B. §§ 611 ff., 675 BGB).

B. Voraussetzungen[105]

I. Wirksames Schuldverhältnis:

1. I.d.R. **Vertrag**, vgl. § 311 I BGB.
2. Nach § 311 II BGB entsteht ein Schuldverhältnis mit **Rücksichtnahmepflichten** nach § 241 II BGB bereits mit Aufnahme **geschäftlicher Kontakte**[106].

---

[104] Zum Anspruchsaufbau vgl. oben S. 7.

[105] Sie entsprechen weitgehend denen der vor der Schuldrechtsreform gewohnheitsrechtlich geltenden Ansprüche aus Positiver Vertragsverletzung (PVV) und culpa in contrahendo (c.i.c.).

[106] Durch diese Regelung hat sich die frühere, gewohnheitsrechtlich anerkannte c.i.c. als Anspruchsgrundlage erübrigt bzw. ist normiert worden.

II. Pflichtverletzung, z.B.:
   1. **Schlechterfüllung** ohne spezielle Regelung (etwa §§ 611 ff. BGB).
   2. Verletzung von Pflichten nach § 241 II BGB (**Rücksichtnahme**).

III. **Verschulden** wird **vermutet** (vgl. § 280 I 2 BGB), Schuldner muss sich **exkulpieren** (entlasten).
   1. Eigenes Verschulden, § 276 BGB.
   2. Verschulden Dritter wird über § 278 BGB zugerechnet, soweit sie Erfüllungsgehilfen sind.

Folge: Schadensersatz im Umfang der §§ 249 ff. BGB.

§ 280 I BGB (allgemeiner Tatbestand)			
Schuldnerverzug: § 280 II i.V.m. § 286 BGB	**Leistung nicht** oder **nicht wie geschuldet** erbracht: § 280 III i.V.m. § 281 BGB	**Nachträglicher Ausschluss** der Leistungspflicht („**Unmöglichkeit**“): §§ 275 IV, 283 i.V.m. § 280 I BGB	**Pflichtverletzung** nach § 241 II BGB: § 280 III i.V.m. § 282 BGB
Ersatz des **Verzögerungsschadens** (**neben** Leistung)	**Schadensersatz statt** Leistung nach **Fristsetzung**	**Schadensersatz statt** Leistung[107]	**Schadensersatz statt** Leistung, wenn Gläubiger Leistung durch Schuldner **nicht** mehr **zumutbar**[108]
Sonderregelung für **anfängliche Unmöglichkeit**: § 275 IV i.V.m. § 311a BGB			

Abbildung 7: Besondere Voraussetzungen für Schadensersatz bei Pflichtverletzungen

Eine **Fristsetzung** wird **nicht** erforderlich, wenn es dem Gläubiger nicht um Schadensersatz **statt** der Leistung (vgl. § 280 III BGB!) geht. Dies ist etwa dort der Fall, wo der Schuldner ein Tätigwerden schuldet (Steuerberater, Rechtsanwalt) und durch eine Schlechtleistung Schäden an dem sonstigen Vermögen des Gläubigers verursacht[109]. An einem erneuten Leistungsversuch seitens des Schuldners wird regelmäßig keinerlei Interesse des Gläubigers bestehen. Hier wäre zudem eine Fristsetzung angesichts dessen, dass der Schaden bereits eingetreten ist, bereits aus logischen Gründen kaum sinnvoll.

[107] § 283 BGB verweist nur auf § 280 I BGB, eine Fristsetzung nach §§ 280 III, 281 BGB wäre auch bei Unmöglichkeit der Leistung kaum sinnvoll.

[108] Ansonsten bleibt es im Umfang des eingetretenen Schadens bei § 280 I BGB neben dem Anspruch auf Erfüllung des Vertrages.

[109] Vgl. dazu nachfolgend Fall 1.

Fall 1: Schadensersatz wegen Pflichtverletzung bei Geschäftsbesorgung

Karl Bunkel (B) betreibt eine Steuerberaterpraxis. Vera Aloe (A) wendet sich mit einem steuerrechtlichen Problem an ihn. A betreibt eine Blumenzucht sowie einen Blumenhandel und möchte sich zur Ruhe setzten. Gleichzeitig soll aber eine GmbH, welche sie mit ihrem Schwiegersohn gegründet hat, den Handel übernehmen. B verspricht A eine Lösung, die zu einer ermäßigten Besteuerung führen soll und schlägt eine Betriebsaufgabe vor. Die Pflanzenbestände müssten dazu vernichtet oder veräußert werden. Dem gemäß veräußert A die Bestände an die GmbH. Eine kurz darauf stattfindende Betriebsprüfung durch die Steuerbehörde sieht hierin keine Betriebsaufgabe, sondern zutreffend eine mit dem normalen Steuersatz zu besteuernde Betriebsaufspaltung. Auf diese Möglichkeit hatte B vergessen hinzuweisen.

Stehen A Ansprüche auf Schadensersatz zu?

Lösung:

I. Anspruch A gegen B auf Schadensersatz aus § 280 I BGB

A könnte gegen B einen Anspruch auf Ersatz des ihr entstandenen Schadens aus § 280 I BGB wegen **Pflichtverletzung** eines zwischen ihr und dem B abgeschlossenen Mandatsvertrages haben.

1. A und B haben einen Vertrag über die steuerliche Beratung der A, also einen **Geschäftsbesorgungsvertrag** i.S.v. § 675 BGB abgeschlossen, so dass ein **Schuldverhältnis** vorliegt.
2. B müsste eine **Pflichtverletzung** begangen haben, die **nicht spezieller gesetzlich geregelt** ist. In Betracht kommt eine **Schlechterfüllung** durch fehlerhafte Beratung[110].
   a) Der Schadensersatz wegen fehlerhafter Leistung ist nicht in § 675 BGB bzw. §§ 611 ff. BGB gesetzlich geregelt.
   b) Die Beratung durch B war insofern zumindest unvollständig, als er nicht auf die Gefahr hingewiesen hat, dass die Steuerbehörde eine Betriebsaufspaltung ohne ermäßigten Steuersatz annehmen könnte. Damit liegt eine **Schlechterfüllung** einer Leistungspflicht durch B vor.
3. Dies geschah **fahrlässig** i.S.v. § 276 BGB und damit schuldhaft. Eine **Exkulpation** durch B nach § 280 I 2 BGB kommt nicht in Betracht.

Rechtsfolge ist, dass B der A den ihr entstandenen Schaden nach §§ 249 ff. BGB zu ersetzen hat. Dieser ist in der erhöhten Steuerlast der A zu sehen[111].

II. Anspruch A gegen B auf Schadensersatz aus § 823 I BGB

Der von A geltend gemachte Schaden ist nicht durch Verletzung eines der in § 823 I BGB genannten **absolut geschützten Rechtsgüter** entstanden. Insbesondere ist **nicht Eigentum**, welches nach §§ 90, 903 BGB nur an körperlichen Sachen besteht, verletzt. Es handelt sich bei der höheren Steuerlast vielmehr um einen **reinen Vermögensschaden**, der zwar von Abs. 2, nicht aber von § 823 I

[110] BGH NJW-RR 2007, S. 742 ff.
[111] Eine Fristsetzung zur Nacherfüllung ist nicht erforderlich.

BGB erfasst wird. Für Abs. 2 liegen keinerlei Anhaltspunkte vor, so dass A gegen B keinen Anspruch aus § 823 I oder II BGB hat.

III. Anspruch A gegen B auf Schadensersatz aus § 826 BGB

Diese Anspruchsgrundlage erfasst zwar auch reine Vermögensschäden. Jedoch fehlt jeder Anhaltspunkt für **vorsätzliches** Handeln des B, so dass § 826 BGB ausscheidet.

Fall 2: Schuldverhältnis durch geschäftlichen Kontakt und Rücksichtnahmepflicht; Verkehrssicherungspflicht und Gehilfenhaftung

Franca Prozente (F) betritt das Warenhaus des Besitzers Reiner Krempel (K). Sie ist sich zwar noch nicht sicher, ob sie etwas kaufen wird, aber dem einen oder anderen Schnäppchen gegenüber durchaus aufgeschlossen. Da sie nur Augen für die Schilder mit den Preisreduzierungen hat, übersieht sie eine am Boden liegende Bananenschale, auf der sie prompt ausrutscht. Sie erleidet infolgedessen einen Oberschenkelhalsbruch. Ihrem Verlangen nach Schadensersatz begegnet K, indem er geltend macht, seine Verkäufer angewiesen zu haben, am Boden liegende Gegenstände, die Kunden weggeworfen haben, unverzüglich aufzuheben. Dies habe er auch regelmäßig kontrolliert. Für Fehlverhalten von Kunden könne er nicht verantwortlich gemacht werden.

Abwandlung: VSD

Wie sieht es aus, wenn nicht F, sondern ihre sie begleitende 10-jährige Tochter T auf der Bananenschale ausrutscht?

Lösung:

A. Anspruch F gegen K auf Schadensersatz aus § 280 I i.V.m. §§ 311 II, 241 II BGB

F könnte gegen K einen auf Schadensersatz aus § 280 I i.V.m. §§ 311 II, 241 II BGB haben.

I. Dies setzt zunächst ein **Schuldverhältnis** zwischen F und K voraus. Zu einem Vertragsschluss ist es noch nicht gekommen. Gemäß § 311 II Nr. 3 BGB entsteht ein Pflichten begründendes Schuldverhältnis aber bereits durch die **Aufnahme geschäftlicher Kontakte**. Vorliegend betrat F in potenzieller Kaufabsicht das Geschäft. Ein rein sozialer Kontakt, welcher keine weiteren Pflichten begründet, liegt nicht vor. Zwischen F und K bestand also ein Schuldverhältnis.

II. Die **Pflichtverletzung** besteht darin, dass nach § 241 II BGB nicht genügend **Rücksicht** auf die Rechtsgüter der F – Körper und Gesundheit – genommen wurde, als die Bananenschale nicht entfernten wurde.

III. Ein **Verschulden** des R wird gemäß § 280 I 2 BGB grundsätzlich vermutet. Fraglich ist jedoch, ob R sich **exkulpieren** kann.

1. Ein **eigenes Verschulden** des R nach § 276 I BGB liegt nicht vor.
2. Er könnte jedoch für das fahrlässige Verhalten seiner Angestellten nach § 278 BGB verantwortlich sein. Hier wurde offenbar die im Verkehr erforderliche Sorgfalt nicht beachtet. Dies müsste durch **Erfüllungsgehilfen** des R geschehen sein. Erfüllungsgehilfe ist, wer mit **Wissen und Wollen**

eines anderen in **dessen Pflichtenkreis** tätig wird. Im Hinblick auf die Pflichten zur Rücksichtnahme aus § 241 II BGB sind die Angestellten des R in seinem Pflichtenkreis von ihm bewusst eingesetzt worden. Ihr Verschulden ist dem R **ohne** jede **Exkulpationsmöglichkeit** zuzurechnen.

Somit kann F von R Schadensersatz aus § 280 I i.V.m. §§ 311 II, 241 II BGB verlangen.

B. Anspruch F gegen K auf Schadensersatz aus § 823 I BGB

Möglicherweise kann F den Schadensersatzanspruch auch aus § 823 I BGB herleiten.

I. Im Hinblick auf den Oberschenkelhalsbruch und die anschließend erforderliche Heilbehandlung sind die **Rechtsgüter** Körper und Gesundheit bei F verletzt worden.

II. Dies müsste R **verursacht** haben. Eine aktive Handlung des R liegt nicht vor. Er könnte die Verletzung jedoch durch ein **pflichtwidriges Unterlassenen** verursacht haben.

1. Dies setzt zunächst voraus, dass den R eine **Verkehrssicherungspflicht** traf[112]. Sie resultierte daraus, dass R einen allgemein zugänglichen Verkehr eröffnete.
2. Anerkannt ist jedoch, dass Verkehrssicherungspflichten **delegiert** werden können. Dies ist dadurch geschehen, dass R entsprechende Anweisungen an sein Personal erteilte. Zwar verbleiben ihm Pflichten zu gelegentlichen Kontrollen; diese hat er jedoch erfüllt.

Somit kann F keinen Schadensersatz aus § 823 I BGB verlangen.

C. Anspruch F gegen K auf Schadensersatz aus § 831 I BGB

In Betracht käme, den Anspruch auf § 831 BGB zu stützen[113].

I. Die Angestellten müssten **Verrichtungsgehilfen** des Warenhausbesitzers sein. Dies ist jeder, der in **sozialer Abhängigkeit** zu einem anderen steht und seinen **Weisungen unterworfen** ist[114]. Typischer Fall ist der Arbeitnehmer im Verhältnis zum Arbeitgeber.

II. Durch die Versäumnisse der Angestellten **bei Ausübung ihrer Verrichtungen** wurde die F verletzt.

III. Allerdings gelingt dem R offenbar der Nachweis, sein Personal gut ausgesucht und überwacht zu haben. Also kann sich R nach § 831 I 2 BGB **exkulpieren** und haftet nicht aus dieser Vorschrift.

Lösung Abwandlung:

A. Anspruch T gegen K auf Schadensersatz aus § 280 I i.V.m. §§ 311 II, 241 II BGB

---

[112] Vgl. hierzu unten § 17 Abbildung 22 im Zusammenhang mit den Ansprüchen aus unerlaubter Handlung.

[113] Zur Haftung für den Verrichtungsgehilfen vgl. auch unten § 17.

[114] BGH NJW 2009, S. 1740 ff. (1741).

T könnte gegen K einen auf Schadensersatz aus § 280 I i.V.m. §§ 311 II, 241 II BGB haben.

I. Dies setzt zunächst ein **Schuldverhältnis** zwischen T und K voraus. T selbst hatte keinerlei Kaufabsichten, so dass kein Schuldverhältnis nach § 311 II Nr. 3 BGB zwischen T und K entstand. Möglicherweise ist T aber über die Grundsätze des Vertrages mit Schutzwirkung für Dritte (VSD) mit in das Schuldverhältnis zwischen R und F einbezogen.

1. Zunächst muss eine sog. **Leistungsnähe** bestehen. Das bedeutet, der **Dritte** muss mit der vertraglichen **Leistungspflicht** – hier aus § 241 II BGB – ebenso wie der eigentliche Gläubiger – hier F – in **Kontakt** kommen. Dies ist im Hinblick auf die Rücksichtnahmepflichten gegenüber den Kunden der Fall.
2. Die eigentliche **Gläubigerin** F muss ein **Interesse** an der Einbeziehung des Dritten in den Schutzbereich des Schuldverhältnisses haben. Dies ist bei nahem Verwandten ohne weiteres der Fall.
3. Die Einbeziehung in den Schutzbereich muss **für den Schuldner** R **erkennbar** gewesen sein. Hier ist zu berücksichtigen, dass der Schutzbereich nicht zu sehr ausgedehnt wird und Personen erfasst, mit welchen der Schuldner nicht rechnen musste. Es ist indes nicht ungewöhnlich, dass Kaufinteressenten ihre Kinder bei sich haben. Hiermit musste R auch rechnen.
4. Schließlich muss der **Dritte schutzbedürftig** sein. Das ist er **nicht**, wenn ihm gegenüber einem anderen eigene vertragliche Ansprüche zustehen, welche nahezu **gleichwertig** sind[115]. Gesetzliche Ansprüche etwa aus unerlaubter Handlung genügen insoweit nicht. T ist danach schutzwürdig.

Damit ist T in das Schuldverhältnis zwischen F und dem R mit einbezogen.

II. Die übrigen Voraussetzungen liegen wie im Ausgangsfall vor.

Damit kann T von R Schadensersatz aus § 280 I i.V.m. §§ 311 II, 241 II BGB verlangen.

B. Anspruch F gegen K auf Schadensersatz aus § 823 I BGB oder § 831 I BGB

Wie im Ausgangsfall bestehen hingegen keine Ansprüche aus unerlaubter Handlung gegenüber K.

---

[115] Vgl. hierzu BGH WM 1996, S. 1739 ff. (1742).

§ 9
Der Schuldnerverzug; Schadensersatz statt Leistung nach Fristsetzung

Die Leistungszeit nach § 271 BGB

- **Vorrangig** ist zunächst die **Bestimmung** der Leistungszeit durch die **Parteien.**
- Liegt sie nicht vor, ist auf **andere Umstände** zur Auslegung zurückzugreifen.
- **Im Zweifel** kann der Gläubiger die Leistung **sofort verlangen,** d.h. sie ist **sofort fällig.** Der Schuldner kann sie **sofort bewirken,** d.h. sie ist **sofort erfüllbar.**

Die **Fälligkeit** ist insbesondere wichtig zur Beantwortung der Frage, ob der **Schuldner** mit seiner **Leistung in Verzug** ist (§ 286 BGB) oder ihm eine **Frist** zu Leistung oder Nachbesserung gesetzt werden kann (§ 281 BGB).

Die **Erfüllbarkeit** ist u.a. beim **Annahmeverzug** des Gläubigers von Bedeutung.

Anspruch auf Ersatz des Verzögerungsschadens (Schuldnerverzug), §§ 280 I und II i.V.m. § 286 BGB

A. Allgemeine Voraussetzungen des § 280 I BGB

I. **Schuldverhältnis**

II. **Pflichtverletzung** (nicht rechtzeitige Leistung)

III. **Verschulden**: wird gemäß § 280 I 2 BGB **vermutet**[116]

B. Zusätzliche Voraussetzungen nach § 280 II i.V.m. § 286 BGB

I. Fälliger, möglicher und durchsetzbarer Anspruch, § 286 I 1 BGB

1. **Fälligkeit**: § 271 BGB, im Zweifel sofort
2. Durchsetzbarkeit: es dürfen keine Einreden gegen den Anspruch bestehen, z.B. § 438 IV 2 oder § 214 BGB[117]
3. Leistung noch möglich (sonst §§ 275 IV, 280 III, 283 BGB spezieller)

II. Mahnung des Gläubigers, § 286 I 1 BGB:

1. bestimmte, dringende Leistungsaufforderung (geschäftsähnliche Handlung, Zugang analog § 130 BGB erforderlich)
2. gleichgestellt: Leistungsklage und gerichtlicher Mahnbescheid, § 286 I 2 BGB

---

[116] § 286 IV BGB wirkt sich nur bei sonstigen Verzugsfolgen wie § 287 BGB aus, muss aber wegen § 280 I 2 BGB nicht beim Schadensersatz erörtert werden.

[117] Dazu, dass ein Leistungsverweigerungsrecht aus § 410 I BGB allerdings auch geltend gemacht werden muss und nicht sein bloßes Bestehen genügt, vgl. BGH NJW 2007, S. 1269 ff. (1227).

3. Mahnung entbehrlich:
   a) wenn Leistung nach Kalender bestimmt, § 286 II Nr. 1 BGB
   b) wenn Leistung **Ereignis** vorausgehen muss und Leistungszeit anschließend nach **Kalender** bestimmbar ist, § 286 II Nr. 2 BGB
   c) bei ernsthafter und endgültiger **Leistungsverweigerung** durch Schuldner, § 286 II Nr. 3 BGB
   d) sofortiger Verzug aus **besonderen Gründen** gerechtfertigt, § 286 II Nr. 4 BGB, z.B.:
      - **Selbstmahnung** durch Schuldner[118]
      - offenkundige **Dringlichkeit** der Leistung nach Vertragszweck[119]
   e) bei **Entgeltforderung** spätestens[120] 30 Tage nach Fälligkeit und Zugang einer Rechnung oder gleichwertigen Zahlungsaufstellung, § 286 III BGB[121]

Folgen:

➢ § 280 II BGB, allgemeiner **Verzögerungsschadensersatz**

➢ **Verzugszinsen** bei **Geldforderungen**, § 288 I und II BGB[122]

➢ **Höherer Zinsschaden** vertraglich **vereinbar**, § 288 III BGB, oder aus anderem Grund **nachweisbar**, § 288 IV BGB

➢ **Haftungserweiterung** auch für **Zufall**, § 287 BGB

Vor der Schuldrechtsreform war Anspruchsgrundlage für Schadensersatz wegen Nichterfüllung beim gegenseitigen Vertrag § 326 BGB a.F. An seine Stelle sind § 280 I, III i.V.m. § 281 BGB n.F. für „Schadensersatz **statt** der Leistung“ getreten, welche nicht mehr an den Schuldnerverzug, sondern an eine fruchtlos abgelaufene Frist anknüpfen. Regelmäßig wird in der Fristsetzung aber auch eine Mahnung zu sehen sein.

Schadensersatz statt Leistung wegen nicht/nicht wie geschuldet erbrachter Leistung nach Fristsetzung, § 280 I, III i.V.m. § 281 BGB

A. Allgemeine Voraussetzungen des § 280 I BGB

I. **Schuldverhältnis.**

II. **Pflichtverletzung** (nicht bzw. nicht wie geschuldet erbrachte Leistung).

III. **Verschulden**: wird gemäß § 280 I 2 BGB **vermutet**.

---

[118] BGH NJW-RR 1997, S. 622 ff. (623); OLG Köln NJW-RR 2000, 73 f. (73); Palandt/Heinrichs, § 286 Rn. 25.

[119] Insbesondere diese beiden Unterfälle gelten auch nach der Schuldrechtsreform, vgl. BT-Drucks. 14/6040, S. 146.

[120] Eine vorherige Mahnung ist also möglich.

[121] Ist der Schuldner Verbraucher, muss er auf diese Wirkung in der Rechnung etc. hingewiesen werden, § 286 III 1, 2. H.S. BGB. Ohne die erforderliche Belehrung eines Verbrauchers wird sein Verzug nicht begründet, BGH NJW 2008, S. 50 ff.

[122] Der dort genannten Basiszinssatz nach § 247 BGB kann unter www.bundesbank.de eingesehen werden.

B. Zusätzliche Voraussetzungen für Schadensersatz statt Leistung §280 III i.V.m. §281 BGB

I. Fälliger, möglicher[123] und durchsetzbarer Anspruch, §281 I 1 BGB.

II. Erfolglose Fristsetzung zur Leistung; entbehrlich nach §281 II BGB.

III. Eine etwaige Teilleistung und Schadensersatz für Gläubiger ohne Interesse, §281 I 2 BGB.

Rechtsfolgen:

- Gläubiger „kann" **Schadensersatz statt** der Leistung verlangen.
- **Wahlrecht**, auch Weiterverfolgen des primären Leistungsanspruchs möglich. Nach §281 IV BGB erst dann nicht mehr, wenn Gläubiger statt der Leistung Schadensersatz verlangt hat.
- Gem. **§323 I BGB** kann beim gegenseitigen Vertrag der Gläubiger nach Fristsetzung auch vom Vertrag **zurücktreten. Schadensersatz** und **Rücktritt** schließen sich gemäß §325 BGB beim gegenseitigen Vertrag **nicht gegenseitig aus.**

Fall 1: Verzug, Verzugszinsen

Die Comp-Ost-GmbH (C) verkauft Rentner Ignaz Imme (I) eine komplette Rechneranlage samt Peripheriegeräten gegen Zahlung von monatlichen Raten i.H.v. 500,– € über 10 Monate hinweg und liefert sie auch an I. Dieser zahlt nach einer Weile nicht, weil er seine Rente wider Erwarten beim Hütchenspielen nicht verdoppelt hat. C schaltet einen Rechtsanwalt ein. Dieser erinnert den I an den offenstehenden Betrag und fordert ihn zur Zahlung auf. Zwei weitere Anwaltsscheiben der heftigeren Art sind notwendig, damit I bezahlt.

C verlangt jetzt außerdem Schadensersatz von I wegen der Verzögerung, weil sie einerseits mit Bankkredit i.H.v. 12% aus einem die Klageforderung der Höhe nach übersteigenden Darlehn arbeitet und außerdem einen Rechtsanwalt für teures Geld einschalten musste.

Zu Recht?

Vorbemerkung:

Der geltend gemachte Schaden (Sekundäranspruch) ist ein sog. **Verzögerungsschaden.** Dieser kann **neben** dem eigentlichen Erfüllungsanspruch (Primäranspruch) geltend gemacht werden und ergänzt ihn.

Lösung:

A. Anspruch auf Ersatz der Rechtsanwaltskosten aus §280 I, II i.V.m. §286 I BGB

C könnte gegen I einen Anspruch auf Ersatz der Anwaltskosten aus §280 I, II i.V.m. §286 I BGB haben.

I. Dazu muss zunächst der Tatbestand des **§280 I BGB** erfüllt sein.

1. Ein **Schuldverhältnis** liegt hier in der Gestalt des Kaufvertrages vor.

[123] Bei unmöglicher Leistung sind §311a II und §§280 I, III, 283 spezieller.

2. Die **Pflichtverletzung** des I besteht in der nicht rechtzeitigen Zahlung der Raten.
3. Sein **Verschulden** wird gemäß § 280 I 2 BGB **vermutet**.

II. Für einen Ersatzanspruch hinsichtlich des Verzögerungsschadens müssen weiterhin nach § 280 II BGB die Voraussetzungen des § 286 BGB vorliegen.

1. Ein **fälliger, möglicher** und **durchsetzbarer Anspruch** der C gegen I müsste bestehen. C hat gegen I einen Anspruch aus § 433 II BGB. Dieser ist auch gemäß § 271 I BGB **im Zweifel sofort fällig**. Die **Durchsetzbarkeit** fehlt, wenn dem Anspruch **Einreden** entgegenstehen (z.B. die Einrede der Verjährung, § 214 BGB). Dies ist vorliegend nicht der Fall.
2. Der Schuldner I muss leisten **können**, es muss also – in Abgrenzung zur Unmöglichkeit und ihren Rechtsfolgen – **Möglichkeit der Leistung** bestehen. Bei der hier vorliegenden Geldschuld gilt der allgemeine Grundsatz **„Geld hat man zu haben"**[124]. Damit liegt keine Unmöglichkeit vor.
3. Nach § 286 III 1 BGB kommt der Schuldner einer **Entgeltforderung 30 Tage nach Fälligkeit und Zugang** einer Rechnung oder gleichwertigen **Zahlungsaufstellung** in Verzug. Ob eine solche hier erstellt wurde, lässt sich dem Sachverhalt nicht entnehmen. I.Ü. wäre I als **Verbraucher** i.S.v. § 13 BGB nach § 286 III 1, 2. H.S. BGB auf diese Wirkung durch C hinzuweisen gewesen. Auch § 280 III 2 BGB gilt nicht gegenüber einem Verbraucher.
4. Es müsste daher eine **Mahnung**, § 286 I BGB, erfolgt sein. Mahnung ist eine **dringliche und bestimmte Leistungsaufforderung**. Es handelt sich nicht um eine Willenserklärung, weil keine Rechtsfolge kraft Willens, sondern **kraft Gesetzes** eintritt. Die Mahnung ist vielmehr eine sog. **geschäftsähnliche Handlung**. Sie muss aber – wie eine Willenserklärung – analog § 130 BGB zugehen, um wirksam zu werden. Bereits das erste Schreiben des Rechtsanwalts stellte eine solche ernste und dringliche Aufforderung zur Leistung, nämlich zur Zahlung dar. Damit liegt eine Mahnung vor.
5. Der Schuldner müsste den Verzug gemäß § 286 IV BGB **zu vertreten** haben. Aus der Formulierung von § 286 IV BGB folgt, dass I eine etwaige unverschuldete Unmöglichkeit zu behaupten und zu beweisen hätte, es wird also das **Vertretenmüssen** hinsichtlich des Verzuges **vermutet**[125].

Die Voraussetzungen des Verzugs liegen damit vor.

Rechtsfolge ist die Verpflichtung des Schuldners zum **Ersatz des Verzugsschadens**. Dies gilt jedoch erst für die Kosten der letzten beiden Schreiben; zuvor befand sich I noch nicht in Verzug. Die Kosten der **verzugauslösenden Mahnung** werden also **nicht ersetzt**.

---

124 Vgl. Medicus, Bürgerliches Recht, Rn. 249.

125 Ob § 286 IV BGB beim Schadensersatz überhaupt zu prüfen ist, ist zweifelhaft, da das Verschulden bereits nach § 280 I 2 BGB vermutet wird.

B. Ersatz der Bankkreditzinsen aus § 280 I, II i.V.m. § 286 BGB

C könnte gegen I einen Anspruch auf die begehrten Zinsen aus Verzugsgesichtspunkten haben.

I. Die **Voraussetzungen** der §§ 280 I, II, 286 BGB liegen vor, s.o.

II. **Rechtsfolge** ist die Pflicht zum **Ersatz** des **Verzögerungsschadens.**

1. **Geldschulden** sind insoweit nach § 288 I BGB **zu verzinsen**, und zwar mit 5 Prozentpunkten über dem Basissatz nach § 1 Diskontsatz-Überleitungs-Gesetz[126].
2. § 288 IV BGB ermöglicht der C weiterhin den **Nachweis eines höheren Schadens.** Dieser kann durch Einreichung einer **Bankbescheinigung** erbracht werden, wonach C zur Zeit mit Bankkredit i.H.v. 14 % in die Forderung übersteigender Höhe arbeitet. Diesen Kredit hätte C gegenüber ihrer Bank mit der Geldzahlung von I zum Teil ablösen können. Weil dies erst verspätet möglich war, ist I verpflichtet, die Kreditzinsen der C für den Zeitraum des Verzuges zu erstatten. Also kann C von I auch 12 % bezogen auf die versäumten Raten für die Zeit des Verzuges verlangen.

Fall 2: Schadensersatz statt Leistung nach Fristsetzung wegen Verzugs

Bauer Kilian Kuhflad (K) hat Anfang Mai bei Landmaschinenhändlerin Verona Feldmaus (V) einen Mähdrescher zum Preis von 41.000,– € gekauft. Die Lieferung stellte V in „ca. 3–4 Wochen“ in Aussicht. Anfang Juni mahnt K die Lieferung an. Mitte Juni ist immer noch nicht geliefert. Darauf erklärt K der V am 15.6., wenn er bis zum 25.6. den Mähdrescher nicht habe, werde die V „schon sehen“. Nachdem V auch am 30.6. noch nicht geliefert hat, kauft K bei einer Konkurrenzfirma der V einen Mähdrescher gleichen Typs zum Preis von 44.000,– €.

Kann K die Differenz i.H.v. 3.000,– € von V ersetzt verlangen? Welche anderen Möglichkeiten hätte er?

Anmerkung:

Es geht in diesem Fall dem K offenbar **nicht** darum, einen **Verzögerungsschaden** von V ersetzt zu erhalten, den er **neben** der **primären Vertragserfüllung** von V verlangte. K will vielmehr wertmäßig so gestellt werden, als wenn V den Vertrag rechtzeitig erfüllt hätte, er verlangt also **Schadensersatz statt** der **Leistung.** Die Anspruchsgrundlage insoweit ist § 280 I, III i.V.m. § 281 BGB. Sie knüpft anders als § 326 I BGB a.F. nicht mehr an den Schuldnerverzug, sondern an eine fruchtlos gesetzte Frist an. Auch ist die früher notwendige Androhung der Ablehnung der Leistung, welche hier seitens des K eher zweifelhaft wäre, entfallen.

[126] Diese Zinsberechnung hat den starren Satz von 4 % in § 288 I 1 BGB a.F. abgelöst.

Lösung:

K könnte gegen V einen Anspruch auf **Schadensersatz statt der Leistung** aus § 280 I, III i.V.m. § 281 BGB haben.

A. Zunächst müssen die **Voraussetzungen** des **§ 280 I BGB** erfüllt sein.

I. Ein **Schuldverhältnis** liegt in Gestalt des Kaufvertrages zwischen K und A vor.

II. V hat durch nicht rechtzeitige Lieferung **Pflichten** dieses Vertrages **verletzt.**

III. Ein Verschulden der V wird nach § 280 I 2 BGB vermutet. Bei dem Mähdrescher handelt es sich i.Ü. offenbar um eine **Gattungssache** gemäß § 243 I BGB, so dass V nach § 276 I BGB per se das Beschaffungsrisiko traf.

B. Die weiteren **Voraussetzungen** für einen Schadensersatzanspruch des K gegen V können sich nach § 280 III BGB aus § 281 I BGB ergeben.

I. Der Anspruch des K gegen V auf Lieferung war **fällig** und **durchsetzbar.** Da es sich beim Mähdrescher um eine **Gattungssache** handelte, ist auch von Möglichkeit zur Leistung auszugehen ist, zumal auch ein anderer Händler zur Lieferung in der Lage war.

II. Weiterhin muss K der V eine **angemessene Frist** zur Bewirkung der Leistung gesetzt haben. K hat der V eine **letzte Frist** zur Leistungsbewirkung zum 25.6. gesetzt. Diese Frist von 10 Tagen erscheint nicht unangemessen. I.Ü. setzt eine zu kurz bemessene Frist nach der Rechtsprechung eine angemessene in Lauf und ist nicht etwa völlig unwirksam[127].

Damit liegen die Voraussetzungen des § 281 I BGB ebenfalls vor.

C. Hinsichtlich der **Rechtsfolgen** gilt:

I. Während nach dem früheren § 326 I 2, 2. H.S. BGB a.F. mit Fristablauf die beiderseitigen Erfüllungsansprüche erloschen, folgt aus dem Wortlaut des § 281 I BGB, dass der Gläubiger Schadensersatz verlangen **„kann"**, also insoweit die **Wahl** zwischen Weiterverfolgen des Leistungsanspruchs und Schadensersatzbegehren hat.

II. K könnte nach § 323 I BGB unter den gleichen Voraussetzungen wie bei § 281 I BGB auch vom Vertrag **zurücktreten.** Dies wäre nach § 325 BGB auch **neben** einer Schadensersatzforderung möglich. Folge wäre ein sog. **Rückgewährschuldverhältnis** nach §§ 346ff. BGB. In diesem Fall sind vor allem die empfangenen Leistungen einander zurück zu gewähren.

Da K der V noch nichts gezahlt hatte, jedoch sich bereits anderweitig zu einem höheren Preis eingedeckt hat, wird er Schadensersatz wählen. Hier kann er von V verlangen so gestellt zu werden, als wenn diese ihre Pflichten als Verkäuferin erfüllt hätte. In diesem Fall wären dem K zusätzliche Aufwendungen i.H.v. 3.000,– € erspart geblieben. Diesen Betrag kann er also von V als Schadensersatz verlangen.

---

[127] Vgl. BGH NJW 1985, S. 2640ff. (2640).

§ 10
Die Unmöglichkeit der Leistung

Der Begriff der Unmöglichkeit		
Das Gläubigerinteresse kann nicht (mehr) befriedigt werden wegen		
• tatsächlicher Gründe • rechtlicher Gründe	• Zeitablaufs • taktischer Gründe	• **nicht** wegen rein wirtschaftlicher Gründe!

Abbildung 8: Unmöglichkeit

Ausschluss der Leistungspflicht nach § 275 BGB	
§ 275 I BGB (Unmöglichkeit): • Wirksames Schuldverhältnis. • Erbringung der Leistung für Schuldner unmöglich (sog. Unvermögen) oder für jedermann, • gleichgültig, ob vor oder nach Begründung des Schuldverhältnisses (anfängliche oder nachträgliche Unmöglichkeit).	**§ 275 II BGB (Faktische Unmöglichkeit):**[128] • Wirksames Schuldverhältnis, • Leistung an sich („physikalisch") möglich. • Grobes Missverhältnis zwischen Aufwand des Schuldners und Leistungsinteresse des Gläubigers[129]. • Erhebung der Einrede[130].
Folgen: • Der Leistungsanspruch geht unter. • Der Vertrag bleibt **i.Ü. wirksam** und kann zu **Sekundäransprüchen** führen (vgl. § 275 IV BGB).	**Folgen:** • **Leistungsverweigerungsrecht** des Schuldners. • Der Vertrag bleibt **i.Ü. wirksam** und kann zu **Sekundäransprüchen** führen (vgl. § 275 IV BGB).

Abbildung 9: Ausschluss der Leistungspflicht

Sekundäransprüche bei Ausschluss der Leistungspflicht (§ 275 IV BGB)	
§ 285 I BGB (commodum)	**§ 280 I, III BGB i.V.m. § 283 (Schadensersatz statt Leistung)**
Voraussetzungen: • Wirksames Schuldverhältnis • Leistung ausgeschlossen gem. § 275 BGB • Schuldner erlangt an Stelle der unmöglichen Leistung Ersatz oder Ersatzanspruch • Verschulden für § 285 BGB gleichgültig	**Voraussetzungen:** • Wirksames Schuldverhältnis • Leistung nachträglich ausgeschlossen gem. § 275 BGB (Pflichtverletzung) • vom Schuldner zu vertreten, vermutet gem. § 280 I 2 BGB

[128] Bei **Arbeits- und Dienstverträgen** gilt § 275 III BGB.

[129] Gemäß § 275 II 2 BGB ist hier auch etwaiges Verschulden des Schuldners im Hinblick auf das Leistungshindernisse zu berücksichtigen.

[130] Auch konkludent möglich. Nach Teichmann, BB 2001, S. 1485 ff. (1487) handelt es sich dagegen um verschiedene Arten der rechtsvernichtenden Einwendung bei dauerndem

Rechtsfolge:	**Rechtsfolge:**
Herausgabe des Ersatzes oder Abtretung des Ersatzanspruchs	Schadensersatz statt Leistung, „soweit" die Unmöglichkeit reicht[131] oder Aufwendungsersatz nach § 284 BGB

Abbildung 10: Sekundäransprüche bei Unmöglichkeit

Für **anfängliche Leistungshindernisse** ist eine **Sonderregelung** notwendig:

- §§ 280 ff. BGB setzen als Schadensersatznormen eine Pflichtverletzung bezüglich des Leistungsgegenstandes voraus, welcher aber bei anfänglicher Unmöglichkeit gar nicht existiert. Der Vorwurf an die Adresse des Schuldners muss hier also ein anderer sein: der Schuldner hat nämlich gegen die Pflicht zur **Information** über die eigene **Leistungsfähigkeit** verstoßen. Es handelt sich hierbei nicht um eine Garantiehaftung, weil der Schuldner nach § 311a II 2 BGG die Möglichkeit zur **Exkulpation** besitzt.
- Wie aus § 311a I BGB folgt, ist auch im Fall der Leistungshindernisse bei Vertragsschluss der Vertrag wirksam. **Rechtsfolge** ist nach § 311a II BGB wahlweise ein Anspruch des Gläubigers Schadensersatz statt der Leistung oder Ersatz vergeblicher („frustrierter") Aufwendungen nach § 284 BGB.

Anfängliche Unmöglichkeit nach § 275 IV i.V.m. § 311a II BGB
Voraussetzungen: • Wirksames Schuldverhältnis (vgl. § 311a II BGB) • Leistungshindernis schon bei Vertragsschluss • Vom Schuldner zu vertreten, vermutet gem. § 311a II 2 BGB
Rechtsfolge: Schadensersatz **statt** Leistung oder Aufwendungsersatz nach § 284 BGB

Abbildung 11: Anfängliche Unmöglichkeit

Fall 1: Schuldverhältnis und Ersatzansprüche bei Unmöglichkeit

Vera Cruz (V) verkauft Kurt Schluss (K) ihren Sportwagen im Wert von 100.000,– €. Ehe V den u.a. gegen Diebstahl versicherten Wagen übergeben kann, wird dieser bei einem Einbruch aus der verschlossenen Garage der V gestohlen und bleibt unauffindbar.

Was kann K von V verlangen?

Leistungshindernis und der rechthemmenden Einwendung bei zeitweiligem. Hierfür spricht, dass Einreden i.S.d. BGB in einem Prozess von Amts wegen zu berücksichtigen wären, wie dies etwa bei § 242 BGB anerkannt ist.

[131] Insoweit verweist § 283 BGB auf § 281 I 2 und 3 BGB.

Lösung:

I. Lieferungsanspruch, § 433 I 1 BGB

K könnte gegen V einen Anspruch auf **Lieferung** eines PKW gleichen Typs aus § 433 I 1 BGB haben.

1. Einen **Kaufvertrag** gemäß § 433 BGB haben S und N abgeschlossen. Ein Leistungsanspruch des K gegen V ist damit zunächst **entstanden**.
2. Der Anspruch könnte jedoch nach § 275 I BGB wegen **Unmöglichkeit** der Leistung wieder **untergegangen** sein. Dabei unterscheidet § 275 I BGB nicht zwischen **objektiver** und **subjektiver** Unmöglichkeit[132]. Hier befindet sich der PKW der V als Leistungsgegenstand bei Unbekannten, die theoretisch zur Leistung in der Lage wären. Auf ihre **Leistungsbereitschaft** kommt es nicht an. Bei dem PKW handelt es sich um eine Stückschuld[133], auf die § 275 I BGB anwendbar ist.

Daher ist der Primäranspruch des K gegen V auf Leistung wegen Unmöglichkeit untergegangen.

II. Schadensersatzanspruch, §§ 275 IV i.V.m. §§ 280 I, III, 283 BGB

Möglicherweise kann K von V anstelle der Lieferung **Schadensersatz** verlangen.

1. § 280 I BGB setzt ein **Schuldverhältnis** voraus[134]. Der Kaufvertrag zwischen V und K stellt ein solches Schuldverhältnis dar.
2. Hieraus ist die **Leistungspflicht** der V **nach** Abschluss des Kaufvertrages mit K gemäß § 275 I BGB **ausgeschlossen**[135].
3. Der Schadensersatzanspruch setzt voraus, dass V die Unmöglichkeit zur Leistung **zu vertreten** hat, sie also nach § 276 I BGB entweder Vorsatz oder Fahrlässigkeit trifft. Dies wird gemäß § 280 I 2 BGB zunächst **vermutet**. Hier indes hat V den Wagen in ihrer Garage abgestellt und diese verschlossen. Ein Fahrlässigkeitsvorwurf ist ihr nicht zu machen. Sie kann sich also **exkulpieren**.

Damit hat K gegen V keinen Anspruch auf Schadensersatz aus §§ 275 IV i.V.m. §§ 280 I, III, 283 BGB.

---

[132] Dies war vor der Schuldrechtsreform noch anders. Die objektive Unmöglichkeit ist dadurch gekennzeichnet, dass niemand in der Lage ist, die Leistung zu erbringen. Bei der **subjektiven Unmöglichkeit**, dem **Unvermögen**, ist hingegen der Schuldner nicht imstande, die Leistung zu erbringen, ein Dritter hingegen – zumindest theoretisch – schon.

[133] Bei einer Gattungsschuld gälte nicht § 275 BGB, vielmehr träfe den Gattungsschuldner ein **Beschaffungsrisiko**, vgl. § 276 I 1 BGB. Er müsste sich anderweitig den als Leistung zugesagten Gegenstand verschaffen. Die Nacherfüllung durch Lieferung einer anderen, mangelfreien Sache ist **ausnahmsweise** beim Stückkauf nicht unbedingt wegen Unmöglichkeit ausgeschlossen, wenn die Kaufsache im Falle ihrer Mangelhaftigkeit durch eine gleichartige und gleichwertige ersetzt werden kann. Beim Kauf eines Gebrauchtwagens liegt es nahe, dies zu verneinen, wenn dem Kaufentschluss eine persönliche Besichtigung des Fahrzeugs vorangegangen ist (BGH NJW 2006, S. 3839 ff.).

[134] Nach der Schuldrechtsreform ist es gleichgültig, ob dies ein einseitiges oder gegenseitiges Schuldverhältnis darstellt.

[135] Bei anfänglichem Leistungshindernis wäre dagegen § 311a II BGB anzuwenden.

III. Anspruch auf ein stellvertretendes commodum, § 285 I BGB

K könnte gegen V einen Anspruch im Hinblick auf die **Diebstahlsversicherung** des gestohlenen PKW aus § 285 I BGB haben.

1. An die Stelle des PKW ist ein Anspruch der V gegen ihre Versicherung getreten, also ein **Vorteil** (lat. **„commodum"**).
2. Dieser wirtschaftliche Ersatz (auch **Surrogat** genannt) beruht auf dem Diebstahl des PKW, also i.S.v. § 285 I BGB **auf demselben Umstand**, welcher zur Unmöglichkeit der Leistung führte. Nicht erforderlich ist im Rahmen von § 285 I BGB ein Verschulden des Schuldners hinsichtlich der Unmöglichkeit.

K kann damit **Abtretung des Anspruchs** gegen die Versicherung oder, wenn diese schon gezahlt hat, die **gezahlte Summe** von V verlangen.

Ein Anspruch des K gegen V aus § 285 I BGB besteht damit. Gemäß § 326 III BGB bleibt K jedoch zur **Gegenleistung verpflichtet**, soweit er das commodum verlangt.

Ansprüche bei gegenseitigen Verträgen			
Ausschluss der Leistungspflicht („Unmöglichkeit"): § 326 I 1 BGB	**Commodum bei Ausschluss der Leistungspflicht: § 326 III i.V.m. § 285 BGB**	**Vom Gläubiger zu verantwortende Unmöglichkeit: § 326 II 1, 1. Alt. BGB**	**Unmöglichkeit während Annahmeverzug: § 326 II 1, 2. Alt. BGB**
Voraussetzungen: • gegenseitiger Vertrag • Leistung unmöglich (§ 275 BGB) • Ob von Schuldner oder Gläubiger zu vertreten ist gleichgültig!	**Voraussetzungen:** • gegenseitiger Vertrag • Leistung unmöglich (§ 275 BGB) • Schuldner hat einen Ersatz erhalten	**Voraussetzungen:** • gegenseitiger Vertrag • Leistung unmöglich (§ 275 BGB) • vom Gläubiger ganz oder weit überwiegend zu verantworten	**Voraussetzungen:** • gegenseitiger Vertrag • Leistung unmöglich (§ 275 BGB) • nicht vom Schuldner zu vertreten (vgl. § 300 I BGB) • Gläubiger zu dieser Zeit in Annahmeverzug, §§ 293 ff. BGB

Ausschluss der Leistungspflicht („Unmöglichkeit"): §326 I 1 BGB	**Commodum bei Ausschluss der Leistungspflicht: §326 III i.V.m. §285 BGB**	**Vom Gläubiger zu verantwortende Unmöglichkeit: §326 II 1, 1. Alt. BGB**	**Unmöglichkeit während Annahmeverzug: §326 II 1, 2. Alt. BGB**
Rechtsfolgen: • Anspruch auf Gegenleistung geht grundsätzlich unter, §326 I 1, 1. H.S. BGB • Bei Teilleistung verweist §326 I 1, 2. H.S. BGB auf Minderungsnorm §441 BGB • vorgeleistete Gegenleistung gem. §§346–348 BGB rückforderbar, §326 IV • Wahlweise Rücktritt gem. §326 V i.V.m. §323 ohne Fristsetzung	**Rechtsfolgen:** • Anspruch auf Gegenleistung bleibt erhalten, soweit commodum von Gläubiger verlangt • Minderung, soweit Wert des commodum hinter dem Wert der geschuldeten Leistung zurückbleibt.	**Rechtsfolgen:** • Anspruch auf Gegenleistung geht nicht unter, §326 II 1, 1.Alt. BGB • jedoch Anrechnung ersparter Aufwendungen usw., §326 II 2 BGB	**Rechtsfolgen:** • Anspruch auf Gegenleistung geht nicht unter, §326 II 1, 2. Alt. BGB • Anrechnung ersparter Aufwendungen usw., §326 II 2 BGB

Abbildung 12: Gegenseitige Verträge

Fall 2: Vom Gläubiger zu vertretende Unmöglichkeit

K kauft beim Gebrauchtwagenhändler V einen PKW. K und V vereinbaren zusätzlich, dass V den Wagen noch mit neuen Reifen ausstatten, ihn anmelden und am nächsten Tag zu K schaffen soll. Ehe K das Verkaufsgelände verlässt, setzt er sich noch einmal stolz in den Wagen, um sich mit der Bedienung vertraut zu machen. So betätigt er auch den elektrischen Zigarettenanzünder. Als er mit dem Finger fühlen will, ob der Anzünder brennt, muss er schmerzhaft feststellen, dass das Gerät voll funktionstüchtig ist. K lässt den Anzünder auf dem Wagenboden fallen, wo er eine Gummifußmatte entzündet. K kann sich retten, der PKW verbrennt jedoch vollständig. V verlangt von K Zahlung des Kaufpreises.

Zu Recht?

Abwandlung: Beiderseits zu vertretende Unmöglichkeit; Verletzung von Rücksichtnahmepflichten

Der PKW brennt ab, weil K unvorsichtig ein auch als Flammenwerfer verwendbares Feuerzeug, mit dessen Hilfe er die Sicherungen neben der Lenksäule untersuchen will, auf den Boden fallen lässt, wo es eine offene Dose mit leicht brennbarem Lack entzündet, den V zum Übertünchen schadhafter Stellen verwendet und im Wagen hat liegen lassen. Der objektive Wert des Wagens betrug 3.600,– €. K hätte den PKW an einen Bekannten zu einem um 800,– € höheren Kaufpreis veräußern können als er selbst zahlen sollte.

Welche vertraglichen Ansprüche haben V und K gegeneinander, wenn ihr jeweiliges Verschulden im Verhältnis ein Viertel (V) zu drei Vierteln (K) steht?

Lösung:

V könnte gegen K einen Anspruch auf Zahlung des vereinbarten Kaufpreises aus §433 II BGB haben.

A. Mit Abschluss des Kaufvertrages ist dieser Anspruch zunächst **entstanden.**

B. Der Zahlungsanspruch könnte jedoch nach §326 I 1 BGB **untergegangen** sein.

I. Der V hat ist infolge eines Leistungshindernisses i.S.v. §275 I BGB von seiner **Leistungspflicht** aus §433 I 1 BGB aus dem **gegenseitigen (Kauf-) Vertrag**, gegenüber K befreit. Damit **entfällt** an sich nach §326 I 1 BGB auch der Anspruch auf die **Gegenleistung.**

II. Fraglich ist, ob V den Anspruch auf die **Gegenleistung** gemäß §326 II 1, 1. Alt. BGB **behält.**

1. Der **Kaufvertrag** zwischen K und V ist ein **gegenseitiger Vertrag.**
2. Die Leistung ist dem V gemäß §275 I BGB **unmöglich** geworden (s.o.).
3. Diese Unmöglichkeit beruht **nicht auf Verschulden des V.** Allerdings hat K den Brand verursacht, bei dem der PKW zerstört wurde. Es könnte daher sein, dass K als **Gläubiger** der Leistung die Unmöglichkeit zu vertreten hat und damit gemäß §326 II 1, 1. Alt. BGB zur Gegenleistung verpflichtet bleibt.

a) Nicht eindeutig bestimmt ist, **was der Gläubiger zu vertreten hat.** §276 BGB regelt lediglich den Verschuldensmaßstab bezüglich des **Schuldners.** Anerkannt ist jedoch, dass auch der Gläubiger für Vorsatz und Fahrlässigkeit **analog** §276 BGB eintreten muss, da eine Ungleichbehandlung insoweit nicht sachgerecht wäre.

b) Indem K den brennenden Zigarettenanzünder fallen ließ und nicht sofort vom Boden entfernte, handelte er nicht der im Verkehr erforderlichen Sorgfalt gemäß und damit fahrlässig. Damit ist §326 II 1, 1. Alt. BGB anzuwenden.

V **behält seinen Kaufpreisanspruch** gegen K. Er muss sich allerdings nach §326 II 2 BGB die infolge der Befreiung von der Leistungspflicht ersparten Aufwendungen für die Beschaffung neuer Reifen und für die Anmeldung des PKW **anrechnen** lassen.

Vertretenmüssen des Gläubigers			
§§276, 278 BGB **analog**	Sog. **Diligenzpflichten** (Obliegenheiten)	Vertraglich **vereinbarte Risikoübernahme**	**keine** allgemeine Aufteilung in Risikosphären! Grund: spezielle Gefahrregeln (§§446, 447, 644, 645 BGB) sonst überflüssig

Abbildung 13: Vertretenmüssen des Gläubigers

Lösung der Abwandlung:

A. V könnte gegen K einen Anspruch auf Zahlung des vereinbarten Kaufpreises aus § 433 II BGB haben.

I. Mit Abschluss des Kaufvertrages ist dieser Anspruch zunächst **entstanden.**

II. Der Zahlungsanspruch könnte nach § 326 I 1 BGB **untergegangen** sein. Abweichend bestimmt jedoch § 326 II 1, 1. Alt. BGB, dass der Schuldner den **Gegenleistungsanspruch behält**, wenn der **Gläubiger** die Unmöglichkeit allein oder weit überwiegend **zu verantworten** hat. Hier haben sowohl K als Gläubiger als auch V als Schuldner der Leistung gegen Sorgfaltspflichten verstoßen und dadurch den Untergang des PKW verursacht, V allerdings in geringerem Maße. **Fraglich** ist, ob damit K als Gläubiger weit überwiegend verantwortlich ist. In § 326 II 1, 1. Alt. BGB kommt zum Ausdruck, dass der Gegenleistungsanspruch **nur dann** bestehen bleibt, wenn den Schuldner kein als **Mitverschulden** i.S.v. § 254 BGB anzusehender Verantwortungsbeitrag trifft[136]. Dies ist jedoch vorliegend zu einem Viertel der Fall.

Somit behält V nicht den Zahlungsanspruch gegen K, es bleibt beim Grundsatz aus § 326 I BGB.

B. V könnte gegen K einen Anspruch auf Schadensersatz aus § 280 I i.V.m. § 241 II BGB haben. In Betracht kommt eine **Verletzung von Rücksichtnahmepflichten** durch den Gläubiger der Leistung. Da es **nicht** um **Schadensersatz statt Leistung** geht, sondern um einen sonstigen Schaden des V, sind nicht §§ 280 III, 281, 282, 283 BGB einschlägig. Vielmehr bleibt es beim **allgemeinen Tatbestand** des § 280 I BGB.

I. Mit Abschluss des Kaufvertrages ist ein **Schuldverhältnis** zwischen K und V zustande gekommen.

II. Die **Pflichtverletzung** des K besteht darin, dass er das Eigentum des V i.S.v. § 241 II BGB beschädigte, als er eine durch den Vertrag bedingte Einwirkungsmöglichkeit auf Rechtsgüter des V erhielt. Damit hat er eine seinerseits geschuldete **Rücksichtnahmepflicht** verletzt.

III. Der Schadensersatzanspruch setzt voraus, dass K ein **Verschulden** trifft. Dies wird gemäß § 280 I 2 BGB **vermutet** und ist auch laut Sachverhalt zu einem Viertel der Fall.

V kann also gemäß § 280 I i.V.m. § 241 II BGB **Schadensersatz** von V verlangen. Dieser orientiert sich vorliegend an dem Wert des Fahrzeugs und wird gemäß § 254 I BGB um den eigenen **Verschuldensanteil** des V (ein Viertel) **gekürzt.** K kann also von V 2.700,– € Schadensersatz verlangen.

C. K könnte gegen V einen Anspruch auf Schadensersatz aus §§ 275 IV BGB i.V.m. §§ 280 I, III, 283 BGB haben.

I. Mit Abschluss des Kaufvertrages ist ein **Schuldverhältnis** zwischen K und V zustande gekommen.

---

136 Jauernig/Stadler, § 326 Rn. 22. A.A. Stoppel, Jura 2003, S. 224 ff. (227): danach behält entgegen dem Gesetzeswortlaut der Schuldner teilweise den Gegenleistungsanspruch. Zur Rechtslage vor dem 1.1.2002 vgl. die Vorauflage, S. 80 ff.

II. Die **Leistungspflicht** des V ist **nachträglich** nach § 275 I BGB **unmöglich** geworden[137].

III. Der Schadensersatzanspruch setzt voraus, dass V die Unmöglichkeit zur Leistung **zu vertreten** hat. Dies wird gemäß § 280 I 2 BGB **vermutet** und ist auch laut Sachverhalt zu einem Viertel der Fall.

K kann also gemäß §§ 275 IV BGB i.V.m. §§ 280 I, III, 283 BGB **Schadensersatz** von V verlangen. Der ersatzfähige Schaden besteht nach § 252 BGB aus dem entgangenen Gewinn i.H.v. 800,– €. Dieser wird gemäß § 254 I BGB um den Anteil des eigenen **Verschuldens** des Gläubigers (drei Viertel) **gekürzt**. K kann also von V 200,– € Schadensersatz verlangen.

Fall 3: Leistungspflicht bei Gattungsschuld und kongruentes Deckungsgeschäft[138]

Firma K kaufte von Firma V am 20.5. 260 t tiefgefrorene ungarische Himbeeren. Der Vertrag enthielt die individuell vereinbarte Klausel: „Richtige und rechtzeitige Selbstbelieferung vorbehalten." Die V hatte ihrerseits zuvor am 15.4. mit der F einen Lieferungsvertrag über 500 t schockgefrorene Himbeeren abgeschlossen, der folgenden Passus enthielt: „Dieser Vertrag verliert seine Gültigkeit, falls der Zulieferer G aus irgendeinem Grund keine Himbeeren liefern kann." Die F ihrerseits hatte am 1.3. mit der Erzeugergenossenschaft G einen Vertrag über die Lieferung von 500 t schockgefrorenen Himbeeren geschlossen. Über das Vermögen der G wurde am 22. 4. ein Insolvenzverfahren eröffnet. Die G erklärt gemäß einer Vereinbarung im Vertrag mit F mit Schreiben vom 30.6. den Rücktritt vom Vertrag mit F. Die F teilte daraufhin der V mit, dass sie nicht liefern könne. Die V ihrerseits schrieb anschließend der K unter Hinweis auf den vereinbarten Selbstbelieferungsvorbehalt, dass sie ihre Lieferverpflichtungen nicht erfüllen werde.

Die K verlangt von der Firma V Schadensersatz statt der Leistung.

Zu Recht?

K ← 20.5. — V ← 15.4. — F ← 1.3. — G

Zeittafel:

1.3. → G/F

15.4. → F/V

22.4. → Insolvenz G

20.5. → K/V

30.6. → Rücktritt vom Vertrag mit F durch G

Lösung:

K könnte gegen V einen Anspruch auf **Schadensersatz statt der Leistung** aus § 280 I, III i.V.m. § 281 BGB haben[139].

[137] Bei anfänglichem Leistungshindernis wäre dagegen § 311a II BGB anzuwenden.

[138] BGH NJW 1995, S. 1959 ff.

[139] Vgl. zum Schadensersatz statt der Leistung nach Fristsetzung das Schema oben § 9.

A. Zunächst müssen die allgemeinen Voraussetzungen aus § 280 I BGB erfüllt sein.

I. Ein **wirksames Schuldverhältnis** muss vorliegen. V und K haben am 20.5. einen **Kaufvertrag** über 260 t tiefgefrorene ungarische Himbeeren abgeschlossen. Dieser Vertrag wäre nicht mehr wirksam, wenn die zwischen V und K vereinbarte **Selbstbelieferungsklausel** eine **auflösende Bedingung** gemäß § 158 II BGB darstellte. Die ausdrückliche Vereinbarung einer solchen Bedingung ist zwar grundsätzlich möglich[140]. Auch ein Rücktrittsrecht des Verkäufers bei Scheitern der Selbstbelieferung kann vereinbart werden, wie dies offenbar zwischen G und F geschehen ist. Die vorliegende einfache Selbstbelieferungsklausel wird jedoch nicht als Vertragsauflösungsgrund, sondern als **Haftungsregelung** interpretiert.

II. Die **Pflichtverletzung** besteht darin, dass V die Leistung nicht erbringt.

III. Das **Verschulden** wird gemäß § 280 I 2 BGB zunächst **vermutet.**

B. Die **zusätzlichen Voraussetzungen** für Schadensersatz **statt** Leistung, § 280 III i.V.m. § 281 BGB, müssen vorliegen.

I. Ein **fälliger, möglicher**[141] und **durchsetzbarer Anspruch** der K gegen V muss gegeben sein, § 281 I 1 BGB.

1. Bezüglich der Lieferverpflichtung der V aus dem Kaufvertrag besteht ein **fälliger** und **durchsetzbarer Anspruch** des K aus § 433 I 1 BGB.

2. Fraglich ist jedoch, ob die Leistung der vereinbarten Ware auch **möglich** war[142].

a) Bei **Gattungsschulden** i.S.v. § 243 I BGB liegt grundsätzlich keine Unmöglichkeit zur Leistung nach § 275 I BGB vor, welcher sich lediglich auf Stückschulden bezieht, bei denen der Leistungsgegenstand individuell vereinbart wurde. Der Gattungsschuldner hat solange aus der Gattung zu leisten, wie diese im **„Weltvorrat"** zur Verfügung steht, ihn trifft ein Beschaffungsrisiko i.S.v. § 276 I 1 BGB[143]. V musste sich also grundsätzlich anderweitig die geschuldete Ware beschaffen.

b) Möglicherweise haben V und K durch Vereinbarung der **Selbstbelieferungsklausel** zugunsten der V deren Leistungspflicht **eingeschränkt.**

aa) Durch eine derartige Klausel kann die Gattungsschuld auf die Ware beschränkt werden, welche der Verkäufer aus einem **Deckungsgeschäft** zu erhalten hofft, das er seinerseits mit einem Verkäufer abgeschlossen hat[144]. Hier hat V ihre Leistungspflicht von richtiger und rechtzeitiger Selbstbelieferung durch ihre Lieferantin F abhängig gemacht.

---

[140] Palandt/Putzo, § 433 Rn. 14 m.w.N.

[141] Bei unmöglicher Leistung sind § 311a II BGB und §§ 280 I, III, 283 BGB spezieller und setzen i.Ü. sinnvollerweise keine Fristsetzung voraus.

[142] § 281 BGB und § 283 BGB schließen sich in der Anwendung gegenseitig aus.

[143] Medicus, JuS 2003, S. 521 ff. (528).

[144] BGHZ 49, 388 (395).

bb) Nach der Rechtsprechung wird der Verkäufer aber nur dann von seiner Leistungspflicht frei, wenn er ein sog. **kongruentes Deckungsgeschäft** mit einem Lieferanten abgeschlossen hat und von diesem nicht beliefert wurde. Dabei stellt die Rechtsprechung an die **Kongruenz** des Deckungsgeschäftes strenge Anforderungen.

(1) Für ein solches kongruentes Deckungsgeschäft ist zunächst erforderlich, dass ein Liefervertrag zwischen Lieferant (F) und Verkäufer (V) **bereits vor dem Kaufvertrag** zwischen dem Käufer (K) und dem Verkäufer (V) abgeschlossen worden ist. Der Vertrag zwischen F und V wurde bereits am 15.4. abgeschlossen, so dass diese Voraussetzung erfüllt ist.

(2) Weiterhin muss der **Deckungsvertrag** die **gleiche Liefersicherheit** aufweisen wie der Vertrag zwischen V und K. Das Deckungsgeschäft darf also nicht mit größeren Unsicherheiten verbunden sein als das Geschäft zwischen Verkäufer und Käufer[145]. Der Verkäufer darf sich nicht auf weniger strenge Lieferbedingungen mit seinem Lieferanten einlassen, als er selbst mit dem Käufer vereinbart hat. **Nicht zu beanstanden** ist dabei, dass – wie hier – **weitere Selbstbelieferungsvorbehalte in** die **Deckungsverträge** aller Beteiligten aufgenommen wurden. Eine Lieferverpflichtung der Firma F im Verhältnis zu V sollte jedoch bereits entfallen, wenn F „aus irgendeinem Grund“ nicht zur Leistung in der Lage ist. Die Lieferverpflichtung der F entfiel also unter wesentlich leichteren Voraussetzungen als dies im Vertrag V/K vereinbart war.

Somit liegt **kein kongruentes Deckungsgeschäft** zwischen V und F vor. Durch die Selbstbelieferungsklausel im Vertrag zwischen K und V ist danach nicht die Leistungspflicht der V eingeschränkt worden.

II. Eine erfolglose **Fristsetzung** zur Leistung müsste an sich vorliegen. Sie ist aber wegen der **endgültigen und ernsthaften Weigerung** der V, ihrer Leistungspflicht nachzukommen, nach § 281 II BGB entbehrlich.

Damit kann K von V gemäß § 280 I, III i.V.m. § 281 BGB Schadensersatz statt der Leistung verlangen.

§ 11
Der Gläubigerverzug (Annahmeverzug)

Annahmeverzug

A. **Anspruch** des Gläubigers.

B. Schuldner muss **leisten dürfen** (§ 271 I, II BGB).

[145] BGHZ 49, 388 (395); 92, 396 (401); BGH WM 1992, S. 356 ff. (358).

C. **Angebot** der Leistung durch den Schuldner.

I. **Tatsächliches** Angebot der geschuldeten Leistung, § 294 BGB.
II. **Wörtliches** Angebot unter den Voraussetzungen des § 295 BGB ausreichend.
III. Angebot nach § 296 BGB **überflüssig,** wenn eine erforderliche Mitwirkungshandlung des Gläubigers nicht innerhalb einer kalendermäßig bestimmten Zeit erfolgt oder Kündigung und anschließende zeitliche Bestimmung nach Kalender möglich sind.

D. **Leistungsvermögen** des Schuldners, § 297 BGB.

E. **Nichtannahme** der Leistung, § 293 BGB.

F. Nicht bei nur vorübergehender **Annahmeverhinderung,** § 299 BGB.

Merke:
Es geht **nicht** um **Schadensersatz.** Ein **Verschulden** ist daher auf Seiten des Gläubigers **nicht erforderlich!**

Folgen:
- **Konkretisierung** nach § 300 II BGB möglich, ohne das gemäß § 243 II BGB Schuldner das seinerseits zur Leistung Erforderliche bereits getan haben muss. Aussonderung allerdings erforderlich!
- **Haftungsmilderung** für Schuldner: nur noch Vorsatz und grobe Fahrlässigkeit zu vertreten, § 300 I BGB.
- **Übergang** der **Gegenleistungs- (= Preis-) Gefahr** auf Gläubiger nach § 326 II 1, 1. Alt. BGB.
- Ersatz von **Mehraufwendungen,** § 304 BGB.
- **Hinterlegungs-,** § 372 S. 1 BGB, und **Versteigerungsmöglichkeit,** § 383 BGB, zugunsten des Schuldners.

Fall 1: Annahmeverzug, Unmöglichkeit und Konkretisierung der Gattungsschuld

Axel Schweiß (A) vereinbart mit Sanitärhändler Theo Dorant (T) die Lieferung einer gläsernen Duschkabine, welche sich A zuvor in einem Katalog ausgesucht hatte und die er jetzt bei T bestellt, an die Adresse des A. Die Lieferung soll am 1.11. zwischen 17.00 Uhr und 18.00 Uhr erfolgen. Als der Fahrer des T bei A klingelt, ist dieser nicht zu Hause, weil er unvorhergesehen nach der Arbeit in einen Verkehrsstau geraten ist. Auf dem Rückweg übersieht der Fahrer infolge einer kleinen Unaufmerksamkeit, dass die Straße in einer Kurve stark verschlämmt ist und gerät ins Schleudern. Dabei wird die an sich ordnungsgemäß verpackte und gesicherte Duschkabine zerstört.

A besteht gegenüber T auf erneute Lieferung. T lehnt dies ab und verlangt seinerseits Zahlung des vereinbarten Kaufpreises.

Wie ist die Rechtslage?

Lösung:

1. Teil: A gegen T auf erneute Lieferung, § 433 I 1 BGB

A könnte gegen T einen Anspruch auf Lieferung aus § 433 I 1 BGB haben.

A. Der Anspruch muss zunächst **entstanden** sein. Dies setzt einen entsprechenden Kaufvertrag zwischen A und T voraus. Entsprechendes Angebot (A) und inhaltlich übereinstimmende Annahme (T) lagen vor. Damit ist der Lieferanspruch zunächst entstanden.

B. Der Anspruch könnte jedoch nach § 275 I BGB wieder **untergegangen** sein. Die Vorschrift setzt eine **Stückschuld** voraus.

Ursprünglich bezog sich jedoch der Kaufvertrag auf eine aus dem Katalog ausgesuchte Duschkabine mittlerer Art und Güte nach § 243 I BGB, es lag also eine **Gattungsschuld** vor, bei welcher der Schuldner verpflichtet ist solange nachzuleisten, wie die Gattung existiert. Es könnte jedoch nach § 243 II BGB eine **Konkretisierung** eingetreten sein. Diese setzt voraus, dass der Schuldner das seinerseits zur Leistung Erforderliche getan hat.

I. T hat durch den Fahrer **zur rechten Zeit** am 1.11. die Leistungshandlung erbracht.

II. Es handelte sich – mangels anderweitiger Angaben – auch um eine Kabine mittlerer Art und Güte (**Leistung in rechter Weise**).

III. T müsste auch **am rechten Ort** geleistet haben. Dies bestimmt sich nach § 269 I BGB. Vorrangig ist die Vereinbarung der Parteien. Hier sollte T die Kabine dem A ins Haus liefern, so dass eine **Bringschuld** vorliegt. Bei einer solchen Schuld muss der Schuldner

1. die Sache aus der Gattung aussondern,
2. zum Sitz des Gläubigers (A) bringen und
3. dort anbieten.

Diese Voraussetzungen sind vorliegend erfüllt. Es ist insbesondere für das Angebot der Leistung nicht erforderlich, dass der Gläubiger etwa anwesend ist. Ein Zugang wird nicht vorausgesetzt.

Damit hat T das seinerseits zur Leistung Erforderliche getan. Die ursprüngliche Gattungsschuld ist auf die später untergegangene Kabine **reduziert** worden, so dass eine Stückschuld vorliegt. § 275 I BGB ist anwendbar. Aufgrund des Unfalls ist der Leistungsgegenstand untergegangen, also liegt eine objektive **Unmöglichkeit** nach § 275 I BGB vor. Der Lieferanspruch des K gegen V ist also untergegangen, er kann keine erneute Lieferung verlangen.

2. Teil: T gegen A auf Zahlung, § 433 II BGB

T könnte gegen A einen Anspruch auf Zahlung der bestellten Ware aus § 433 II BGB haben.

A. Mit Abschluss des Kaufvertrags ist der Anspruch zunächst **entstanden**.

B. Fraglich ist, ob der Anspruch auf die Gegenleistung untergegangen ist.

I. Hier ist zunächst § 326 I 1 BGB einschlägig.

1. Ein **gegenseitiger Vertrag** ist hier in Gestalt des Kaufvertrages unproblematisch gegeben.
2. Die **Leistung** müsste gemäß § 275 BGB **unmöglich** sein. Dies ist i.S.v. § 275 I BGB der Fall (s.o.)

II. Etwas anderes kann jedoch dann gelten, wenn A mit der **Annahme** der Leistung in **Verzug** war. Nach § 326 II 1, 2. Alt. BGB behält er dann möglicherweise den Anspruch auf die Gegenleistung, obwohl er seinerseits nicht mehr zur Leistung in der Lage ist.

1. Ein **gegenseitiger Vertrag** zwischen A und T liegt vor (s.o.).
2. Die **Leistung** ist **unmöglich** geworden (s.o.)
3. A müsste zu der Zeit, als dem T die Leistung unmöglich wurde, in **Annahmeverzug** befunden haben.
   a) Zunächst besaß A als Gläubiger einen **Anspruch** aus § 433 I BGB auf Eigentums- und Besitzverschaffung hinsichtlich der Duschkabine.
   b) Der Schuldner (T) musste leisten dürfen, § 271 I, II BGB, der Anspruch müsste also **erfüllbar** gewesen sein. A und T hatten Lieferung am 1.11. zwischen 17.00 und 18.00 Uhr vereinbart. In dieser Zeit traf der Fahrer des T auch bei A ein und durfte also leisten.
   c) Ein **Angebot** der Leistung durch den Schuldner müsste vorliegen. Dies hat grundsätzlich gemäß § 294 BGB **tatsächlich** zu geschehen, und zwar so, wie die Leistung geschuldet wird. Innerhalb der vereinbarten Leistungszeit fand sich der Fahrer des T bei A mit der versprochenen Lieferung ein. Unerheblich ist, dass A nicht anwesend war, insbesondere ist § 130 BGB auf den Realakt Angebot nicht anwendbar[146], so dass es auf einen Zugang des Angebots nicht ankommt.
   d) Zur Zeit des Angebots war die Leistung durch den Schuldner gemäß § 297 BGB **noch möglich**.
   e) Die Frage, warum A nicht anwesend sein konnte, ist insofern ohne Belang, als der Annahmeverzug – anders als der auf Schadensersatz zielende Schuldnerverzug nach §§ 284 ff. BGB – **kein Verschulden** des Gläubigers **voraussetzt**. Insofern ist es unerheblich, dass u.U. A ohne eigenes Verschulden gehindert war, die Ware entgegen zu nehmen.

   Damit liegt Annahmeverzug des A vor.
4. **Schuldner** T dürfte die Unmöglichkeit **nicht zu vertreten** haben. Er selbst handelte nicht schuldhaft i.S.v. § 276 BGB. In Betracht kommt jedoch gemäß § 278 BGB ein Verschulden eines **Erfüllungsgehilfen** zulasten des T.
   a) Der Fahrer ist mit Wissen und Wollen des T in dessen Pflichtenkreis tätig, also sein **Erfüllungsgehilfe** nach § 278 BGB.
   b) Der Fahrer hat den Unfall **leicht fahrlässig** verursacht, was im Rahmen des § 276 BGB an sich als Haftungsmaßstab ausreicht. Allerdings gilt

[146] Palandt/Heinrichs, § 294 Rn. 2.

wegen Annahmeverzugs des A, dass der **Verschuldensmaßstab** des Schuldners auf Vorsatz und grobe Fahrlässigkeit nach § 300 I BGB beschränkt ist, die beide nicht vorliegen. Also hat T die Unmöglichkeit nicht zu vertreten.

Die Voraussetzungen des § 326 II 1, 2. Alt. BGB liegen mithin vor. Demzufolge behält T seinen Anspruch aus § 433 II BGB gegenüber A.

Der Leistungsort nach § 269 BGB

- Vorrangig ist, was die **Parteien** selbst als **Leistungsort** (= Ort, an dem der Schuldner seine **Leistungshandlung** erbringen muss[147]) **bestimmen.**
- Ergänzend greifen andere **Umstände** wie die **Natur des Schuldverhältnisses** ein.
- Haben die Parteien keine Bestimmung getroffen und lässt sich auch aus den Umständen nicht entnehmen, wo der Leistungsort sein soll, gilt nach § 269 I BGB, dass
  - ➢ **im Zweifel** eine **Holschuld** vorliegt. Man muss sich also als Gläubiger **zum Sitz des Schuldners** begeben, um den von ihm **ausgesonderten** Gegenstand **abzuholen.**
  - ➢ Anders verhält es sich bei der **Schickschuld.** Hier muss der Schuldner die geschuldete Sache **aussondern** und **auf den Weg bringen,** um seine Verpflichtung zu erfüllen.
  - ➢ Bei der **Bringschuld** muss der Schuldner die Sache nicht nur **aussondern** und **auf den Weg bringen,** sondern auch noch **am Wohnsitz des Gläubigers diesem anbieten.**
  - ➢ Dies ist u.a. wichtig im Hinblick auf die **Konkretisierung einer Gattungsschuld** nach § 243 II BGB: der Schuldner hat nur dann das seinerseits zur Leistung **Erforderliche** getan, wenn er die Anforderungen der verschiedenen Schuldarten (Hol-, Schick- und Bringschuld) erfüllt hat. Erst dann wird aus einer Gattungs- eine Stückschuld und der Schuldner wird von der Leistungspflicht nach § 275 BGB befreit.

Fall 2: Annahmeverzug bei Dienstleistung

Arbeitgeber G kündigt Arbeitnehmer N aus betrieblichen Gründen. N ist hiermit nicht einverstanden. Insbesondere ist er der Ansicht, die Kündigung sei nicht nach sozialen Gesichtspunkten erfolgt. Als er dies gegenüber G mit Vehemenz vertritt, erteilt ihm dieser Hausverbot. Eine Woche später erhebt N fristgemäß Kündigungsschutzklage und erstreitet in der Folgezeit ein für ihn günstiges Urteil, wonach das Arbeitsverhältnis durch die Kündigung nicht aufgelöst worden ist.

Kann N von G für die Zeit seit Erteilung des Hausverbotes Lohn verlangen?

---

[147] Gegenbegriff ist der **Erfolgsort.** Das ist der Ort, an dem der nach der Verpflichtung geschuldete Erfolg (z.B. die Eigentumsverschaffung an den Käufer, § 433 I 1 BGB) eintritt.

Lösung:

N verlangt hier **Lohn ohne Arbeit**; als Anspruchsgrundlage bietet sich einzig § 615 BGB an.

A. Wie in dem für N günstigen Urteil festgestellt, war die Kündigung durch den Arbeitgeber nicht rechtmäßig und hat damit das **Arbeitsverhältnis nicht aufgelöst**.

B. Nach § 615 BGB müsste Arbeitgeber G mit der **Annahme der Dienstleistungen** durch N **in Verzug** gewesen sein. Dies bestimmt sich nach den allgemeinen Regeln der §§ 293 ff. BGB.

I. Ein **erfüllbarer Anspruch** des G im Hinblick auf die Arbeitsleistung des N bestand. N **durfte** auch gemäß § 271 I, II BGB leisten.

II. N war zur Leistung **in der Lage** und bereit, § 297 BGB.

III. N müsste seine Arbeit **angeboten** haben.

1. An sich müsste nach § 294 BGB der Arbeitnehmer als Schuldner der Arbeitsleistung diese ordnungsgemäß dem G **tatsächlich anbieten**, also zur Arbeit erscheinen.
2. Insoweit genügt nach § 295 BGB ein **wörtliches Angebot**, da G erklärt, die Leistung nicht annehmen zu wollen. Dies wird mit dem Hausverbot bzw. der fristlosen Kündigung erklärt worden sein. Sowohl der Protest des N gegen die Kündigung als auch die Erhebung der Kündigungsschutzklage können ein schlüssiges Angebot der Arbeitsleistung darstellen.
3. Nach der neueren Rechtsprechung wird allerdings jedwedes **Angebot** der Arbeitsleistung für **entbehrlich** gehalten. Dies folgt aus § 296 S. 1 BGB. Hiernach bedarf es keines Angebots, wenn für die vom Gläubiger zu erbringende **Mitwirkungshandlung** eine Zeit nach dem Kalender bestimmt ist und diese Handlung nicht rechtzeitig vorgenommen wird. Als Mitwirkungshandlung des Arbeitgebers wird die **Zurverfügungstellung** eines **funktionsfähigen Arbeitsplatzes** angesehen. Diesen hat der Arbeitgeber dem Arbeitnehmer zuzuweisen[148]. Im Übrigen hätte ein Angebot durch den N angesichts des erklärten Willens des G, den N nicht weiter zu beschäftigen, keinerlei Sinn.

IV. G hat die Arbeitsleistung des N **nicht akzeptiert**.

Damit befand sich G im Annahmeverzug. N kann von ihm Zahlung des Lohns aus § 615 I BGB verlangen, ohne zur Nachleistung verpflichtet zu sein.

III. Schuldrecht BT – vertragliche Schuldverhältnisse

Im Rahmen der **Privatautonomie** sind die Parteien in der Lage, **jede Form von rechtsgeschäftlichem Schuldverhältnis** zu begründen, soweit dies nicht gegen Verbotsgesetze oder die guten Sitten verstößt.

---

[148] St. Rspr., vgl. BAG DB 1999, S. 1864 m.w.N.

Einige besonders **wichtige Vertragstypen** hat der Gesetzgeber normiert, wie etwa Kauf-, Werk-, Miet- oder Dienstleistungsvertrag. Insbesondere sind in diesem Zusammenhang von Bedeutung die Fragen von **Leistungsverhältnis**, **Gewährleistung** und etwaigem **Schadensersatz**. Hier schwebten dem Gesetzgeber einige typische Regelungen vor, die jedoch regelmäßig **disponibel** sind, von denen die Parteien also abweichende Bestimmungen vereinbaren können.

Daneben existieren **Vertragsarten**, die sich nicht aus dem Gesetz ergeben, sondern durch **üblich** gewordene **Vereinbarung** entstanden sind. Das **Leasing** oder das **Factoring**[148] sind hierfür ein Beispiel.

Das **Gewährleistungsrecht** ist im Zuge der **Schuldrechtsreform** deutlich umgestaltet worden. So werden Schadensersatzansprüchen meist den bereits behandelten § 280 BGB zur Grundlage haben.[149]

§ 12 Kaufvertrag

Die **Gewährleistung** im Rahmen eines Kaufvertrages ist im Zuge der Schuldrechtsreform gänzlich umgestaltet worden. So gehörte bis 2002 die **Mangelfreiheit** des Kaufgegenstandes nicht zu den Pflichten des Verkäufers. Allein auf sie konnte ein Schadensersatzanspruch also auch nicht gestützt werden. Hinzukommen mussten weitere Umstände wie z.B. das arglistige Verschweigen des Mangels (vgl. § 463 BGB a.F.). Auch war ein **Nachbesserungs-** oder **Nacherfüllungsanspruch** nur beim Verkauf einer Gattungssache vorgesehen (vgl. § 480 BGB a.F.). Die sehr kurze **Verjährung** von Gewährleistungsrechten innerhalb eines halben Jahres (vgl. § 477 BGB a.F.) passte nicht mehr in den europäischen Rahmen. In diesem Zusammenhang musste auch der **Verbraucherschutz** speziell geregelt werden.

Wegen mangelhafter Lieferung einer Sache hat der Käufer heute nach § 437 BGB folgende **Gewährleistungsrechte:**

- **Nacherfüllung** (Neulieferung oder Nachbesserung), § 439 BGB,
- **Rücktritt** vom Vertrag (§§ 440, 323, 326 V BGB),
- **Minderung** (§ 441 BGB),
- **Schadensersatz** (§§ 440, 280, 281, 283, 311a BGB) oder
- Ersatz **vergeblicher Aufwendungen** (§ 284 BGB).

Vorrangig ist der **Nacherfüllungsanspruch**. Alle weiteren Möglichkeiten hängen grundsätzlich davon ab, dass dem Verkäufer eine Frist hierzu gesetzt wurde.

---

149 Zum Factoring vgl. unten den Fall 3 in § 23.

150 Ausnahme bildet etwa das Mietrecht, bei dem die ursprünglichen Regelungen inhaltlich erhalten blieben.

Anders verhält es sich bei sog. **Mangelfolgeschäden** und der Verletzung von **Rücksichtnahmepflichten** nach § 241 II BGB. Da hier nicht Schadensersatz **statt**, sondern **neben** der Leistung verlangt wird, greifen § 280 III i.V.m. § 281 I BGB nicht ein.

Die **Verjährungsfrist** der Mängelansprüche wurde auf grundsätzlich zwei Jahre ausgedehnt (§ 438 I Nr. 3 BGB).

Sonderregeln gelten i.Ü. teilweise für Kaufverträge mit Verbraucherbeteiligung (§§ 474 ff. BGB, sog. **Verbrauchsgüterkauf**).

Sachmangel, § 434 BGB		
Fehlen der **vereinbarten** oder **üblichen Beschaffenheit** (inkl. **öffentl. Werbeäußerungen!**), § 434 I BGB	Fehlerhafte **Montageanleitung,** § 434 II BGB	**Falschlieferung (aliud)** oder **zu geringe Menge (Manko),** § 434 III BGB
Außerdem: Selbständige und unselbständige Garantie		

Abbildung 14: Sachmangel

Fall 1: Gewährleistungsrechte des Käufers

Vincenz VanKoch (V) verkaufte privat seinen vor fünf Jahren zugelassenen PKW im November für einen Kaufpreis von 3.900,– € an Kurt Schluss (K). Unter Ziffer 8 der Vertragsurkunde hieß es: „Der Verkauf erfolgt gebraucht, unter Ausschluss jeder Gewährleistung. Unter Ziffer 9 – „besondere Vereinbarungen" – hieß es: „Gewährübernahme für typengerechten Austauschmotor (eingebaut am 10.9 ...)". Bei einer Inspektion Ende Juni des Folgejahres stellte sich heraus, dass der Austauschmotor nicht typengerecht war. Daher wurde der PKW von der zuständigen Behörde stillgelegt. K verlangt von V Umrüstung des Fahrzeugs auf einen typengerechten Motor, ansonsten Rückzahlung des Kaufpreises oder Schadensersatz. V wendet ein, nichts gewusst zu haben, verweist i.Ü. auf den Gewährleistungsausschluss und weigert sich kategorisch, den Wagen umrüsten zu lassen.

Wie ist die Rechtslage?

Abwandlung: Minderung des Kaufpreises

Wie verhält es sich, wenn der PKW nur eine kleinere Beule aufweist und V sich weigert, diese beseitigen zu lassen?

Lösung:

A. Anspruch K gegen V auf Nacherfüllung, § 437 Nr. 1 i.V.m. § 439 I BGB

K könnte von V die Umrüstung verlangen, da dies inhaltlich als **Nacherfüllung** (Neulieferung oder Nachbesserung) nach § 437 Nr. 1 i.V.m. § 439 I BGB anzusehen ist. Dieser Anspruch ist als Erfüllungsanspruch ausgestaltet und damit vorrangig. Die weiteren Gewährleistungsrechte hingegen hängen grundsätzlich von einer ergebnislosen Fristsetzung bezüglich der Nacherfüllung ab.

I. Ein wirksamer **Kaufvertrag** zwischen K und V liegt vor.

II. Es kommt ein **Sachmangel** nach §434 I BGB in Betracht.

1. Die **Abweichung** von der vereinbarten bzw. üblichen **Beschaffenheit** ist in der nicht typengerechten Motorausstattung zu sehen.
2. Dieser Mangel lag bei Übergabe, also bei **Gefahrübergang** nach §446 BGB vor.

III. Des Weiteren kann V eine **Garantie** abgegeben haben, für die er als Verkäufer verantwortlich ist, wie auch aus §276 I 1 BGB folgt. §443 BGB enthält insoweit eine Regelung zur sog. **unselbständigen Garantie**, bei der im Gegensatz zur **selbständigen Garantie** kein neben die Mangelfreiheit der Sache tretender Erfolg versprochen wird[151], sondern nur die Käuferrechte in Bezug auf die Sachmängelgewährleistung verstärkt werden sollen. Durch die „besondere Vereinbarung" wird auch vorliegend von einer **unselbständigen Garantie** auszugehen sein.

IV. Die Gewähr ist zwar nach Ziff. 8 des Vertrages **ausgeschlossen**. Gemäß §444 BGB ist der Ausschluss bei **arglistigem Verschweigen** eines Mangels oder **Garantie** jedoch nicht möglich. Hier ist letzteres der Fall. Damit ist V zur Nacherfüllung verpflichtet.

B. Recht zum Rücktritt gemäß §§437 Nr. 2, 1. Alt., 323 BGB

K könnte ein Rücktrittsrecht vom Vertrag zustehen[152].

I. Ein wirksamer **Kaufvertrag** liegt vor.

II. Es müsste ein zum Rücktritt berechtigender **Mangel** bestehen.

1. Nach §434 I BGB i.V.m. §323 V 2 BGB muss es sich um einen **erheblichen Mangel**[153] handeln. Der nicht typengerechte Motor führt zur kompletten Stilllegung des Fahrzeugs, so dass von Erheblichkeit ohne weiteres auszugehen ist. Dieser Mangel lag bei Übergabe, also bei **Gefahrübergang** nach §446 BGB vor.
2. Ziff. 8 des Vertrages stellt im Übrigen eine Garantie dar (s.o.).

III. Eine **Fristsetzung** zur Nacherfüllung ist grundsätzlich nach §323 I BGB erforderlich. **Ausnahmen** bestehen nach §323 II BGB oder §440 BGB bzw. im Fall einer unmöglicher Nacherfüllung, bei der §323 BGB über §326 V BGB ohne Fristerfordernis gilt. Auch bei **Arglist** des Verkäufers soll nach dem BGH eine Fristsetzung entbehrlich sein[154]. Hier ist eine Fristsetzung jedenfalls nach §323 II Nr. 1 BGB entbehrlich, da V die Nacherfüllung

---

[151] Beispiel für eine selbständige Garantie: Künftige Mietennahmen aus dem verkauften Bürogebäude werden dem Käufer vom Verkäufer garantiert.

[152] Dieses einseitige **Gestaltungsrecht** hat den bis zum 1.1.2002 geltenden **Anspruch** auf Wandelung ersetzt.

[153] Das wäre für eine Minderung hingegen egal, vgl. §441 I 2 BGB. Vgl. dazu die Abwandlung.

[154] BGH NJW 2008, S. 1371 ff.

unberechtigterweise ernsthaft und endgültig **verweigert.** § 440 BGB betrifft demgegenüber den Fall einer berechtigten Weigerung des Verkäufers[155].

IV. Ein **Ausschluss** des Rücktrittsrechts nach § 323 VI BGB wegen Verantwortlichkeit des Käufers für den an sich zum Rücktritt berechtigenden Umstand liegt nicht vor.

V. Eine **Rücktrittserklärung** müsste seitens des K nach § 349 BGB erfolgen.

VI. Der Rücktritt ist auch nicht nach § 218 I BGB infolge der Verjährung des Anspruchs auf Nacherfüllung **unwirksam**[156]. Der Nacherfüllungsanspruch verjährt gemäß § 438 I Nr. 3 BGB erst nach zwei Jahren.

Die Voraussetzungen für ein Rücktrittsrecht liegen also vor. Nach erklärtem Rücktritt treten die **Rechtsfolgen** nach §§ 346 ff. BGB ein. Insbesondere sind die empfangenen Leistungen **zurückzugewähren.**

C. Anspruch auf Schadensersatz statt der Leistung aus § 437 Nr. 3 BGB i.V.m. §§ 280 I, III, 281 BGB

K könnte gegen V einen Anspruch auf **Schadensersatz statt der Leistung** aus § 437 Nr. 3 BGB i.V.m. §§ 280 I, III, 281 BGB haben.

I. Ein wirksamer **Kaufvertrag** liegt vor.

II. Eine **mangelhafte Leistung** als **Pflichtverletzung** nach § 433 I 2 BGB ist ebenso wie eine **Garantieerklärung** bereits bejaht worden (s.o.).

III. Die Pflichtverletzung ist i.S.v. § 281 I 3 BGB auch **erheblich.**

IV. Ein **Verschulden** des V wird vermutet, eine **Exkulpation** nach § 280 I 2 BGB durch den Hinweis auf seine Unkenntnis scheitert jedenfalls daran, dass gemäß § 276 I BGB V im Rahmen seiner **Garantieerklärung** verantwortlich ist.

V. Die nach § 281 I 1 BGB an sich erforderliche **Frist zur Nacherfüllung** ist vorliegend wegen der ernsthaften und endgültigen Leistungsverweigerung durch V gemäß § 281 II BGB **entbehrlich**[157].

VI. Der Anspruch ist auch **nicht** nach §§ 214 I, 438 I Nr. 3 BGB **verjährt** und somit durchsetzbar. Die Voraussetzungen für einen Schadensersatz Anspruch statt Leistung liegen somit vor.

Als **Rechtsfolge** ist V zu Schadensersatz verpflichtet.

- Es kann hierbei ein **kleiner** und **großer Schadensersatz** unterschieden werden. Der kleine Schadensersatz entspricht dem Minderwert der Leistung und kann durch weitere Schadensposten wie etwa den entgangenen

---

155 Weiterer Fall nach § 440 BGB: fehlgeschlagene oder dem Käufer unzumutbare Nacherfüllung. Ein Fehlschlag wird nach dem **zweiten erfolglosen Versuch** angenommen, § 440 S. 2 BGB.

156 Diese merkwürdige Konstruktion – Unwirksamkeit des Rücktritts, weil der Leistungs- oder Nacherfüllungsanspruch verjährt ist – erklärt sich dadurch, dass der Rücktritt keinen Anspruch darstellt, sondern ein **Gestaltungsrecht.** Nach § 194 I BGB unterliegen aber nur **Ansprüche** der Verjährung. § 218 BGB stellt also einen gesetzgeberischen „Trick" dar, um nach Verjährung der Ansprüche auch die Ausübung der Gestaltungsrechte Rücktritt und Minderung zu verhindern.

157 Andere Fälle der Entbehrlichkeit: § 440 BGB bei berechtigter Leistungsverweigerung bzw. fehlgeschlagener Nacherfüllung oder Unmöglichkeit der Nacherfüllung, § 326 V BGB.

Gewinn oder die Kosten einer Mangelbeseitigung ergänzt werden. Die Leistung selbst wird jedoch erbracht bzw. verbleibt dem Käufer.

- Der **große Schadensersatz** ist demgegenüber durch die komplette Rückabwicklung des Vertrages gekennzeichnet sowie die genannten weiteren Schadenspositionen. Er ersetzt die Leistung vollständig. Dies ist bei einer Teilleistung nach § 281 I 2 BGB nur möglich, wenn der Käufer kein Interesse mehr an der Vertragsausführung besitzt.
- Aus dem Wortlaut von § 437 I Nr. 2 a.E. BGB („**und**") wird geschlossen, dass Schadensersatz und Rücktritt bzw. Minderung **nebeneinander** geltend gemacht werden können. Dies entspricht auch der Rechtslage nach § 325 BGB.

Lösung der Abwandlung:

K könnte wegen des **Sachmangels** gemäß §§ 437 Nr. 2, 2. Alt, § 441 BGB ein Recht auf **Minderung**[158] des Kaufpreises haben.

I. Ein wirksamer **Kaufvertrag** liegt vor.

II. Die Beule stellt einen **Mangel** i.S.v. § 434 I BGB bei Gefahrübergang dar.

III. Eine **Fristsetzung** zur Nacherfüllung ist hier aus den Gründen wie im Ausgangsfall beim Rücktritt entbehrlich.

IV. Auch die Minderung ist bei **Verantwortlichkeit** des Käufers nach § 323 VI BGB ausgeschlossen. Dies folgt daraus, dass die Minderung auch an Stelle, also unter den Voraussetzungen des Rücktritts möglich ist (vgl. § 441 I 1 BGB)[159]. Eine solche Verantwortlichkeit des K liegt indes nicht vor.

V. § 323 V 2 BGB gilt im Gegensatz zum Rücktritt gemäß § 441 I 2 BGB nicht. Dies bedeutet, dass eine Minderung **auch** bei **unerheblichem Mangel** möglich ist. Insofern ist auch im Hinblick auf die Beule eine Minderung möglich.

VI. Die Minderung muss gegenüber dem Verkäufer **erklärt** werden, § 441 I 1 BGB.

VII. Die Minderung ist – wie im Ausgangsfall der Rücktritt – nicht nach §§ 438 V, 218 BGB unwirksam. Somit liegen alle Voraussetzungen für eine Minderung des Kaufpreises vor. Als **Rechtsfolge** ist nach § 441 III BGB der Kaufpreis verhältnismäßig herabzusetzen. Gemäß § 441 IV BGB ist ein zu viel **gezahlter Mehrbetrag** von Verkäufer zu erstatten.

Beispiel für Minderung nach § 441 III BGB:

Wert des mangelfreien PKW: 25.000,–

Preis des mangelfreien Wagens: 30.000,–

Wert des mangelhaften PKW: 20.000,–

Preis des mangelhaften PKW: x

$$\frac{30.000}{25.000} = \frac{x}{20.000}, \text{ also } \frac{6}{5} = \frac{24.000}{20.000}$$

[158] Wie der Rücktritt als Gestaltungsrecht und nicht als Anspruch geregelt!

[159] Palandt/Putzo, § 441 Rn. 7.

Fall 2: Sachmangel und Mangelfolgeschaden; Haftung für Gehilfen

Rechtsanwalt Manuel E. Niete (M) sieht beim Möbelhaus IKEBANA (I) einen Rollschrank KRÄMPØL zum Selbstaufbau, den er für sein Büro erwirbt. Nachdem seine Angestellten Freitagnachmittag das Büro verlassen haben, baut M den Schrank exakt nach der beigefügten Montageanleitung auf. Nach Abschluss der Arbeit muss M feststellen, dass er sich selbst in den Rollschank eingeschlossen hat. Nachdem er zwei Tage erfolglos um Hilfe gebrüllt hat, wird er Montagmorgen entkräftet und mit gezerrten Stimmbändern befreit und ins Krankenhaus geschafft. Als M wieder sprechen kann, verlangt er von I Schadensersatz und Schmerzensgeld. Es stellt sich heraus, dass die Montageanleitung fälschlicherweise eine Montage vom Inneren des Schrankes vorschrieb. Die Anleitung hat der ansonsten zuverlässige und bewährte Angestellte X verfasst, worauf I hinweist.

Lösung:

A. Anspruch M/I aus § 437 Nr. 3 i.V.m. § 280 I BGB

M könnte gegen I einen Anspruch auf Schadensersatz und Schmerzensgeld aus § 437 Nr. 3 i.V.m. § 280 I BGB haben.

I. Ein wirksamer **Kaufvertrag** ist abgeschlossen worden.

II. Als **Pflichtverletzung** kommt eine **mangelhafte Lieferung** in Betracht. Die unrichtige Montageanleitung begründet gemäß § 434 II 2 BGB einen **Sachmangel** (sog. IKEA-Klausel).

III. Ein **Verschulden** wird nach § 280 I 2 BGB grundsätzlich vermutet. Möglicherweise kann sich I hier aber exkulpieren.

1. Ein **eigenes Verschulden** von I nach § 276 BGB liegt nicht vor.
2. Jedoch könnte eine **Zurechnung** von Verschulden des X über § 278 BGB möglich sein.
   a) X hat gem. § 276 BGB die im Verkehr erforderliche Sorgfalt nicht beachtet, als er bei Abfassung der Montageanleitung falsche Instruktionen aufnahm.
   b) X müsste **Erfüllungsgehilfe** sein. Dies ist derjenige, der im Pflichtenkreis eines anderen mit dessen Wissen und Wollen tätig wird. Die genaue Formulierung der Montageanleitung gehörte zu den Pflichten des Verkäufers, da ansonsten ein Verstoß gegen die Pflicht zur mangelfreien Leistung aus § 433 I 2 BGB vorlag. Hierfür hatte I den X eingeschaltet, so dass § 278 BGB erfüllt ist.

IV. Eine **Fristsetzung** ist **nicht notwendig**, denn es geht **nicht** i.S.v. § 280 III i.V.m. § 281 BGB um Schadensersatz **statt** der Leistung, sondern um einen **Mangelfolgeschaden**, welcher bereits eingetreten ist.

Der Anspruch aus § 437 Nr. 3 i.V.m. § 280 I BGB ist also gegeben. Als **Rechtsfolge** erhält M **Schadensersatz**, etwa in Höhe der Heilungskosten (§ 249 II BGB), eine Erstattung entgangenen Gewinns (§ 252 BGB), aber auch ein Schmerzensgeld als **immateriellen Schaden** nach § 253 II BGB.

B. Anspruch M/I aus § 823 I BGB

M könnte gegen I einen Anspruch auf Schadensersatz und Schmerzensgeld aus § 823 I BGB haben.

I. Als **Rechtsgüter** des M, die hier verletzt wurden, kommen Gesundheit, Körper und Freiheit in Betracht. Eine ärztliche Heilbehandlung war offenbar erforderlich, so dass eine **Gesundheitsverletzung** vorliegt. Auch ist die körperliche Integrität des M beeinträchtig worden, es liegt somit eine **Körperverletzung** vor. Schließlich war M zwei Tage lang seiner **Freiheit** beraubt.

II. Dies müsste I **verursacht** haben. Indes hat I selbst die fehlerhafte Montageanleitung nicht verfasst, so dass § 823 I BGB ausscheidet

C. Anspruch M/I aus § 831 I 1 BGB

In Betracht kommt ein Anspruch des M gegen I aus § 831 I 1 BGB.

I. Eine widerrechtliche Schadenszufügung liegt vor (s.o.).

II. X müsste sie als **Verrichtungsgehilfe** von I bei Ausführung einer Verrichtung verursacht haben. Der Verrichtungsgehilfe ist durch seine soziale Abhängigkeit und Weisungsgebundenheit gekennzeichnet. Als Arbeitnehmer erfüllt X im Verhältnis zu I diese Eigenschaften. X handelte auch in Ausführung der Verrichtung, nicht bloß bei ihrer Gelegenheit.

III. Allerdings kann sich I hier offenbar nach § 831 I 2 BGB **exkulpieren,** da es sich bei X um einen bewährter Mitarbeiter handelt. Ein Anspruch aus § 831 I BGB besteht also nicht.

Fall 3: Rücktritt, Verbrauchsgüterkauf und Gewährleistungsausschluss

Arzt Dr. Placebo (P) ist Eigentümer eines BMW Cabrio. Aus steuerlichen Gründen läuft das Fahrzeug über seine Praxis, wird aber privat genutzt. Er verkauft das Auto zum Preis von 10.000,– € an den Privatmann Ricardo Kwasniewski (K). In der Vertragsurkunde werden Gewährleistungsrechte ausgeschlossen. Bereits auf dem Nachhauseweg leckt eine Zylinderkopfdichtung, so dass K alle paar Meter Kühlwasser nachfüllen muss. K verlangt von P zunächst die Behebung des Defektes. Als dieser sich weigert, tritt K vom Vertrag zurück und verlangt Rückzahlung des Kaufpreises. Es steht nicht fest, dass P Kenntnis von dem Defekt besaß.

Lösung:

K könnte gegen P einen Anspruch auf Rückzahlung aus § 346 I BGB i.V.m. §§ 437 Nr. 2, 323 II Nr. 1 BGB nach erfolgtem Rücktritt haben.

I. P und K haben einen **Kaufvertrag** abgeschlossen.

II. Der PKW wies einen **Sachmangel** gemäß § 434 I BGB auf. Dieser ist auch i.S.v. § 323 V 2 BGB **erheblich,** da die Funktionstauglichkeit des PKW eingeschränkt ist.

III. Nach § 323 II Nr. 1 BGB ist eine **Fristsetzung** angesichts der ernsthaften und endgültigen Weigerung des P nicht erforderlich[160].

IV. Fraglich ist aber, ob der **Gewährleistungsausschluss** einem Rücktritt entgegensteht.

1. Ein Haftungsausschluss ist grundsätzlich nach § 444 BGB **wirksam,** sofern der Verkäufer den Mangel weder arglistig verschwiegen noch eine Beschaf-

[160] Weitere Fälle: § 440 und § 326 V BGB (s.o.).

fenheitsgarantie abgegeben hat. Mangels beweisbarer Kenntnis des Verkäufers von dem Defekt wäre der Gewährleistungsausschluss wirksam.

2. Anders verhält es sich jedoch, wenn der Vertrag einen **Verbrauchsgüterkauf** gemäß § 474 BGB darstellte. Nach § 475 I 1, III BGB wäre der Haftungsausschluss **unwirksam**, soweit er sich nicht nur auf etwaige Schadensersatzansprüche bezieht[161]. Dass K unter den **Verbraucherbegriff** nach § 13 BGB fällt, ist offensichtlich. Problematisch ist die **Unternehmereigenschaft** des P gemäß § 14 I BGB.
   a) An sich erfüllen **Freiberufler** ebenfalls den Unternehmerbegriff. Hinzu kommt, dass der Wagen steuerrechtlich über die Praxis lief. Auch enthält § 474 I BGB keine Beschränkung auf einen Kausalzusammenhang zwischen dem Unternehmensgegenstand und dem abgeschlossenen Kaufvertrag, so dass jeder Verkauf unternehmerisch genutzter Gegenstände unter den Verbrauchsgüterkaufbegriff fallen würde.
   b) Gegen die Anwendung der §§ 474 ff. BGB in Fallgestaltungen wie der vorliegenden spricht, dass § 14 I BGB auch Personen, die einer selbstständigen Tätigkeit nachgehen, eine **private Sphäre** zugesteht, in welcher sie nicht in Ausübung ihrer gewerblichen oder selbstständigen beruflichen Tätigkeit handeln. Insoweit ist die tatsächliche Nutzung des Fahrzeugs privat. Die – i.Ü. unzutreffende – steuerrechtlicher Zuordnung kann nicht entscheidend sein[162]. Sie begründet möglicherweise Eingriffsbefugnisse der Steuerbehörden, ist aber für die zivilrechtliche Beurteilung nicht ausschlaggebend.

Der **Gewährleistungsausschluss** scheitert somit nicht an § 475 I 1, III BGB. Also ist ein **Rücktritt ausgeschlossen**. K kann von P nicht Rückzahlung des Kaufpreises verlangen.

Verbrauchsgüterkauf, §§ 474–479 BGB:
Kaufvertrag zwischen **Verbraucher** (§ 13 BGB) und **Unternehmer**(§ 14 BGB) über **bewegliche Sachen**, § 474 I BGB. **Sonderregelungen** z.B.:

Kein Gefahrübergang nach § 447 BGB (§ 474 II BGB)	Haftungsbeschränkung nur für Schadensersatz (§ 475 I, III BGB)	Beschränkung für Verjährungsvereinbarungen (§ 475 II BGB)	Gesetzliche Vermutung bzgl. § 446 BGB (§ 476 BGB[163])	Inhaltliche Anforderungen an Garantie (§ 477 BGB)	Regress des Letztverkäufers gegen Lieferanten (§ 478 BGB): • Schadensersatz • Aufwendungsersatz

Abbildung 15: Besonderheiten des Verbrauchsgüterkaufs

[161] Ein Haftungsausschluss für Schadensersatz soll nach § 475 III BGB auch gegenüber Verbrauchern prinzipiell in den Grenzen des § 444 BGB möglich sein.
[162] LG Frankfurt a.M. NJW-RR 2004, S. 1208.
[163] Dazu, dass die Vermutungswirkung auch für das Bestehen eines Mangels als Vorfrage für andere Ansprüche gilt, vgl. BGH NJW 2009, 580 ff.

Fall 4: Versendungskauf, Gefahrtragung, Drittschadensliquidation

Weingroßhändler Ambrosius Abgang (A) hat bei der Winzergenossenschaft Glüh & Kohl e.G. (G) 100 Flaschen „Sindelfinger Krötenpfuhl" á 3,– € bestellt. Auf seine Bitte hin sollten die Flaschen auf dem Postweg nach München zu einem Händler versandt werden, an den A den Wein zu 4,– € pro Flasche verkauft hatte. Das Transportfahrzeug wurde auf der Fahrt in einen vom Dritten Z verschuldeten Unfall verwickelt, wobei die Flaschen zerbrachen. Wer hat gegen wen Ansprüche nach BGB?

Abwandlung: Verbrauchsgüterkauf und Drittschadensliquidation

Was ändert sich im Ausgangsfall, wenn A privat die Ware bestellt hat und an seinen Freund F in München schicken lassen wollte?

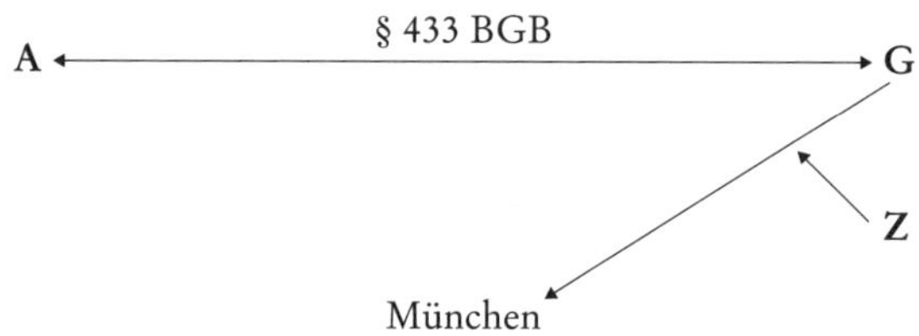

Lösung:

1. Teil: Ansprüche aus dem Kaufvertrag zwischen G und A

A. Anspruch A gegen G auf erneute Lieferung aus § 433 I BGB

A könnte einen Anspruch auf eine weitere Lieferung aus § 433 I BGB gegen G haben. Dieser war ursprünglich mit Abschluss des Kaufvertrages entstanden. Er könnte jedoch nach § 275 I BGB untergegangen sein. Dies setzt voraus, dass eine Stückschuld vorliegt.

I. Zunächst lag eine **Gattungsschuld** i.S.v. § 243 I BGB vor, für die nicht § 275 BGB gilt und vielmehr den Schuldner eine Beschaffungspflicht i.S.v. § 276 I BGB trifft. Der Gattungsschuldner wird also nicht von der Leistungspflicht frei, solange die Gattung noch existiert.

II. Wenn **Konkretisierung** nach § 243 II BGB eingetreten wäre, könnte jedoch § 275 BGB angewendet werden. Dann müsste G das ihrerseits zur Leistung **Erforderliche** getan haben. Was dies beinhaltet, hängt von der Art der vereinbarten Schuld ab. In jedem Fall muss der Schuldner **in rechter Weise**, zur **rechten Zeit** und **am rechten Ort** leisten. Fraglich ist vorliegend der **Leistungsort.**

1. Eine **Holschuld** scheidet aus.

2. Möglicherweise ist ein **Versandhandel** schon begrifflich immer mit einer **Bringschuld** verbunden. Nach HM bleibt es jedoch bei der Grundregel des § 269 III BGB[164], wonach eine Bringschuld die Ausnahme darstellt, so dass eine **Schickschuld** vorliegt. Mit Aussonderung der Ware und Übergabe an den Versand hat G das ihrerseits zur Leistung Erforderliche getan.

---

[164] BGH NJW 2003, 3341 m.w.N.; a.A. Palandt/Heinrichs, § 269 Rn. 12 m.w.N.

Konkretisierung ist damit eingetreten, die Leistung ist also unmöglich geworden, § 275 I BGB. Der Lieferanspruch ist somit untergegangen.

G könnte ihrerseits einen Anspruch auf Zahlung gegen A aus § 433 II BGB haben.

B. Anspruch G gegen A auf Zahlung aus § 433 II BGB

I. Dieser ist mit Abschluss des Kaufvertrages **entstanden**, jedoch nach der Grundregel des § 326 I 1 BGB infolge der Unmöglichkeit der Leistung **untergegangen.**

II. Möglicherweise ist im Zeitpunkt des Eintritts der Unmöglichkeit die **Preisgefahr** bereits auf A **übergegangen**, § 447 I BGB.

1. Ein **Versendungskauf** auf **Verlangen** des A liegt vor. **Anderer Ort** i.S.d. § 447 I BGB meint, dass – wie hier – Ort der letzten Leistungshandlung des Verkäufers und der Bestimmungsort der Ware auseinander fallen.
2. Mit Übergabe an die Transportperson geht die Preisgefahr über, wenn sich ein **typisches Transportrisiko** verwirklicht. Ein Verkehrsunfall gehört zu diesen Risiken, welche mit dem Versenden von Waren üblicherweise einhergehen.
3. Wird der Transport durch **eigene Leute des Lieferanten** durchgeführt, die den Verlust verschulden, kann § 447 I BGB u.U. nicht erfüllt sein, weil die Vorschrift lediglich den für Schuldner und Gläubiger **zufälligen Untergang** der verkauften Sache erfasst[165]. Ein solcher Zufall scheidet aber aus, wenn eigenes Personal des Schuldners den Untergang verschuldet hat. Allerdings erfolgte hier der Versand per Post, so dass es bei der Regelung des § 447 I BGB bleibt. Damit ist der Anspruch der G auf Kaufpreiszahlung bestehen geblieben.

2. Teil: Ansprüche gegen den Schädiger Z

A. Anspruch A gegen B auf Schadensersatz aus § 823 I BGB

Ein Anspruch aus § 823 I BGB zu Gunsten des A setzt voraus, dass eines der in der Vorschrift genannten Rechtsgüter bei A verletzt worden ist. Allerdings ist der Wein nie Eigentum des A geworden. Das Vermögen als solches wird von § 823 I BGB nicht geschützt. Also kann A von Z keinen Schadensersatz verlangen, obwohl er einen Schaden erlitten hat.

B. Anspruch G gegen Z auf Schadensersatz auf § 823 I BGB

I. Der Wein stand noch im Eigentum der Winzergenossenschaft, als er infolge des von Z verursachten Unfalls zerstört wurde. Dies geschah auch widerrechtlich und fahrlässig.

II. Indes fehlt es an einem Schaden, weil G in jedem Fall den Kaufpreis erhalten hat: die sog. **Differenzhypothese** bei der Schadensermittlung nach §§ 249 ff. BGB[166] ergibt keinerlei Schaden der G.

---

[165] So Medicus, Bürgerliches Recht, Rn. 275. A.A. etwa Hk-BGB/Saenger, § 447 Rn. 4; zweifelnd Palandt/Putzo, § 447 Rn. 4.

[166] Danach wird gefragt, wie der Gläubiger ohne das schädigende Ereignis hypothetisch stünde und dies mit seiner Vermögenslage nach dem schädigenden Ereignis verglichen. Ergibt sich eine Differenz zu seinen Lasten, liegt ein Schaden vor.

3. Teil: Ansprüche A gegen G auf Abtretung ihrer Ansprüche gegen Z

Möglicherweise kann A von G die Abtretung von Ansprüchen gegen Z verlangen.

A. Der Anspruch könnte sich direkt aus § 285 I BGB ergeben.

I. Der Schuldnerin G ist die Leistung **unmöglich**.

II. An Stelle der Leistung müsste ein **Ersatzanspruch** der G gegen Z getreten sein. Dem **Grunde** nach ist dies – wie gesehen – aus § 823 I BGB der Fall, da im Zeitpunkt der Beschädigung G noch Eigentümerin der Ware war. Allerdings ist ihr kein Schaden entstanden (s.o.).

B. Aus § 285 I BGB analog folgt jedoch ein Anspruch A/G auf Abtretung, wenn ein Fall der **Drittschadensliquidation (DSL)** vorliegt. Die Voraussetzungen sind im Fall:

I. G hat einen **Anspruch** gegen Z, aber **keinen Schaden** (s.o.).

II. A hat einen **Schaden**, aber **keinen Anspruch** gegen den Schädiger (s.o.).

III. Es muss sich um eine **zufällige Schadensverlagerung** handeln. Diese ist im Fall des § 447 I BGB anerkannt, sofern weder Käufer noch Verkäufer den Schadenseintritt verursacht haben[167]. Dies ist hier der Fall.

Die Voraussetzungen der DSL liegen also vor.

Als **Rechtsfolge** kann die eigentliche Inhaberin des Anspruchs G ausnahmsweise den Schaden des A gegen Z geltend machen, also den **Drittschaden liquidieren.** A hat aber darüber hinaus einen Anspruch analog § 285 I BGB auf **Abtretung** des unvollkommenen Anspruchs G/Z aus § 823 I BGB an sich. In diesem Fall kann nach der Abtretung A selbst von Z Ersatz seines Schadens verlangen und diesen ggf. einklagen.

Lösung der Abwandlung:

Hier ist zu beachten, dass es sich gemäß § 474 I BGB um einen **Verbrauchsgüterkauf** handeln kann.

I. A als natürliche Person handelte nicht zu einem gewerblichen oder sonst wie beruflich selbstständigen Zweck und ist somit als **Verbraucher** i.S.v. § 13 BGB anzusehen. Die Genossenschaft ist **Unternehmer** nach § 14 BGB.

II. Gemäß § 474 II BGB findet § 447 BGB im Falle eines **Verbrauchsgüterkaufs** keine Anwendung. Dies bedeutet, dass A nicht den Kaufpreis an G zahlen muss. Damit ist der Verkäuferin ein Schaden entstanden, den der Verursacher Z ihr gemäß § 823 I BGB erstatten muss.

Fall 5: Mangelfolgeschaden und Verletzung von Rücksichtnahmepflichten

Heide Witzka (H) kauft bei Zoohändler Vincent Wisent (V) ein Aquarium, welches V in die Wohnung der H liefern soll. Bei der Anlieferung wirft V im Wohnzimmer der H eine teure Vase um. Wie sich schnell herausstellt, ist das Aquarium nicht dicht. Als Folge ist ein Teppich der H beschädigt, die Fische sind verendet. H besteht auf Lieferung eines mangelfreien Aquariums, daneben aber auch auf Ersatz der Schäden.

---

[167] Andere Fälle: Treuhandverhältnisse wie die Kommission oder § 644 BGB.

Lösung:

A. Anspruch H gegen V auf Lieferung eines mangelfreien Aquariums aus § 437 Nr. 1 i.V.m. § 439 I BGB

H könnte gegen V einen Anspruch auf erneute Lieferung aus § 437 Nr. 1 i.V.m. § 439 I BGB haben.

I. Ein wirksamer **Kaufvertrag** zwischen H und V liegt vor.

II. Das Aquarium ist gemäß § 434 I BGB mit einem **Sachmangel** behaftet, da es nicht die übliche Beschaffenheit aufweist.

III. Insoweit macht H einen **Nacherfüllungsanspruch** geltend, bei dem sie nach § 439 I BGB die **Wahl** zwischen Mangelbeseitigung und Neulieferung einer mangelfreien Sache hat. Hier ist letzteres von H gewählt worden. Der Neulieferungsanspruch besteht also.

B. Anspruch H gegen V auf Ersatz der Mangelfolgeschäden bzgl. der Fische und des Teppichs aus § 437 Nr. 3 i.V.m. § 280 I BGB

Da H keinen Schadensersatz statt der Leistung verlangt, sondern Ersatz bereits eingetretener **Mangelfolgeschäden**, sind neben § 280 I BGB keine weiteren Voraussetzungen nach § 280 III BGB wie etwa Fristsetzung etc. erforderlich.

I. Ein wirksamer **Kaufvertrag** liegt vor.

II. Die **Pflichtverletzung** besteht in der Mangelhaftigkeit der gelieferten Sache nach §§ 433 I 2, 434 I BGB.

III. Ein **Verschulden** des V wird nach § 280 I 2 BGB vermutet.

Als Rechtsfolge ist der durch die mangelhafte Sache verursachte Folgeschaden (**Mangelfolgeschaden**) an den weiteren Rechtsgütern der H – Fische und Teppich – zu ersetzen.

C. Anspruch H gegen V auf Ersatz des Schadens bzgl. der Vase aus § 280 I BGB

Mit diesem Anspruch macht H keine kaufrechtlichen Gewährleistungen wegen Mängeln gegen V geltend. Anspruchsgrundlage ist daher nur § 280 I BGB[168].

I. Ein **Schuldverhältnis**, der Kaufvertrag, liegt zwischen H und V vor.

II. Die **Pflichtverletzung** besteht im Verstoß gegen **Rücksichtnahmepflichten** aus § 241 II BGB. Bei der Vertragsausführung hat V das Eigentum der H an der Vase verletzt.

III. Ein **Verschulden** des V wird nach § 280 I 2 BGB vermutet. Somit muss V der H Schadensersatz im Hinblick auf die Vase leisten.

Anmerkung:
Sollte der Verstoß gegen § 241 II BGB so gravierend sein, dass dem Gläubiger ein Festhalten am Vertrag **nicht zumutbar** ist, kann er ausnahmsweise **Schadensersatz statt der Leistung** nach § 280 I, III i.V.m. § 282 BGB verlangen.

---

[168] Es ist hier gleichgültig, ob das Aquarium mangelfrei oder mangelhaft ist: Anknüpfungspunkt für den Schadensersatz ist die Verletzung von Rücksichtnahmepflichten.

§ 13
Mietvertrag und Leasing

Rechte des Mieters bei mangelbehafteter Mietsache			
Mängelbeseitigung, §§ 535 I 2, 536a II BGB	**Minderung, § 536 BGB**	**Schadensersatz, § 536a I BGB**	**Fristlose Kündigung, § 543 BGB**
• **Beseitigungspflicht,** § 535 I 2 BGB • **Ersatzvornahme** auf Kosten des Vermieters bei **Verzug** mit Mängelbeseitigung, § 536a II Nr. 1 BGB • Rspr.: hier auch **Vorschussklage** möglich auf Ersatz voraussichtlicher Kosten einer Ersatzvornahme	• **Mangel** i.S.v. § 536 I, II BGB • **Gesetzliche Minderung,** u.U. bis auf Null • **Zuvielzahlungen** u.U. über § 812 I 2, 1. Alt. BGB zurück zu zahlen	• **Mangel** i.S.v. § 536 I, II BGB • **Vertretenmüssen unerheblich** bei **anfänglichem Mangel** (= vor Vertragsschluss) • bei **nachträglichem Mangel** (= nach Vertragsschluss), wenn vom **Vermieter** zu **vertreten** • bei **Verzug** des Vermieters mit Mangelbeseitigung • **Folge:** Ersatz von Mangelschäden und Mangelfolgeschäden („unbeschadet" Minderung)	• Mieter wird **Gebrauch** der Sache **nicht gewährt** oder **wieder entzogen** (§ 543 II Nr. 1 BGB) • **Frist zur Abhilfe** gesetzt und erfolglos verstrichen (§ 543 III BGB) • I.Ü. jede Partei **aus wichtigem Grund** (§ 543 I BGB)
Beachte: u.U. **kurze Verjährungsfrist,** § 548 BGB			

Abbildung 16: Gewährleistungsrechte des Mieters

Fall 1: Mietvertragliche Gewährleistung

Manni Brutus (M) mietet von Vera Cruz (V) ein Ladenlokal an, um darin einen Fritier-Salon („Pommes-Bude") zu betreiben. M erwirbt umfangreiches Inventar und eröffnet das Geschäft. Kurz darauf untersagt die zuständige Behörde dem M den Betrieb, da der aus alten Holzbohlen bestehende Fußboden einbruchgefährdet ist, weil er seit Jahren nicht instand gehalten wurde.

Welche Rechte hat M gegen V?

Lösung:

A. Anspruch auf Mängelbeseitigung, § 535 I 2 BGB

M könnte gegen V einen Anspruch auf **Beseitigung von Mängeln** aus § 535 I 2 BGB haben.

I. M und V haben einen **Mietvertrag** über das Geschäftslokal abgeschlossen.

II. Durch den einbruchgefährdeten Holzfußboden ist die Tauglichkeit der vermieteten Sache zum vertragsmäßigen Gebrauch aufgehoben. Daher liegt ein **Mangel** der Mietsache nach § 536 I BGB vor. M hat also gegen V einen Anspruch auf Beseitigung des Mangels aus § 535 I 2 BGB.

B. Anspruch auf Ersatz von Mängelbeseitigungskosten, § 536a II Nr. 1 BGB

Aus § 536a II Nr. 1 BGB hat M gegen V u.U. einen Anspruch auf **Ersatz von Mängelbeseitigungskosten**, wenn er selbst im Wege der **Ersatzvornahme** den Mangel beseitigen lässt. Dies setzt voraus, dass M die V bezüglich der Mängelbeseitigung i.S.v. § 286 BGB in **Verzug** setzt.

I. Ein **fälliger** und **durchsetzbarer Anspruch** auf Beseitigung des Mangels steht M gegen V aus § 535 I 2 BGB zu.

II. Die Behebung des Mangels ist durch Erneuerung des Fußbodens auch ohne weiteres **möglich**.

III. Gemäß § 286 I BGB muss M die V **mahnen**, also ernsthaft und dringlich zur Erfüllung ihrer Vermieterpflicht aus § 535 I 2 BGB auffordern.

IV. **Verschulden** der V wird gemäß § 286 IV BGB im Hinblick auf den Verzug **vermutet**.

Werden diese Voraussetzungen erfüllt, kann M auch selbst den Mangel auf Kosten der V beseitigen lassen. Die Rechtsprechung geht darüber hinaus aus dem Gesichtspunkt von **Treu und Glauben** (§ 242 BGB) von einer Pflicht des Vermieters zur Zahlung eines **Vorschusses** für die voraussichtlichen Kosten der Mangelbehebung aus[169].

C. Recht zur Mietminderung, § 536 I BGB[170]

M könnte gegen V ein Recht zur **Minderung** des Mietzinses aus § 536 I BGB haben.

I. Das vermietete Ladenlokal weist einen **Mangel** i.S.v. § 536 I 1 BGB auf (s.o.).

II. Wegen dieses Mangels wurde dem M der Betrieb untersagt, so dass auch von einer i.S.v. § 536 I 3 BGB **erheblichen Minderung** der **Gebrauchstauglichkeit** auszugehen ist. Der **Grad der Minderung** hängt von der Schwere des Mangels und dem Umfang der Tauglichkeitsminderung ab. Hier wäre wegen der kompletten Aufhebung der Nutzbarkeit eine komplette **Befreiung** von der Entrichtung der Miete möglich. Somit kann M gegenüber V auch eine Mietminderung vornehmen. Hat M bereits Miete gezahlt, steht ihm ein **Rückzahlungsanspruch** aus § 812 I 2, 1. Alt. BGB wegen späteren Wegfalls des Rechtsgrundes zu[171].

D. Anspruch auf Schadensersatz, § 536a I BGB

M könnte außerdem gegen V einen Anspruch auf **Schadensersatz** aus § 536a I BGB haben.

---

169 BGHZ 56, 136 (141); KG NJW-RR 1988, S. 1039 f. (1039).

170 Hierbei handelt es sich nicht um einen Anspruch i.S.v. § 194 I BGB, vgl. Palandt/Weidenkaff, § 536 Rnrn. 2 und 31 m.w.N.

171 Hk-BGB/Eckert, § 536 Rn. 23 m.w.N.

I. M und V haben einen **Mietvertrag** abgeschlossen.

II. Es liegt – wie gesehen – ein **Mangel** der in § 536 I 1 BGB bezeichneten Art vor.

III. § 536a I BGB unterscheidet hinsichtlich des **Eintrittszeitpunkts** zwischen **anfänglichen** und **nachträglichen Mängeln.** Bestand der Mangel schon bei Abschluss des Mietvertrages, steht der Vermieter auch **ohne jedes Verschulden hierfür ein.** Ist hingegen der Mangel erst nach Abschluss des Vertrages entstanden, haftet er nur **verschuldensabhängig.** Nach dem Sachverhalt ist der Holzfußboden seit Jahren nicht instand gehalten worden, so dass der Mangel bereits vor dem Abschluss des Mietvertrages zwischen V und M bestand. Also liegt ein anfänglicher Mangel gemäß § 536a I 1. Fall BGB vor.

Somit kann M von V auch Schadensersatz verlangen. Dieser erfasst wegen des Begriffs **„unbeschadet"** in § 536a I BGB sowohl **Mangel- als auch Mangelfolgeschäden.** Neben entgangenem Gewinn nach § 252 BGB kämen hier z.B. Kosten für die Auslagerung des angeschafften Inventars während einer Renovierung o.ä. in Betracht. M kann also **zusätzlich** zur Minderung und dem Anspruch auf Mängelbeseitigung Schadensersatz geltend machen.

E. Recht zur fristlosen Kündigung, § 543 I, II Nr. 1 BGB

Wegen des Mangels kann M das Ladenlokal nicht nutzen, der vertragsmäßige Gebrauch wird ihm also vorenthalten. Daher kann M den Mietvertrag nach § 543 I, II Nr. 1 BGB **ohne Einhaltung** der sonstigen **vertraglichen Kündigungsfrist** kündigen, sofern er der V eine **letzte angemessene Frist** setzt, innerhalb derer V für Abhilfe sorgen muss.

Fall 2: Leasingarten

Druckereiunternehmer D beschließt, seine Produktion zu modernisieren und neue Maschinen anzuschaffen. Diese hat D sich bereits beim Hersteller H ausgesucht. Da er aber weder sein Eigenkapital angreifen noch einen Kredit aufnehmen möchte, wendet er sich an das Leasing-Unternehmen L. D und L vereinbaren, dass L die Maschinen, die eine gewöhnliche Nutzungsdauer von etwa 15 Jahren haben, bei H ankauft und diese direkt beim D installiert werden sollen. Im Gegenzug verpflichtet sich D u.a. zur Zahlung terminlich festgelegter monatlicher Leasing-Raten während eines für ihn unkündbaren Zeitraums von 10 Jahren. Die Gesamtsumme der Leasing-Raten nach 10 Jahren deckt den von L gezahlten Kaufpreis, Refinanzierungskosten sowie eine Gewinnspanne der L ab. Als nach kurzer Zeit Schwierigkeiten wegen Mängeln der gelieferten Maschinen auftreten, verweigert D über mehrere Monate hinweg die Zahlung der Leasing-Raten an L. L verweist auf die folgende Klausel in den AGB des Vertrages:

§ 8 Übertragung von Rechten auf den Leasingnehmer (LN)

(1) Der Leasinggeber (LG) tritt hiermit seine jetzigen und künftigen Ansprüche jeder Art, z.B. Erfüllungs-, Gewährleistungs-, Nachbesserungs-, Garantie- und Schadensersatzansprüche, welche ihm gegen den Lieferanten zustehen, an den LN ab. Der LN nimmt vorstehende Abtretung an.

(2) Vor einer gerichtlichen Geltendmachung des Rücktrittsrechts gegenüber dem Lieferanten ist der LN nicht berechtigt, gegenüber dem LG die Zahlung zu verweigern.

(3) Ansprüche des LN gegen den LG – insbesondere nach §§ 536 ff. BGB – oder sonstige Ansprüche wegen Sach- und Rechtsmängeln des Objekts sind ausgeschlossen. Der LN ist nicht berechtigt, die Leasing-Zahlungen zu mindern, zu verweigern oder zurückzuhalten.

L kündigt den Vertrag mit D fristlos.

Zu Recht?

Lösung:

Möglicherweise kann L den Vertrag mit D **fristlos** gemäß § 543 II Nr. 3a) BGB **kündigen.** Dies setzt zum einen voraus, dass die Vorschrift im Verhältnis zwischen L und D anwendbar ist, zum anderen müssen die Voraussetzungen der Norm erfüllt sein.

A. Anwendbarkeit von § 543 II Nr. 3a) BGB

Fraglich ist, ob die Möglichkeit fristloser Kündigung zugunsten des Vermieters auch dem L zusteht. Dies wäre der Fall, wenn auf das vorliegende Vertragsverhältnis zwischen L und D **Mietrecht** anzuwenden wäre.

I. Das BGB unterscheidet bei den von ihm im besonderen Schuldrecht angebotenen Vertragsgestaltungsmöglichkeiten im Wesentlichen zwischen **Kauf- und Mietvertrag.** Der Kaufvertrag ist nach § 433 BGB auf einen Wechsel der Eigentümerstellung gegen Entgelt, also auf **Substanzübertragung** gerichtet. Der Mietvertrag nach § 535 BGB zielt demgegenüber darauf ab, dem Mieter für die Dauer der Mietzeit den **vorübergehenden Gebrauch** der Sache gegen Vergütung zu überlassen. Nach dieser Gebrauchsüberlassung wird die Sache an den Vermieter zurück gegeben und kann von ihm anderweitig wirtschaftlich genutzt werden. Die **Beschaffung finanzieller Mittel** kann im Wege eines Darlehns, §§ 488 ff. BGB, erfolgen. Bei der vorliegend gewählten Vertragsgestaltung hat L allerdings keinerlei Interesse, die überlassenen Sachen nach Ende der Vertragszeit an sich zu nehmen wie beim Mietvertrag. Anders als beim Kauf will demgegenüber D nicht Eigentümer der Sache werden und einen Kaufpreis bezahlen. Hinzu kommt also eine Finanzierungsfunktion des Vertrages.

Ein Vertrag, der eine solche Konstellation berücksichtigt, ist das im Gesetz nicht geregelte **Leasing,** welches die Vertragsparteien im Rahmen der Privatautonomie ohne weiteres vertraglich vereinbaren können.

II. Die **Rechtsnatur** der nicht im Gesetz geregelten Leasingverträge ist strittig. Insofern ist der vorliegende Vertrag einer der beiden hauptsächlich vorkommenden Leasingarten, dem **Operating**- oder auch **Operate-Leasing** oder dem **Finanzierungsleasing** zuzuordnen.

1. Beim **Operating-Leasing** werden Verträge über eine Gebrauchsüberlassung **auf unbestimmte Zeit** geschlossen; der Leasingnehmer hat allerdings **jederzeit** das Recht zur Kündigung. Auch die Vereinbarung kurzer Laufristen des Vertrages ist möglich[172]. Diese Gestaltung hat den Vorteil für den Leasingnehmer, dass er nicht die Gefahr einer **Überalterung von Investitionsgütern** trägt. Diese übernimmt vielmehr der LG. Ihn

[172] Jauernig/Teichmann, vor § 535 Rn. 5.

trifft auch das **Risiko eines zufälligen Untergangs** der Leasingsache. Er kann wiederum das verleaste Wirtschaftsgut nach Kündigung durch den Leasingnehmer erneut anderweitig vermieten. Zudem wird oft eine Vertragsgestaltung gewählt, bei welcher der LG außerdem Wartungsarbeiten übernimmt und sich hierdurch auch längerfristig einen Kundenstamm erhält. Diese Art des Leasings wird einhellig als **gewöhnlicher Mietvertrag** nach §§ 535 ff. BGB eingeordnet, weil die zeitlich begrenzte Gebrauchsüberlassung gegen Entgelt im Vordergrund steht.

Die vorliegende Vertragsgestaltung sieht demgegenüber ein Kündigungsrecht gerade nicht für den Leasingnehmer D vor, sondern eine feste, für ihn unkündbare Vertragslaufzeit. Ein Operating-Leasing liegt also nicht vor.

2. Beim **Finanzierungsleasing** ist die eingangs **geschilderte Interessenkonstellation** typisch: der Leasingnehmer verbraucht quasi die Sache, während der Leasinggeber u.U. wenig Interesse an ihrer Rückgabe hat. Im Vordergrund steht darüber hinaus **nicht allein die Gebrauchsüberlassung**, sondern die **Finanzierung** von Wirtschaftsgütern eines Unternehmers. So verhält es sich im vorliegenden Fall: L wird wenig mit den Maschinen selbst anfangen können, sie werden vielmehr durch den Gebrauch bei D wertmäßig weitgehend aufgezehrt werden. Auch die Berechnung der Leasingraten, die auf **volle Amortisation** der L abzielt, spricht für den Abschluss eines Finanzierungsleasingvertrages.

III. Strittig ist die **Einordnung** dieses Vertragstyps.

1. Während z.T. das Kaufrecht als Leitbild fungiert, weil die Aufzehrung der Leasingsache durch den Gebrauch auf Substanzübertragung hinauslaufe, gehen andere Stimmen von gemischttypischem Kredit und Geschäftsbesorgungsvertrag oder einem Vertrag sui generis[173] aus. Auch die Einordnung als Geschäftsbesorgungsvertrag, weil der Leasinggeber Finanzierungsmittel „besorge" und die Finanzierung im Vordergrund stehe[174], ist anzutreffen.
2. Nach der überwiegenden Auffassung und insbesondere der Rechtsprechung gilt im Grundsatz ebenfalls **Mietrecht**[175]. Dies dürfte angesichts der Tatsache, dass der Leasinggeber Eigentümer der Sache bleibt, zutreffend sein. Allerdings wird das Mietrecht stark modifiziert in den Bereichen des Mietrechts, welche nicht auf die Leasingsituation passen. **Vorrangig** sind insoweit die **vertraglichen Vereinbarungen**, während die Mietvorschriften nur ergänzend herangezogen werden.

Somit ist § 543 II Nr. 3a) BGB vorliegend mangels anderweitiger Regelungen im Vertrag zwischen L und D **anwendbar**.

---

173 Nachweise bei Hk-BGB/Eckert, vor §§ 535–580a Rn. 14.
174 Canaris, NJW 1982, S. 305 ff.
175 Nachweise zum Meinungsstand bei Hk-BGB/Eckert, vor §§ 535–580a Rn. 14.

B. Voraussetzungen von § 543 II Nr. 3a) BGB

Zu prüfen ist, ob die **Voraussetzungen für eine fristlose Kündigung** nach § 543 II Nr. 3a) BGB erfüllt sind. D müsste also für **zwei aufeinander folgende Termine** mit der Entrichtung des Mietzinses – der Leasingraten – gemäß § 286 BGB[176] in **Verzug** gewesen sein.

I. L hatte aus dem Vertrag mit D einen monatlich **fälligen Zahlungsanspruch** i.S.v. § 286 I BGB. Schuldnerverzug scheidet jedoch dann aus, wenn dem Anspruch die **Durchsetzbarkeit** fehlt. Wenn dem Schuldner – hier D – **Einreden** gegen den Anspruch zustehen, ist er nicht zur Leistung verpflichtet und kann also auch nicht in Verzug geraten.

1. Ist die vermietete Sache mit **Mängeln** behaftet, kann nach § 536 I BGB der Mieter die Zahlung des Mietzinses u.U. komplett **verweigern**. Laut Sachverhalt waren die Maschinen mangelhaft i.S.v. § 536 I BGB, so dass nach der gesetzlichen Regelung D gegenüber L nicht zur Zahlung verpflichtet war.

2. Die Möglichkeit der Mietminderung ist dem D jedoch in § 8 (3) des Vertrages **genommen**: L zeichnet sich von Haftung im Vertrag frei. An die Stelle einer eigenen Haftung tritt der L seine Ansprüche gegen den Lieferanten H aus Kaufrecht wegen mangelbehafteter Leistung an D ab.

   Fraglich ist, ob diese Vereinbarung im Hinblick auf § 307 I BGB eine **unangemessene Benachteiligung** des LN und damit unwirksam ist. Der Leasingnehmer L hatte es i.d.R. in der Hand, sich den Gegenstand wie auch den Verkäufer des Gegenstandes, den H, selbst auszusuchen. Der Leasingnehmer kann Mängel der Sache besser abschätzen und geltend machen als der Leasinggeber[177]. I.Ü. hat er als Ausgleich die **Gewährleistungsansprüche** des LG gegen den Lieferanten **abgetreten** erhalten. Auch bei Verwendung von Formularverträgen ist daher die Freizeichnung nicht zu beanstanden[178].

Damit war D **nicht** zur **Mietminderung** nach § 536 I BGB berechtigt. Der Zahlungsanspruch gegen ihn war somit **durchsetzbar.**

II. Wegen der festen Zahlungstermine war eine **Mahnung** seitens L gemäß § 286 II Nr. 1 BGB **entbehrlich.** Zudem wäre sie auch angesichts der **ernsthaften und endgültige Leistungsverweigerung** seitens des D nach § 286 II Nr. 3 BGB überflüssig.

III. Das **Vertretenmüssen** des D wird nach § 286 IV BGB[179] vermutet.

Also ist L gegenüber D nach § 543 II Nr. 3a) BGB zur fristlosen Kündigung des Leasingvertrages berechtigt.

---

[176] § 280 I, II i.V.m. § 286 BGB spielen hier keine Rolle, weil es nicht um Schadensersatz wegen der Verzögerung geht. Deshalb ist bei der Verschuldensvermutung auch nicht § 280 I 2 BGB, sondern § 286 IV BGB einschlägig.

[177] Goll, Jura 1986, S. 175 ff. (178).

[178] BGHZ 94, 47; 81, 302; 68, 124.

[179] § 280 I, II BGB spielen hier keine Rolle, weil es nicht um Schadensersatz wegen der Verzögerung geht. Deshalb ist bei der Verschuldensvermutung auch nicht § 280 I 2 BGB, sondern § 286 IV BGB einschlägig.

Anmerkung:
Nicht gefragt ist nach **Folgeansprüchen** des LG. Dieser wird bestrebt sein, **Schadensersatz** in Höhe der angestrebten und bei korrekter Vertragserfüllung am Ende der **Laufzeit** auch an sich eintretenden **Amortisation** zu erhalten[180]. Hatte die Rechtsprechung diesen Anspruch früher als Schadensersatz eigener Art angesehen, der aus ergänzender Vertragsauslegung geschöpft wurde[181], wird heute § 280 I BGB die Anspruchsgrundlage sein, da es nicht um die Mängelhaftung nach §§ 536 ff. geht[182].

§ 14
Werkvertrag

Rechte des Bestellers bei mangelhaftem Werk (§ 634 Nrn. 1–4 BGB)			
Nacherfüllung, § 635 BGB	**Rücktritt (§§ 636, 323, 326 V BGB) bzw. Minderung (§ 638 BGB)**	**Schadensersatz, § 636 i.V.m. §§ 280, 281, 283, 311a BGB**	**Selbstvornahme, § 637 BGB**
• **Mängelbeseitigung** oder auch komplette **Neuherstellung** (Abs. 1) • Insoweit **Wahlrecht** des **Unternehmers** • **Verweigerungsrecht** bei unverhältnismäßigen Kosten (Abs. 3)	• **Mangel** i.S.v. § 633 II BGB • Grundsätzlich **Frist** zur Mängelbeseitigung; **Ausnahmen**: § 636 BGB • Für **Rücktritt: erheblicher** Mangel (§ 323 V 2); für **Minderung** nach § 638 I 2 BGB gleichgültig	• **Mangel** i.S.v. § 633 II BGB • **Weitere Voraussetzung** je nach **Leistungsstörung** (erfolglose Frist, Verzug, Unmöglichkeit) • Grundsätzlich **Frist** zur Mängelbeseitigung, sofern diese noch **möglich** und Schadensersatz **statt** Leistung verlangt werden soll (§ 281 I BGB); **Ausnahmen**: § 636 BGB	• **Ersatzvornahme** auf Kosten des Werkunternehmers nach erfolgloser **Fristsetzung** zur Mängelbeseitigung (Abs. 1) • **Nicht** bei **berechtigter Weigerung** (Abs. 1 a.E.) • Ausnahmsweise Frist **entbehrlich** (Abs. 2) • **Vorschussklage** möglich auf Ersatz **voraussichtlicher** Kosten einer Ersatzvornahme (Abs. 3)
Beachte: • Ein **Schadensersatzanspruch** ist **neben** Rücktritt oder Minderung möglich, wie aus dem Übergang von Nr. 2 zu Nr. 3 in § 634 BGB („**und**") folgt. • Erfasst werden sowohl **Mangel**- als auch **Mangelfolgeschäden**. • Gemäß § 634 Nr. 4 i.V.m. § 284 BGB ist auch **Ersatz vergeblicher Aufwendungen** möglich.			

Abbildung 17: Gewährleistung beim Werkvertrag

[180] BGH NJW 2007, S. 290 ff. (290).
[181] BGH NJW 1984, 2687; 85, 2253; NJW 1990, 247.
[182] Vgl. i.e. Palandt/Heinrichs, § 280 Rn. 6 und 21; Palandt/Weidenkaff, Einf. v. § 535 Rn. 69.

Fall 1: Werkvertragliche Gewährleistung[183]

Axel Höhle (A) beauftragt die Firma Ben Zol (B) mit der Wärmedämmung seines Dachbodens. Kurze Zeit nach Beendigung der Arbeiten stellt sich heraus, dass infolge des von B verwendeten Materials Gesundheitsgefährdungen bestehen, weil krebsfördernde Stoffe verwendet wurden. Der Dachboden kann demzufolge nicht benutzt werden.

Was kann A von B verlangen?

Lösung:

A. Anspruch auf Mängelbeseitigung (Nacherfüllung)

A könnte gegen die Firma B einen Anspruch auf **Beseitigung** von **Mängeln** haben.

I. Anspruchsgrundlage ist insoweit zunächst § 634 Nr. 1 i.V.m. § 635 BGB.

1. A und B haben einen Vertrag geschlossen, nach dem die Firma B die Wärmedämmung und damit die Herstellung eines **Erfolges** nach § 631 II BGB versprach. Dies geschah gegen Vergütung, so dass zwischen A und B ein **Werkvertrag** vorliegt.
2. Die Dämmung wies gesundheitsgefährdende Materialien auf. Daraus ist zu schließen, dass die Herstellung des Werkes nicht vertragsgemäß erfolgte. Durch diese nachteilige Abweichung von der vereinbarten bzw. üblichen Beschaffenheit liegt ein **Sachmangel** des Werks nach § 633 II BGB vor.
3. Die Nacherfüllung kann gemäß § 635 III BGB verweigert werden, wenn sie mit **unverhältnismäßigen Kosten** verbunden ist, wofür indes nichts ersichtlich ist.

Damit kann A von B die Beseitigung der Mängel verlangen. Die **Neuherstellung** ist in § 635 I BGB ausdrücklich ausgesprochen. Abweichend von der Rechtslage bis 2002 hat allerdings nicht der Besteller ein **Wahlrecht**, sondern der zu einer Beurteilung eher geeignete **Werkunternehmer** kann **entscheiden**, ob er Mängel beseitigt oder lieber ein gänzlich neues Werk herstellt.

II. A könnte auch u.U. nach § 634 Nr. 2 i.V.m. § 637 BGB im Wege der **Selbstvornahme** vorgehen.

1. Ein **mangelhaftes Werk** liegt vor (s.o.).
2. Für eine **berechtigte Verweigerung der Nacherfüllung** durch B nach § 637 I a.E. BGB, welche eine **Selbstvornahme** auf Kosten des Unternehmers **ausschließen** würde, ist nichts ersichtlich.
3. Die §§ 634 Nr. 2, 637 I BGB knüpfen an den erfolglosen **Ablauf einer Nachbesserungsfrist** an, welche der Besteller grundsätzlich setzen muss[184].

---

[183] BGH NJW 1984, S. 1750 ff.

[184] **Ausnahmen**: §§ 637 II, § 323 II BGB, vor allem bei **unberechtigter** Nacherfüllungsverweigerung.

Damit kann A nach fruchtlosem Fristablauf die Mängel durch Dritte beseitigen lassen und Erstattung der Kosten von B verlangen. Die Möglichkeit, **Vorschuss** verlangen zu können, folgt aus § 634 Nr. 2 i.V.m. 637 III BGB.

B. Recht zu Rücktritt bzw. Minderung

A könnte möglicherweise gemäß § 634 Nr. 3, 1. und 2. Fall i.V.m. §§ 636, 638 BGB gegenüber B entweder **Rücktritt** oder **Minderung** geltend machen.

I. Ein **Werkvertrag** zwischen A und B liegt vor, das von B erstellte Werk ist **mangelhaft** (s.o.).

II. Der Dachboden ist nicht nutzbar, so dass der **Mangel** auch i.S.v. § 634 Nr. 3 i.V.m. § 323 V 2 BGB **erheblich** ist. Dies ist für den Rücktritt Voraussetzung, allerdings gemäß § 638 I 2 BGB **nicht** für eine Minderung.

III. A muss dem B allerdings gemäß § 323 I BGB eine **Frist zur Mängelbeseitigung**, ehe er zurücktreten oder mindern kann. Für einen der **Ausnahmefälle** nach § 636 BGB, in denen dies bei Rücktritt oder Schadensersatz nicht erforderlich ist, ist nichts ersichtlich, ebenso wenig für § 323 II BGB.

Nach Fristsetzung und erfolglosem Fristablauf kann also A gegenüber B entweder Rücktritt vom Vertrag oder Minderung der Vergütung erklären.

C. Anspruch auf Schadensersatz statt Leistung

A könnte von B auch **Schadensersatz statt der Leistung** gemäß § 634 Nr. 4 BGB i.V.m. §§ 280 I, III, 281 BGB verlangen.

I. Zunächst müssen die **allgemeinen** Voraussetzungen des § 280 I BGB erfüllt sein.

1. Ein **Werkvertrag** wurde geschlossen.
2. Ein werkvertraglicher **Mangel** als Pflichtverstoß gegen § 633 I BGB liegt vor (s.o).
3. Von einem **Vertretenmüssen** (vgl. § 280 I 2 BGB, grundsätzlich vermutet) durch die Firma B ist nach dem Sachverhalt auszugehen: die Gefährdungen sind wegen des verwendeten Materials entstanden, so dass B i.S.v. § 276 I BGB die im Verkehr erforderliche Sorgfalt nicht beachtete und fahrlässig handelte.

II. Die **besonderen** Voraussetzungen aus § 281 BGB sind zu prüfen.

1. Ein fälliger, möglicher und einredefreier Anspruch auf Mängelbeseitigung liegt vor (s.o.).
2. Eine **Fristsetzung** ist ebenfalls grundsätzlich erforderlich, wie aus §§ 280 I, III, 281 I BGB folgt.

Nach Fristsetzung und erfolglosem Fristablauf kann A damit gegenüber B auch Schadensersatz statt der Leistung geltend machen.

Fall 2: Werkvertrag, Mangelfolgeschaden und VSD

V will sein Einfamilienhaus verkaufen. Zu diesem Zweck beauftragt er den Architekten A, ein Gutachten über den Zustand und Wert des Hauses zu erstellen, welches – wie er auch A mitteilt – etwaigen Kaufinteressenten präsentiert werden soll. In dem Gutachten attestiert A dem Haus „einen guten Zustand", nennenswerte Reparaturen seien nicht erforderlich. Auch im Hinblick auf dieses Gutachten kaufen die Eheleute K das Haus. V kassiert den Kaufpreis und verschwindet unauffindbar. Kurze Zeit später stellt sich heraus, dass das Dach des Hauses nicht in Ordnung ist. Ein zweiter Gutachter stellt fest, dass das Dach so marode ist, dass es komplett ausgetauscht werden muss. Die K verlangen von A daraufhin Schadensersatz. Dieser verteidigt sich damit, er habe den schwer zugänglichen Dachboden nicht besichtigen können. Besteht der geltend gemachte Schadensersatzanspruch der K gegen A?

Lösung:

1. Teil: Anspruch K gegen A auf Schadensersatz aus § 634 Nr. 4 i.V.m. § 280 I BGB.

Der geltend gemachte Anspruch kommt aus § 634 Nr. 4 i.V.m. § 280 I BGB in Frage. Eine Frist wäre nicht notwendig, denn es geht nicht i.S.v. § 280 III i.V.m. § 281 BGB um Schadensersatz statt der Leistung, sondern um einen Mangelfolgeschaden.

A. Dies setzt zunächst einen **Werkvertrag** zwischen A und K voraus.

I. A und K haben keinen eigenen Vertrag abgeschlossen, sondern A und V (**Gutachtervertrag**), welcher nach § 631 BGB als Werkvertrag zu werten wäre.

II. Möglicherweise sind jedoch die Eheleute K in den Gutachtervertrag mit einbezogen worden. Insofern könnten sie zwar keinen Leistungs-, jedoch eventuell einen Schadensersatzanspruch geltend machen. Eine Einbeziehung wäre unter den Voraussetzungen eines **Vertrages mit Schutzwirkung zugunsten Dritter (VSD)** gegeben.

1. Zunächst muss eine sog. **Leistungsnähe** bestehen. Das bedeutet, der **Dritte** muss mit der vertraglichen **Leistung** ebenso wie der eigentliche Vertragspartner – hier V – in **Kontakt** kommen. Das Wertgutachten wurde den Eheleuten von V bei den Kaufvertragsverhandlungen vorgelegt, so dass sie mit der Leistung des A in Kontakt kamen.

2. Der eigentliche **Gläubiger** der Leistung (V) muss weiterhin ein **Interesse an der Einbeziehung des Dritten in den Schutzbereich** des Vertrages haben.

a) Das ist jedenfalls dann der Fall, wenn er für **„Wohl und Wehe"** des Dritten verantwortlich ist. Dies kann aus familien-, arbeits-, oder mietrechtlichen Gesichtspunkten der Fall sein, die hier jedoch im Verhältnis zwischen K und V nicht eingreifen.

b) Nach der Rechtsprechung ist Grundlage des Vertrages mit Schutzwirkung zugunsten Dritter die **Vertragsauslegung** nach § 157 BGB[185]. Es ist also zu fragen, ob nach dem Zweck des Vertrages der Dritte mit geschützt sein soll. Dies könnte hier deshalb zweifelhaft sein, weil zum einen die Interessen der K und des V als Käufer und Verkäufer naturgemäß gegenläufig waren. Allerdings ist zu berücksichtigen, dass

185 BGH NJW 1984, S. 355 ff. (356) m.w.N. A.A. z.T. die Literatur: es handele sich um ein eigenständiges gesetzliches Vertrauensschuldverhältnis aus § 242 BGB, vgl. Bayer, JuS 1996, S. 473 ff. (475).

der Interessengegensatz zwischen Käufer und Verkäufer eben in der Natur des Vertrages begründet liegt. Außerdem war das Gutachten für den V nur dann von Wert, wenn es Vertrauen der Käufer in seine Güte erzeugte und sie davon ausgehen durften, dass es nach besten Wissen und Gewissen angefertigt wurde[186].

Also bestand ein Interesse des V an der Einbeziehung der Eheleute K in den Schutzbereich des Vertrages mit A.

3. Die Einbeziehung in den Schutzbereich muss **für den Schuldner** der Leistung – also A – **erkennbar** gewesen sein. Hier ist unschädlich, dass noch kein konkreter Kaufinteressent in Rede stand, als A das Gutachten anfertigte. Ausreichend ist vielmehr, dass das Gutachten potentiellen Käufern als Grundlage für ihre Vertragsentscheidung dienen soll[187]. Dies war dem A bekannt.

4. Schließlich muss der **Dritte schutzbedürftig** sein. Das ist er **nicht**, wenn ihm gegenüber einem anderen eigene **vertragliche** Ansprüche zustehen, welche nahezu **gleichwertig** sind[188]. Gesetzliche Ansprüche etwa aus unerlaubter Handlung genügen also nicht. Etwaige Ansprüche der K gegenüber V[189] sind jedoch tatsächlich nach dessen Verschwinden nicht durchsetzbar, so dass die K schutzwürdig sind.

Damit besteht ein Schuldverhältnis zwischen K und dem A in Gestalt eines Vertrages mit Schutzwirkung zugunsten Dritter.

B. A müsste eine **Pflichtverletzung** begangen haben. Er hat seine Leistung – die Begutachtung – **mangelhaft** i.S.v. § 633 BGB erbracht, als er den Dachboden nicht besichtigte und vor allem dies nicht im Gutachten vermerkte.

C. Die Schlechtleistung geschah jedenfalls **fahrlässig** i.S.v. § 276 BGB.

Hierdurch sind **Schäden** der K (weitere Gutachterkosten, Reparaturkosten) entstanden, so dass der Anspruch K gegenüber A aus § 634 Nr. 4 i.V.m. § 280 I BGB auf Schadensersatz besteht.

2. Teil: Anspruch K gegen A auf Schadensersatz aus unerlaubter Handlung nach § 823 BGB

A. Ein Anspruch der K gegen A aus § 823 I scheidet aus, da sie nicht durch ihn in einem der in § 823 I BGB genannten absolut geschützten Rechtsgütern verletzt wurden, sondern nur ihr **Vermögen** als solches geschädigt ist.

B. § 823 II BGB liegt mangels Verletzung eines **Schutzgesetzes** nicht vor.

3. Teil: Anspruch K gegen A auf Schadensersatz sittenwidriger vorsätzlicher Schädigung aus nach § 826 BGB

A. § 826 BGB schützt auch das hier betroffene **Vermögen** als solches gegen Schädigung.

---

[186] Vgl. auch BGH NJW 1987, S. 1758 ff. (1759).

[187] BGH NJW 1987, S. 1758 ff. (1760); NJW 1995, S. 392 ff. (392) m.w.N.; NJW 2004, S. 3035 ff. (3037).

[188] Vgl. hierzu BGH WM 1996, S. 1739 ff. (1742).

[189] Z.B. aus § 437 Nr. 3 i.V.m. § 280 I BGB, worauf jedoch nicht näher einzugehen war.

B. Der erforderliche Vorsatz setzt voraus, dass der Gutachter bei der Erstellung zumindest mit **bedingtem Vorsatz** leichtfertig oder gewissenlos handelte[190]. Dass der A die Schädigung Dritter zumindest **billigend in Kauf** genommen und damit bedingt vorsätzlich gehandelt hätte, ist nicht ersichtlich, so dass ein Anspruch aus § 826 BGB gegen ihn ausscheidet.

§ 15
Personalkredit

Der Inhaber einer Forderung kann, wenn der Anspruchsgegner ihr nicht nachkommt, jenen verklagen und aus dem erstrittenen Urteil die **Zwangsvollstreckung** betreiben. Aber auch diese Möglichkeit **versagt**, wenn **Zugriffsobjekte** des Schuldners fehlen. Von großer Bedeutung ist daher die **Kreditsicherung** für den Fall, dass der Schuldner später nicht leistungsbereit oder leistungsfähig ist.

Sicherheit ist also ein **Recht**, auf das der Gläubiger **zurückgreifen** kann, wenn der Schuldner, aus welchen Gründen auch immer, nicht leistet.

Man unterscheidet hier **Personalkredit** und **Realkredit.** Dies knüpft an die Unterscheidung zwischen **schuldrechtlichen** und **dinglichen Forderungen** an.

- Der **Realkredit** hat **bestimmte Vermögensgegenstände** des Schuldners oder einer anderen Person, die sich zur Mithaftung bereit erklärt, zum Gegenstand. Hierher gehören etwa **Pfandrechte an beweglichen Sachen**, die **Grundpfandrechte** (z.B. die Hypothek), der **Eigentumsvorbehalt** und das **Sicherungseigentum.**
- Der **Personalkredit** begründet eine **schuldrechtliche Forderung gegen einen Dritten**, für den Fall zu leisten, dass der Schuldner selbst nicht leistet. Hierher gehören etwa **Bürgschaft, Schuldbeitritt, Garantie** oder die später beim Gesellschaftsrecht behandelte **Patronatserklärung.**

Fall 1: Bürgschaft, Garantie, Schuldbeitritt[191]

B ist Mitgesellschafter und einer der Geschäftsführer der B-Baustoff-GmbH. K klagt aus einer Kaufpreisforderung gegen die GmbH. Die B-Baustoff-GmbH gerät mittlerweile in ernste finanzielle Schwierigkeiten. B gründet daraufhin mit anderen Gesellschaftern die B-Baustoffhandels-GmbH. Während des Prozesses des K gegen die alte GmbH äußert sich B, der den K gut kennt, ihm gegenüber im Gespräch wie folgt: „Falls dir in dem Prozess etwas zugesprochen wird, brauchst du dir keine Sorgen machen. Dafür stehe ich gerade." Die B-Baustoff-GmbH wird verurteilt. Anschließend wird die Eröffnung eines Insolvenzverfahrens gegen sie mangels Masse abgelehnt.

Hat K gegen B persönlich einen Anspruch auf Zahlung?

---

[190] BGH NJW 2003, S. 2825 ff. (2827); NJW 2004, S. 3035 ff. (3038).
[191] BGH WM 1985, S. 1417 ff.

Lösung:

A. K gegen B auf Zahlung aus § 433 II BGB

Der Kaufvertrag wurde zwischen K und der alten GmbH abgeschlossen, so dass nicht B als Gesellschafter Vertragspartei geworden ist, wie auch aus § 13 I und II GmbHG folgt. Ein Anspruch aus § 433 II BGB gegen B scheidet aus.

B. Aus § 765 BGB

Möglicherweise hat sich B für die Kaufpreisschuld der alten GmbH **verbürgt.**

I. Die auf Abschluss eines Bürgschaftsvertrages gerichtete Erklärung des Bürgen bedarf nach § 766 S. 1 BGB der **Schriftform.** Die mündliche Äußerung des B gegenüber K genügt dem nicht.

II. Nach §§ 350, 343 HGB wird der **Kaufmann** auch durch eine mündliche Bürgschaftserklärung verpflichtet. Fraglich ist, ob dies im Hinblick auf B der Fall ist.

1. Die GmbH ist nach § 6 II HGB i.V.m. § 13 III GmbHG kraft ihrer **Rechtsform** Kaufmann[192]. Um eine Bürgschaftserklärung ihrerseits geht es hier jedoch nicht. Sie ist vielmehr die **Hauptschuldnerin.**

2. B besitzt als Geschäftsführer nicht automatisch die Kaufmannseigenschaft. Mangels anderweitiger Angaben im Sachverhalt ist also davon auszugehen, dass B nicht Kaufmann ist, so dass seine Erklärung nicht als formwirksame Bürgschaft gewertet werden kann. Ein Anspruch aus § 765 BGB gegen ihn scheidet damit aus.

C. Aus Garantieversprechen

In Betracht kommt die grundsätzlich **formlos** mögliche Vereinbarung einer **Garantie.**

I. Eine solche liegt vor, wenn der Versprechende den **unbedingten Eintritt eines Erfolges** oder für den künftigen, **noch ungewissen Fall eines Schadens** seine Haftung verspricht. B nimmt auf den künftigen Ausgang des Prozesses Bezug, so dass eine Garantie möglich ist.

II. Zweifelhaft ist jedoch sein Wille, **unbedingt** einstehen zu wollen. Hier ist zu berücksichtigen, dass die Garantie im Gegensatz zur Bürgschaft (vgl. § 767 S. 1 BGB) **nicht akzessorisch** ist, also nicht vom Bestand einer Hauptforderung abhängt. B indes macht gegenüber K deutlich, dass dieser nur etwas von B erhalten solle, sofern im Prozess ein für K günstiges Urteil ergeht. Damit macht er aber seine Haftung vom günstigen Ausgang des Prozesses für K, also der Feststellung der Kaufpreisforderung gegen die alte GmbH abhängig. Ein Anspruch aus Garantie scheidet demzufolge aus.

D. Aus Schuldbeitritt (Schuldmitübernahme), § 311 I BGB

Möglich ist ein Anspruch aus einer u.U. analog §§ 414 ff. BGB zwischen B und K vereinbarten **Schuldmitübernahme** des B.

I. Die Vereinbarung des Schuldbeitritts ist **formlos** möglich, so dass die mündliche Erklärung des B genügt.

---

[192] Vgl. dazu unten § 26.

II. Die **Akzessorietät** der Schuldmitübernahme ist gegenüber der Bürgschaft **eingeschränkt**. Der **Beitritt** kann nur zu einer tatsächlich **bestehenden Schuld** erfolgen. Dagegen ist das **spätere Schicksal** von ursprünglicher Hauptschuld und Forderung aus dem Beitritt wegen der danach entstandenen Gesamtschuld weitgehend **unabhängig** voneinander (vgl. § 425 BGB). Die Kaufpreisforderung des K gegen die alte GmbH bestand, als B seine Erklärung gegenüber K abgab, so dass diese Voraussetzung erfüllt ist.

III. In Anbetracht dessen, dass die Schuldmitübernahme ähnlich riskant für den Beitretenden wie eine Bürgschaft, jedoch **formlos** möglich ist, wird sie nur **ausnahmsweise** angenommen. Einschränkend ist zu fragen, ob der Beitretende als Indiz für einen Beitritt ein **eigenes rechtliches** oder **wirtschaftliches Interesse** an dem Geschäft hat. Auch ein **ausdrücklicher Schuldbeitritt** ist möglich.

1. Hier ist zu berücksichtigen, dass B sowohl Gesellschafter und Geschäftsführer der alten als auch der neuen GmbH war. Sowohl K als auch B war klar, dass die alte GmbH bereits in finanziellen Schwierigkeiten steckte.
2. Name der alten und der neuen GmbH sind ähnlich, ihr Geschäftsgegenstand ist offenbar identisch. Die Kreditwürdigkeit der neuen Gesellschaft wäre belastet, wenn die alte GmbH Schulden hinterließ, welche nicht beglichen würden. Aus diesen Gründen wird ein wirtschaftliches Eigeninteresse des B zu bejahen sein.

Damit besteht der Anspruch des K gegen B aus Schuldbeitritt.

Personalkreditformen		
Bürgschaft:	**Schuldbeitritt (= Schuldmitübernahme):**	**Garantie:**
• Vertrag, § 765 BGB • Bürgenerklärung formbedürftig § 766 BGB (Ausnahme; § 350 HGB!)	• Einigung, dass auch Beitretender Schuldner wird (Gesamtschuld, §§ 421 ff. BGB) • Vereinbarung analog §§ 414 ff. BGB	Versprechen eines Erfolgs im Sinne unbedingter Risikoübernahme
Strenge Akzessorietät (§§ 767, 768 BGB)	Akzessorietät im Beitrittszeitpunkt, später nicht mehr, vgl. § 425 BGB	Nicht akzessorisch
Haftung grundsätzlich nachrangig für Hauptschuld (§ 771 BGB; Ausnahme: § 773 BGB)	Gleichrangig Haftung von Hauptschuldner und Beitretendem	Vorrangige Haftung des Garantierenden
Im Interesse des Hauptschuldners	I.d.R. nur bei eigenem rechtlichen oder wirtschaftlichen Interesse oder ausdrücklich	I.d.R. nur bei eigenem Interesse

Abbildung 18: Personalkreditformen

Fall 2: Bürgschaft, Privatautonomie, Sittenwidrigkeit[193]

Geschäftsmann G hat bereits mehrere Unternehmungen in den Sand gesetzt. Sein neuestes Projekt – eine Reederei – möchte er von der Sparkasse S durch einen Kredit von 1 Mio. € finanziert haben. S verlangt nach Sicherheiten. Daraufhin schickt G seine 19-jährige und in geschäftlichen Dingen unerfahrene Tochter T, die als ungelernte Hilfskraft einen Nettoverdienst von 600,– € erzielt, zu S. Unter dem Hinweis, es handele sich eigentlich nur um eine Formalität, bewegt der Sparkassenangestellte A die T dazu, schriftlich eine selbstschuldnerische Bürgschaftserklärung zugunsten ihres Vaters abzugeben, die A für S annimmt. Nachdem auch das neue Projekt des G Schiffbruch erlitten hat, will S die T aus Bürgschaftsvertrag in Anspruch nehmen.

Lösung:

S könnte gegen T einen Anspruch auf Zahlung aus §§765 I, 773 I Nr.1 BGB haben.

Dies setzt den Abschluss eines wirksamen **selbstschuldnerischen Bürgschaftsvertrages** zwischen S und T voraus.

I. Inhaltlich übereinstimmende Willenserklärungen der T und der S – vertreten durch A – liegen vor.

II. Die **Schriftform** des §766 BGB hinsichtlich der Bürgenerklärung ist eingehalten worden.

III. Möglicherweise ist die Erklärung der T jedoch nach §138 BGB **nichtig**.

1. Der Tatbestand des **Wuchers**, §138 II BGB, könnte erfüllt sein[194].

   a) Die Bürgschaftserklärung ist ein Rechtsgeschäft.

   b) Die T ist laut Sachverhalt in Geschäftsdingen unerfahren.

   c) Jedoch besteht **kein auffälliges Missverhältnis** i.S.d. Norm. Die Leistung der S an G, nämlich die Auszahlung der Darlehnsvaluta, ist nicht zu beanstanden. Im Verhältnis S/T ist kein Missverhältnis von Leistung und Gegenleistung feststellbar: §138 II BGB erfasst auf **Leistungsaustausch** gerichtete Verträge, zu denen der unentgeltlich eingegangene Bürgschaftsvertrag nicht gehört.

2. Zu prüfen ist, ob nach §138 I BGB eine **allgemeine Sittenwidrigkeit** vorliegt. Sittenwidrig ist ein Rechtsgeschäft, welches gegen das **Anstandsgefühl aller gerecht und billig Denkenden verstößt**[195]. Bei der Frage, wann dies der Fall ist, sind auch Wertungen des GG heranzuziehen.

   a) Einerseits ist die T volljährig und kann im Rahmen der **Privatautonomie** auch für sie nachteilige oder risikoreiche Geschäfte eingehen. Die frühere Rechtsprechung des BGH hat demzufolge Bürgschaftsversprechen mittelloser Personen zugunsten Angehöriger nicht als sittenwidrig angesehen.

---

[193] BVerfG NJW 1994, S.36ff.; BGH NJW 1994, S.1341ff.

[194] Spezieller, also vor Abs.1 zu prüfen, vgl. Jauernig/Jauernig, §138 Rn.19.

[195] Jauernig/Jauernig, §138 Rn.6 m.w.N.

b) Andererseits kann Privatautonomie nicht bedeuten, dass infolge einer Entscheidung in einer Situation ungleicher Verhandlungsstärke ein Leben lang jede weitere wirtschaftliche Betätigung ausgeschlossen ist.

aa) Nach dem **BVerfG** war vorliegend der T aus verschiedenen Gründen überhaupt keine eigene privatautonome Entscheidung, die durch Art. 2 GG geschützt wird, möglich. Der **psychologische Druck** aus der Verwandtschaft zum Hauptschuldner sowie das bagatellisierende Einwirken auf die T durch den Angestellten der S ließen ihr praktisch keine Wahl.

bb) Die übernommene Verpflichtung und die Leistungsfähigkeit der T stehen in **krassem Missverhältnis** zueinander.

cc) Ein **schützenswertes Interesse** der S an einer lebenslangen Verschuldung der mittellosen T ist ebenfalls nicht erkennbar. Von der Möglichkeit einer Tilgung des Darlehns kann kaum die Rede sein.

dd) Diese Umstände waren der S auch klar, i.Ü. genügt es, wenn der Gläubiger sich dieser Umstände **bewusst verschließt.**

Nach alledem verstößt die Bürgschaftserklärung „gegen das Anstandsgefühl aller gerecht und billig Denkenden" und ist nach § 138 I BGB nichtig.

Damit hat S keinen Anspruch gegen T aus einem Bürgschaftsversprechen.

Recht der AGB (§§ 305–310 BGB)				
Begriff der AGB (§ 305 I BGB)	**Anwendungsbereich (§ 310 BGB)**	**Einbeziehung von AGB (§ 305 II BGB)**	**Unklarheiten und Widersprüche**	**Unwirksamkeit von Klauseln**
formularmäßige Verwendung über Einzelfall hinaus; **Verwender** ist auch derjenige, der einen von einem anderen vorformulierten, für eine Vielzahl von Fällen entworfenen Text benutzt, wenn auch nur einmal.	**sachlicher** Anwendungsbereich z.B.: • keine Anwendung bei Verträgen auf dem Gebiet des Erb-, Familien- und Gesellschaftsrechts, § 310 IV BGB. • Einschränkung im Arbeitsrecht, § 310 IV BGB	**Hinweis** durch Verwender, Nr. 1 • ausdrücklich; • Aushang, wenn ausdrücklicher Hinweis unverhältnismäßig schwierig **und:**	**Zweifel** bei der Auslegung von AGB gehen zu Lasten des Verwenders, § 305c II BGB.	**Überraschende** Klauseln sind nach § 305c I BGB unwirksam.

Begriff der AGB (§ 305 I BGB)	**Anwendungsbereich (§ 310 BGB)**	**Einbeziehung von AGB (§ 305 II BGB)**	**Unklarheiten und Widersprüche**	**Unwirksamkeit von Klauseln**
Keine AGB, wenn Vertragsbedingungen zwischen den Parteien im einzelnen **ausgehandelt** werden, § 305 I 3 BGB.	**Persönlicher** Anwendungsbereich, z.B.: • einzelne Normen gelten nicht gegenüber Unternehmern; • nicht gegenüber juristischen Personen des öffentlichen Rechts; • insbesondere nicht §§ 308, 309 BGB auf Unternehmer; anwendbar aber Generalklausel des § 307 BGB (vgl. § 310 I BGB)	**Möglichkeit** zur **Kenntnisnahme**, Nr. 2 • Zusendung der AGB auf Verlangen • Aufnahme des Textes auf die Rückseite eines Vertragsformulars • Aushang im Ladenlokal **und**:	Gem. § 306a BGB auch Anwendung, wenn Vorschriften durch anderweitige Gestaltungen **umgangen** werden sollen. **Bsp.**: Austauschvertrag auf gesellschaftsrechtlicher Basis	**Generalklausel**, § 307: • Bestimmungen in AGB unwirksam, wenn sie den Vertragspartner des Verwenders entgegen den Geboten von Treu und Glauben unangemessen benachteiligen. • **Beispiele** für unangemessene Benachteiligung in Abs. 2 • § 307 BGB findet auch auf Unternehmer Anwendung.
Bedingungen müssen nach § 305 I 1 BGB **gestellt** werden, es darf also keine Verhandlung hierüber geben.	Nach **UKlaG** auch bestimmte Verbände gegen die Verwendung AGB zu **Klage** auf Unterlassung oder Widerruf **befugt.**	**Einverständnis** der anderen Vertragspartei, § 305 II a.E. BGB **Problem**: sich gegenseitig widersprechende AGB der Vertragsparteien.	**Individuelle** Abreden sind **vorrangig,** § 305b BGB .	In. §§ 308 und 309 BGB **unwirksame AGB kasuistisch**: • Klauseln aufgrund wertender Betrachtung (Auslegung) unwirksam (§ 308); • Klauseln ohne Auslegungsmöglichkeit unwirksam (§ 309)

Abbildung 19: Recht der AGB

Folgen des Verstoßes gegen §§ 305 ff. BGB:

- Es gilt das **Verbot der geltungserhaltenden Reduktion**. Dies bedeutet, das Gericht kann nicht an die Stelle einer unwirksamen Klausel eine solche setzen, die gerade noch mit dem Gesetz vereinbar und damit gültig wäre. Ansonsten wäre die Versuchung der Verwender zu groß, relativ risikolos ein Maximum an Vorteilen zu ihren Gunsten in die Klauseln aufzunehmen, die ja dann von den Gerichten im Streitfall korrigiert würden.
- Die Unwirksamkeit einzelner Vertragsklauseln führt **nicht zur Hinfälligkeit des gesamten Vertrages**, § 306 I BGB. An die Stelle der nichtigen Klausel tritt vielmehr die meist für den Kunden günstigere Regelung, welche das BGB trifft und die durch die AGB abbedungen werden sollte, vgl. § 306 II BGB.

Fall 3: Formularmäßige Globalbürgschaft ohne betragsmäßige Begrenzung[196]

Die C-Bank gewährt Severin Sargnagel (S) ein Geschäftsdarlehn i.H.v. 250.000,– €. Zur Sicherheit verbürgt sich ein Geschäftsfreund des S, Frank N. Stein (F), selbstschuldnerisch gegenüber der C. F unterschreibt dazu eine vorformuliert Bürgschaftsurkunde, nach der er sich ohne zeitliche und betragsmäßige Beschränkung als Selbstschuldner für den dem S gewährten Kredit verbürgt. In Ziff. 1 der Bürgschaftsbedingungen heißt es, die Bürgschaft werde zur Sicherung aller bestehenden und künftigen, auch bedingten oder befristeten Forderungen der C gegen den S aus ihrer Geschäftsverbindung übernommen. Nicht bekannt war dem F, dass bereits zuvor dem S seitens der C-Bank ein Darlehn i.H.v. 100.000,– € eingeräumt worden war. In der Folgezeit gewährt die C dem F zwei weitere Darlehn über 1 Mio. bzw. 750.000,– €. Als S zur Rückzahlung der Darlehn außerstande ist, nimmt die C den F aus der Bürgschaft auf Zahlung von 2,1 Mio. € in Anspruch. F ist der Ansicht, er habe sich nicht wirksam verbürgt, da die gesicherte Forderung nicht betragsmäßig bestimmt gewesen sei.

Kann C von F Zahlung von 2,1 Mio. € aus der Bürgschaft verlangen?

Lösung:

Die C-Bank hat dann einen Zahlungsanspruch gegen F aus § 765 I BGB, wenn er sich in Höhe der geltend gemachten Summe wirksam verbürgt hat.

A. Fraglich ist die **inhaltliche Bestimmtheit** der Bürgschaftsverpflichtung, da F sich zur Sicherung **aller** bestehenden und künftigen Forderungen der C gegen S verbürgt hat.

Nach der Rechtsprechung ist insofern entscheidend, ob der Kreis der Rechtsbeziehungen, für die der Bürge sich stark macht, **unmissverständlich** gezogen ist oder nicht. Wenn wie hier auf **alle Ansprüche aus der Geschäftsbeziehung** zwischen F und der C Bezug genommen wird, ist dies eindeutig und nicht allein wegen fehlender Bestimmtheit der Hauptforderung zu beanstanden[197].

---

[196] BGH NJW 2000, S. 658 ff.
[197] BGHZ 130, 19 (21 f.).

B. Möglicherweise liegt jedoch ein **Verstoß gegen §§ 305 ff. BGB** vor.

I. Die C hat die Klauseln der Bürgschaftsurkunde **vorformuliert** und **einseitig** i.S.v. § 305 I 1 BGB **gestellt**. Durch Unterzeichnen der Urkunde hat sich F mit ihrer **Geltung einverstanden** erklärt, § 305 II BGB.

II. Die **Haftungserstreckung** auf **alle künftigen Verbindlichkeiten** des S könnte als **überraschende Klausel** nach § 305c I BGB nicht Vertragsbestandteil geworden sein. Eine Klausel ist überraschend, wenn sie von den **Erwartungen des Vertragspartners deutlich abweicht** und er mit ihr nach den Umständen **vernünftigerweise nicht zu rechnen braucht**[198].

1. Während früher derartige Klauseln als nicht überraschend angesehen wurden, neigt die Rechtsprechung nunmehr zur Auffassung, dass eine Ausdehnung auf alle künftigen Forderungen gegen den Hauptschuldner insofern **überraschend** wirke, als **über den eigentlichen Anlass** der Bürgschaftserklärung **hinaus** gegangen wird. Diese sog. **„Anlassrechtsprechung"** orientiert sich an § 767 I 3 BGB, wonach die Bürgschaftsverpflichtung nicht durch ein Rechtsgeschäft erweitert wird, das der Hauptschuldner nach Übernahme der Bürgschaft vornimmt. Zwar ist diese Vorschrift im Wege einer **individuellen Vereinbarung** zwischen Bürge und Kreditgeber **disponibel**. Mit einer Abweichung von der gesetzlichen Regelung in AGB rechnet der Bürge jedoch im Allgemeinen nicht[199].

2. **Einschränkend** wird jedoch vorausgesetzt, dass sich der Bürge im Hinblick auf die **Größenordnung** der eingegangenen Verpflichtung eine gewisse **Vorstellung gemacht** hat, damit überhaupt von einer Überraschung gesprochen werden kann. Dies lässt sich nach dem Sachverhalt nicht ohne weiteres ermitteln, so dass zweifelhaft bleibt, ob ein Verstoß gegen § 305c I BGB vorliegt.

III. Die **Haftungserstreckung** auf **alle künftigen Verbindlichkeiten** des S könnte aber den F gemäß § 307 I BGB entgegen den Geboten von Treu und Glauben **unangemessen benachteiligen**.

1. Auch in diesem Zusammenhang gilt, dass eine entsprechende **individuelle** Vereinbarung **zulässig** von der Regelung abweichen kann, wie sie das Gesetz in § 767 I 3 BGB an sich vorsieht.

2. Wird indes in AGB § 767 I 3 BGB ausgeschlossen, ist darin i.S.v. § 307 II Nr. 1 BGB eine **Abweichung** von **wesentlichen Grundgedanken des Gesetzes** zu sehen, die den Vertragspartner des Verwenders unangemessen benachteiligt. Durch die Klausel wird dem Bürgen **ein unkalkulierbares Risiko** auferlegt, welches er nicht selbst beeinflussen kann. Er wäre damit einer **Fremddisposition** unterworfen[200], nämlich der des Hauptschuldners und des Kreditgebers. Welche Vorstellungen der Bürge sich bei Eingehen der Verpflichtung gemacht hat, ist für § 307 BGB im Gegensatz zu § 305c I BGB unerheblich.

---

198 BGHZ 126, 174 (176 f.).
199 BGHZ 130, 19 (27).
200 BGHZ 130, 19 (27); 137, 153 (156).

Damit ist die Erstreckung der Bürgschaftsverpflichtung auf künftige Verbindlichkeiten des S gemäß § 307 BGB **unwirksam.**

IV. Möglicherweise liegt auch insoweit ein Verstoß gegen § 307 I BGB vor, als **alle bestehenden Forderungen** formularmäßig in den Sicherungskreis einbezogen werden sollen, **ohne dass insoweit eine nähere Bezeichnung** erfolgte.

1. Wie gesehen spricht im Hinblick auf die inhaltliche Bestimmtheit der Bürgschaftsverpflichtung grundsätzlich nichts gegen die Ausdehnung auf alle Forderungen.
2. Im Rahmen von AGB ist jedoch die genannte Anlassrechtsprechung auch auf diesen Bereich ausgedehnt worden. Der BGH geht von einer Verpflichtung des Verwenders von AGB aufgrund des sog. **Transparenzgebotes** nach Treu und Glauben aus, die Rechte und Pflichten seines Vertragspartners möglichst klar und durchschaubar darzustellen. Der Bürge hat danach ein schutzwürdiges Interesse daran, dass sich aus der Bürgschaftsurkunde **Gegenstand und Umfang** seines **Risikos** klar und richtig ergeben[201]. Dem genügt die von C verwendete Klausel nicht, da sie den Umfang der Verpflichtung verschleiert und den F nicht darüber informiert, dass bereits zuvor Darlehnsbeträge an S geflossen sind.

Insoweit verstößt die Klausel ebenfalls gegen § 307 I BGB und ist **unwirksam.**

V. Nach § 306 I BGB bleibt der Bürgschaftsvertrag **im Übrigen wirksam.** Hieraus schließt der BGH, dass die Bürgschaft des F sich nur auf die Summe erstreckt, welche seinerzeit bei Abschluss des Bürgschaftsvertrages in Rede stand. Die **Anlassrechtsprechung beschränkt** also die Bürgschaftsverpflichtung auf die Forderung, welche **seinerzeit Anlass für die Bürgschaftserklärung** war[202].

Damit kann die C-Bank von F nur Zahlung in Höhe von 250.000,– € aus § 765 I BGB verlangen.

Fall 4: Rückgriffsmöglichkeiten[203]

Bert Bricht (B) verbürgt sich schriftlich selbstschuldnerisch gegenüber der C-Bank auf Bitten seines Freundes Felix Austria (F) für ein geschäftliches Darlehn des F i.H.v. 100.000,– €, das bereits durch eine Bürgschaft der Zara Tustrah (Z) gesichert ist. Da der C-Bank diese Sicherheiten nicht genügen, tritt außerdem der Vater des F, Viktor Austria (V), der Darlehnsschuld bei. Nachdem F der C zum Fälligkeitstermin erklärt, zur Rückzahlung des Darlehns außerstande zu sein, verlangt diese von B Zahlung.

---

201 BGH NJW 2000, S. 658 ff. (659).

202 BGHZ 130, 19 (27); 137, 153 (156); BGH NJW 2000, S. 658 ff. (659).

203 Zu den Rückgriffsmöglichkeiten beim Zusammentreffen von Bürgen und dinglichen Sicherungsgebern vgl. unten § 23 Fall 2.

Welche Möglichkeiten des Rückgriffs gegen die anderen Beteiligten bestehen für B, wenn er an die C-Bank zahlt?

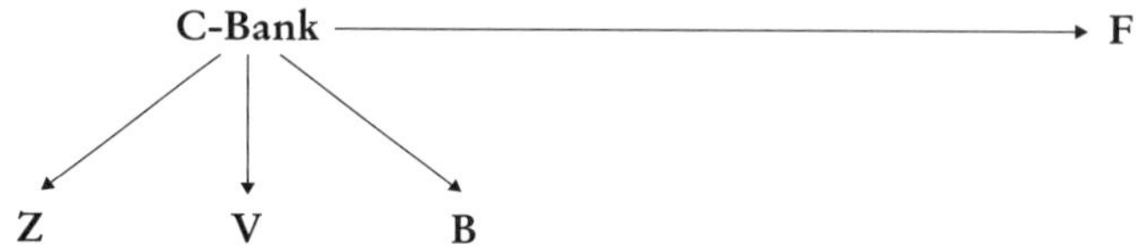

Lösung:

A. Rückgriffsansprüche B gegen F

I. Aus §§ 662, 670 BGB

B könnte u.U. von F **Rückzahlung** der an die C-Bank gezahlten 100.000,– € aus §§ 662, 670 BGB verlangen.

1. Dazu müsste zunächst zwischen B und F ein **Antragsverhältnis** gemäß § 662 BGB entstanden sein. B hat die Bürgschaft auf Bitten des F übernommen, ohne dass hierfür ein Entgelt vereinbart wurde, so dass B gegenüber F einen Auftrag übernommen hat.
2. F hatte sich gemäß § 773 I Nr. 1 BGB **selbstschuldnerisch** verbürgt. Das Darlehn des F war zur Rückzahlung fällig, so dass B gemäß § 670 BGB seine Aufwendung den Umständen nach für erforderlich halten durfte.

Also kann B von F eine Zahlung i.H.v. 100.000,– € aus dem Auftragsverhältnis gemäß §§ 662, 670 BGB verlangen.

II. Aus §§ 774 I, 488 I BGB

Mit der Zahlung an die C-Bank hat B außerdem gemäß § 774 I BGB im Wege des **gesetzlichen Forderungsübergangs (cessio legis)** die Darlehnsforderung C-F erworben. Also besteht der Zahlungsanspruch des B gegen F auch aus der Gläubigerposition, in die B durch die Zahlung gerückt ist.

B. Rückgriffsanspruch B gegen V

I. Aus § 774 I BGB

B könnte gegen V einen Rückgriffsanspruch aus § 774 I BGB i.V.m. dem Schuldbeitritt des V zur Darlehnsforderung des F haben.

1. Mit der Zahlung des B an C ist die Forderung der C-Bank aus der Darlehnsvereinbarung mit F auf B nach § 774 I BGB **übergegangen**.
2. Fraglich ist jedoch, ob mit der Zahlung auch die Forderung aus dem **Schuldbeitritt** des V auf B nach § 774 I BGB übergegangen ist. Nach § 774 I BGB **erwirbt** der zahlende Bürge die **Forderung, für die er sich stark gemacht** hat. Das war vorliegend ausschließlich die Forderung der C-Bank gegen den Hauptschuldner F. Anhaltspunkte dafür, dass der B sich zudem für den Vater des F und dessen Verbindlichkeit aus Schuldbeitritt verbürgen wollte, sind dem Sachverhalt nicht zu entnehmen. Damit hat durch die Zahlung B nicht über § 774 I BGB eine Rückgriffsforderung gegen V erworben.

II. Aus §§ 774 I, 401, 412 BGB

Möglicherweise hat B gegen V dadurch einen Rückgriffsanspruch erworben, dass die Forderung der C-Bank gegen V als **akzessorisches Sicherungsrecht** nach §§ 774 I, 401, 412 BGB mit Zahlung auf B überging. Damit ist entscheidend, ob der Schuldbeitritt zu den Sicherungsrechten i.S.v. § 401 BGB zählt.

1. § 401 BGB enthält **nicht ausdrücklich** den Schuldbeitritt als Sicherungsform. Den in der Vorschrift genannten Sicherungsrechten ist gemein, dass es sich um **akzessorische Nebenrechte** handelt. Demgegenüber ist der Schuldbeitritt nur im Moment der Beitrittserklärung akzessorisch, d.h. nur einer bestehenden Forderung kann beigetreten werden. Im Übrigen begründet der Schuldbeitritt eine **eigene, selbständige Verbindlichkeit** des Erklärenden in Form einer Gesamtschuld, die nicht mehr von der ursprünglichen, zu sichernden Forderung abhängt, wie z.B. aus § 425 BGB folgt.
2. In Betracht kommt, § 401 BGB **analog** anzuwenden, wenn der vorliegende Fall weder gesetzlich noch durch die Beteiligten geregelt worden ist, also eine **Regelungslücke** vorliegt[204].
   a) Zu berücksichtigen ist, dass ein zahlender Bürge nach § 774 I BGB kraft Gesetzes in die Position des Gläubigers allein im Verhältnis zum Hauptschuldner rückt. Ein **Ausgleichsanspruch der Gesamtschuldner untereinander** im Falle des Schuldbeitritts kommt dagegen nur nach Maßgabe des § 426 BGB in Betracht. Wenn V aus Gefälligkeit der Schuld des F beitritt, ist damit zwischen den Beteiligten klar, dass im **Innenverhältnis** ausschließlich der F die Verbindlichkeit tragen soll. F und V haben also eine von § 426 I BGB **abweichende Bestimmung** getroffen. Im Falle seiner Zahlung könnte also F von V **keinerlei Ausgleich** nach § 426 II BGB verlangen.
   b) Zahlt Bürge B, ist es im Verhältnis zu V zu anzusehen, als habe der Hauptschuldner gezahlt. Da aber dieser keinen Ausgleich von V verlangen kann, muss dies **ebenfalls für den Bürgen** B gelten. Nur im umgekehrten Fall der Zahlung durch den Beitretenden V hätte dieser nach §§ 412, 401 BGB das Sicherungsrecht Bürgschaft miterworben, hingegen nicht B gegenüber dem V.

Also hat B gegen V keinerlei Ausgleichsanspruch.

C. Rückgriffsanspruch B gegen Z aus §§ 774 II, 426 BGB

B könnte gegen den **weiteren Bürgen** Z einen Zahlungsanspruch aus §§ 774 II, 426 BGB haben.

I. B und Z haben sich beide für die Darlehnsschuld des F verbürgt. Unabhängig davon, dass dies nicht gemeinschaftlich geschehen ist, sind sie damit gemäß § 769 BGB **Mitbürgen**.

II. Mitbürgen haften gemäß § 774 II BGB untereinander ausschließlich nach § 426 BGB und sind also **wie im Innenverhältnis einer Gesamtschuld** zum

[204] Zur Analogie vgl. oben § 6 Abbildung 6.

Ausgleich verpflichtet. Mangels anderweitiger Vereinbarung sind sie danach gemäß § 426 I BGB im Zweifel als Gesamtschuldner im Innenverhältnis **zu gleichen Anteilen** verpflichtet. Gemäß § 426 II BGB geht im Verhältnis zu den übrigen Gesamtschuldnern die **Forderung auf den Zahlenden über**, soweit er Ausgleich von den anderen verlangen kann. Hier sind mangels anderweitiger Vereinbarungen die Mitbürgen B und Z einander zu gleichen Teilen verpflichtet.

Damit kann B von Z im Wege des internen Ausgleichs Zahlung von 50.000,– € aus §§ 774 II, 426 BGB verlangen.

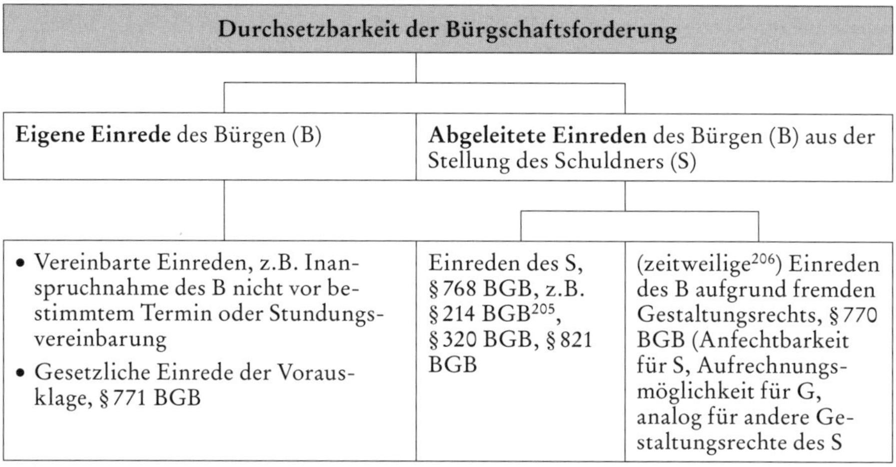

Abbildung 20: Einreden des Hypothekenschuldners

Fall 5: Durchsetzbarkeit und Regress

Peer Siehl (S) hat für sein Unternehmen zwei Firmen-PKW angeschafft. Hieraus schuldet er dem Verkäufer Fidel Gastro (G) insgesamt 80.000,–€. Anna Bolika (B), eine Geschäftsfreundin des S, übernimmt auf dessen Bitte eine Bürgschaft gegenüber G. Als der Kaufpreis fällig ist, zahlt B sofort auf Verlangen des G und ohne Rücksprache mit S. Als B im Rückgriff von S Zahlung verlangt, erklärt er ihr, er sei wegen gravierender Mängel der beiden PKW zum Rücktritt gegenüber G berechtigt gewesen. B hätte vor der Zahlung an G Rücksprache mit ihm halten müssen. S weigert sich daher, an B zu zahlen.

Kann B von S Zahlung verlangen?

Lösung:

A. B könnte gegen S einen Zahlungsanspruch aus §§ 662, 670 BGB besitzen.

I. Indem B auf Bitte des S die Bürgschaft übernahm, ist zwischen B und S ein **Auftragsverhältnis** nach § 663 BGB entstanden.

---

[205] Dies gilt nicht zugunsten des Hypothekenschuldners, vgl. § 216 I BGB!
[206] Vgl. Wortlaut § 770 I und II BGB, „solange …"

II. Fraglich ist, ob es sich bei der Zahlung des B an G um eine **Aufwendung** handelt, die B für **erforderlich** halten durfte.

1. Eine **Aufwendung** i.S. eines Vermögensopfers zur Erfüllung des Auftrags[207] liegt vor.

2. Ihre **Erforderlichkeit** ist indes fraglich.

a) Gemäß § 666 BGB besteht eine **Informationspflicht** der B gegenüber S über den Stand des Geschäfts. Diese Benachrichtigungspflicht besteht auch ohne Aufforderung des Auftraggebers[208]. Hierdurch soll der Auftraggeber über den Stand des Auftrags informiert und es sollen ihm sachgerechte Entscheidungen ermöglicht werden. Bei Erfüllung dieser Pflicht hätte S den Rücktritt vom Kaufvertrag mit G erklären können, so dass auch B analog § 770 I BGB[209] berechtigt gewesen wäre, die Zahlung gegenüber G zu **verweigern**.

b) Außerdem war der B nach § 771 BGB die **Einrede der Vorausklage** möglich.

Nach allem durfte sie die Aufwendung nicht für erforderlich halten. Ein Zahlungsanspruch gegen S aus §§ 662, 670 BGB besteht also nicht.

B. B könnte jedoch gegen S einen Zahlungsanspruch aus §§ 774 I, 433 II BGB haben.

I. Im Wege des gesetzlichen Forderungsübergangs (**cessio legis**) hat B durch Zahlung an G über §§ 412, 401 BGB die Kaufpreisforderung gegen S erworben.

II. Die gesicherte Hauptforderung geht auf B so über, wie sie im Verhältnis zwischen S und G bestand, also nach § 404 BGB unter Erhalt der **Einwendungen** des S gegenüber G. Hier war dem S gegenüber G die **Mängeleinrede** aus § 438 IV 2 BGB möglich. Daher ist er auch berechtigt, gegenüber B die Zahlung zu verweigern.

Damit kann B von S keine Zahlung im Wege des Regresses verlangen.

IV. Schuldrecht BT – gesetzliche Schuldverhältnisse

Gesetzliche Schuldverhältnisse beruhen nicht auf einer Willensäußerung, sondern werden an die **Erfüllung** bestimmter **tatbestandlicher Voraussetzungen** geknüpft, die nicht ohne weiteres disponibel sind. Die unerlaubte Handlung als ein Beispiel wurde bereits oben angesprochen.

---

[207] Palandt/Sprau § 670 Rn. 3.
[208] Palandt/Sprau § 666 Rn. 2.
[209] Dazu, dass § 770 I BGB analog auf andere Gestaltungsrechte als die Anfechtung anwendbar ist, vgl. Palandt/Sprau, § 770 Rn. 4 m.w.N.

§ 16
Die Geschäftsführung ohne Auftrag (GoA)[210]

- Wird jemand **unentgeltlich** mit der Wahrnehmung fremder Interessen betraut, spricht man von einem **Auftrag**, §§ 662 ff. BGB.
- Man kann allerdings auch im Geschäftsbereich eines anderen tätig werden, **ohne hierzu von ihm ermächtigt** oder i.S.v. § 662 BGB **beauftragt** worden zu sein. Es handelt sich dann um eine **ungebetene Wahrnehmung fremder Interessen.**[211]
- Da ein solches Verhältnis zwischen dem Geschäftsführer und dem eigentlichen Geschäftsherrn keine vertragliche Grundlage hat, stellt es ein **gesetzliches Schuldverhältnis** dar. Geregelt ist diese **Geschäftsführung ohne Auftrag** in den §§ 677 ff. BGB. Man kann folgende Fälle **unterscheiden:**

Echte GoA (= mit Fremdgeschäftsführungswillen)	
berechtigte GoA, wenn die Übernahme des Geschäfts dem Interesse und dem wirklichen oder mutmaßlichen Willen des Geschäftsherrn entspricht	**unberechtigte GoA**, wenn dies nicht der Fall ist

Unechte GoA (= ohne Fremdgeschäftsführungswillen)	
irrtümliche Eigengeschäftsführung, wenn Geschäftsführer versehentlich von eigenem Geschäft ausgeht (§ 687 I BGB)	**angemaßte Eigengeschäftsführung**, wenn Geschäftsführer bewusst ein fremdes Geschäft als eigenes behandelt (§ 687 II BGB)

Abbildung 21: GoA

Die Voraussetzungen der berechtigten GoA im Einzelnen:

1. (auch) **objektiv fremdes Geschäft** geführt (jede tatsächliche oder rechtliche Handlung)
2. mit **Fremdgeschäftsführungswillen** (vgl. § 687 BGB!); wird bei objektiv fremden Geschäft vermutet
3. orientiert an **Interesse** („objektive Nützlichkeit") und **erklärtem** oder **mutmaßlichem Willen** des Geschäftsherrn (§§ 677, 683 BGB)

Ansonsten liegt eine **unberechtigte GoA** vor. Anzuwenden sind dann § 684 (**Herausgabe der Bereicherung** durch **Geschäftsherrn**) und § 678 BGB (**Schadensersatzpflicht** des **Geschäftsführers**).

[210] S. dazu auch unten § 19 Fall 5.
[211] So die Formulierung von Klunzinger, Bürgerliches Recht, § 55 I 1.

Folgen der GoA:
- § 681 S. 2 i.V.m. § 667 BGB: **Herausgabepflicht** des Geschäftsführers hinsichtlich des Erlangten.
- § 683 i.V.m. § 670 BGB: **Aufwendungsersatz** bei berechtigter GoA
- Angemessene **Vergütung** bei beruflicher Tätigkeit (analog § 1836 BGB, str.)
- § 678 BGB: **Schadensersatz** bei **unberechtigter** GoA.
- § 684 BGB: **Herausgabepflicht des Geschäftsherrn** nach **Bereicherungsrecht** bei **unberechtigter** GoA
- § 687 II BGB: **angemaßte** GoA (**unechte** GoA, da kein Fremdgeschäftsführungswille)

Merke:
Im Bereich der berechtigten GoA kommen die §§ 812 ff. BGB nicht mehr zum Zug, weil die **berechtigte** GoA einen **rechtlichen Grund** i.S.d. **Bereicherungsrechts** liefert. Im Bereich **des Eigentümer-Besitzerverhältnisses (EBV)** stellt die berechtigte GoA zudem **ein Recht zum Besitz** nach § 986 BGB dar und schließt damit die §§ 987 ff. BGB aus[212].

Fall 1: Aufwendungsersatz und Vergütungsanspruch bei berechtigter GoA

Börsenmakler Mark Pfennig (M) kauft gelegentlich für einen seiner Kunden, Korbinian Saklzement (K), in dessen Auftrag Aktien. Als kurzfristig eine neue Aktie auf dem Markt erscheint, möchte M diese günstige Gelegenheit für K nicht ungenutzt vorübergehen lassen. Da K sich gerade in Urlaub befindet und nicht erreichbar ist, kauft M kurzerhand Aktien zum momentan günstigen Gesamtpreis von 10.000,– €. Als M dem K nach dessen Rückkehr freudestrahlend den Sachverhalt mitteilt, ist K hiervon wenig entzückt. Während seiner Abwesenheit hatte nämlich die Steuerfandung den Betrieb des K besucht. Eine hohe Steuernachforderung sowie ein Strafverfahren stehen dem K ins Haus. K möchte keine größeren Ausgaben tätigen. Demgegenüber verlangt M von K Erstattung seiner Auslagen i.H.v. 10.000,– € und eine angemessene Provision für sein Tätigwerden.

Zu Recht?

Lösung:

M könnte gegen K einen Anspruch auf Ersatz von **Aufwendungen** i.H.v. 10.000,– € sowie auf Zahlung einer Provision aus § 683 i.V.m. § 670 BGB haben.

I. Dazu müsste zunächst der M gemäß § 677 BGB ein **fremdes Geschäft** mit dem **Willen zur Fremdgeschäftsführung geführt** haben.

1. Der Begriff der **Geschäftsführung** umfasst jede tatsächliche oder rechtliche Handlung im fremden Interesse. Durch den Ankauf der Aktien handelte M im Interessenkreis des K. Dass er dabei möglicherweise auch ein eigenes Interesse, nämlich sein Provisionsinteresse verfolgte, steht dem nicht entgegen.

[212] Zum EBV vgl. unten § 21.

2. M handelte **objektiv** im Interessenkreis des K. Dass er selbst u.U. wegen seiner beruflichen Stellung gehalten ist, im Aktienhandel tätig zu sein, ist unerheblich. Nach der Rechtsprechung handelte es sich in einem solchen Fall um ein sog. **„auch-fremdes Geschäft"**, welches zusätzlich den Interessen eines anderen dienen soll und das für die GoA ausreicht[213].
3. Im Unterschied zur unechten GoA nach § 687 BGB ist erforderlich, dass der Geschäftsführer mit **Fremdgeschäftsführungswillen** handelt. Dieser Wille, für einen anderen dessen Interessen wahrnehmen zu wollen, wird bei dem hier vorliegenden objektiv fremden Geschäft von der Rechtsprechung **vermutet**[214].

II. Zur Geschäftsbesorgung war M **weder** durch **Auftrag** des K **noch sonst legitimiert.**

III. Die **Übernahme** der Geschäftsführung muss gemäß § 683 BGB dem **Interesse** und dem **tatsächlichen** oder **mutmaßlichen Willen** des K entsprechen, es muss sich also um eine sog. **berechtigte GoA** durch M handeln.

1. Ein Interesse des **Geschäftsherrn** an der Übernahme wird angenommen, wenn sie ihm **nützlich** ist. Die Frage der Nützlichkeit ist grundsätzlich **objektiv** zu beurteilen. Danach scheiden Fälle aus, in denen z.B. das Risiko oder die Kosten nicht mehr im Verhältnis zum erstrebten Erfolg stehen.

   Vorliegend geht es darum, Aktien zu einem kurzfristig günstigen Preis zu erwerben. Besondere Risiken sind dem Sachverhalt nicht zu entnehmen. Insofern ist es auch unerheblich, dass zur Zeit der Geschäftsübernahme durch M der K möglicherweise bereits keinerlei subjektives Interesse an einem Aktienerwerb hatte. Daher wird von einer dem K objektiv nützlichen Geschäftsübernahme durch M auszugehen sein.
2. Des Weiteren muss die Übernahme dem **tatsächlichen** oder **mutmaßlichen Willen** des K entsprechen.

   a) **Vorrangig** ist zunächst der **tatsächlich geäußerte Wille** des Geschäftsherrn, auch wenn dieser Wille unvernünftig ist oder den eigenen Interessen zuwider läuft. Ein solcher, ausdrücklich oder konkludent geäußerter Wille des K vor Übernahme des Geschäfts durch M liegt nicht vor und war auch nicht von K erfahrbar (§ 681 BGB), da er sich in Urlaub befand.

   b) Insofern kommt es darauf an, ob die Geschäftsübernahme durch M dem **mutmaßlichen Willen** des K entsprach. Dies ist der Wille, den der Geschäftsherr bei objektiver Beurteilung aller Umstände **im Zeitpunkt der Übernahme** geäußert haben würde. Mangels anderweitiger Anhaltspunkte ist bei **objektiver Nützlichkeit** auch von einem **mutmaßlichen Willen** auszugehen, die Geschäfte übernehmen zu lassen.

   Hier geschah die Übernahme des Geschäfts zu einem Zeitpunkt, als K infolge seiner Abwesenheit per se nichts von den ihm drohenden finanziellen Schwierigkeiten wusste. Es ist daher zu vermuten, dass er auch auf Frage des M hin dessen Tätigwerden gebilligt hätte, zumal das in Aussicht genommene Geschäft objektiv von Vorteil war.

---

[213] BGHZ 110, 313 (314f.).
[214] BGHZ 40, 28 (31); 98, 235 (240).

Daher ist die Geschäftsübernahme vom seinerzeit mutmaßlichen Willen des K abgedeckt.

Die Voraussetzungen des § 683 BGB liegen damit vor.

IV. Als **Rechtsfolge** kann M von K wie ein Beauftragter nach § 670 BGB Ersatz der Aufwendungen verlangen, die er für notwendig halten dufte.

1. Dies entspricht jedenfalls dem von ihm geltend gemachten **Kaufpreis** für die Aktien i.H.v. 10.000,– €.
2. **Fraglich** ist, ob zu den erstattungsfähigen Aufwendungen auch eine **Vergütung für berufliches Tätigwerden**, also ein Provisionsanspruch des M zählt.

   Die §§ 677 ff. BGB sehen hierfür keine ausdrückliche Anspruchsgrundlage vor. Nach der Rechtsprechung ist aber dann die übliche Vergütung zu zahlen, wenn die Tätigkeit zum Beruf oder Gewerbe des Geschäftsführers gehört[215]. Dies ist nicht bedenkenfrei, da das Gesetz einen derartigen Anspruch z.B. ausdrücklich für einen Vormund in § 1835 III oder § 1836 BGB vorsieht, die genau genommen analog herangezogen werden müssten. Aus der Erwägung, dass ansonsten der Geschäftsherr geschäftliche Vorteile erlangt, die üblicherweise zu vergüten sind, kann aber eine Zahlungspflicht des K an M begründet werden[216].

Anmerkung:
M ist dem K im Gegenzug zur **Herausgabe** der Aktien gemäß § 681 S. 2 i.V.m. § 667 BGB verpflichtet.

§ 17
Unerlaubte Handlung

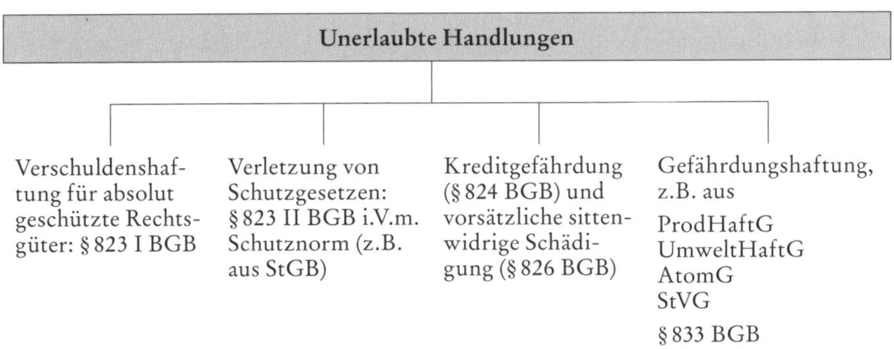

Abbildung 22: Unerlaubte Handlung

[215] BGHZ 65, 384 (390); BGH WM 1989, S. 801 f. (802); ebenso Palandt/Sprau, § 683 Rn. 8 m.w.N.

[216] Die gegenteilige Auffassung hat für sich, dass ein Auftragsverhältnis, auf das bei der GoA weitgehend verwiesen wird, gerade unentgeltlichen Charakter hat. Beides ist in einer Klausur vertretbar.

Schadensersatz aus unerlaubter Handlung nach § 823 I BGB[217]

A. Eingriff in ein absolut geschütztes Rechtsgut i.S.v. § 823 I BGB

I. **Ausdrücklich** genannte, absolut geschützte Rechtsgüter

II. **„Sonstiges Recht"** nach § 823 I BGB: ebenfalls von jedermann zu respektierende Rechtspositionen (absolute Rechte) wie etwa:

1. **Rechtmäßiger Besitz** (wegen § 862 I BGB von jedermann zu respektieren)
2. **Allgemeines Persönlichkeitsrecht** aus Art. 1 und 2 GG[218]:
   - Intimsphäre: innere Gedanken- und Gefühlswelt
   - Privatsphäre: familiärer Bereich
   - Individualsphäre: individuelle Eigenarten im Verhältnis zur Umwelt, etwa im Beruf
3. **Recht am eigenen Bild** als Unterfall des allg. Persönlichkeitsrecht (vgl. § 22 ff. KunstUrhG)
4. **Beschränkt dingliche Rechte** (z.B. Pfandrechte)
5. **Recht am eingerichteten und ausgeübten Gewerbebetrieb**
   - subsidiär gegenüber sonstigen Rechtsgutsverletzungen, scheidet also etwa aus bei Verletzung des Eigentums oder bei Gesundheitsverletzung von Mitarbeitern des Betriebes
   - kommt nur in Betracht bei zielgerichtetem (= betriebsbezogenem) Eingriff in den Betrieb

B. Durch Anspruchsgegner verursacht (Kausalität)

- Handlung oder (pflichtwidriges) Unterlassen des Schädigers kann nicht hinweggedacht werden, ohne dass die Verletzung entfiele (**äquivalente** Verursachung, sog. **conditio sine qua non**)
- Erfolg liegt nicht völlig außerhalb jeder Lebenserfahrung (**adäquate** Verursachung)
- Verletzung vom **Schutzzweck der Norm** erfasst und daher Schädiger zurechenbar. Abgrenzung u.U. zum eigenen Lebensrisiko des Verletzten, der sich selbst einer Gefahr aussetzt

C. Widerrechtlichkeit

- Durch Verwirklichung des Tatbestandes **indiziert** und nur bei Vorliegen eines **Rechtfertigungsgrundes** (z.B. Notwehr, § 227 BGB) ausgeschlossen.

---

[217] Vgl. dazu auch oben die Fälle zu Schadensersatz bei vertraglichen Pflichtverletzungen.

[218] Vgl. hierzu Hk-BGB/Staudinger, § 823 Rnrn. 90 ff.

- Bei sog. **Rahmenrechten** (Persönlichkeitsrecht, Recht am eigenen Bild, Recht am ausgeübten und eingerichteten Gewerbebetrieb) ist darüber hinaus **Abwägung** erforderlich zwischen Interessen des Geschützten und denen des Verletzers (z.B. zugunsten der Presse: Art. 5 I GG).
- Eingriff in allg. Persönlichkeitsrecht umso weniger hinnehmbar, je stärker die Intimsphäre berührt ist.

D. Schuld

- **Vorsatz** oder **Fahrlässigkeit**
- **Verschuldensfähigkeit:** §§ 827–829 BGB[219]

Folge: Schadensersatz nach §§ 249 ff. BGB

Fall 1: Rechtfertigungsgründe[220]

K verlangt von B Schadensersatz in Gestalt materieller wie auch immaterieller Schäden nach einem Badeunfall. Beide sind 22 Jahre alt. Sie verbrachten mit mehreren Jugendlichen eine Jugendfreizeit an einem Baggersee. Es wurde reichlich Alkohol konsumiert. Die Beteiligten und andere Teilnehmer der Freizeit verbrachten den Nachmittag damit, sich auf einen Bootssteg zu stellen und sich von anderen Teilnehmern ins Wasser schubsen zu lassen. Das Wasser am Ende des Stegs war tief. B schubste den K, der zusammen mit anderen Teilnehmern am Stegrand stand, wobei K eine Haltung einnahm, die während des Nachmittags als Aufforderung zum Stoßen betrachten wurde. K fiel unglücklich in eine seichte Stelle und war in der Folgezeit querschnittsgelähmt. Er verlangt Ersatz materieller Schäden sowie Zahlung von Schmerzensgeld.

Lösung:

K könnte gegen B einen Anspruch auf Ersatz **materieller Schäden** sowie auf Zahlung eines **Schmerzensgeldes** aus § 823 I BGB haben.

A. Dies setzt zunächst den Eingriff in eines der von § 823 I BGB **absolut geschützten Rechtsgüter** voraus.

   I. Eine **Gesundheitsverletzung** liegt vor, wenn ein pathologischer Zustand herbeigeführt wurde, der eine **ärztliche Heilbehandlung erforderlich** macht. Dies ist angesichts der Lähmung des K der Fall.

   II. **Körperverletzung** bedeutet **Beeinträchtigung der körperlichen Integrität.** Auch dies ist im Hinblick auf die Querschnittslähmung des K der Fall.

   Eine Verletzung absolut geschützter Rechtsgüter liegt also vor.

B. Es muss weiterhin **Kausalität** vorliegen, d.h. die Rechtsgutverletzung müsste durch den Anspruchsgegner B **verursacht** worden sein.

---

[219] Die Normen werden generell bei Schadensersatz herangezogen, soweit ein Verschulden Tatbestandsvoraussetzung ist, etwa bei § 280 I BGB.

[220] BGH NJW-RR 1995, S. 857 f.

I. Das Schubsen durch B kann nicht hinweggedacht werden, ohne dass gleichzeitig der Verletzungserfolg entfiele (sog. **conditio sine qua non**). Das Verhalten des B war damit **äquivalent kausal** für die Verletzung des K.

II. Völlig außerhalb der Lebenserfahrung liegende Wirkungen, welche nach der weiten Äquivalenzformel dem Anspruchsgegner noch zurechenbar wären, sollen nicht von § 823 I BGB erfasst werden. Dass ein Schubsen in ein nicht bekanntes Gewässer mit einem Verletzungsrisiko behaftet ist und daher auch zu schweren Verletzungen führen kann, liegt nicht derartig außerhalb jeder Wahrscheinlichkeit. Eine sog. **adäquate Kausalität** wird daher vorliegend zu bejahen sein.

III. Bestimmte Fallgruppen der **Selbstgefährdung** durch den später Verletzten werden darüber hinaus vom **Schutzbereich der Norm** ausgeschlossen, weil der Anspruchsgegner nicht für Folgen verantwortlich gemacht werden soll, welche ganz überwiegend auf der eigenen, bewussten Risikoexponierung durch den Verletzten beruhen[221]. Dies wird hier nicht zu bejahen sein, zumal alle Beteiligten von einem harmlosen Spaß ausgingen.

C. B müsste **widerrechtlich** gehandelt haben. Diese Widerrechtlichkeit ist normalerweise durch die Verwirklichung des Tatbestands ohne weiteres gegeben, sie ist **„indiziert"**. Sofern indes ein **Rechtfertigungsgrund** zugunsten von B vorliegt, scheidet Widerrechtlichkeit seines Handelns aus.

I. Die Widerrechtlichkeit könnte durch eine **Einwilligung** seitens des K ausgeschlossen sein. Wenn auch etwa in eine ärztliche Heilbehandlung, die rechtlich als Körperverletzung angesehen wird, eingewilligt werden kann, so hat K hier zwar offenbar in das Schubsen als Handlung, nicht aber in den nicht vorausgesehenen Erfolg einer Querschnittslähmung eingewilligt.

II. Anerkannt ist weiterhin, dass durch die **Teilnahme an einem regelgebundenen Wettkampf** die Rechtswidrigkeit ausgeschossen werden kann. Beteiligte an einem derartigen Spiel haben durch die Teilnahme zu verstehen gegeben, dass Verletzungen im Rahmen der Spielgrenzen hingenommen werden, ohne dass dies zu Schadensersatz führt[222]. Vorliegend handelt es sich jedoch nicht um ein regelgebundenes Wettkampfspiel, bei dem u.U. auch schwerste Verletzungen entschädigungslos hinzunehmen sind. Nur in einem solchen Fall wird die Vereinbarung eines Verzichts oder einer Haftungsfreistellung in Betracht kommen. Dies ist hier indes nicht anwendbar, weil **kein Regelwerk** existiert, auf das die Teilnehmer vertrauen dürfen und das ihrem Schutz dient. Damit liegen keinerlei Rechtfertigungsgründe zugunsten des B vor. Er handelte also widerrechtlich.

D. B müsste außerdem gemäß § 823 I BGB **vorsätzlich** oder **fahrlässig** gehandelt haben.

I. Dass B mit Wissen und Wollen des tatbestandlichen Erfolges, also vorsätzlich handelte, kann nicht unterstellt werden. Vielmehr hat er dadurch gegen

---

[221] Derartiges wird z.B. in den **Verfolgerfällen** diskutiert: Ein Polizeibeamter nimmt geradezu stuntmanartige Risiken bei der Verfolgung eines schlichten Diebes auf sich und verunglückt dabei. Vgl. dazu etwa BGHZ 63, 189; 132, 164.

[222] BGHZ 154, 316; BGH NJW 2001, S. 2018 ff. Zur Ausnahme bei bestehendem Versicherungsschutz vgl. BGH NJW 2008, S. 1591 ff.

die im Verkehr übliche Sorgfalt verstoßen, dass er den K in ein unsicheres und unbekanntes Gewässer schubste. Er handelte also fahrlässig.

II. Seine Trunkenheit entlastet den B im Hinblick auf seine **Schuldfähigkeit** nicht, es bleibt gemäß § 827 S. 2 BGB beim Vorwurf der Fahrlässigkeit.

E. Möglicherweise ist jedoch der Schadensersatzanspruch des K im Hinblick auf ein **Mitverschulden** seinerseits gemäß § 254 I BGB zu kürzen. Bei der in diesem Zusammenhang zu bildenden **Haftungsquote** ist insbesondere zu berücksichtigen, inwieweit K selbst durch sein Verhalten den Verletzungserfolg verursacht hat. Der Anspruch auf Ersatz der materiellen Schäden sowie das Schmerzensgeld sind dann um den ermittelten Prozentsatz zu kürzen.

K kann somit von B Ersatz der Heilkosten und Mehraufwendungen in Folge seiner Verletzung sowie ein Schmerzensgeld verlangen, wobei beides nach § 254 I BGB anteilsmäßig zu kürzen ist.

Schadensersatz als Rechtsfolge:

§§ 249 ff. BGB:

- §§ 249, 250 BGB: vorrangig ist **Naturalrestitution.** Der Zustand vor Eintritt des schädigenden Ereignisses ist wiederherzustellen.
- § 251 BGB, **Kompensation**: solche Schäden, die nicht durch Wiederherstellung („Restitution“) des ursprünglichen Zustands ausgleichbar sind (**merkantiler Minderwert** eines PKW als „Unfallwagen“ z.B.), werden durch Geld entschädigt („kompensiert“).
- § 252 BGB: **entgangener Gewinn** ersetzbar. Weitreichende Beweiserleichterung für die Ermittlung dieses hypothetischen Gewinns!
- § 253 I BGB: nur **ausnahmsweise Nichtvermögensschäden** ersatzfähig (bei §§ 253 II, 651 f. II, BGB z.B.), also solche, die sich nicht ohne weiteres berechenbar im Vermögen des Geschädigten niederschlagen.
- § 254 BGB: **Mitverschulden** des Geschädigten. Ersatzanspruch wird u.U. um die Quote eigenen Mitverschuldens des Geschädigten gekürzt.

Fall 2: Eigentumsverletzung; Eingriff in den Gewerbebetrieb[223]

Ben Zol (B), der bei der Firma von Zara Tusthra (Z) beschäftigt ist, fällt an einer Straße Bäume. Einen diesbezüglichen Auftrag hatte die zuständige Behörde der Firma Z erteilt. Dabei stürzt einer der Bäume auf eine elektrische Freileitung und durchtrennt eine Stromleitung, welche zum Betrieb des Alois Saklzement (A) führt, der eine Geflügelzucht betreibt. Infolge des Unfalls wird die Stromzufuhr für zwei Stunden unterbrochen und die elektrischen Brutapparate arbeiten in dieser Zeit nicht. Folge ist zum einen ein zweistündiger Produktionsstillstand, zum anderen werden teilweise verkrüppelte, unverkäufliche Küken geboren. A verlangt von B und von Z Ersatz für den durch die Unverkäuflichkeit der Küken sowie den Produktionsstillstand entstandenen Schaden. Z verteidigt sich damit, dass – insoweit zutreffend – B an sich ein bewährter Mitarbeiter sei, dem ein

[223] BGHZ 41, 123.

solcher Fehler bislang nicht unterlaufen sei und der bei Kontrollen immer beste Arbeitsleistungen bewiesen habe.

Welche Ansprüche hat A gegen B und Z?

Hinweis: § 823 II BGB ist nicht zu erörtern.

Abwandlung: VSP und Delegierung

Anders als im Ausgangsfall handelt es sich bei der Firma Z um eine Baufirma, welche eine Baustelle mit einer Baugrube eröffnet. Der von Z eingeschaltete Subunternehmer B, der u.a. die Sicherungsmaßnahmen übernommen hat, vergisst, die Grube zu sichern. Die Grube befindet auf einer Straße, welche zum Betrieb des A führt. Z selbst hatte sich nicht weiter um die Sicherung gekümmert und dem B blind vertraut. Ein LKW des A stürzt im Dunkeln in die Grube. Es entsteht erheblicher Sachschaden.

Welche Ansprüche hat A gegen Z bzw. B?

Lösung:

1. Teil: Anspruch auf Schadensersatz wegen der unverkäuflichen Küken

A. Aus § 823 I BGB gegen B:

A könnte gegen B einen Anspruch aus § 823 I BGB besitzen.

I. Dies setzt zunächst die Verletzung eines der von § 823 I BGB geschützten **Rechtsgüter** voraus. In Betracht kommen eine **Eigentumsverletzung** oder ein Eingriff in das **Recht am eingerichteten und ausgeübten Gewerbebetrieb.**

1. Das **Eigentum** des A an den im Brutapparat befindlichen Eiern ist durch die von B verursachte Stromunterbrechung in der Substanz verletzt worden.

2. Das **Recht am eingerichteten und ausgeübten Gewerbebetrieb** kommt insoweit als **subsidiäres Recht** nicht mehr zum Zuge.

II. Die Stromunterbrechung müsste **kausal** für die Verletzung gewesen sein.

1. Sie kann nicht hinweg gedacht werden, ohne dass auch der Verletzungserfolg, die Beschädigung der Eier im Brutapparat, wegfiel (sog. **conditio sine qua non**). Sie ist also kausal im Sinne der **Äquivalenzformel.**

2. Dass die Beschädigung eines Stromkabels dazu führen kann, dass Gegenstände in einer Produktion beeinträchtigt werden, liegt auch nicht außerhalb jeder Lebenserfahrung, so dass auch die **Adäquanz** der Schädigungshandlung zu bejahen ist.

Damit liegt insgesamt Kausalität der Verletzungshandlung vor.

III. Die **Rechtswidrigkeit** und die Schuld in Form **fahrlässigen** Verhaltens unterliegen keinerlei Bedenken.

Damit ist B dem A im Hinblick auf die unverkäuflichen Küken zu Schadensersatz verpflichtet. Insbesondere ist A von B der **entgangene Gewinn** nach § 252 BGB zu ersetzen.

B. Aus § 831 I BGB gegen Z

I. B steht als Arbeitnehmer in einem **sozialen Abhängigkeitsverhältnis** zu Z und ist den Weisungen seines Arbeitgebers unterworfen. Insofern ist er **Verrichtungsgehilfe** i.S.d. Vorschrift, für dessen widerrechtliche Schadensverursachung Z an sich einstehen muss.

II. Der Anspruch wird jedoch an der **Exkulpationsmöglichkeit** zugunsten des Z scheitern. Laut Sachverhalt war B wohl ausgesucht und überwacht, so dass nach § 831 I 2 BGB der Anspruch gegen Z nicht besteht.

2. Teil: Ansprüche wegen der zweistündigen Produktionsverzögerung

A. Aus § 823 I BGB gegen B

Soweit A Ansprüche gegen B diesbezüglich geltend macht (z.B. Lohnzahlung an Mitarbeiter trotz Ruhens der Produktion, entgangener Gewinn durch eingeschränkte Einsatzmöglichkeit etc.), kommt ein Anspruch aus § 823 I BGB in Betracht.

I. Eine **Eigentumsverletzung** käme mangels Substanzverletzung nur in Betracht wegen **Besitzentzuges** an den Produktionsmitteln oder einer so schwerwiegenden **Gebrauchsbeeinträchtigung**, dass sie einem Besitzentzug gleichkäme. Ersteres liegt nicht vor. Im Hinblick auf letzteres ist zu berücksichtigen, dass eine nur zweistündige Beeinträchtigung nicht so schwerwiegend wie ein kompletter Entzug der Sachherrschaft wirkt, der unstreitig eine Eigentumsverletzung darstellt. Damit liegt keine Eigentumsverletzung vor.

II. Jedoch könnte das **Recht am eingerichteten und ausgeübten Gewerbebetrieb**, welches jetzt anwendbar ist, verletzt sein. Nicht jeder Eingriff ist hierfür ausreichend; notwendig ist vielmehr ein **betriebsbezogener Eingriff**.

1. Ein solcher scheidet aus bei Körperverletzung der Mitarbeiter oder Eigentumsverletzung an Sachen des Unternehmers. Dies liegt nicht vor (s.o.).
2. Notwendig ist darüber hinaus ein innerer, unmittelbarer Zusammenhang zwischen der betrieblichen Tätigkeit und dem Eingriff. Dies ist hier nicht der Fall. Es wurde nur die Fertigung vorübergehend unterbrochen, ohne dass ein spezifischer Bezug zum Betrieb den Eingriff kennzeichnete. Nach dem BGH ist ein „unmittelbarer, d.h. **betriebsbezogener Angriff** auf das Unternehmen" erforderlich[224].

Damit besteht insoweit kein Anspruch aus § 823 I BGB.

B. Aus § 831 I BGB gegen Z

Es gilt das gleiche wie in Bezug auf die unverkäuflichen Küken. Z haftet nicht nach § 831 I BGB wegen der eröffneten **Exkulpationsmöglichkeit**. I.Ü. liegt bereits keine unerlaubte Handlung des B bzgl. des Produktionsausfalls vor, für die Z einzustehen hätte.

---

[224] BGHZ 41, 123 (127); BGH NJW 2003, S. 1040ff. (1041).

Lösung der Abwandlung:

1. Teil: Anspruch A/Z auf Schadensersatz aus § 823 I BGB

A. Als **Rechtsgut** ist das **Eigentum** des A verletzt worden.

B. Anders als im Ausgangsfall liegt kein aktives Tun, sondern ein **Unterlassen** der Sicherung vor. Ein derartiges Unterlassen wird nur dann haftungsrechtlich dem Handeln gleichgestellt, wenn eine **Pflicht zum Tätigwerden** bestand. Eine solche Pflicht stellt die **Verkehrssicherungspflicht (VSP)** dar.

I. Z hat eine **Gefahrenquelle** in Gestalt der Baugrube eröffnet. Sie ist für eine Abschirmung dieser Gefahr verantwortlich, so dass eine Verkehrssicherungspflicht vorliegt.

II. Die Verkehrssicherungspflicht kann jedoch durch Vertrag auf einen Dritten **übertragen** werden[225]. Dies ist vorliegend durch entsprechende Vereinbarung mit B geschehen, so dass die VSP auf B überging.

III. Bei Z verbleibt auch nach **Delegierung** indes die Pflicht zu **Überwachung und Kontrolle**[226], der sie nicht genügt hat, als sie blindlings auf Sicherungen durch B vertraute, ohne sich selbst davon zu überzeugen.

C. **Rechtswidrigkeit** und **Schuld** unterliegen keinen Bedenken.

Damit besteht der geltend gemachte Anspruch A/Z.

2. Teil: Anspruch A/B auf Schadensersatz aus § 823 I BGB

Auch dieser Anspruch besteht, weil B durch die vertragliche Vereinbarung mit Z **selbst verkehrssicherungspflichtig** geworden ist und die übrigen Voraussetzungen der Anspruchsgrundlage ebenfalls vorliegen.

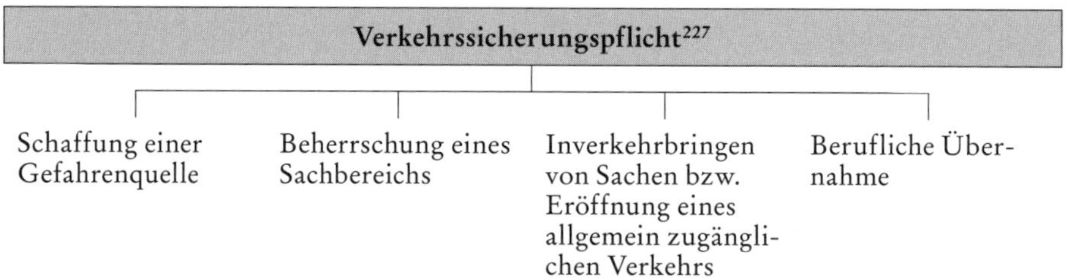

Abbildung 23: Fallgruppen der Verkehrssicherungspflicht (VSP)

Fall 3: Produkt- und Produzentenhaftung[228]

Die Bollerwasser-GmbH (B) stellt Getränke, u.a. Mineralwasser mit Kohlensäure her. Apolinaris Asbach (A) kauft eine Kiste Mineralwasser. Als er nach harten Sekunden mit dem „Fatsuit-Bauchwegtrainer" an den Kühlschrank eilt, um ihm eine Flasche Wasser zu entnehmen, explodiert diese infolge von Haarrissen in

[225] BGH NJW-RR 1988, S. 471 f.; st. Rspr.
[226] Vgl. BGH NJW-RR 1989, S. 394 ff. (395). Zur Kontrollpflicht auch BGH NJW 2006, 2006, S. 3268 ff. (3269).
[227] Vgl. hierzu m.w.N. Hk-BGB/Staudinger, § 823 Rnrn. 60 ff.
[228] OLG Koblenz NJW-RR 1999, S. 1624 ff.

seiner Hand. Die Splitter verletzen den A. Auf Vorhaltungen des A hin behauptet B, die erforderliche Sorgfalt bei der Produktion beachtet zu haben. Sein Produktionsbetrieb entspreche dem neuesten Stand der Technik. Vor dem Befüllen würden die Flaschen einem Testdruck ausgesetzt, dabei platze normalerweise eine fehlerhafte Flasche. Das Kontrollverfahren stelle sicher, dass nach Befüllen und vor dem Inverkehrbringen die Flaschen unversehrt seien.

Kann A von B Ersatz der Heilungskosten und ein Schmerzensgeld verlangen?

Lösung:

A. Anspruch A gegen B auf Ersatz der Heilungskosten und Zahlung eines Schmerzensgeldes aus § 1 I 1 ProdHaftG

A könnte gegen B einen Anspruch im o.g. Umfang aus § 1 I 1 ProdHaftG haben.

I. Es müsste zunächst eines der in § 1 I 1 ProdHaftG genannten **Rechtsgüter** verletzt worden sein. Infolge der Explosion ist A in seiner körperlichen Integrität beeinträchtig worden. Es war auch eine Heilbehandlung erforderlich. Damit liegen **Köper-** und **Gesundheitsverletzung** vor.

II. Diese müssten durch ein **fehlerhaftes Produkt verursacht** worden sein.

1. Zu den Verletzungen ist es infolge der Explosion der Flasche gekommen. Letztere fällt als **bewegliche Sache** ohne weiteres unter den **Produktbegriff** des § 2 ProdHaftG.

2. Fraglich ist die **Fehlerhaftigkeit** des Produkts nach § 3 ProdHaftG. In Betracht kommt ein **Fabrikationsfehler**.

a) Nach § 3 ProdHaftG hat ein Produkt einen **Fehler**, wenn es nicht die Sicherheit bietet, die unter Berücksichtigung aller Umstände berechtigterweise erwartet werden kann. Ein Verbraucher erwartet hinsichtlich einer in Verkehr gebrachten Sprudelwasserflasche, dass sie keine Beschädigungen hat, auch keine Haar- oder Mikrorisse, die zu einer Explosion der Flasche führen.

b) Fraglich ist, ob dem entgegensteht, dass es sich offenbar nach dem **Prüfverfahren** bei B um einen **Ausreißer** handelt. Nach dem ProdHaftG soll eine Haftung nur noch dann ausgeschlossen sein, wenn die potentielle Gefährlichkeit des Produkts **zum Zeitpunkt des Inverkehrbringens** aufgrund der technischen Möglichkeiten noch nicht erkannt werden konnte. Diese Zielsetzung ergibt sich aus § 1 II Nr. 5 ProdHaftG.

Hingegen ist ein **Ausreißer-Einwand** bei der **verschuldensunabhängigen Haftung nicht zulässig.** Die potentielle Gefährlichkeit von Mehrwegflaschen, die mit kohlensäurehaltigen Getränken befüllt werden, ist nicht unbekannt. Der Sicherheitsmangel solcher Glasflaschen besteht darin, dass sie platzen können, wenn feinste Haarrisse im Glas vorhanden sind, die sich weiterentwickeln. Entstehen solche Fehler in den Pfandflaschen während des Abfüllvorgangs oder bleiben vorher entstandene Haarrisse unerkannt, handelt es sich um

Fabrikationsfehler. Dafür, dass dies nicht im Produktionsprozess aufgetreten ist, wäre B im Rahmen des ProdHaftG darlegungs- und beweispflichtig.

III. B ist gemäß § 4 I ProdHaftG **Hersteller** des Produkts.

IV. Eine **Haftung** ist nach § 1 II Nr. 2 ProdHaftG **ausgeschlossen**, wenn nach den Umständen davon auszugehen ist, dass das Produkt den **Fehler**, der den Schaden verursacht hat, **noch nicht** hatte, als der Hersteller **es in den Verkehr** brachte. B trägt aber nur vor, dass **normalerweise** Flaschen das Kontrollverfahren nicht passieren, sofern sie fehlerhaft sind. Dies genügt für § 1 II Nr. 2 ProdHaftG nicht. Damit liegen die **Voraussetzungen** des § 1 I 1 ProdHaftG vor.

V. Fraglich ist, ob alle von A geltend gemachten Schäden zu ersetzen sind. Der **Umfang** des zu ersetzenden Schadens ergibt sich im Falle der Körperverletzung aus §§ 8–10 ProdHaftG. Danach sind die Heilungskosten ersatzfähig. Zudem enthält das ProdHaftG eine nach § 253 I BGB erforderliche Regelung in § 8 S. 2, wonach auch **immaterielle Schäden** ersetzt werden[229].

Damit kann A von B neben den **Heilungskosten** auch ein **Schmerzensgeld** aufgrund des **ProdHaftG** verlangen.

B. Anspruch A gegen B auf Ersatz der Heilungskosten und Zahlung eines Schmerzensgeldes aus § 823 I BGB[230]

A könnte gegen B einen Anspruch im o.g. Umfang aus § 823 I BGB haben.

I. Körper und Gesundheit des A sind verletzt worden, eine **Rechtsgutverletzung** liegt also vor.

II. Diese Rechtsgutverletzung müsste B **verursacht** haben.

1. Im Rahmen von § 823 I BGB ist hierfür grundsätzlich und anders als beim ProdHaftG der **Geschädigte darlegungs- und beweispflichtig.** Dies wird dem A vorliegend schon allein mangels Einblickmöglichkeit in den Produktionsablauf bei B kaum möglich sein.

2. Im Rahmen einer **Produzentenhaftung aus § 823 I BGB** ist die ständige Rechtsprechung unter bestimmten Voraussetzungen von einer **Beweislastumkehr** zugunsten des Geschädigten hinsichtlich **Pflichtwidrigkeit** und **Verschulden** des Produzenten ausgegangen. In diesem Fall wäre es Sache des Produzenten, sich zu entlasten. Notwendig bleibt dabei aber der **Nachweis** durch den **Geschädigten**, dass die Rechtsgutverletzung ihre **Ursache im Verantwortungsbereich des Produzenten** hat. Vorliegend wird A nicht nachweisen können, dass der Haarriss bereits vorhanden war, ehe die Flasche in den Verkehr gebracht worden ist.

3. Bei Verletzung einer sog. **Befundsicherungspflicht** tritt jedoch auch in diesem Bereich nach der Rechtsprechung eine **Beweislastumkehr** ein, welche den Produzenten belastet.

---

[229] Dies ist seit dem 1.8. 2002 der Fall.

[230] Die Anspruchsgrundlage ist nicht auf bestimmte Haftungshöchstbeträge beschränkt, wie dies nach § 10 ProdHaftG der Fall ist.

a) B hat mit der Mehrwegflasche ein Produkt in Verkehr gebracht, das wegen seiner Eigenart (Glasbehälter, der mehrfach verwendet wird und unter starkem Innendruck steht) eine besondere Schadenstendenz aufweist. Ihn trifft eine **Prüfungs- und Befundsicherungspflicht** dahin, den Zustand des Glases jeder Flasche vor Inverkehrgabe auf seine Berstsicherheit hin zu ermitteln (Befundsicherung und Prüfung) und sich darüber zu vergewissern, dass nur unbeschädigte Flaschen den Herstellungsbereich verlassen.

b) Insoweit käme dem A in Ausnahme vom allgemeinen Grundsatz, dass der Geschädigte grundsätzlich darzulegen und zu beweisen hat, dass der Mangel des Produkts aus dem Verantwortungsbereich des Herstellers stammt, diese **Beweislastverteilung** zugute, wenn B als Hersteller dieser Befundsicherungspflicht nicht genügt hat. Voraussetzung einer **Pflicht zur Befundsicherung** ist, dass eine zuverlässige Ausmusterung vorgeschädigter Flaschen technisch möglich und B wirtschaftlich zuzumuten ist. Die **Maßnahmen**, bei deren Unterlassung eine Beweislastumkehr eintritt, **müssen nicht** die Explosion von Glasflaschen in Verbraucherhand **völlig ausschließen**. Es genügt, dass dadurch eine **deutliche Verringerung des Produktrisikos** erfolgt. Dies ist nach den Darlegungen des B aufgrund des Prüfungsverfahrens aber der Fall.

   Eine Vermutung, dass in seinem Verantwortungsbereich der Auslöser für die Verletzung zu suchen ist, weil er seiner Befundsicherungspflicht nicht nachgekommen ist, besteht damit nicht. Es wäre also im Rahmen von § 823 I BGB weiterhin Sache des A, dies zu beweisen. Hierzu ist er nicht in der Lage.

Damit liegen die Voraussetzungen eines Anspruchs aus § 823 I BGB nicht vor.

Die Fallgruppen bei der Produzentenhaftung:

- Entwicklungs- oder Forschungsfehler
- Fabrikationsfehler
- Instruktionsfehler
- Überwachung des Produkts im praktischen Gebrauch

Überschneidungen im Bereich der Produzentenhaftung zwischen dem ProdHaftG und § 823 I BGB sind denkbar. Insbesondere erfasst das ProdHaftG nicht die letzte Fallgruppe (vgl. § 1 II ProdHaftG, verschuldensunabhängige Haftung des Herstellers **bis zum Inverkehrbringen** eines Produkts!).

§ 18
Negatorische Ansprüche

- Der **Eigentümer** einer Sache hat zunächst einen **Schadensersatzanspruch** gegen einen etwaigen Schädiger. Des Weiteren kann er vom unberechtigten Besitzer die **Herausgabe** der Sache verlangen. Bei **Störungen anderer Art** ist er durch § 1004 BGB – sog. **negatorischer Anspruch** – geschützt und kann **Beseitigung der Beeinträchtigung** bzw. bei **Wiederholungsgefahr Unterlassen** vom **Störer** verlangen. Der Anspruch hängt nicht von einem Verschulden des Störes ab.
- § 1004 BGB wird **analog** auf die Beeinträchtigung anderer absolut geschützter Rechtsgüter angewendet. Man spricht dann vom **quasinegatorischen Anspruch.**

Fall 1: Unterlassungsanspruch, allgemeines Persönlichkeitsrecht[231]

Die B betreibt eine Kette von Lebensmittelgeschäften. Zu Werbezwecken lässt B über eine Werbefirma Handzettel in die Briefkästen der Haushalte in der umliegenden Gegend der jeweiligen Geschäfte werfen. Als K wiederholt Werbezettel im Briefkasten seiner Eigentumswohnung findet, bringt er dort ein Schild an, welches den Einwurf von Werbematerial untersagt und wendet sich persönlich an B. In der Folgezeit wirft die Werbefirma erneut Material bei K ein. Dieser erhebt gegen B Klage auf Beseitigung der Störung und Unterlassung weiterer Einwürfe.

Mit Erfolg?

Lösung:

Anspruchsgrundlage für das Begehren des K ist § 1004 I BGB, und zwar entweder direkt oder in analoger Anwendung.

I. Der Anspruch auf **Unterlassung** von Beeinträchtigungen steht dem **Eigentümer** einer Sache zu. Er ergänzt § 903 BGB. Auch der Briefkasten gehört zum geschützten Bereich; der Wohnungseigentümer hat daher das Recht, sich gegen die Beeinträchtigung seiner räumlich-gegenständlichen Sphäre durch das Aufdrängen unerwünschter Werbematerialien zu wehren. Dabei ist nicht erforderlich, dass es sich um eine gewisse Menge an Werbematerial handelt. Auch der Einwurf einzelner Werbedrucksachen kann untersagt werden.

II. § 1004 BGB wird **analog** für den Inhaber eines nach § 823 BGB geschützten **absoluten Rechtes** angewendet. Analog § 1004 I BGB kann K von B **Unterlassung** verlangen, wenn er in einem sonstigen Recht i.S.d. § 823 I BGB verletzt ist.

   1. In Betracht kommt eine Verletzung des **allgemeinen Persönlichkeitsrechts,** das aus Art. 1 und 2 GG folgt und als absolutes Recht anerkannt ist[232].

[231] OLG Frankfurt/M. NJW 1988, S. 1854 ff.; BGHZ 106, 229, (232 ff.); BGH NJW 1992, S. 1958 f. (1959); NJW 2005, S. 78.

[232] Vgl. BGHZ 13, 334 (338).

Es gewährt ein subjektives Recht auf Achtung und Entfaltung der Persönlichkeit. Man unterscheidet zwischen Eingriffen in die **Individual-, Privat- und Intimsphäre.** Der Schutz des einzelnen ist je nach betroffener Sphäre unterschiedlich stark ausgeprägt. Hier liegt ein Eingriff in die **Privatsphäre** vor. K geht es nicht nur um die Abwehr der Beeinträchtigung in seinem räumlichen Bereich als Eigentümer, sondern um die Abwehr von Eingriffen in seine private Sphäre. Hier hat das Recht des einzelnen, sich dem Einfluss auf seine Konsumentscheidung zu entziehen, Vorrang. Die Konsumentscheidung des Verbrauchers hat einen hohen Stellenwert für die individuelle Lebensgestaltung, die ohne unerwünschte Einflüsse bleiben muss[233].

2. Da das allgemeine Persönlichkeitsrecht ein **Rahmenrecht** darstellt, indiziert der Eingriff nicht notwendigerweise die Rechtswidrigkeit. Vielmehr ist eine **Güter- und Interessenabwägung** anzustellen. Diese fällt zugunsten des Verbrauchers aus. Der einzelne muss dem unerwünschten Eindringen der Werbung in seinen eigenen Bereich entgehen und entgegentreten können. Insbesondere, wenn er seinen Willen nach außen kund getan hat, überwiegt sein Interesse, vor Eingriffen in die Privatsphäre verschont zu bleiben, die rein kommerziellen Werbeinteressen.

3. Das Anbringen eines deutlichen Verbots am Briefkasten ist ausreichend. Setzt sich das werbende Unternehmen über das Verbot hinweg, besteht die für den Unterlassungsanspruch erforderliche **Wiederholungsgefahr.** Auch danach ist der Anspruch insoweit gegeben.

III. Der Anspruch besteht jedoch nur dann gegen die B, wenn diese auch **Störer** i.S.v. § 1004 I BGB ist. Hier ist zu berücksichtigen, dass B nicht selbst die Werbedrucksachen verteilt, sondern sie durch ein beauftragtes Unternehmen einwerfen lässt. Das werbende Unternehmen ist jedoch **mittelbarer Störer.** Neben demjenigen, der die Störung verübt, haftet auch, wer sie veranlasst hat. Gegenüber dem eingeschalteten Werbeunternehmen besitzt B eine ausreichende Rechtsmacht, gegen Beeinträchtigungen des K einzuschreiten. Die B ist gehalten, alle zumutbaren rechtlichen und wirtschaftlichen Möglichkeiten auszuschöpfen, um weitere Rechtsbeeinträchtigungen des K auszuschließen.

Der Anspruch ist damit gegeben, die Klage also erfolgreich.

§ 19
Bereicherungsrecht

Ein weiteres **gesetzliches Schuldverhältnis** wird durch die §§ 812 ff. BGB gebildet. Sie dienen dazu, **ungerechtfertigte Vermögensverschiebungen** zwischen Personen wieder rückgängig zu machen, wenn sie ohne rechtlichen Grund geschehen sind[234].

---

[233] Vgl. OLG Köln NJW 1988, S. 2615.
[234] Vgl. dazu auch die **Fälle zum Geschäftsfähigkeitsrecht**, oben § 5.

§ 812 I BGB enthält insgesamt vier verschiedene Anspruchsgrundlagen. Man unterscheidet vor allem in § 812 I 1 BGB **Leistungs- und Eingriffskondiktion (kondizieren = heraus verlangen).**

Daneben kommen weitere Normen wie § 816 I oder II BGB in Betracht.

Die Voraussetzungen in § 812 I 1 BGB sind im Überblick:

- Etwas wurde erlangt,
- durch Leistung/Eingriff in ein Recht mit Zuweisungsgehalt,
- ohne rechtlichen Grund.

Rechtsfolge ist die Pflicht zur **Herausgabe des Erlangten.** Da es also nicht um Schadensersatz geht, ist grundsätzlich kein Verschulden erforderlich.

Fall 1: Leistungskondiktion

K und V schließen einen notariellen Kaufvertrag über ein Grundstück. Danach beträgt der Kaufpreis 100,– €/qm. Heimlich haben sich K und V jedoch geeinigt, dass der Kaufpreis 200,– €/qm betragen soll, um Steuern und Notarsgebühren zu sparen. Infolge später Reue will K von V seine Zahlung zurück.

Zu Recht?

Abwandlung: Wegfall der Bereicherung und verschärfte Haftung

Wie verhält es sich, wenn V das Geld beim Hütchenspielen im Bahnhofsumfeld verzockt hat?

Lösung:

K könnte gegen V einen Anspruch auf Hausgabe des gezahlten Betrages aus § 812 I 1, 1. Alt. BGB haben.

I. Dazu müsste V etwas erlangt haben. Dieses **„Etwas“** ist jedweder Vermögensvorteil und hier in **Besitz** und **Eigentum** am Geld zu sehen, wenn bar gezahlt wurde. Ansonsten hat V im Falle einer Überweisung des Kaufpreises eine **Forderung** gegen seine Bank („Buchgeld“) erlangt.

II. Dies müsste durch **Leistung** des K geschehen sein.

Leistung wird definiert als **bewusste zweckgerichtete Mehrung fremden Vermögens**[235]. Zweck war hier, den Kaufvertrag zu erfüllen. Dies hat K auch bewusst veranlasst.

III. Die Leistung müsste weiterhin **ohne rechtlichen Grund** geschehen sein.

Rechtlicher Grund, welcher die Vermögensverschiebung legitimierte, wäre ein wirksamer Kaufvertrag zwischen K und V.

1. Den **Kaufvertrag vor dem Notar** haben V und K einverständlich nur **zum Schein** abgeschlossen, um Steuern und Gebühren zu sparen. Der notarielle Kaufvertrag ist damit nach § 117 I BGB **nichtig**.

[235] BGH NJW 2005, S. 60 f. (60).

2. Im Hinblick auf das tatsächlich gewollte Geschäft gelten nach § 117 II BGB die für das **verdeckte Geschäft** anzuwendenden Vorschriften. Der verdeckte, heimliche Vertrag wurde nur mündlich zwischen V und K vereinbart. Er ist daher gemäß §§ 311b, 125 BGB **formnichtig.**

Die Leistung erfolgte also tatsächlich **ohne rechtlichen Grund.**

Als Folge muss V dem K das **Erlangte** wieder **herausgeben**, also entweder das Geld in bar an K zurück zahlen oder eine Überweisung an K tätigen.

Lösung der Abwandlung:

Fraglich ist, ob V sich gemäß § 818 III BGB auf den **Wegfall seiner Bereicherung** berufen kann, so dass er nicht auf Herausgabe in Anspruch genommen werden könnte.

I. Der Betrag, den V durch die Leistung des K erhalten hat, ist nicht mehr im Vermögen des V vorhanden. An sich ist damit seine Bereicherung weggefallen.

II. Möglicherweise **haftet** er jedoch gemäß § 819 I BGB **verschärft**, ohne dass er sich auf Bereicherungswegfall berufen könnte.

1. V als Empfänger der Leistung war sich über das Scheingeschäft und den verdeckten, nicht formgerechten Kaufvertrag im Klaren. Damit kannte er beim Empfang den Mangel des rechtlichen Grundes und war **bösgläubig.**

2. Nach § 819 I BGB ist er damit zur Herausgabe verpflichtet, wie wenn der Herausgabeanspruch **rechtshängig** geworden wäre.

a) **Rechtshängigkeit** bedeutet, dass der Empfänger auf Herausgabe **verklagt** ist. Hier wie auch im Fall der Bösgläubigkeit muss er **damit rechnen**, das empfangene Etwas **wieder herausgeben** zu müssen. Entlässt er es trotzdem aus seinem Vermögen, geht dies zu seinen Lasten.

b) § 819 I BGB verweist damit auf die Regelung in § 818 IV BGB. Der verklagte Empfänger haftet gemäß § 818 IV BGB nach **allgemeinen Vorschriften.** Gemeint sind damit die §§ 292, 987 ff. BGB, nach denen jeder bösgläubige Besitzer Herausgabe bzw. Schadensersatz schuldet.

Also kann sich V in der Abwandlung nicht auf den Wegfall seiner Bereicherung berufen.

Fall 2: Eingriffskondiktion

Bauer Ewald verkauft an die örtliche Schlachterei seinen Mastviehbestand. Beim Abtrieb von der Weide werden versehentlich auch einige Milchkühe von Bauer Harms mit abtransportiert. Nachdem das Vieh verkauft und geschlachtet worden ist, erfährt Bauer Harms hiervon und verlangt von Bauer Ewald Wertersatz.

Abwandlung: Verfügung eines Nichtberechtigten

Kann H von E auch den infolge Verhandlungsgeschicks des E ausgesprochen hohen Erlös, den dieser von der Schlachterei erhalten hat und welcher den Wert des Viehs beträchtlich übersteigt, im Klageweg herausverlangen?

Lösung:

E könnte etwas durch **Eingriff** in ein Recht des H erlangt haben, was er gemäß § 812 I 1. 2. Alt. BGB an H herausgeben müsste.

I. E hat **etwas**, nämlich den **Besitz** an den Kühen erlangt.

II. Dies geschah auf Kosten des H durch **Eingriff** in dessen Recht – Eigentum an dem Vieh – (sog. **fremdes Recht mit Zuweisungsgehalt**), nicht durch Leistung.

III. Diese Vermögensverschiebung war **nicht** durch einen Vertrag gedeckt oder sonst irgendwie **gerechtfertigt**.

Damit kann H von E Herausgabe des Erlangten verlangen. Da dies nach der Schlachtung des Viehs nicht mehr möglich ist, kann H den E auf **Wertersatz** gemäß § 812 I 1, 2. Alt. i.V.m. § 818 II BGB in Anspruch nehmen. Hierbei ist der objektive Wert des Viehs zu ersetzen.

Lösung der Abwandlung:

H könnte gegen E einen Anspruch auf **Herausgabe** des erzielten **Verkaufserlöses** aus § 816 I 1 BGB haben.

A. Indem E das Vieh an die Schlachterei nach § 929 S. 1 BGB übereignete, hat er über das Eigentum an den Kühen **verfügt**.

B. E war nicht ihr Eigentümer, so dass er als **Nichtberechtigter** verfügte.

C. Diese **Verfügung** müsste dem H gegenüber **wirksam** sein.

  I. Dies wäre der Fall, wenn die Schlachterei gemäß § 932 BGB **gutgläubig** das Eigentum an den Kühen erworben hat. Allerdings hat H den **Besitz** am Vieh **unfreiwillig verloren**. Es handelt sich also um **abhanden gekommenes** Vieh, an dem E der Schlachterei wegen § 935 I 1 BGB kein Eigentum verschaffen konnte.

  II. Möglicherweise wird das Rechtsgeschäft durch **Genehmigung** des H nach § 185 II BGB wirksam.

    1. Eine **ausdrückliche** Genehmigung der Veräußerung i.S.v. § 184 I BGB liegt nicht vor.

    2. Anerkannt ist jedoch, dass in der **Klage auf Herausgabe** des **aus der Verfügung Erlangten** eine **konkludente Genehmigung der Verfügung** zu sehen ist[236], da die Klage nur bei Wirksamkeit der Verfügung auch Erfolg haben kann.

D. Als **Rechtsfolge** ist E zur **Herausgabe des Erlangten** verpflichtet. Fraglich ist indes, was in diesem Sinne das Erlangte ist. In Betracht kommt zum einen der **Wert der Kühe**, wie sie ihn zur Zeit der Verfügung besaßen, zum anderen aber auch der ihren Wert übersteigende **Verkaufserlös**, den E durch sein Verhandlungsgeschick erzielt hat.

  I. Man könnte **vertreten**, dass der den Wert übersteigende Teil des Kaufpreises von E **nicht durch die Verfügung**, sondern durch sein persönliches

---

[236] BGH DB 1960, S. 1211 ff. (1212); Hk-BGB/Schulze, § 816 Rn. 7.

Verhandlungskönnen erzielt worden ist und daher ihm zusteht. Hierfür spricht, dass auch § 818 II BGB einen **objektiven Maßstab** zur Wertermittlung bestimmt. Die Höhe des Anspruchs richtet sich nach dem objektiven Wert der Sache und nicht nach einem möglichen, höheren Verkaufswert.

II. Dem **widerspricht** jedoch, dass § 818 II BGB von einem Anspruch auf Herausgabe des **ursprünglich** Erlangten ausgeht, welches jedoch nicht mehr herausgegeben werden kann. Demgegenüber stellt § 816 I BGB quasi die **Verlängerung** eines **dinglichen** und insofern wesentlich **stärkeren Herausgabeanspruchs**, nämlich hier eines solchen aus § 985 BGB dar. Ähnlich wie bei § 285 BGB soll ein **Surrogat** herausgegeben werden, welches demjenigen zusteht, der eine Vermögensminderung erlitten hat. Daher ist davon auszugehen, dass der Schuldner des Anspruchs aus § 816 I BGB auch den **Gewinn** an den Gläubiger herauszugeben hat[237].

Erlangtes Etwas ist somit der komplette **Erlös**, den E aufgrund der Verfügung über das Eigentum des H an den Kühen erlangt hat. Diesen Betrag muss er gemäß § 816 I BGB an H herausgeben.

Anmerkung:

Die **Leistungskondiktion** ist gegenüber der Nichtleistungskondiktion (= Eingriffskondiktion) **vorrangig.** Soweit nur irgendeine Rückabwicklung in einem Leistungsverhältnis in Betracht kommt, ist die Eingriffskondiktion ausgeschlossen.

Bei mehreren beteiligten Personen ist also **entlang den Leistungsbeziehungen rück abzuwickeln. Zweck** dieser Konstruktion ist es, dass sich jeder nur mit **seinem Vertragspartner** rechtlich auseinandersetzen soll. Das **Insolvenzrisiko** etwa soll nur im Verhältnis der Vertragspartner zu tragen sein.

Merke: Jeder soll sein **Vertrauen** da **suchen**, wo er es **gelassen** hat!

Fall 3: Bereicherungsanspruch und Saldotheorie[238]

Karl Schlag (K) erwarb vertraglich von Bernd Ommenbrenner (B) ein Sonnenstudio nebst Inventar und Warenvorräten zum Preis von 75.000,– €. In der Folgezeit betrieb er das Studio unter dem Geschäftsnamen „Ballermann" mehrere Monate lang. Danach stellte er den Geschäftsbetrieb ein. Kurz darauf brannte das Sonnenstudio ab. Es stellte sich heraus, dass der K bereits vor dem Vertragsschluss mit V geschäftsunfähig war. Vertreten durch seine Pflegerin begehrt der K Rückzahlung des Kaufpreises von B. Dies hält B für ausgeschlossen, weil dem K die Rückgabe des Sonnenstudios unmöglich sei.

Muss B dem K den Kaufpreis herausgeben?

Lösung:

Der Anspruch K gegen B könnte aus § 812 I 1, 1. Alt. BGB gerechtfertigt sein.

[237] Palandt/Sprau § 816 Rn. 20 m.N. auch für die Gegenansicht.
[238] BGH NJW 1994, S. 2021 f.

I. B hat **etwas**, nämlich entweder den Besitz an 75.000,– € in bar oder – im Falle der Gutschrift des Betrages auf seinem Konto – eine Guthabenforderung gegenüber seiner Bank erlangt.

II. **Die Leistung des Kaufpreises** als bewusste zweckgerichtete Mehrung fremden Vermögens erfolgte **ohne Rechtsgrund**, weil der zwischen K und B abgeschlossene Kaufvertrag nach §§ 104 Nr. 2, 105 I BGB von Anfang an **nichtig** war.

III. **Fraglich** ist jedoch, ob der K den **Kaufpreis herausverlangen** kann, obwohl er im **Gegenzug** das Sonnenstudio **nicht wieder zurückgeben** kann. Hier ist die sog. **Saldotheorie** der Rechtsprechung zu berücksichtigen[239]. Diese greift regelmäßig bei der Rückabwicklung nichtiger gegenseitiger Verträge ein und ist im Vergleich zur **Zweikondiktionenlehre** herrschend.

1. Nach der **Zweikondiktionenlehre** können Empfänger der Leistung und Empfänger der Gegenleistung jeweils **getrennt** voneinander Bereicherungsansprüche geltend machen. Diese sind allenfalls über ein Zurückbehaltungsrecht oder eine Aufrechnung miteinander verbunden. Hinsichtlich jedes Anspruches wäre an sich zu fragen, ob nach § 818 III BGB noch eine Bereicherung vorliegt.

2. Demgegenüber geht die **Saldotheorie** von **einem einzigen Bereicherungsanspruch** aus. Dieser steht nur demjenigen zu, der mehr weggegeben als erhalten hat. **Ziel** ist es, eine Berufung auf § 818 III BGB **einzuschränken.** Derjenige, der seine Leistung herausverlangt, kann dies nur, wenn er selbst noch etwas zu bieten hat. Damit wird auch bei der Rückabwicklung nichtiger Verträge der Tatsache Rechnung getragen, dass Leistung und Gegenleistung ursprünglich in einem **Gegenseitigkeitsverhältnis (Synallagma)** standen. Dies führt zu Folgendem:

   a) Bei **ungleichartigen Leistungen** wird ein Bereicherungsanspruch nur Zug um Zug gegen Rückgewähr der Gegenleistung zugesprochen.

   b) Bei **gleichartigen Leistungen** wird ein **Saldo** gebildet. Nur derjenige, dem ein positiver Saldo zusteht, kann einen Bereicherungsanspruch geltend machen. Da hier der K nichts mehr „zu bieten hat“, könnte er danach keinen Bereicherungsanspruch geltend machen.

3. Es existiert jedoch eine Reihe von **Ausnahmen** von diesen Grundsätzen. Insbesondere ist bei der Beteiligung **Minderjähriger** anerkannt, dass die Rückabwicklung **nicht** im Wege einer **faktischen** synallagmatischen Bindung geschehen darf. Wenn ein Vertragsteil aus Gründen des Minderjährigenschutzes bereits nicht an einem Vertrag festgehalten werden darf, muss dies ebenfalls bei der Rückabwicklung nach §§ 812 ff. BGB gelten. Der Minderjährige darf **auch nicht faktisch** an dem **nichtigen Vertrag festgehalten** werden. Der BGH geht davon aus, dass dies auch für den Fall der Beteiligung eines **Geschäftsunfähigen** zu gelten hat. Auch hier ist die synallagmatische Bindung von Anfang an nicht gegeben, so dass eine Saldierung nicht erfolgen darf.

Damit kann K von B zunächst weiterhin 75.000,– € aus ungerechtfertigter Bereicherung herausverlangen.

---

[239] Hierzu vgl. Palandt/Sprau, § 818 Rn. 48 f. m.w.N.

IV. Die Voraussetzungen des § 819 I BGB für eine **verschärfte Haftung** werden **nicht vorliegen.** K war in diesem Sinne nicht bösgläubig, selbst wenn er mit seiner Erkrankung selbst gerechnet haben sollte. Seine Geschäftsunfähigkeit schließt gerade eine Zurechnung einer solchen Kenntnis aus.

Damit besteht der Anspruch des K gegen B.

Fall 4: Zweckverfehlung; GoA[240]

Bartel Most war Eigentümer eines landwirtschaftlichen Betriebes und eines Hausgrundstückes. Da er seinem Sohn Karl Most zugesagt hatte, dass dieser Erbe des landwirtschaftlichen Betriebes werden würde, machte K erhebliche Aufwendungen. U.a. tilgte er Schulden des B in Höhe von 50.000,– €. Diesen Betrag hatte B als Darlehn zum Ausbau des Hauses aufgenommen. Nachdem B das Eigentum an dem landwirtschaftlichen Betrieb und dem Hausgrundstück auf seine am Komödienstadl schauspielernde Lieblingstochter Thalia Most übertragen hat, verlangt K nun von B Ersatz der 50.000,– €.

Lösung:

Mangels vertraglicher Abreden über den Aufwendungsersatz kommen nur gesetzliche Ansprüche in Betracht.

A. Da K auf eine fremde Schuld i.S.v. § 267 BGB gezahlt hat, könnte ein Anspruch aus GoA entweder **als berechtigte GoA** nach §§ 677, 683, 670 BGB oder als **unberechtigte GoA** nach §§ 684, 812 BGB vorliegen[241]. Allerdings müsste K dann ein nach § 677 BGB **fremdes Geschäft** mit **Fremdgeschäftsführungswillen** geführt haben. Dies ist angesichts dessen zweifelhaft, dass er zum einen als vermeintlicher künftiger Erbe nach § 1967 BGB für Schulden des E gehaftet hätte und zum anderen die Aufwendungen dem Haus zugute kamen, bei dem K davon ausging, dass er es als Eigentum erwerben würde. Dies spricht dafür, dass K **nicht** mit **Fremdgeschäftsführungswillen** handelte, so dass Ansprüche aus GoA ausscheiden.

B. Möglicherweise steht K gegen B ein Anspruch aus § 812 I 2, 2. Alt. BGB zu.

   I. B hat durch bewusste, zweckgerichtete Vermögensmehrung, also **Leistung** seitens des K die **Befreiung** von der Darlehnsschuld erlangt.

   II. Der mit der Leistung nach dem Inhalt des Rechtsgeschäfts **bezweckte Erfolg** darf nicht eingetreten sein.

      1. Der mit dem Rechtsgeschäft **bezweckte Erfolg** ist **nicht** im Sinne einer **Verbindlichkeit** zu verstehen. In diesem Fall wäre § 812 I 1 BGB einschlägig. **Zweck** ist hier vielmehr **ein nicht geschuldetes Handeln**, das durch die Leistung herbeigeführt werden soll.

      2. Hier bestand seitens des K **keinerlei Verpflichtung**, den B von seiner Darlehnsschuld zu befreien. Vielmehr wollte er den B durch die Zahlung zu einem seinerseits nicht geschuldeten Verhalten bewegen, nämlich zur Einsetzung des K als Erbe.

---

240 BGH NJW 1996, S. 926.
241 Zur GoA vgl. oben § 16.

3. Der mit der Leistung **bezweckte Erfolg** (Erwerb des landwirtschaftlichen Betriebes durch Erbfall) kann nicht mehr eintreten, weil die Tochter T Eigentümerin geworden ist.

Damit liegen die Voraussetzungen der Anspruchsgrundlage vor.

III. Möglicherweise ist jedoch ein **Wegfall der Bereicherung** nach § 818 III BGB eingetreten. Dieser könnte darin zu sehen sein, dass B den landwirtschaftlichen Betrieb und das Hausgrundstück auf seine Tochter übertragen hat. Die Bereicherung des B besteht indes darin, seiner Schuld entledigt zu sein. Von diesem Ausgangspunkt her kann von Wegfall der Bereicherung nach § 818 III BGB nicht gesprochen werden. Hat K durch von ihm erbrachte Zahlungen den B von seiner Verbindlichkeit befreit, so besteht die dadurch bewirkte Bereicherung, nämlich der **Wegfall der Schuld**, zugunsten des B unverändert fort. Eine Berufung auf den Wegfall der Bereicherung kommt nicht in Betracht. Nicht das Grundstück ist Gegenstand der Bereicherung, sondern die **Befreiung von der Darlehnsschuld**.

Damit steht K gegen B ein Anspruch aus § 812 I 1, 2. Alt. BGB zu.

Fall 5: GoA, Bereicherungsausgleich[242]

Der V ist Eigentümer eines 50.000 qm großen Geschäftsgrundstücks. Dieses vermietet er zum Betrieb eines Einkaufszentrums an M zu 12,– € pro qm. Ab dem 1. Januar vermietet M das Grundstück an U zum qm-Preis von 20,– €. Als V hiervon erfährt, verlangt er von M den Mehrerlös von monatlich 40.000,– € heraus.

Lösung:

A. Zunächst sind **vertragliche** Ansprüche zwischen V und M zu prüfen.

I. Aus dem **Mietvertrag** selbst folgt kein Anspruch auf Herausgabe des Mehrerlöses.

II. In Betracht kommt jedoch ein Anspruch aus **§ 280 I BGB wegen Pflichtverletzung im Hinblick auf den Mietvertrag.**

1. Ein **Schuldverhältnis** liegt in Form des Mietvertrages vor.

2. Die **unberechtigte Untervermietung** stellt auch eine grundsätzlich (§ 280 I 2 BGB) **schuldhafte Pflichtverletzung** dar. Dies folgt aus § 540 I BGB, wonach der Mieter ohne Erlaubnis des Vermieters nicht berechtigt ist, den Gebrauch der gemieteten Sache einem Dritten zu überlassen, insbesondere die Sache weiterzuvermieten[243].

3. Wäre dem V durch die unerlaubte Untervermietung ein **Schaden** entstanden, etwa durch erhöhte Abnutzung der Sache, wäre M ihm zum Ersatz verpflichtet. Durch die Untervermietung als solche ist jedoch **kein Schaden** entstanden. Insbesondere ist hier die Mietsache dem ursprünglichen Zweck gemäß verwendet worden[244].

Damit scheiden vertragliche Ansprüche des V gegen M aus.

---

[242] BGH ZIP 1996, S. 232 ff.

[243] Bei einer Wohnraummiete gilt insoweit § 553 BGB.

[244] BGH ZIP 1996, S. 232 ff. (235).

B. In Betracht zu ziehen sind **gesetzliche** Ansprüche.

I. Es kommt ein Anspruch aus **GoA** gemäß §§ 687 II, 681 S. 2, 667 BGB in Betracht. Dies setzt voraus, dass M ein **objektiv fremdes Geschäft** geführt hat.

Dies könnte darin zu sehen sein, dass die unberechtigte Untervermietung über den dem M eingeräumten Geschäftskreis hinausgeht. Die HM verneint das Vorliegen eines objektiv fremden Geschäfts jedoch ebenso wie der BGH. Danach scheitert ein Anspruch aus **angemaßter Geschäftsführung** daran, dass der Mieter mit der Untervermietung kein objektiv fremdes Geschäft vornimmt. Der Mieter, der vertragswidrig untervermietet, übe nur **den ihm überlassenen Gebrauch,** der also auch ausschließlich ihm zugewiesen ist, in einer ihm nicht zustehenden Weise aus[245].

II. Da M aufgrund des Mietvertrages **nicht unrechtmäßiger Besitzer** ist[246], kommt ein Anspruch aus §§ 987, 990 BGB nicht in Betracht.

III. V könnte jedoch gegen M einen Anspruch aus § 816 I 1 BGB besitzen.

1. Die **unmittelbare Anwendung** der Norm scheitert bereits daran, dass die Untervermietung einer Sache **keine Verfügung** im Sinne einer Übertragung, Belastung, Änderung oder Aufhebung eines Rechts darstellt.
2. Eine **analoge Anwendung scheidet aus**, weil der Untermietzins kein Gegenwert ist, den der Mieter **anstelle** des Eigentümers erzielt. Hier ist zu beachten, dass § 816 I BGB quasi einen **verlängerter Eigentumsanspruch** darstellt. Der Eigentümer hätte die bereits an den Mieter vermietete Sache jedoch nicht mehr selbst an einen Dritten vermieten können.

IV. In Betracht kommt schließlich ein Anspruch § 812 I 1, 2. Alt. BGB.

1. M hatte einen **Mehrerlös** in Höhe von 40.000,– € monatlich **erlangt.**
2. Dies müsste **in sonstiger Weise** geschehen sein. M müsste den Vermögenswert durch **Eingriff in den Zuweisungsgehalt eines fremden Rechts** erlangt haben.
   a) Teilweise wird in der Literatur ein Eingriff in das Eigentum des Vermieters durch die unberechtigte Untervermietung angenommen[247].
   b) Der BGH und die HM lehnen einen solchen Eingriff zu Recht ab. Aus dem Gesichtspunkt der **Eingriffskondiktion** lasse sich der Anspruch des Eigentümers auf Herausgabe des Untermietzinses nicht herleiten, weil der Mieter den Untermietzins nicht auf Kosten des Vermieters erlangt habe. Die Untervermietung sei auch dann, wenn sie ungerechtfertigt erfolge, ein dem Mieter zugewiesenes Geschäft. Dem Vermieter entgingen dadurch keine Verwertungs- oder Gebrauchsmöglichkeiten, derer er sich nicht schon durch den Abschluss des Hauptmietvertrags begeben habe. Er selbst könne die Mietsache einem Dritten gar nicht mehr überlassen[248].

Damit steht V gegen M kein Anspruch auf den Mehrerlös zu.

---

245 BGH NJW 1964, S. 1853.

246 Diese Anspruchsgrundlage setzt die §§ 985, 986 BGB voraus: der Besitzer muss zur Herausgabe an den Eigentümer verpflichtet gewesen sein.

247 Palandt/Sprau, § 812 Rn. 34.

248 BGH ZIP 1996, S. 232 ff. (235).

V. Sachenrecht – Eigentum

Das **Schuldrecht** regelt Beziehungen zwischen Personen. Das dritte Buch des BGB, das **Sachenrecht**, beschäftigt sich demgegenüber mit der Frage, **welche Rechte** Personen **an bestimmten Sachen zustehen** können.

- Im Gegensatz zum Schuldrecht, das es ermöglicht, eine beliebige Anzahl und die unterschiedlichsten Arten von Schuldrechten durch Parteivereinbarung entstehen zu lassen, ist das Sachenrecht vom **numerus clausus** und vom **Typenzwang** bestimmt. Dies bedeutet, nur die im Gesetz geregelten Formen **dinglicher** (= **sachenrechtlicher**) **Berechtigung** sind möglich. Die Parteien können also nicht eigene oder neue Sachenrechte entstehen lassen.
- Man unterscheidet **bewegliche** und **unbewegliche Sachen**. Wichtigstes und umfassendstes Sachenrecht ist das **Eigentum**. Aber auch **beschränkte dingliche Rechte** an Sachen, die einzelne Befugnisse einräumen, sind möglich.

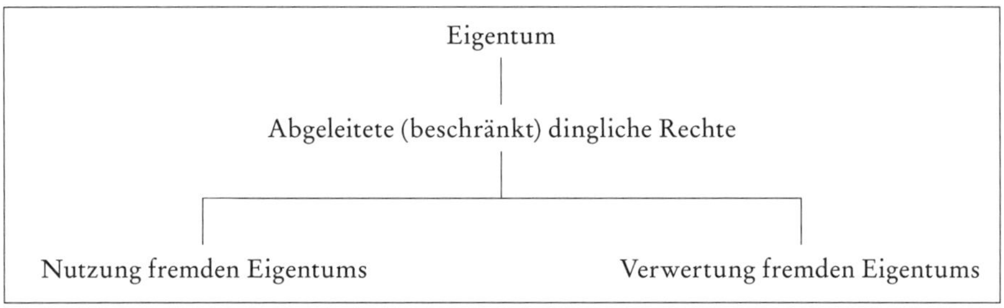

Abbildung 24: Eigentum

Sachen	Wesentliche Bestandteile	Zubehör
§ 90 BGB, nur körperliche Gegenstände (Gegensatz z.B.: Forderungen)	Trennung von Hauptsache nicht möglich ohne Zerstörung oder Wesensänderung, § 93 BGB	Bewegliche Sache, die – ohne Bestandteil zu sein – Hauptsache wirtschaftlich dient und in räumlichem Verhältnis zu ihr steht, § 97 BGB
Rechtsposition: Eigentum, § 903 BGB (demgegenüber bei Forderungen: Inhaber)	Teilen rechtliches Schicksal der Hauptsache, § 93 BGB	Teilt u.U. das Schicksal der Hauptsache (z.B. gemäß § 1120 BGB bei Hypothek)
Sonderformen: • vertretbare Sachen, § 91 BGB • verbrauchbare Sachen, § 92 BGB • Früchte, § 99 BGB/Nutzungen, § 100 BGB	**Sonderformen:** • Verbindung mit Grundstück oder Gebäude, § 94 I BGB • zur Gebäudeherstellung eingefügte Sachen, § 94 II BGB	**Sonderform:** • Inventar, § 98 BGB

Sachen	Wesentliche Bestandteile	Zubehör
Eigentumserwerb: • rechtsgeschäftlich (z.B. § 929 BGB) • gesetzlich (z.B. § 953, § 958 BGB)	Eigentumserwerb: • durch Verbindung mit Grundstück, § 946 BGB • durch Verbindung beweglicher Sachen, § 947 BGB	Eigentumserwerb • rechtsgeschäftlich bei Grundstückszubehör: § 926 BGB • gesetzlich z.B. bei Zwangsversteigerung des Grundstücks aufgrund Hypothek, vgl. § 1120 BGB
	Ausgleich für Rechtsverlust: § 951 BGB	

Abbildung 25: Sachen, Bestandteile und Zubehör

§ 20
Eigentum, Besitz und Anwartschaftsrecht (AWR)

Eigentumserwerb geschieht kraft
- **Rechtsgeschäfts** (s.u.) oder
- **Gesetzes** (vgl. §§ 946 ff., 937, 958 BGB).

Rechtsgeschäftlicher Eigentumserwerb:

A. Einigung:

Dinglicher Vertrag zwischen Veräußerer und Erwerber (vgl. §§ 929 S. 1, 873 I, 925 I BGB).

- Einigung bei Grundstückserwerb (sog. **Auflassung**:) bedarf der notariellen Beurkundung, § 925 I BGB.
- Einigung ist bis zum Vollzug frei widerruflich, wie aus §§ 873 II, 956 I 2 BGB generell geschlossen wird.

B. Verlautbarungsmoment:

I. Bei **beweglichen** Sachen:
- Übergabe, § 929 S. 1 BGB, oder
- Vereinbarung eines Besitzmittlungsverhältnisses, §§ 930, 868 BGB, oder
- Abtretung eines Herausgabeanspruchs gegen einen Dritten, § 930 BGB.

II. Bei **unbeweglichen** Sachen: Eintragung in das Grundbuch, § 873 I BGB.

C. Einigsein bei Vollzug der Übergabe bzw. Vereinbarung des Übergabeersatzes.

D. Berechtigung des Veräußerers zur Verfügung:

- fehlt, wenn Sache nicht im Eigentum des Veräußerers steht (vgl. Wortlaut von § 929 S. 1 BGB);
- fehlt, wenn Veräußerer zwar Eigentümer, jedoch nicht zur Verfügung befugt, sondern Dritter (Beispiel: § 22 InsO, Insolvenzverwalter und nicht der sog. Gemeinschuldner darf verfügen);
- besteht, wenn Veräußerer zwar nicht Eigentümer, aber vom Berechtigten zur Verfügung ermächtigt wird, § 185 I BGB.

Bei fehlender Berechtigung u.U.:

E. Gutgläubiger Erwerb vom Nichtberechtigten:

I. Bei **unbeweglichen** Sachen: § 892 BGB, der gute Glaube an eine falsche **Eintragung im Grundbuch** wird geschützt.

II. Bei **beweglichen** Sachen:
- für Erwerb nach § 929 S. 1 BGB gilt § 932 BGB: guter Glaube an **Eigentümerstellung** geschützt[249];
- für Erwerb nach § 930 BGB gilt § 933 BGB: Erwerb möglich, wenn Erwerber noch nach Erlangung des Besitzes an der Sache gutgläubig;
- für Erwerb nach § 931 BGB gilt § 934 BGB: Erwerb möglich, wenn entweder bei Abtretung oder Besitzerlangung Erwerber noch gutgläubig:
- gutgläubiger Erwerb an **abhanden** gekommenen Sachen (= unfreiwilliger Besitzverlust) gemäß § 935 BGB **ausgeschlossen.**

Fall 1: Eigentumserwerb, Anwartschaft

B kauft beim Autohaus A unter Vereinbarung von Ratenzahlung einen PKW. A behält sich das Eigentum bis zur vollständigen Kaufpreiszahlung vor und behält den Kfz-Brief. B seinerseits veräußert kurz darauf den PKW an den C, der den B für den Eigentümer des PKW hält.

Was hat C erworben?

Lösung:

1. Teil: Eigentumserwerb durch C

C könnte durch Rechtsgeschäft mit B das Eigentum am PKW nach § 929 S. 1 BGB erworben haben.

A. Zunächst war A Eigentümerin des PKW. Durch Rechtsgeschäft mit B hat A nicht das volle Eigentum auf B übertragen, § 929 S. 1 BGB, sondern nur ein **Anwartschaftsrecht**, wie auch aus § 449 I BGB folgt. Des Zurückbehalten des Kfz-Briefs ist generell regelmäßig nur dahin verstehen, dass der Verkäufer dem Käufer das Eigentum am Fahrzeug zur Sicherung seiner Kaufpreisforderung

---

249 § 366 I HGB schützt noch weitergehend den guten Glauben an die Verfügungsbefugnis eines Kaufmanns. Dazu unten § 31.

nur unter der aufschiebenden Bedingung vollständiger Zahlung des Kaufpreises übertragen will[250] Dieses Anwartschaftsrecht wird als **wesensgleiches Minus** zum Vollrecht Eigentum angesehen und entsteht dadurch, dass der Veräußerer den Erwerb des Vollrechts durch den Erwerber **nicht** mehr **einseitig verhindern** kann, wie sich aus § 161 I BGB ergibt. Durch die Zahlung der Raten kann B den Rechtserwerb einseitig herbeiführen.

B. C könnte jedoch durch Rechtsgeschäft mit B das Eigentum erworben haben.

I. Eine entsprechende **Einigung** zwischen B und C nach § 929 S. 1 BGB liegt vor, ebenso eine **Übergabe** des PKW.

II. Allerdings war B nicht Eigentümer und somit **nicht** zur Veräußerung **berechtigt**.

III. In Betracht kommt dann ein Eigentumserwerb durch C nach § 932 BGB, sofern er **gutgläubig** hinsichtlich der Berechtigung des B war. Hier ist zu berücksichtigen, dass B nicht in der Lage war, den Kfz-Brief vorzuweisen, der sich immer noch bei A befand. C konnte dann allenfalls **grob fahrlässig** davon ausgehen, dass der Wagen sich im Eigentum des B befand, § 932 II BGB, so dass ein gutgläubiger Erwerb des Eigentums ausscheidet.

Also hat B kein Eigentum am PKW erworben.

2. Teil: Erwerb des Anwartschaftsrechts durch B

C könnte jedoch von B ein **Anwartschaftsrecht** am PKW erworben haben.

Der Erwerb eines Anwartschaftsrechts als **wesensgleichem Minus** zum Vollrecht folgt den Grundsätzen des Vollrechtserwerbs, hier also § 929 S. 1 BGB[251].

A. Eine **Übergabe** des PKW liegt vor.

B. Fraglich ist eine entsprechende **Einigung** zwischen B und C.

I. An sich bezog sich die Einigung zwischen B und C auf die Übertragung des vollen Eigentums am PKW.

II. In dieser Einigung könnte jedoch eine auf Übertragung eines Anwartschaftsrechts mit enthalten sein. Hierfür spricht, dass im Zweifel die Parteien bei Scheitern des Vollrechtserwerbs **zumindest** die Übertragung des rechtlichen Minus in Gestalt des **Anwartschaftsrechts** gewollt haben werden. Insoweit kann auch der Rechtsgedanke des § 140 BGB herangezogen werden. Damit liegt eine Einigung zwischen B und C vor.

III. In Bezug auf das Anwartschaftsrecht am PKW war B auch **Berechtigter**, so dass im Ergebnis C ein Anwartschaftsrecht am PKW erworben hat.

Fall 2: Gutgläubiger Erwerb

Im vorigen Fall veräußert A den PKW nach dem Geschäft mit B erneut, diesmal unter Abtretung eines Herausgabeanspruchs gegen B, an den C. C hält A für die Eigentümerin und B für einen Leasingnehmer des Autos. Später zahlt B die letzte Rate. Kann C von B den Wagen heraus verlangen?

---

[250] BGH NJW 2006, S. 3488 ff. (3489).
[251] BGH NJW 2007, S. 2844 f. (2844).

Lösung:

C könnte gegen B einen Anspruch aus § 985 BGB auf **Herausgabe** haben.

B ist **Besitzer** des PKW. C müsste dessen **Eigentümer** sein.

A. **Ursprünglich** war A Eigentümerin des Autos. Durch Rechtsgeschäft mit B hat A nicht das volle Eigentum auf B übertragen, § 929 S. 1 BGB, sondern nur ein **Anwartschaftsrecht**. Dieses wird als wesensgleiches Minus zum Vollrecht Eigentum angesehen und entsteht dadurch, dass der Veräußerer den Erwerb des Vollrechts nicht mehr einseitig verhindern kann, § 161 I BGB.

B. A könnte jedoch durch das nachfolgende Geschäft mit C gemäß §§ 929 S. 1, 931 BGB das Eigentum auf den C **übertragen** haben.

I. Eine **Einigung** nach § 929 S. 1 BGB zwischen A und C liegt vor.

II. Die nach § 929 S. 1 BGB erforderliche **Übergabe** könnte gemäß § 931 BGB **ersetzt** worden sein. B ist als Dritter im Besitz des PKW, so dass an die Stelle einer Übergabe die **Abtretung eines Herausgabeanspruchs** (§ 398 BGB) treten kann, den A gegen B besitzen müsste.

1. Eine diesbezügliche Einigung zwischen A und C, also ein **Abtretungsvertrag** nach § 398 BGB, liegt vor.

2. Fraglich ist ein abtretbarer Anspruch A/B. Auf einen **Herausgabeanspruch** aus einem Leasingvertrag zwischen A und B kann nicht abgestellt werden: ein solcher bestand tatsächlich nicht zwischen A und B, und der gutgläubige Erwerb einer Forderung ist grundsätzlich ausgeschlossen[252].

3. Für den Fall, dass B in Verzug mit der Kaufpreiszahlung kam, konnte A jedoch unter den Voraussetzungen von §§ 449 II, 323 BGB vom Vertrag zurücktreten und gemäß § 346 BGB die Herausgabe geltend machen, so dass zumindest ein **künftiger Herausgabeanspruch** bestand, der abtretbar war. Damit ist die Übergabe im Verhältnis A/C wirksam nach § 931 BGB ersetzt.

III. A müsste zur Veräußerung **berechtigt** gewesen sein. Zweifelhaft ist dies, weil B bereits ein Anwartschaftsrecht an dem PKW erworben hatte. Zwar konnte A zunächst über das ihr noch zustehende, weil vorbehaltene Eigentum als Berechtigte verfügen. Allerdings ist zu berücksichtigen, dass B schließlich die letzte Rate zahlte. Nach § 161 I BGB ist **ihm gegenüber** die Veräußerung des PKW von A an C **unwirksam**, so dass A als **Nichtberechtigte** handelte.

IV. C könnte jedoch **gutgläubig** das Eigentum an den PKW von A erworben haben, Beim Erwerb durch Abtretung eines Herausgabeanspruchs ist § 934 BGB zu prüfen. Dass der gutgläubige Erwerb auch gegenüber einem Anwartschaftsberechtigten, hier also B, möglich ist, folgt aus § 161 III BGB, der die Gutglaubensvorschriften beim Erwerb vom Nichtberechtigten für anwendbar erklärt.

1. C ging i.S.v. § 932 II BGB **gutgläubig** von der Berechtigung der A als Eigentümerin des PKW aus.

---

[252] **Ausnahme:** § 405 BGB und § 1138 BGB.

2. Im Zeitpunkt der Abtretung des Anspruchs auf Herausgabe des PKW war kraft des Vertrages zwischen A und B die A noch **mittelbare Besitzerin** des PKW (vgl. § 868 BGB), solange B lediglich das Anwartschaftsrecht erworben hatte. Damit wäre § 934 BGB erfüllt und ein gutgläubiger Erwerb an sich möglich.
3. Allerdings ist § 936 III BGB zu beachten, wenn das Eigentum des Veräußerers, das er durch Abtretung und Einigung übertragen will, **bereits vorher mit einem Recht belastet** war. Hier bestand bereits ein Anwartschaftsrecht des B an dem PKW vor der Veräußerung A/D. Auf diesen Fall wird § 936 III BGB, obwohl es sich nicht um eine eigentliche Belastung wie etwa ein Pfandrecht handelt, entsprechend anzuwenden sein[253].

Damit hat B mit Zahlung der letzten Rate das Volleigentum unentziehbar erworben. Ein Anspruch des C gegen ihn aus § 985 BGB besteht nicht.

Fall 3: Gutgläubiger lastenfreier Erwerb von Grundstücken

V hat X ein lebenslanges Wohnrecht an einem ihm gehörenden Hausgrundstück eingeräumt und eintragen lassen. Aus nicht mehr ermittelbaren Gründen wird diese Eintragung im Grundbuch später versehentlich gelöscht. V verkauft das Hausgrundstück an den E, der vom Wohnrecht des X nichts weiß und nach notarieller Einigung in das Grundbuch als Eigentümer eingetragen wird.

X verlangt von E nun die Erneuerung der Eintragung seines Wohnrechts im Grundbuch.

Zu Recht?

Lösung:

X könnte gegen E einen Anspruch auf **Grundbuchberichtigung** nach § 894 BGB haben. Dies setzt voraus, dass das Grundbuch nicht mit der wirklichen Rechtslage übereinstimmt, m.a.W. dass es **unrichtig** ist. Das ist der Fall, wenn X Inhaber eines Wohnrechts ist. Ein solches wird regelmäßig als sog. **Nießbrauch** bestellt.

A. Das Wohnrecht nach §§ 1093, 1090 ff. BGB könnte X von V durch Einigung und Eintragung nach § 873 I BGB erworben haben.
   I. Eine entsprechende **Einigung** liegt vor.
   II. Die **Eintragung** in das Grundbuch ist ebenfalls erfolgt. **Unschädlich** ist für den Erwerb, dass später **irrtümlich** der Eintrag **gelöscht** wurde, wie aus § 875 I BGB folgt. Danach wäre neben der Löschung des Rechts die Erklärung des X erforderlich gewesen, dass er auf sein Wohnungsrecht verzichte. Eine solche liegt jedoch nicht vor.
   III. Als Eigentümer war V auch **Berechtigter** i.S.v. § 873 I BGB.

   Damit liegen die Voraussetzungen eines Erwerbs des Wohnungsrechts vor.

B. Das Wohnrecht könnte jedoch dadurch **untergegangen** sein, dass E das Grundstück in Unkenntnis der wahren Rechtslage **gutgläubig lastenfrei** nach §§ 873 I, 924, 892 I BGB erworben hat.

---

[253] Medicus, Bürgerliches Recht, Rnrn. 462 und 503.

I. E hat das Eigentum am Grundstück durch **Auflassung**, § 925 BGB, und **Eintragung**, § 873 I BGB, erworben.

II. Der Erwerb wäre **lastenfrei** erfolgt, wenn die Voraussetzungen eines **gutgläubigen Erwerbs** nach § 892 I BGB vorlägen.

1. Dies setzt zunächst einen **rechtsgeschäftlichen** Erwerb im Sinne eines sog. **Verkehrsgeschäfts** durch E voraus. Dies ist in Abgrenzung zum Erwerb kraft Gesetzes bzw. zu einer Gesamtrechtsnachfolge wie der Erbschaft zu sehen[254]. Hier liegt ein rechtsgeschäftlicher Erwerb vor.
2. Das Grundbuch muss **unrichtig** sein. Das Wohnrecht des X ist entgegen der tatsächlichen Rechtslage nicht eingetragen und V als lastenfreier Eigentümer ausgewiesen, so dass auch diese Voraussetzung erfüllt ist.
3. E war in Bezug auf die Richtigkeit der Eintragung **gutgläubig**.
4. Ein **Widerspruch** (vgl. § 899 BGB), der einen gutgläubigen lastenfreien Erwerb durch E ausschließen könnte, ist **nicht** zugunsten des X **eingetragen**.

Damit ist E lastenfrei Eigentümer des Hausgrundstücks geworden. Das Wohnrecht des X ist also untergegangen. Er hat keinen Anspruch auf Grundbuchberichtigung gegen E aus § 894 I BGB.

Wie bereits erwähnt, knüpft der **Realkredit** an einen Vermögensgegenstand an und bietet regelmäßig eine stärkere Sicherheit für den Gläubiger als rein schuldrechtliche Versprechen. Im Folgenden sollen insbesondere verschiedene Formen des **Eigentumsvorbehalts** und des **Sicherungseigentums** behandelt werden.

Formen des Eigentumsvorbehalts			
einfacher EV	**verlängerter EV**	**EV i.V.m. Verarbeitungsklausel**	**erweiterter EV**
Eigentumsübertragung unter der aufschiebenden Bedingung vollständiger Kaufpreiszahlung, § 449 I BGB	Lieferung von Ware, die zur Weiterveräußerung bestimmt ist, unter EV, aber wie folgt ergänzt[255]:	Lieferung von Ware oder Material, die zur Verarbeitung bestimmt sind, unter EV, aber wie folgt ergänzt[256]:	Sicherungskreis wird weiter gezogen: Eigentumsübergang erst nach Erfüllung weiterer Forderungen

[254] Palandt/Bassenge, § 892 Rnrn. 5 ff. Ein Verkehrsgeschäft scheidet ebenfalls aus, wenn es sich bei den Parteien tatsächlich um dieselbe Person handelt.

[255] Beispiel: „Die Ware bleibt bis zur vollständigen Zahlung des Kaufpreises durch den Käufer Eigentum des Verkäufers. Im Rahmen einer ordnungsgemäßen Geschäftsführung ist der Käufer berechtigt, die Ware weiterzuveräußern. Bereits jetzt tritt der Käufer die ihm aus der Weiterveräußerung der Ware zustehenden Forderungen zur Sicherheit an den Verkäufer ab. Der Käufer ist zur Einziehung der Forderungen berechtigt.“

[256] Beispiel: „Zwischen Warenlieferant und Käufer besteht Einigkeit darüber, dass als Hersteller der anzufertigenden Sachen der Warenlieferant anzusehen ist, soweit diese Sachen aus den unter Eigentumsvorbehalt stehenden Waren hergestellt werden.“

einfacher EV	**verlängerter EV**	**EV i.V.m. Verarbeitungsklausel**	**erweiterter EV**
nur bei **beweglichen** Sachen möglich (§ 925 II BGB)	**Ermächtigung** an Käufer zur **Weiterveräußerung** im normalen Geschäftsgang nach § 185 BGB	Gem. § 950 BGB entsteht durch **Verarbeitung** oder **Umbildung** von Stoffen zu neuer beweglicher Sache Eigentum an der neuen Sache.	**Kontokorrentvorbehalt**, wenn Eigentumsübergang unter aufschiebender Bedingung vollständiger Zahlung **aller** Forderungen aus der Geschäftsverbindung der Vertragspartner steht
Kommt Käufer der Zahlungspflicht nicht nach, kann Eigentümer nach § 323 BGB vom Vertrag zurücktreten **Folge**: § 985 BGB, Verkäufer kann Sache herausverlangen	**Vorausabtretung** der Forderungen aus der Weiterveräußerung an Vorbehaltseigentümer, § 398 BGB (**Sicherungsabtretung**)	Dadurch Untergang des EV an Ware/ Material beim Vorbehaltsverkäufer	**Bedenken:** Fehlt bestimmte Deckungsgrenze, ab der Sicherungsgut frei wird, kann **unverhältnismäßige Übersicherung** des Warenlieferanten und Verstoß gegen § 307 I BGB oder § 138 BGB vorliegen
Vollstreckt Dritter beim Schuldner in Sicherungsgut, kann Verkäufer sog. **Drittwiderspruchsklage** erheben, § 771 ZPO	Ermächtigung an Käufer, Forderungen einzuziehen (**Einzugsermächtigung**)	**Ausgleich:** Vereinbarung, dass als **Hersteller** i.S.v. § 950 BGB der Waren- bzw. Materiallieferant anzusehen ist	**Konzernvorbehalt**, wenn Forderungen anderer, zum selben Konzern des Warenkreditgebers gehörender Gläubiger in die Sicherung mit einbezogen werden
Im **Insolvenzverfahren** des Käufers kann Vorbehaltseigentümer gem. § 47 InsO Sache aus Insolvenzmasse **aussondern**, d.h. sie nimmt an Verwertung im Insolvenzverfahren nicht teil	**Vorteile:** • Vorbehaltskäufer kann mit Ware arbeiten • Vorbehaltseigentümer erhält durch Abtretung Ersatz für Eigentumsverlust • Er muss Forderungen nicht selbst einziehen • In Insolvenz des Käufers: **Absonderungsrecht** des Verkäufers, § 51 Nr. 1 InsO. • Bei **Einzelzwangsvollstreckung**: § 771 ZPO	**Vorteile:** • Vorbehaltskäufer kann mit Ware arbeiten • Vorbehaltseigentümer erhält Ersatz für Eigentumsverlust • Kombination mit verlängertem EV (Ermächtigungen und Abtretungen bzgl. Weiterveräußerung) möglich	**Bedenken:** • u.U. Knebelung und Gläubigergefährdung, damit § 138 BGB • Gem. § 449 III BGB nichtig, soweit Verkäufer Forderungen Dritter – insbes. von verbundenen Unternehmen – einbezieht

Abbildung 26: Eigentumsvorbehalt

Fall 4: Eigentumsvorbehalt in Konkurrenz mit Sicherungszession

Uhrenfabrikant Unruh (U) hat der B-Bank zur Sicherung eines Darlehns sämtliche gegenwärtigen und zukünftigen Forderungen gegen seine Abnehmer abgetreten. Dabei verspricht B, Forderungen zurück zu übertragen, soweit sie zur Absicherung von Warenlieferanten des U dienen. Die Firma Armleuchter (A) beliefert später den U mit Armbändern unter verlängertem Eigentumsvorbehalt, ohne von der Forderungsabtretung zwischen U und B zu wissen. Als U in Zahlungsschwierigkeiten gerät, greift A unter Offenlegung der Abtretungsvereinbarung mit U auf die Forderungen gegen die Abnehmer zurück. Als die B-Bank dies erfährt, verlangt sie von A Herausgabe dieser Beträge.

Zu Recht?

Lösung:

Mangels vertraglicher Beziehungen zwischen A und B kommt nur ein Anspruch auf Herausgabe der von den Abnehmern gezahlten Beträge aus § 816 II BGB in Betracht.

Dies setzt voraus, dass an A als **Nichtberechtigte** Leistungen durch die Abnehmer des U bewirkt wurden, die B als **Berechtigter** gegenüber **wirksam** sind. Daher müsste die B-Bank Berechtigte hinsichtlich der Forderungen gegen die Abnehmer des U sein. B könnte durch die Vereinbarung einer **Globalzession** die Forderungen von U gemäß § 398 BGB erworben haben.

A. Eine entsprechende **Vereinbarung** haben B und U getroffen. Fraglich ist, ob hiervon die betroffenen Forderungen erfasst werden.

I. Auch **künftige Forderungen** sind abtretbar, sofern sie hinreichend **bestimmt** oder **bestimmbar** sind. Hier sollen **sämtliche Forderungen** des U gegen seine Abnehmer von der Abtretung erfasst werden. Nach der Rechtsprechung ist dadurch der Kreis der abgetretenen künftigen Forderungen eindeutig bestimmt, so dass nach der vereinbarten **Globalzession** die Forderungen der B zustehen.

II. Die zeitlich nachfolgende Abtretung an A im Rahmen des verlängerten Eigentumsvorbehalts ändert hieran an sich nichts. Im Hinblick auf die mehrfache Abtretung von Forderungen gilt das sog. **Prioritätsprinzip**: Die zeitlich zuerst erfolgte Abtretung – hier zwischen U und B – geht der nachfolgenden vor[257]. Die Abtretung zwischen U und A ginge danach ins Leere.

B. Allerdings führte dies dazu, dass eine Globalzession bis zur Kreditablösung alle anderen Gläubiger, die ebenfalls ein berechtigtes Interesse an der Sicherung ihrer Forderungen haben, ausschlösse. Zudem wäre U genötigt, seine Warenlieferanten über die bereits erfolgte Globalzession seiner Forderungen an die B zu **täuschen**, was jedenfalls eine **Vertragsverletzung** darstellt. Fraglich ist, wie dieser **Interessenkonflikt** zu lösen ist.

I. Früher vertretenen Ansätzen, entweder den Warenkreditgeber generell zu bevorzugen[258] oder den Konflikt dadurch zu lösen, dass jedem Gläubiger

---

[257] BGHZ 30, 149 (151/152) m.w.N.; 32, 361 (363).
[258] In diese Richtung Flume, NJW 1950, S. 841 ff. (842).

ein Teil der abgetretenen Forderungen in dem Maße zugesprochen wird, in dem er zu ihrer Entstehung beigetragen habe[259], wurde nicht gefolgt, weil sie keine Stütze im Gesetz fanden[260]. Durchgesetzt hat sich vielmehr die sog. **Vertragsbruchtheorie. Weiß** der Globalzessionar, dass sein Schuldner nur unter Verheimlichung der Globalzession Waren unter verlängertem EV erhält oder nimmt er dies **billigend in Kauf, verleitet** er ihn **zum Vertragsbruch.** Die Vereinbarung der Globalzession ist dann wegen eines Verstoßes gegen **Gesetz**[261] oder die **guten Sitten** nach §§ 134, 138 I BGB **nichtig**[262].

II. Möglicherweise ist die Sittenwidrigkeit jedoch dadurch ausgeschlossen, dass die B mit U vereinbarte, Forderungen zurück zu übertragen, soweit sie zur Absicherung von Warenlieferanten des U dienten. Hierbei handelt es sich um eine sog. **schuldrechtliche Teilverzichtsklausel.** Mit ihr **verspricht** der Zessionar lediglich die Rückübertragung der Forderungen oder ihres Erlöses im Umfang des Sicherungsinteresses des Warenkreditgebers. Möglicherweise erhält der Warenkreditgeber jedoch erst nach einem langwidrigen Rechtsstreit mit dem Zessionar seine Sicherheit. Die Sittenwidrigkeit wird daher durch eine solche Klausel nicht ausgeschlossen[263]. Nur eine sog. **dingliche Teilverzichtsklausel**[264], welche von vornherein die vom verlängerten EV erfassten Forderungen nicht in die Globalzession einbezieht, gibt den Warenkreditgebern ausreichend Sicherheit und schließt die Sittenwidrigkeit der zeitlich vorangegangenen Globalzession aus[265].

III. Die Globalzession ist nur dann **nicht sittenwidrig,** wenn es aufgrund besonderer Umstände ausnahmsweise an einer **verwerflichen Gesinnung** der Bank fehlt. Dies ist in Fällen anerkannt, in denen die Bank nicht mit einem verlängerten Eigentumsvorbehalt rechnen musste, weil dieser im betreffenden Geschäftszweig völlig unüblich ist[266]. Eine solche Ausnahme lässt sich für den vorliegenden Fall im Bereich der Uhrenfabrikation nicht feststellen.

Der **Globalzessionsvertrag** zwischen U und B ist also gemäß § 138 I BGB wegen Sittenwidrigkeit **nichtig.** Mithin ist die B nicht Inhaberin der in Rede stehenden Forderungen gegen die Abnehmer des U und damit auch nicht Berechtigte nach § 816 II BGB.

Damit hat B gegen A keinen Anspruch auf Herausgabe gemäß § 816 II BGB.

---

259 Erman, BB 1959, S. 1109 ff. (1111 f.).

260 Vgl. BGHZ 32, 361 (364).

261 Die Täuschung des Warenkreditgebers kann eine strafbare Handlung, etwa einen Betrug nach § 263 I StGB darstellen.

262 BGHZ 30, 149 (152 f.); 32, 361 (365); BGH WM 1999, 126 m.w.N.; BGH (14.7.2004 – XII ZR 275/01) www.bundesgerichtshof.de.

263 BGHZ 72, 308 (311 ff.).

264 „Ausgenommen von der Globalzession sind solche Forderungen, welche Warenlieferanten im Rahmen eines verlängerten Eigentumsvorbehalts als Sicherheit im Umfang ihrer Forderung dienen."

265 BGHZ 72, 308 (310); BGH NJW 1974, S. 942 f. (943); ZIP 1999, S. 101 ff. (102).

266 BGHZ 98, 303 (314 f.).

Das Sicherungseigentum	
Einigung	**Übergabeersatz**
Wie bei § 929 BGB: Erwerber (= Sicherungsnehmer) soll Eigentum vom Veräußerer (= Sicherungsgeber) erwerben	Vereinbarung i.S.v. § 930 i.V.m. § 868 BGB: • Vereinbarung eines Besitzmittlungsverhältnisses (**Besitzkonstitut**) zwischen Erwerber und Veräußerer • bei Sicherungsübereignung: Besitzkonstitut = **Sicherungsabrede**, dass Übereignung nur zur Sicherung einer (Darlehns-) Forderung dient • **Folge**: unmittelbarer Besitz bleibt beim Veräußerer, Sicherungseigentümer wird mittelbarer Besitzer (§ 868 BGB)

Abbildung 27: Sicherungseigentum

Teil der Sicherungsabrede ist auch, wie das **Eigentum** nach Rückzahlung etwa des Darlehns wieder an den ursprünglichen Eigentümer **zurückfällt.**

- Entweder wird die Rückzahlung als Bedingung für einen automatischen Rückfall vereinbart (**auflösend bedingte Übereignung** an den Sicherungsnehmer; mit Rückzahlung fällt Eigentum automatisch zurück) oder
- der **Sicherungsnehmer verpflichtet** sich **schuldrechtlich zur Rückübertragung** nach Forderungstilgung (in der Praxis der Regelfall).

Vorteile der Sicherungsübereignung:

- Der **Sicherungsgeber** (= Veräußerer) kann das **Sicherungsgut weiterhin nutzen.**
- Sollte der Schuldner nicht in der Lage sein, z.B. das gesicherte Darlehn zu tilgen, kann der **Sicherungsnehmer** gestützt auf sein Eigentum das Sicherungsgut **an Dritte veräußern** oder die Sache nach § 985 BGB **herausverlangen.**
- **Vollstreckt** ein anderer Gläubiger des Sicherungsgebers gegen ihn, kann der Sicherungseigentümer hiergegen nach § 771 ZPO aufgrund seiner Eigentümerstellung klagen (sog. **Drittwiderspruchsklage**).
- **Bei Insolvenz des Sicherungsgebers** wird dagegen das Sicherungseigentum nur wie ein Pfandrecht behandelt, berechtigt also nach § 50 i.V.m. § 51 Nr. 1 InsO nur zur **Absonderung.** Das Sicherungsgut nimmt damit zur Befriedigung aller Gläubiger am Insolvenzverfahren teil, es **fällt** in die **Insolvenzmasse.** Am **Erlös** ist der Absonderungsberechtigte aber bevorrechtigt. Dies rechtfertigt sich daraus, dass das Vermögen des Gemeinschuldners wirtschaftlich gesehen zerschlagen wird und eine **Notwendigkeit**, ihm weiterhin **Produktionsmittel** zu erhalten, im Gegensatz zum Fall der Einzelzwangsvollstreckung **nicht mehr** besteht[267].

[267] **Erweiterter** und **verlängerter Eigentumsvorbehalt** führen in der Insolvenz ebenfalls nicht zu Aussonderungs-, sondern nur zu **Absonderungsrechten.** Anders in der Einzel-

Fall 5: Sicherungsübereignung

Möbelherstellerin Alma Marter (M) hat zur Absicherung eines Kredits der B-Bank ihr Materiallager übereignet. Holzlieferant Nick Laus (L) beliefert zuvor unter verlängertem Eigentumsvorbehalt die M. Als M weder den Kredit der B-Bank zurückzahlen noch ihre Verbindlichkeiten gegenüber L begleichen kann, verlangt die B von M gestützt auf die Behauptung, sie – die B – sei Eigentümerin Herausgabe des gesamten eingelagerten Materials. Dem widerspricht L und verlangt seinerseits das von ihm gelieferte Material von M heraus.

Wem gegenüber ist M zur Herausgabe verpflichtet?

Lösung:

Fraglich ist, **wem** gegenüber M nach § 985 BGB zur **Herausgabe** des ursprünglich von L gelieferten Materials verpflichtet ist.

A. M ist i.S.v. § 854 I BGB unmittelbare **Besitzerin** des Materials.

B. Fraglich ist, wer **Eigentümer** des Materials ist.

I. **Ursprünglich** war dies der L.

II. Durch **Rechtsgeschäft mit M** nach § 929 S. 1 BGB hat er sein Eigentum nicht an M verloren, weil L unter **EV** i.S.v. § 449 BGB lieferte und die aufschiebende Bedingung vollständiger Kaufpreiszahlung durch M bislang nicht eingetreten ist.

III. L könnte indes **durch Rechtsgeschäft zwischen M und der B-Bank** sein Eigentum an diese verloren haben. Dies ist der Fall, wenn M und die B eine wirksame **Sicherungsübereignung** nach §§ 929 S. 1, 930, 868 BGB vereinbart haben.

1. M und die B waren sich gemäß § 929 S. 1 BGB **einig**, dass B zu Sicherungszwecken das **Eigentum** an dem im Lager befindlichen Material erwerben soll.
2. Die **Übergabe** haben M und B gemäß §§ 930, 868 BGB dadurch ersetzt, dass sie einen **Sicherungszweck** vereinbarten, durch den sich M gemäß § 868 BGB verpflichtete, auf Zeit den Besitz auch für die B auszuüben (**Besitzkonstitut** oder **Besitzmittlungsverhältnis**).
3. **Fraglich** ist jedoch, ob M zu dieser Übereignung **berechtigt** war, da die von L gelieferte Ware unter **verlängertem EV** stand. M kann als Nichtberechtigte die Ware nur im regelmäßigen Geschäftsgang wirksam nach § 185 I BGB aufgrund einer **Ermächtigung** seitens des L veräußern. Hierzu zählt eine Sicherungsübereignung an ihren Geldkreditgeber nicht, weil dies **nicht** zum **üblichen Geschäftsgang** gehört und der Warenkreditgeber aus einem solchen Geschäft auch keinerlei Forderung erhält[268]. Damit war M nicht zur Verfügung berechtigt.

---

zwangsvollstreckung, wo eine **Drittwiderspruchsklage** nach § 771 ZPO erhoben und die Verwertung verhindert werden kann (Palandt/Bassenge, § 930 Rnrn. 34–37 m.w.N. und Fallgruppen).

[268] Palandt/Heinrichs, § 398 Rn. 32 ff. Vgl. auch OLG Celle NJW 1959, S. 1686 f. (1686).

4. Möglicherweise hat B von M **gutgläubig** das Eigentum erworben.

   Ein **gutgläubiger Erwerb** gemäß § 933 BGB wird bei der Sicherungsübereignung meist schon daran scheitern, dass die Ware nicht an den Geldkreditgeber **übergeben** wird, wie § 933 BGB voraussetzt. Auch hier ist das Material nie an B übergeben worden.

   Zudem ist ein **guter Glaube des Sicherungsnehmers schwer zu begründen**, weil er regelmäßig damit rechnen muss, dass die Ware seines Sicherungsgebers unter EV erworben wurde[269]. Seine gegenteilige Annahme ist daher grob fahrlässig[270]. Aus demselben Grund scheitert auch ein **guter Glaube** der B-Bank an die **Verfügungsbefugnis** nach § 366 I HGB, weil der Sicherungsnehmer (B) mit dem EV rechnen muss und die Verfügungsbefugnis des Sicherungsgebers (M) im Hinblick auf die Ware sich nur auf den **normalen Geschäftsgang** bezieht[271].

Damit ist hier der **EV die stärkere Sicherungsform**. L ist weiterhin Eigentümer des Materials und kann dessen Herausgabe von M verlangen. Hingegen hat B keinen Anspruch aus § 985 BGB gegen M.

Fall 6: Wesentlicher Bestandteil und Zubehör:[272]

Ernst und Clara Fall (F) sind Eigentümer eines Einfamilienhauses. Bei Küchenhersteller Schabe (S) erwerben Sie unter Eigentumsvorbehalt eine Standardeinbauküche, welche durch S eingebaut wird. Noch vor vollständiger Zahlung des Kaufpreises wird in das Grundstück der Eheleute die Zwangsvollstreckung aus einer Hypothek zu Gunsten der C-Bank (C) betrieben. Den Zuschlag erhält Zarah Tustrah (Z). Als S hiervon erfährt, verlangt er von Z die Herausgabe der Küche. Zu Recht?

Lösung:

S könnte gegen Z einen Anspruch auf Herausgabe der Küche aus § 985 BGB haben. Unzweifelhaft ist Z **Besitzerin** der Küche i.S.v. § 854 I BGB. Fraglich ist jedoch, ob S noch **Eigentümer** ist.

A. S könnte das Eigentum an der Küche nach § 929 S. 1 BGB an die Eheleute F verloren haben. Eine **Übergabe** der Küche fand zwar statt; indes erfolgte die **Einigung** zwischen den Käufern und dem Verkäufer nach § 449 I BGB unter der **aufschiebenden Bedingung vollständiger Kaufpreiszahlung**. Diese Bedingung gemäß § 158 I BGB ist nicht eingetreten, so dass S sein Eigentum an die F **nicht rechtsgeschäftlich** verloren hat.

B. Die Eheleute könnten jedoch nach § 946 BGB **kraft Gesetzes** durch **Verbindung** Eigentümer geworden sein. Dann müsste die Küche durch den Einbau **wesentlicher Bestandteil** des Grundstücks der F geworden sein.

---

[269] Palandt/Bassenge, § 932 Rn. 12; OLG Celle NJW 1959, S. 1686 f. (1686).

[270] BGH JZ 1980, S. 572 f. (573), wo m.w.N. betont wird, ein häufig in AGB aufgenommenes Abtretungsverbot lege gerade den Schluss nahe, dass mit einem verlängerten Eigentumsvorbehalt gerechnet werde.

[271] OLG Celle NJW 1959, S. 1686 f. (1687); BGH JZ 1980, S. 572 f. (573).

[272] OLG Nürnberg NJW-RR 2002, S. 1485 ff.

I. Bei der vorliegenden Standardausführung einer Einbauküche wäre ein Abbau **ohne Beschädigung** oder gar **Zerstörung** möglich. Ein wesentlicher Bestandteil nach § 93 BGB liegt also nicht vor.

II. Die Küche könnte jedoch über § 94 II BGB wesentlicher Bestandteil des Grundstücks geworden sein. Dann müsste sie eine **zur Herstellung des Gebäudes eingefügte Sache** sein. Das setzt grundsätzlich voraus, dass ohne die eingefügte Sache das Gebäude in der **Verkehrsanschauung** als noch nicht fertiggestellt anzusehen ist[273]. Diesbezüglich bestehen unterschiedliche regionale Anschauungen[274]. Allerdings wird bei einer ohne weitere Besonderheiten gelieferten Küche eher davon auszugehen sein, dass sie **nicht als dauerhafte Einfügung** in das Gebäude anzusehen ist[275].

Also hat S das Eigentum an der Küche nicht an die Eheleute F verloren.

III. Ein Eigentumsverlust könnte jedoch im Rahmen der **Zwangsversteigerung** eingetreten sein. Z hat durch **Zuschlag** das Eigentum an dem Grundstück gemäß § 90 ZVG erworben. Nach § 55 I ZVG erstreckt sich die Versteigerung auf alle Gegenstände, welche von der Beschlagnahme des Grundstücks erfasst werden. § 20 II ZVG wiederum erstreckt die Beschlagnahme auch auf solche Gegenstände, welche eine Hypothek mit umfasst. Hierzu gehören nach § 1120 BGB[276] auch **Zubehörstücke**, soweit sie in das Eigentum des Grundstückseigentümers gelangt sind. Letzteres ist jedoch, wie oben erörtert, nicht der Fall.

IV. § 55 II ZVG erweitert die Versteigerung auch auf **Zubehörstücke**, die sich **im Besitz des Schuldners** befinden, sofern nicht der tatsächliche Eigentümer nach § 37 Nr. 5 ZVG sein Recht gegen die Versteigerung geltend gemacht hat. Hindurch werden Bieter in ihrer Erwartung geschützt, regelmäßig Zubehörstücke in der Zwangsversteigerung mit erwerben zu können. Fraglich ist somit, ob die Einbauküche als **Zubehör** i.S.v. § 97 BGB anzusehen ist.

1. Gemäß § 97 I 1 BGB sind **Zubehör** bewegliche Sachen, die, ohne Bestandteil der Hauptsache zu sein, dem wirtschaftlichen Zweck dieser Sache zu dienen bestimmt sind und zu ihr in einem dieser Bestimmung entsprechenden räumlichen Verhältnis stehen. Eine Einbauküche, welche nicht schon als wesentlicher Bestandteil anzusehen ist, erfüllt diese Merkmale problemlos.

2. Fraglich ist jedoch, ob diesbezüglich i.S.v. § 97 I 2 BGB gilt, dass üblicherweise eine Einbauküche nicht als Zubehör **im Verkehr angesehen** wird.

   a) Auch hier kommt es möglicherweise wiederum auf regionale unterschiedliche Verkehrsanschauungen an[277].

   b) Dagegen spricht jedoch, dass Zubehörstücke im Gegensatz zu wesentlichen Bestandteilen mobil bleiben, so dass eine örtlich gebundene

---

[273] BGH NJW 1984, S. 2277 ff. (2278).
[274] Nachweise bei Palandt/Heinrichs, § 93 Rn. 5. Ebenso BGH NJW 2009, S. 1078 ff.
[275] So das OLG Nürnberg a.a.O. Die Gegenansicht ist aber selbstverständlich vertretbar.
[276] Sog. **Hypothekenhaftungsverband.**
[277] Vgl. OLG Hamm NJW-RR 1998, S. 333 m.w.N.

Betrachtungsweise kaum angemessen erscheint. Außerdem wäre eine solche Verkehrsanschauung nach der Gesetzesformulierung eine **Ausnahme**, welche der Anspruchsteller darzulegen und gegebenenfalls zu beweisen hätte[278]. Hinzu kommt, dass bei einem Wechsel des Bewohners häufig eine ausdrückliche Absprache über die Frage getroffen wird, ob die Einbauküche erworben werden soll oder nicht, was jedenfalls für die grundsätzliche Zubehörqualität einer Einbauküche in der Verkehrsanschauung spricht.

Damit ist die Einbauküche vorliegend als Zubehör anzusehen. Durch den **Zuschlag** im Rahmen der Zwangsversteigerung hat Z also nach §§ 90, 55 II, 20 II ZVG i.V.m. § 1120 BGB das Eigentum an der Küche mit erworben. S kann also nicht ihre Herausgabe von Z aus § 985 BGB verlangen.

§ 21
Eigentümer-Besitzerverhältnis (EBV)

Fall 1: Ansprüche aus EBV, GoA und Delikt

Elke Pone (E) verliert ihre neue Armbanduhr. Fritz Geraldo (F) findet sie und schenkt sie der gutgläubigen Gerlinde Gesagt (G), die sie in der Folgezeit trägt. Bei einem von Xaver Unsinn (X) verschuldeten Unfall wird die Uhr beschädigt. X zahlt dafür an G 500,– € Schadensersatz. G, die das Interesse an der Uhr verloren hat, gibt sich ihrem Basteltrieb hin und zerstört dabei die Uhr, die nach dem Unfall noch einen Wert von 800,– € hatte. Die Trümmer der Uhr landen im Müll. G weigert sich, an E zu zahlen. E erhebt Klage vor dem zuständigen Gericht und beantragt, die G zur Zahlung von 1.300,– € zu verurteilen (800,– € Zeitwert, 500,– € von X gezahlter Entschädigung). Zur Begründung trägt sie den oben geschilderten Sachverhalt vor.

Wie wird das Gericht entscheiden?

Lösung:

Das Gericht wird G zur Zahlung der geltend gemachten Summe an E verurteilen, sofern diese entsprechende Ansprüche gegen G besitzt. Zu differenzieren ist zwischen dem **Ersatz** des **Schadens** und der **Herausgabe** des von X gezahlten **Betrages**.

A. Anspruch E gegen G auf Schadensersatz

Fraglich ist ob E von G **Schadensersatz** verlangen kann.

I. Aus § 989 BGB

Möglicherweise kann E von G aus § 989 BGB Schadensersatz verlangen.

1. Dazu ist zunächst **ein Eigentümer-Besitzer-Verhältnis (EBV)** zwischen G und E erforderlich. Dies wäre der Fall, wenn E zur Zeit der Zerstörung noch Eigentümerin und G Besitzerin ohne Recht zum Besitz i.S.v. §§ 985, 986 BGB waren.

[278] So OLG Nürnberg NJW-RR 2002, S. 1485 ff. (1486).

a) G war zur Zeit des Bastelns **Besitzerin** nach § 854 I BGB.

b) E müsste zu dieser Zeit noch **Eigentümerin** gewesen sein. Durch das **Verlieren** der Uhr hat sie nur den Besitz verloren, aber nicht ihr Eigentum (vgl. § 959 BGB). Für einen Eigentumserwerb des F als **Finder** nach § 973 BGB ist nichts ersichtlich. Ein **Erwerb** der Uhr durch **Übereignung** von F an G nach §§ 929, 932 BGB **scheitert** daran, dass gemäß § 935 I BGB E den Besitz an der Uhr **unfreiwillig verloren** hat, sie also **abhanden** gekommen war. Da G auch **kein Recht zum Besitz** hatte, lag also zwischen E und G zur Zeit der Zerstörung der Uhr ein EBV vor.

2. Eine Haftung nach § 989 BGB setzt voraus, dass der Schaden nach Eintritt der sog. **Rechtshängigkeit** geschieht. Rechtshängigkeit bedeutet, dass der Besitzer auf Herausgabe **verklagt** wurde. Zwar hat E die G verklagt, aber erst nach Schadenseintritt, und zwar auf Schadensersatz und Herausgabe des Erlangten.

Also kann E von G keinen Schadensersatz aus § 989 BGB verlangen.

II. Aus §§ 989, 990 I BGB

Schadensersatzpflichtig ist jedoch auch derjenige Besitzer, der den **Besitz bösgläubig erworben** hat, also zu dieser Zeit vorsätzlich oder grob fahrlässig in Unkenntnis hinsichtlich seiner Besitzberechtigung war (vgl. § 932 II BGB). Zur Zeit des Besitzerwerbs war G indes ahnungslos und hielt offenbar den F für den Eigentümer. Der Anspruch gegen sie scheitert also an ihrer fehlender Bösgläubigkeit beim Besitzerwerb (§ 990 I 1 BGB).

III. Aus §§ 992, 823 BGB

Derjenige, der durch **verbotene Eigenmacht** i.S.v. § 858 BGB oder eine **Straftat** (z.B. Hehlerei) den Besitz erlangt hat, ist ebenfalls dem Eigentümer zum Schadensersatz verpflichtet. Hierfür ist jedoch nichts ersichtlich.

IV. Aus § 823 I BGB

Die Anwendbarkeit dieser Anspruchsgrundlage ist wegen des **Vorrangs des EBV** nach § 993 I a.E. BGB **ausgeschlossen**[279].

Damit hat E gegen die gutgläubige G keinerlei Anspruch auf Schadensersatz. Das Gericht wird insoweit die Klage abweisen.

B. Anspruch E gegen G auf Herausgabe der 500,– €

Möglicherweise besitzt E gegen G einen Anspruch auf **Herausgabe** der von X erlangten 500,– €.

I. Aus §§ 681 S. 2, 667 BGB

Fraglich ist, ob E von G Herausgabe aus einer **Geschäftsführung ohne Auftrag** durch G verlangen kann.

1. G hat die Schadensersatzforderung des E gegen X aus § 823 I BGB eingezogen. Damit hat sie ein **objektiv fremdes Geschäft**, nämlich ein solches der Eigentümerin der Uhr, der E geführt.

---

[279] Vgl. dazu oben S. 9.

2. Es **fehlte** aber der **Fremdgeschäftsführungswille** (vgl. § 687 I BGB), da G davon ausging, selbst Eigentümerin der Uhr zu sein.

   Damit scheidet ein Anspruch der E gegen G aus GoA aus.

II. Aus § 816 II BGB

E könnte gegen G einen Herausgabeanspruch hinsichtlich der 500,– € aus § 816 II BGB haben.

1. Dann müsste G **Nichtberechtigte** hinsichtlich der Leistung durch X gewesen sein. Eigentümerin der Uhr zur Zeit des Unfalls war E. X hatte rechtswidrig und schuldhaft dieses Eigentum verletzt. E war also Gläubigerin eines Schadensersatzanspruchs gegen X aus § 823 I BGB, nicht jedoch G, die nur unberechtigte Besitzerin war, also auch kein sonstiges Recht i.S.v. § 823 I BGB hatte. Also war tatsächlich E hinsichtlich der Schadensersatzleistung durch X berechtigt
2. X hat an die **Nichtgläubigerin G geleistet.**
3. Diese Leistung müsste der rechtmäßigen Gläubigerin E gegenüber **wirksam** gewesen sein. Hier ist zu berücksichtigen, dass X die wahren Rechtsverhältnisse nicht kannte und i.Ü. G **durch den Besitz** der Uhr auch als Rechtsinhaberin nach außen hin ausgewiesen war. Für diesen Fall sieht § 851 BGB vor, dass der Schadensersatzpflichtige **durch Leistung an den Besitzer befreit** wird. Die Zahlung an G war also der wahren Gläubigerin E gegenüber nach § 851 BGB wirksam.

Damit kann im Ergebnis E von G Herausgabe der 500,– € verlangen.

III. Aus § 816 I 2 BGB

Der Herausgabeanspruch könnte auch aus § 816 I 2 BGB folgen.

1. G hat durch **Verfügung des Nichtberechtigten** F den Besitz an der Uhr erlangt.
2. Dies geschah **unentgeltlich.**
3. Die Verfügung des F zugunsten der G müsste weiterhin gegenüber E **wirksam** sein. Hier behilft sich die Rechtsprechung damit, dass sie die **Klage** auf Herausgabe eines Ersatzes als **konkludente Genehmigung** der davor liegenden Verfügung nach § 185 II BGB auslegt[280].
4. Nach § 818 I BGB hat E gegen G einen Anspruch auf Ersatz der 500,– €, die X an G als **Entschädigung** zahlte.

Also kann E von G auch aus § 816 I 2 BGB Herausgabe der 500,– € verlangen.

Im Hinblick auf die geltend gemachten 500,– € wird das Gericht also der Klage der E gegen G stattgeben.

Fall 2: Verwendungsersatz

Nach einer feuchtfröhlichen Party kann Gastgeber Z den stark angeheiterten K davon überzeugen, nicht mehr mit seinem PKW der Marke Trabant nach Hause

[280] S.o. beim Bereicherungsrecht § 18 Fall 2.

zu fahren und ihm den Autoschlüssel zu überlassen. Am nächsten Tag wird Z von seinem Wohnungsnachbarn B auf den Wagen angesprochen. Er bietet dem Z einen großzügigen Preis für den PKW. Z lässt sich breitschlagen und überlässt dem B den Wagen zu dem von B angebotenen Preis.

Daraufhin bringt B den Trabant eilig in eine Werkstatt und lässt dort diverse Reparaturen durchführen, ohne die der PKW nicht mehr vom TÜV abgenommen worden wäre. Als krönenden Abschluss lässt B noch ein kostspieliges Fantasy-Motiv (kettenhemdtragende Dame mit Streitaxt auf feuerspeiendem Drachen) auf die Motorhaube lackieren.

K, der eine Weile gebraucht hat, um sich zu erinnern, wo er den Wagen samt Schlüssel gelassen hatte, erfährt nach mehreren Tagen den gesamten Sachverhalt und verlangt unter Vorlage des Kfz-Briefes den PKW von B heraus. Dies verweigert B, weil er Eigentümer des Wagens geworden sei. Selbst wenn dies nicht der Fall sein sollte, müsse K ihm vor einer Herausgabe die Kosten für Reparatur und Lackierung erstatten.

Kann K von B Herausgabe verlangen?

Lösung:

A. Mangels vertraglicher Beziehungen zwischen K und B kommt nur ein **Herausgabeanspruch** aus §985 BGB in Betracht.

Dieser setzt voraus, dass B **Besitzer** ist. Er übt i.S.v. §854 I BGB die **tatsächliche Sachherrschaft** über den PKW aus, so dass diese Voraussetzung erfüllt ist. Problematisch ist indes, ob K immer noch **Eigentümer** des PKW ist. Dies war **ursprünglich** der Fall. K könnte sein Eigentum jedoch durch ein Rechtsgeschäft zwischen Z und B **verloren** haben. Dies wäre der Fall unter den **Voraussetzungen** von §929 S.1 BGB.

I. Eine **Übergabe** des PKW von Z an B ist erfolgt.

II. Z und B waren sich auch **einig** darüber, dass der B Eigentümer des PKW werden sollte.

III. Z war jedoch nicht Eigentümer, er handelte also **nicht berechtigt**.

IV. Nach §932 I BGB ist auch ein **gutgläubiger Erwerb** vom Nichtberechtigten möglich.

1. Der PKW war **nicht** i.S.v. §935 I BGB **abhanden gekommen**: es liegt **kein unfreiwilliger Besitzverlust** seitens des K vor. Dieser hatte vielmehr freiwillig dem Z Besitz an dem Auto durch Aushändigung der Schlüssel eingeräumt.
2. Nach §932 BGB ist erforderlich, dass B **gutgläubig** hinsichtlich der Berechtigung des Z war. Hier ist zu berücksichtigen, dass Z nicht in der Lage war, den Kfz-Brief vorzuweisen, der sich immer noch bei K befand. B konnte dann **allenfalls grob fahrlässig** davon ausgehen, dass der Wagen sich im Eigentum des B befand, §932 II BGB, so dass ein gutgläubiger Erwerb des Eigentums ausscheidet.

Also hat B kein Eigentum am PKW erworben. K kann von ihm Herausgabe nach §985 BGB verlangen.

B. Möglicherweise steht B jedoch ein **Zurückbehaltungsrecht** aus § 1000 S. 1 BGB zu. Danach kann der Besitzer die Herausgabe der Sache verweigern, bis er wegen der ihm **zu ersetzenden Verwendungen** befriedigt wird.

I. **Verwendungen** sind Vermögensaufwendungen, die der Sache zugute kommen sollen, d.h. Maßnahmen, die der Erhaltung, Wiederherstellung oder Verbesserung der Sache dienen[281]. **Notwendig** sind in der Regel diejenigen Aufwendungen, die zur Erhaltung oder ordnungsgemäßen Bewirtschaftung der Sache erforderlich sind und nicht nur speziellen Zwecken des Besitzers dienen. Demgegenüber liegen **nützliche** Verwendungen nur vor, wenn sie gemäß § 996 BGB von einem gutgläubigen Besitzer vorgenommen worden sind und zu einer Wertsteigerung führten, die noch vorhanden ist[282].

II. Die durchgeführten **Reparaturen** dienten dazu, die Verkehrstauglichkeit des PKW (TÜV!) wieder herzustellen, sie sind also **notwendige Verwendungen**. Zwar war B bei Erwerb des PKW **bösgläubig**, wobei hier der Maßstab des § 932 II BGB hinsichtlich der Berechtigung zum Besitz angewendet wird. Damit kann er nur gemäß § 994 II BGB wie bei einer Geschäftsführung ohne Auftrag (**GoA**) Ersatz verlangen. Die Reparaturen sind aber **objektiv nützlich** und damit **im Interesse** des wahren Eigentümers, § 677 BGB. Sie werden deswegen auch seinem **mutmaßlichen Willen entsprechen**, wie §§ 677, 683 BGB verlangen, und sind daher von K zu ersetzen.

III. Die Lackierung als sog. **Luxusverwendung**[283] steht dagegen nur im subjektiven Interesse des gegenwärtigen Besitzes und ist nicht ersatzfähig.

Damit steht einer Geltendmachung des Herausgabeanspruchs durch K ein **Zurückbehaltungsrecht** des B aus § 1000 S. 1 entgegen. K kann erst Herausgabe verlangen, nachdem er dem B die **notwendigen Verwendungen** erstattet hat.

Voraussetzung aller Ansprüche aus EBV: Herausgabeanspruch des Eigentümers gegen den Besitzer (§§ 985, 986 BGB) = EBV[284]	
Besitzer verklagt oder bei Besitzerwerb bösgläubig:	**Besitzer bei Besitzerwerb gutgläubig:**
• Haftung des Besitzers auf Nutzungsherausgabe und Schadensersatz (§§ 987, 990 BGB) • Nur eingeschränkter Anspruch des Besitzers gegen den Eigentümer auf Verwendungsersatz (vgl. § 994 II BGB)	• Haftung des Besitzers nur nach Bereicherungsrecht, i.Ü. keine Haftung (§ 993 BGB) • Anspruch auf Verwendungsersatz des Besitzers gegen den Eigentümer (§§ 994 I, 996 BGB)
Also: Privilegierung des gutgläubigen Besitzers	

Abbildung 28: Voraussetzungen EBV

[281] BGHZ 41, 157 (160).
[282] Vgl. Hk-BGB/Eckert, § 994 Rnrn. 3 und 4.
[283] Hk-BGB/Eckert, § 994 Rnrn. 5.
[284] Zum Herausgabeanspruch aus § 985 BGB vgl. Schreiber, Jura 2005, S. 30ff.

Verwendungsersatz im EBV, §§ 994–996 BGB		
Notwendige Verwendungen, § 994 BGB	**Nützliche** Verwendung, § 996 BGB	**Luxusverwendungen**
Solche, die der Erhaltung oder Bewirtschaftung der Sache dienen	Nur ersatzfähig, soweit noch wertsteigernd vorhanden	Erhöhen nicht den objektiven Wert der Sache, stehen nur im subjektiven Interesse des gegenwärtigen Besitzers; nicht ersatzfähig
• kann gutgläubiger Besitzer vom Eigentümer immer ersetzt verlangen; • bösgläubiger Besitzer nach § 994 II BGB nur als GoA	• kann gutgläubiger Besitzer vom Eigentümer ersetzt verlangen; • bösgläubiger Besitzer nicht!	
Zurückbehaltungsrecht nach § 1000 S. 1 BGB, wenn ersatzfähig	**Zurückbehaltungsrecht** nach § 1000 S. 1 BGB, wenn ersatzfähig	

Abbildung 29: Verwendungsersatz im EBV

VI. Sachenrecht – beschränkt dingliche Rechte

§ 22 Pfandrechte an beweglichen Sachen

Theoretisch wichtigstes beschränktes dingliches Recht an beweglichen Sachen ist das **vertragliche Pfandrecht an beweglichen Sachen,** §§ 1204 ff. BGB.

- Eine **bewegliche** Sache kann
- **zur Sicherung einer Forderung** so **belastet** werden,
- dass der Gläubiger berechtigt ist, aus ihr **Befriedigung** zu suchen

Das Pfandrecht stellt also eine Form der **akzessorischen Kreditsicherung** dar. Dass es gleichwohl in größerem Rahmen wirtschaftlich wenig interessant ist, liegt an Folgendem:

Nach § 1205 BGB ist zur Bestellung des Pfandrechts erforderlich, dass Eigentümer[285] und Gläubiger **einig** über das Pfandrecht sind und dass der Eigentümer die Sache dem Gläubiger **übergibt**[286]. Wer jedoch Produktionsmittel übergibt, legt seinen eigenen Betrieb lahm. Im Wirtschaftsverkehr haben sich daher andere Formen der Sicherung durchgesetzt, zu denen beispielsweise die **Sicherungsübereignung** gehört.

---

[285] Beim vertraglichen Pfandrecht ist nach § 1207 BGB aber auch ein gutgläubiger Erwerb des Pfandrechts möglich.

[286] Gemäß § 1206 BGB kommt Übergabeersatz nur bei sog. **Mitverschluss** des Gläubigers in Frage. Dafür genügt kein mittelbarer Besitz. Er müsste schon einen Schlüssel zum Lager erhalten.

Gesetzliche Pfandrechte sichern im Zusammenhang mit bestimmten Vertragsarten **Vergütungsansprüche.** Diese Pfandrechte entstehen **ohne Vereinbarung** zwischen Schuldner und Gläubiger. Nach § 1257 BGB gelten weitgehend die Regeln des vertraglichen Pfandrechts entsprechend.

Beispiele:

- **Werkunternehmerpfandrecht,** § 647 BGB: Der Unternehmer hat für seine Forderungen aus dem Vertrag ein gesetzliches Pfandrecht an den von ihm hergestellten oder ausgebesserten beweglichen Sachen **des Bestellers (nicht an schuldnerfremden Sachen!**[287]), die er **im Besitz** hat.
- **Vermieterpfandrecht,** § 562 BGB: gewährt dem Vermieter ein gesetzliches Pfandrecht für seine Forderungen aus dem Mietverhältnis an den eingebrachten Sachen des Mieters.

Fall 1: Gesetzliches Pfandrecht und gutgläubiger Erwerb

Anka Prozente (A) „leiht" sich in Abwesenheit ihres Vaters Franco Prozente (F) dessen Benz für eine Spritztour aus. Nachdem sie mit einem Motorschaden liegen bleibt, lässt sie den Wagen in die nächstgelegene Werkstatt abschleppen. Deren Betreiber Pit Brett (P) nimmt nach entsprechendem Auftrag durch A, die er für die Eigentümerin hält, die Reparatur vor. Nachdem A zuhause das Malheur gebeichtet hat, verlangt F von P den Wagen heraus. Dieser will ihn nur gegen Bezahlung der noch offenen Rechnung i.H.v. 2.000,– € herausgeben und überlegt, ob er den PKW nicht „versilbern" kann.

Welche Rechte im Hinblick auf den PKW stehen P zu?

Lösung:

A. Pfandrecht an dem PKW

Möglicherweise steht P ein **gesetzliches Pfandrecht** aus § 647 BGB zu. Dieses **Unternehmerpfandrecht** hätte zur Folge, dass er den Pkw zu seiner Befriedigung verwerten kann. Dies geschieht nach § 1257 i.V.m. §§ 1221,1235 BGB durch öffentliche Versteigerung oder freihändigen Verkauf[288]. Das Pfandrecht würde nach § 1257 i.V.m. § 1253 BGB mit Herausgabe der Sache erlöschen.

I. Unternehmer P hat eine **Forderungen** aus dem Werkvertrag, den er mit der A geschlossen hat.

II. Der PKW ist eine von ihm **ausgebesserte bewegliche Sache.**

III. Es muss sich jedoch nach § 647 BGB um eine Sache **„des Bestellers"** handeln, die er im Besitz hat. Hier steht indes der PKW nicht im Eigentum der Auftraggeberin A, sondern ihres Vaters.

---

[287] Anders als bei § 1207 BGB (vertragliches Pfandrecht) ist ein gutgläubiger Erwerb gesetzlicher Pfandrechte nicht möglich.

[288] Die Befugnis zur Durchführung der Versteigerung hat nach § 383 III BGB z.B. ein Gerichtsvollzieher.

IV. Ein **gutgläubiger Pfandrechtserwerb** scheidet ebenfalls gegenüber F aus. Bei gesetzlichen Pfandrechten gilt nach § 1257 BGB das Recht über vertraglich **bestellte,** also gerade **nicht** nach § 1207 BGB nur gutgläubig erworbene Pfandrechte, analog.

Somit besitzt P kein Pfandrecht an dem PKW.

B. Zurückbehaltungsrecht wegen Verwendungen

Möglicherweise kann P gemäß §§ 994, 1000 S. 1 BGB ein **Zurückbehaltungsrecht** gegenüber dem V geltend machen, wenn dieser den Wagen gemäß § 985 BGB heraus verlangt.

I. **Verwendungen** sind Vermögensaufwendungen, die der Sache zugute kommen sollen, d.h. Maßnahmen, die der Erhaltung, Wiederherstellung oder Verbesserung der Sache dienen. Dies ist vorliegend erfüllt.

II. Die durchgeführten **Reparaturen** dienten dazu, die Funktionstüchtigkeit des PKW wieder herzustellen, es handelt sich also um **notwendige Verwendungen.** Sie sind dem gutgläubigen P nach § 994 I BGB jedenfalls zu ersetzen. Insoweit steht ihm nach § 1000 S. 1 BGB ein Zurückbehaltungsrecht gegenüber dem Eigentümer F zu.

§ 23
Beschränkt dingliche Rechte an Immobilien – Grundpfandrechte

- Man unterscheidet **Hypothek,** §§ 1113 ff. BGB[289], **Grundschuld,** §§ 1191 ff. BGB und die wenig gebräuchliche **Rentenschuld,** §§ 1199 ff. BGB. Diesen dinglichen Rechten ist gemein, dass mit ihnen eine **Geldforderung** gesichert werden soll. Wenn sie sich nicht realisieren lässt, soll sich der Gläubiger im Wege der **Zwangsvollstreckung** in das Grundstück aus diesem befriedigen können, d.h. das Grundstück wird i.d.R. zwangsversteigert (vgl. § 1147 BGB).
- Der **Eigentümer muss nicht** mit **dem Schuldner der Forderung identisch** sein. **Hypothek** und **Grundschuld unterscheiden sich** vor allem im Hinblick auf die **Abhängigkeit zur Forderung,** die gesichert werden soll. Die **Hypothek** ist – ähnlich wie die Bürgschaft – ein **akzessorisches Sicherungsrecht,** d.h. sie hängt in ihrem Bestand vom Bestehen der Forderung ab, die sie sichern soll. Demgegenüber ist die **Grundschuld nicht akzessorisch.** Sie ist deswegen u.a. **verkehrsfähiger,** also leichter zu übertragen.
- Die Grundpfandrechte werden – ebenso wie die übrigen Grundstücksrechte – durch **Einigung und Eintragung** im Grundbuch **eingeräumt,** § 873 I BGB.
- Über die Hypothek (respektive Grundschuld) wird nach § 1116 I BGB i.d.R. ein **Hypothekenbrief** erteilt (**Ausnahme:** Abs. 2). Dann ist zum **Erwerb** der Hypothek nach § 1117 BGB die **Übergabe des Briefes** erforderlich. Hier wird also noch ein äußerer Erwerbstatbestand eingeschaltet, ähnlich wie bei beweglichen Sachen.

---

[289] Hierzu vgl. Schreiber, Jura 2002, S. 109 ff.

- Zur **Übertragung** der **Hypothek** ist neben der **schriftlichen (!) Abtretung** der zu sichernden **Forderung**, §§ 1154, 398 BGB, die **Übergabe des Briefs** notwendig, § 1154 I BGB. **Mit der Abtretung** geht nach § 1153 I BGB die Hypothek auf den neuen Gläubiger über.
- Demgegenüber ist eine **Abtretung der Forderung** zur Übertragung einer Grundschuld **nicht erforderlich**, § 1192 I BGB.

Grundpfandrechte

Hypothek, §§ 1113 ff. BGB:

- Belastung eines bestimmten Grundstücks zur Sicherung einer bestimmten Forderung (§ 1113 I BGB)
- akzessorisches Sicherungsrecht
- Befriedigung: Eigentümer muss ggf. Zwangsvollstreckung in sein Grundstück dulden (§ 1147 BGB)

Grundschuld, §§ 1191 ff. BGB:

- Belastung eines bestimmten Grundstücks (§ 1191 BGB)
- Zweck der Sicherung einer bestimmten Forderung wird nur **schuldrechtlich** vereinbart
- Setzt nicht Bestehen einer Forderung voraus (vgl. § 1192 I BGB), also **nichtakzessorisches Sicherungsrecht**
- Befriedigung: Eigentümer muss ggf. Zwangsvollstreckung in sein Grundstück dulden (§§ 1191 I, 1147 BGB)

Rentenschuld, §§ 1199 ff. BGB:

- Belastung eines bestimmten Grundstücks (§ 1199 BGB)
- Zahlung bestimmter Geldsumme[290] zu regelmäßig wiederkehrenden Terminen
- Als Form der Grundschuld (vgl. § 1199 I BGB) nicht akzessorisch
- selten in Praxis; verbreiteter: **Reallast**, § 1105 BGB
- **Unterschied**: gem. § 1108 BGB haftet Eigentümer bei Reallast für Leistungen auch persönlich (nicht nur mit Grundstück)

Abbildung 30: Grundpfandrechte

Fall 1: Hypothek und zu sichernde Forderung

Vera Cruz (V) schließt mit dem Hardware-Produzenten Kurt Schluss (K) einen Kaufvertrag über die Lieferung von Computerteilen zum Gesamtpreis von 500.000,– €. Für den Fall nicht rechtzeitiger Lieferung verspricht V, eine Vertragsstrafe i.H.v. 100.000,– € an K zu zahlen. Diese Forderung wird durch eine Bürgschaft der Bank B – gegen Zahlung eines Entgelts von V an B (sog. **Avalprovision**) – sowie eine formell wirksam bestellte Hypothek am Grundstück des mit V befreundeten Ernst Haft (E) gesichert. In der Folgezeit liefert die V nicht. Sie beruft sich darauf, einer Fehlkalkulation erlegen zu sein, weil ihre Zulieferer kurzfristig die Preise angehoben hätten. Damit liege der Kaufpreis infolge dieses Irrtums um ca. 100.000,– € zu niedrig. Nachdem K ebenso erfolglos auf Lieferung

[290] Z.B. ratenweise abzuzahlender Kaufpreis, eine Leibrente usw.

bestanden wie auch anschließend Zahlung der Vertragsstrafe i.H.v. 100.000,– € verlangt hat, fordert er den E zur Zahlung auf.

Ist dem E anzuraten, die Forderung zu begleichen, um eine Zwangsvollstreckung seines Grundstücks zu verhindern?

Lösung:

E wäre als **Hypothekenschuldner** gemäß § 1147 BGB verpflichtet, eine **Zwangsvollstreckung** in sein Grundstück zu **dulden**. Insofern wäre es wirtschaftlich sinnvoll, den gegenüber dem Grundstückswert offenbar geringeren Betrag von 100.000,– € an K zu zahlen. Die Berechtigung des Grundstückseigentümers, den Gläubiger durch Zahlung der gesicherten Forderung zu befriedigen, um die Gefahr der Zwangsvollstreckung in das Grundstück abzuwenden, folgt aus § 1142 I BGB. Damit hängt die Beantwortung der Frage entscheidend davon ab, **ob E wirklich Hypothekenschuldner** ist und – falls dies der Fall ist – ob ihm nicht **anderweitige Abwehrmöglichkeiten** gegenüber dem K zustehen.

A. E und K müssten sich nach §§ 873 I, 1113 BGB **geeinigt** haben, dass das Grundstück des E zur **Sicherung einer bestimmten Geldforderung** belastet werden soll. Diese **Forderung** müsste außerdem **bestehen**.

   I. Die **Lieferverpflichtung** kann **nicht hypothekarisch** gesichert werden. § 1113 I BGB betrifft nur **Geldschulden**. Zu diesen gehört allerdings die versprochene Vertragsstrafe (§ 341 BGB) der V. Sie steht zwar unter der Bedingung, dass die V ihrer Lieferverpflichtung nicht rechtzeitig nachkommt und ist damit ursprünglich noch nicht entstanden. Dies ist jedoch gemäß § 1113 II BGB unschädlich, wonach eine Hypothek auch für eine **künftige** oder **bedingte Forderung** bestellt werden kann.

   II. Allerdings ist die Hypothek von der zu sichernden Forderung in ihrem Bestand abhängig (sog. **Akzessorietät**, vgl. §§ 1153, 1154 BGB). Hätte V ihre auf Abschluss des Kaufvertrages mit K abzielende Willenserklärung wegen Irrtums wirksam angefochten, wäre sie gemäß § 142 I BGB rückwirkend vernichtet worden. Ein Anspruch aus der Hypothek stünde K gegen E damit ebenfalls nicht mehr zu[291]. Indes hat die V zwar auf ihren Irrtum hingewiesen. Sie hat aber bislang offengelassen, ob sie sich endgültig im Wege der Anfechtung vom Vertrag lösen möchte oder eine Preisanpassung anstrebt. Es **fehlt** damit bislang an einer **Anfechtungserklärung** i.S.v. § 143 I BGB. Die zu sichernde Forderung besteht also weiterhin.

B. Nach dem Sachverhalt wurde die Hypothek formell wirksam bestellt, so dass von **Grundbucheintragung** im Umfang des § 1115 BGB und **Aushändigung des Hypothekenbriefs** nach § 1117 BGB an K auszugehen ist.

   Damit ist E Hypothekenschuldner gegenüber K.

---

[291] Allerdings geht die Hypothek nicht unter. Aus ihr wird nach der Anfechtung gemäß § 1163 I i.V.m. § 1177 I BGB eine sog. **Eigentümergrundschuld** (vgl. Palandt/Bassenge, § 1163 Rn. 2), welche der Eigentümer anderweitig zur Sicherung eines Kredites einsetzen kann.

C. Möglicherweise stehen ihm jedoch **Einreden** gegenüber einer Inanspruchnahme aus der Hypothek zu.

I. **Eigene Einreden** des E gegenüber K etwa in Gestalt von Stundungsvereinbarungen zwischen K und E oder ähnlichem bestehen nicht.

II. Dem E stehen über § 1137 I 1 BGB sowohl **Einreden des persönlichen Schuldners**, der V, gegen die Forderung als auch die einem **Bürgen** nach § 770 BGB **möglichen Einreden** zu.

1. Möglicherweise kann E sich nach § 313 BGB auf eine **Störung der Geschäftsgrundlage** wegen der Preisanhebung durch die Zulieferer der V berufen[292]. Insofern mag sich ein für die Vertragspartner V und K unvorhergesehener Umstand geändert haben, der bei Vertragsschluss noch vorausgesetzt worden war. Indes fällt die Preisbildung grundsätzlich in die **Risikosphäre** des Lieferanten, hier also der V[293]. Vor allem in Fällen der **Äquivalenzstörung**, in denen etwa infolge katastrophaler Geldentwertung Leistungswert und Höhe der Gegenleistung völlig unverhältnismäßig geworden sind, ist ein Wegfall der Geschäftsgrundlage anerkannt. Ein derart gestörtes Verhältnis von Leistung und Gegenleistung ist dem Sachverhalt jedoch nicht zu entnehmen. Damit kann sich E nicht auf eine Störung der Geschäftsgrundlage im Verhältnis zwischen K und V berufen.

2. Weiterhin kommen **Einreden** i.S.v. § 770 BGB in Betracht.

a) Möglicherweise könnte E die **Einrede der Anfechtbarkeit** im Hinblick auf das Kaufgeschäft zwischen V und K erheben. Eine solche Einrede würde dem E solange zustehen, bis sich der eigentliche Vertragsteil V schlüssig darüber wird, ob sie die Anfechtung erklärt oder darauf verzichtet. In eben diesem Stadium befindet sich V: sie hat zwar auf den angeblichen Irrtum hingewiesen, jedoch bislang nicht erklärt, ob sie sich endgültig wegen des Irrtums vom Vertrag durch Anfechtung lösen will.

b) Somit fragt es sich, ob das zu sichernde Rechtsgeschäft anfechtbar ist, ob also der V ein **Anfechtungsgrund** zusteht.

Fehlkalkulationen stellen grundsätzlich **unbeachtliche Motivirrtümer** dar, welche nicht zur Anfechtung berechtigen. Auch eine denkbare Ausnahme von diesem Grundsatz für externe Fehlkalkulationen liegt nicht vor; die Preisanhebung durch Zulieferer war für K nicht erkennbar.

Somit besteht für E keine Einredemöglichkeit gegenüber der Inanspruchnahme durch den Hypothekar K. Es ist ihm daher anzuraten, die Forderung i.H.v. 100.000,– € zu begleichen.

---

[292] Da § 313 BGB ein **Gestaltungsrecht** in Form des Rücktritts begründen kann, kommt wohl eher eine analoge Anwendung von § 770 BGB in Betracht (zur analogen Anwendung auf Gestaltungsrechte vgl. Palandt/Sprau § 779 Rn. 4).

[293] Zur denkbaren Ausnahme bei gemeinsamen Irrtums über die Berechnungsgrundlage vgl. BGH NJW-RR 2008, S. 1716 f.

Durchsetzbarkeit der Hypothek

- **Eigene Einrede** des Eigentümers (E), §1157 BGB
  - Vereinbarte Einreden (§1157 BGB), z.B.
    - Inanspruchnahme des E nicht vor bestimmtem Termin oder Stundungsvereinbarung
    - Inanspruchnahme des E erst nach fruchtloser Zwangsvollstreckung gegen S
- **Abgeleitete Einreden** des E aus der Stellung des Schuldners (S), §1137 BGB
  - Einreden des S, §1137 I 1. Alt BGB (nicht: Verjährung, vgl. §216 I BGB!)
  - (zeitweilige[294]) Einreden des E aufgrund fremden Gestaltungsrechts, §§1137 I 1, 2. Alt., 770 BGB

Abbildung 31: Einreden des Hypothekenschuldners

§§1157 S.2, 892 BGB und §§1138, 892 BGB: gutgläubiger **einredefreier** Erwerb möglich, wenn

- keine Eintragung bzgl. Einrede und
- diesbzgl. keine pos. Kenntnis des Erwerbers

Fall 2: Hypothek und Regress

Angenommen E zahlt im vorigen Fall die Vertragsstrafe an K. In welcher Form kann er gegen wen Rückgriff nehmen?

Lösung:

Als Rückgriffsverpflichtete kommen die eigentliche Schuldnerin V und die Bürgin B in Frage.

A. E könnte einen Rückgriffsanspruch **gegen V** haben.

I. Als Anspruchgrundlage kommt zunächst §670 BGB aus einem **Auftragsverhältnis** zwischen V und E in Betracht.

1. E hat die Hypothek offenbar im Verhältnis zur Schuldnerin V **unentgeltlich** bestellt, so dass zwischen V und E ein Auftragsverhältnis gemäß §662 BGB vorliegt.
2. Gemäß §670 BGB müsste E zum Zwecke der Ausführung des Auftrags **Aufwendungen** getätigt haben, die er den Umständen nach für **erforderlich** halten durfte. Die Zahlung an K stellt ein Vermögensopfer und damit eine Aufwendung des E dar. Sie war auch zur Befriedigung des K notwendig und ist damit dem E von V nach §670 BGB zu ersetzen.

II. Weiterhin könnte E gegen V aus §1143 I i.V.m. §339 BGB Rückgriff nehmen.

[294] Vgl. Wortlaut §770 I und II BGB, „solange …“

Mit Zahlung der Vertragsstrafe durch E ist gemäß § 1143 I BGB ein **gesetzlicher Forderungsübergang (cessio legis)** eingetreten. An Stelle des K ist damit E Inhaber der gesicherten Forderung geworden und kann auch aus dieser Position Zahlung von V verlangen.

B. E könnte möglicherweise einen Rückgriffsanspruch **gegen die Bürgin B** aus §§ 1143 I, 339 i.V.m. §§ 412, 401, 765 BGB haben.

I. Mit Begleichung der Vertragstrafe hat E – wie gesehen – gemäß § 1143 I BGB die gesicherte Forderung aus dem Vertragsstrafeversprechen erworben. Damit **verbunden** sind beim gesetzlichen **Forderungsübergang** gemäß §§ 412, 401 BGB auch die dort genannten **akzessorischen Sicherungsrechte**, welche für die Forderung bestellt wurden. Zu diesen Sicherungsrechten zählt § 401 I BGB auch die **Bürgschaft**. Damit könnte E von der Bürgin B, die sich laut Sachverhalt für die Vertragsstrafe nach § 765 BGB stark gemacht hat, die gesamte Summe von 100.000,– € zurückverlangen.

II. Fraglich ist jedoch, ob diese Lösung **interessengerecht** ist. Nach der gesetzlichen Wertung würde beim Zusammentreffen von Bürge und Grundstückseigentümer als Hypothekenschuldner letztlich derjenige die Haftung auf den jeweils anderen abwälzen können, der zuerst an den Gläubiger zahlt: hätte B die Vertragsstrafe beglichen, wäre der gesetzliche Forderungsübergang mitsamt der Hypothek als akzessorischem Sicherungsrecht bei ihr eingetreten, und zwar nach §§ 774 I, 412, 401 I BGB. Damit würde der eher **zufällige Zeitpunkt der Zahlung** durch einen der Sicherungsgeber darüber entscheiden, wer von ihnen die gesamte Haftung letzten Endes übernimmt. Dass dieser Lösungsweg **nicht interessengerecht** ist, ist allgemein anerkannt. Strittig ist indes, wie der Interessenkonflikt zu beseitigen ist.

1. Nach Teilen des Schrifttums ist aus Vorschriften des BGB zu schließen, dass der **Bürge gegenüber dem Hypothekenschuldner generell bevorzugt** sein soll. So wird gemäß § 776 BGB der Bürge von der Verbindlichkeit frei, wenn der Gläubiger die als weiteres Sicherungsrecht bestellte Hypothek aufgibt. Eine vergleichbare Vorschrift für den umgekehrten Fall existiert hingegen zugunsten eines Hypothekenschuldner nicht. Daraus wird geschlossen, dass unabhängig vom Zeitpunkt der Zahlung der **Grundstückseigentümer letztendlich haften soll**[295]. Dies sei auch insofern interessengerecht, weil der Bürge im Gegensatz zum Hypothekenschuldner mit seinem ganzen Vermögen hafte.

   Danach könnte E nicht Rückgriff gegen B nehmen.

2. Der BGH geht entgegen dieser Ansicht von einer **gleichstufigen Haftung** von Bürge und Hypothekenschuldner aus und wendet im Wesentlichen Vorschriften der **Gesamtschuld analog** an[296]. Danach ist etwa gemäß

---

[295] Tiedtke, BB 1984, S. 19 ff. (20). Zum Meinungsstand Medicus, Bürgerliches Recht, Rnrn. 940 und 941 m.w.N.

[296] BGHZ 108, 179 (183); BGH NJW 1992, S. 3228 f. (3229). Ebenso Hk-BGB/Staudinger, § 774 Rn. 10; Jauernig/Stadler, § 774 Rn. 12; Palandt/Sprau, § 774 Rn. 13. Die Begründungen variieren: teilweise wird etwa auch § 774 II BGB analog angewendet. Auch beim Zusammentreffen von Bürge und Grundschuldbestellter wendet der BGH den Rechtsgedanken aus § 426 BGB an, vgl. BGH NJW 2009, S. 437 f. (437).

§ 426 I BGB jeder Gesamtschuldner **im Zweifel zum gleichen Anteil** zur Tragung der Verbindlichkeit verpflichtet. Nur **in diesem Umfang** findet nach Zahlung an den Gläubiger durch einen der Schuldner gemäß § 426 II BGB ein **gesetzlicher Forderungsübergang** statt. Nach dem BGH könnte damit E von B Ausgleich i.H.v. 50.000,– € verlangen.

In Anbetracht dessen, dass die B als Bank die Bürgschaft nicht unentgeltlich, sondern gegen Zahlung der Avalprovision eingegangen ist, erscheint es vorzugswürdig, ihr Haftungsrisiko, welches sie sich hat entlohnen lassen, nicht komplett auf den E abzuwälzen. Insofern ist die Lösung des BGH interessengerechter, so dass E von B Ausgleich i.H.v. 50.000,– € verlangen kann[297].

Fall 3: Übertragung der Hypothek

Der Fidel Gastro (G) gewährt Hilarius Sorglos (S) ein Geschäftsdarlehn i.H.v. 250.000,– €. Als Sicherheit für die Forderung bestellt Ernesto Schickeware, der Schwiegervater des S, zugunsten des G eine Hypothek an seinem Grundstück. Als G in finanzielle Schwierigkeiten gerät, verkauft er die Forderung gegen S an das Factoring-Unternehmen F und tritt sie schriftlich an F ab. Da dies seinen finanziellen Bedarf nicht abdeckt, vereinbart er mit dem Z gegen Zahlung schriftlich die „Übertragung der Hypothek gegen E“ und übergibt Z auch den Hypothekenbrief.

Welche Rechte stehen F bzw. Z gegen S und E zu?

Lösung:

A. Anspruch F gegen S auf Zahlung von 250.000,– € aus § 488 I BGB

F könnte gegen S einen Zahlungsanspruch aus § 488 I BGB haben.

Das Factoringunternehmen hat mit G einen **Rechtskauf** bezüglich der Darlehnsforderung gegen S abgeschlossen. **Vollzogen** wird dieser durch **Abtretung** nach § 398 BGB. Fraglich ist, ob F durch wirksame Abtretungsvereinbarung mit G die Darlehnsforderung gegen S erworben hat.

I. Eine entsprechende **Abtretungsvereinbarung** haben G und F abgeschlossen.

II. Zu berücksichtigen ist jedoch, dass die Forderung gegen S hypothekarisch gesichert ist. Für diesen Fall müssen bei der Abtretung die **Formerfordernisse** aus § 1154 BGB beachtet werden.

1. Die **Schriftform** der Abtretungserklärung gemäß § 1154 I 1 BGB wurde beachtet.
2. § 1154 I 1 BGB verlangt jedoch außerdem, dass der **Hypothekenbrief** dem neuen Gläubiger übergeben wird. Dies ist zwischen G und F nicht geschehen. Daher ist die Abtretung der Darlehnsforderung von G an F nach § 125 BGB **nichtig**. Also kann F von S nicht Zahlung der Darlehnssumme verlangen.

---

[297] Die gegenteilige Ansicht, welche von verschiedenen Haftungsstufen ausgeht, ist natürlich genauso vertretbar und damit richtig!

B. Anspruch F gegen E auf Duldung der Zwangsvollstreckung in sein Grundstück aus § 1147 BGB

Den gegen E gerichteten Anspruch auf Duldung der Zwangsvollstreckung könnte F gemäß § 1153 I und II BGB **nur durch Abtretung der Forderung** erworben haben, welche die Hypothek absichert. Dies ist – wie gesehen – jedoch nicht der Fall. Wegen der **Akzessorietät** von Hypothek und gesicherter Forderung hat F also keinerlei Ansprüche gegen E.

C. Anspruch Z gegen S auf Zahlung von 250.000,– € aus § 488 I BGB

Z könnte gegen S einen Zahlungsanspruch aus § 488 I BGB besitzen. Dazu müssten Z und G wirksam eine **Abtretung** der Darlehnsforderung gegen S nach § 398 BGB vereinbart haben. Fraglich ist die **Wirksamkeit** der Abtretung.

I. **Wörtlich** haben Z und G eine „Übertragung der Hypothek gegen E" vereinbart.

1. Da die Übertragung einer Hypothek jedoch nicht losgelöst von der zu sichernden Forderung möglich ist, wie aus § 1153 BGB folgt, könnte diese Vereinbarung unwirksam sein.
2. Etwas anderes kann jedoch die **Auslegung** der Erklärung ergeben. Hier ist zu berücksichtigen, dass bei der Übertragung der Gläubigerstellung im Hinblick auf hypothekarisch gesicherte Forderungen der **Schwerpunkt des wirtschaftlichen Interesses** des neuen Gläubigers regelmäßig auf der **Hypothek** liegt, welche ihm die Sicherheit für die schuldrechtliche (Darlehns-) Forderung verschafft. Insofern ist davon auszugehen, dass mit der Erklärung, die Hypothek übertragen zu wollen, zwischen den Parteien gemeint ist, dass die **Stellung eines Hypothekars** erworben werden soll. Da dies ohne Abtretung der gesicherten Forderung aber nicht möglich ist, muss sich die Vereinbarung inhaltlich auf Abtretung dieser Forderung beziehen[298].

Damit haben Z und G eine Abtretung der Darlehnsforderung gegen S vereinbart.

II. Im Fall der hypothekarisch gesicherten Forderung müssen bei der Abtretung die **Formerfordernisse** aus § 1154 BGB beachtet werden.

1. Z und G haben **schriftlich** die Abtretung vereinbart, so dass dieses Erfordernis des § 1154 I 1 BGB erfüllt ist.
2. Auch die nach § 1154 I 1 BGB erforderliche **Übergabe des Hypothekenbriefs** ist erfolgt.

Damit hat Z im Wege der Abtretung die Forderung gegen S erworben. Der Anspruch auf Zahlung von 250.000,– € gegen S steht Z zu.

D. Anspruch Z gegen E auf Duldung der Zwangsvollstreckung in sein Grundstück aus § 1147 BGB

Mit der wirksamen Abtretung der zu sichernden Darlehnsforderung hat Z **gleichzeitig** nach § 1153 I BGB die **Hypothek erworben**. Damit ist E gemäß § 1147 BGB gegenüber Z zur Duldung der Zwangsvollstreckung in das Grundstück verpflichtet.

---

[298] Vgl. Palandt/Bassenge, § 1153 Rn. 2 m.w.N.

Fall 4: Erwerb der Grundschuld[299]

Schlawien (S) hat von der Hypo-Ventilbank (H) ein Geschäftsdarlehn i.H.v. 900.000,– € erhalten. Zur Sicherung dieses Darlehns bestellt er der H eine Briefgrundschuld in gleicher Höhe an seinem Grundstück. Das Darlehn soll in drei Teilbeträgen zu je 300.000,– € ausgezahlt werden. Bereits nach der ersten Auszahlung tritt die H-Bank die Grundschuld in voller Höhe an die Bench-Bank (B) ab. Dabei ist der B der ursprüngliche Sicherungszweck der Grundschuld ebenso bekannt wie die nicht erfolgte vollständige Auszahlung des Darlehns. Die B wird im Grundbuch eingetragen. Wegen Zahlungsschwierigkeiten sieht sich die H in der Folgezeit nicht in der Lage, die restlichen Darlehnsbeträge i.H.v. insgesamt 600.000,– € an S auszuzahlen.

Kann S sich gegen eine Inanspruchnahme durch die B aus der Grundschuld i.H.v. 900.000,– € zur Wehr setzen?

Lösung:

S könnte gemäß §§ 1192 I i.V.m. § 1147 BGB gegenüber der B zur Duldung der Zwangsvollstreckung in sein Grundstück verpflichtet sein. Dies setzt zum einen voraus, dass die B-Bank **Inhaberin einer Grundschuld** i.H.v. 900.000,– € gegen S ist und zum anderen, dass der Anspruch aus der Grundschuld gegenüber S **durchsetzbar** ist.

A. Fraglich ist zunächst, ob die B eine **Grundschuld** in Höhe von 900.000,– € **erworben** hat.

Zwischen S hat B wurde keine Grundschuld bestellt, so dass die B Inhaberin nur durch eine entsprechende **Abtretung** der H an sie geworden sein kann.

I. Gemäß § 1192 I BGB ist für Grundschulden **Hypothekenrecht anwendbar**, allerdings mit **Ausnahme** der Vorschriften, die eine Forderung und damit die **Akzessorietät der Hypothek voraussetzen**. Im Hinblick auf die **Übertragung der Grundschuld** gilt damit § 1154 BGB.

II. Die **Voraussetzungen** von § 1154 BGB müssten erfüllt sein.

1. Zwischen H und B ist **Einigung** über die Abtretung der Grundschuld erzielt worden.
2. Erforderlich ist entweder gemäß § 1154 I BGB eine **schriftliche Abtretungserklärung** oder die **Eintragung der Abtretung in das Grundbuch** nach § 1154 II BGB. Vorliegend ist die Abtretung von H an B in das Grundbuch eingetragen worden.
3. Die **Übergabe des Grundschuldbriefs**, §§ 1192 I, 1154 I, 1117 BGB, ist erfolgt.
4. **Fraglich** ist indes die **Berechtigung** der H zur **Abtretung** an B. H wäre nur dann **berechtigt**, wenn sie **verfügungsbefugte Inhaberin** einer Grundschuld in Höhe von 900.000,– € war. Dies wiederum setzt voraus, dass ursprünglich S der **H** eine **entsprechende Grundschuld** in dieser Höhe **eingeräumt** hat.

[299] BGH WM 1984, S. 1078 f.; BGHZ 59, 1.

a) Eine entsprechende **Einigung** gemäß § 873 I BGB über den Inhalt einer Grundschuld nach § 1191 BGB ist zwischen S und der H erzielt worden.

b) Die Grundschuld wurde auch gemäß § 873 I BGB **eingetragen**.

c) Auch der **Grundschuldbrief** ist nach §§ 1192 I, 1117 BGB übergeben worden.

d) S war als Eigentümer auch **berechtigt**, eine Grundschuld an dem Grundstück einzuräumen.

e) Fraglich ist aber, wie es zu beurteilen ist, dass die Grundschuld eine Darlehnsforderung i.H.v. 900.000,– € sichern sollte, jedoch nur ein Betrag i.H.v. 300.000,– € zur Auszahlung an S kam. H hätte nur einen Betrag von 300.000,– € zurück verlangen können. Allerdings ist die Grundschuld, anders als die Hypothek, nicht in ihrem Bestand von einer zu sichernden Forderung abhängig, sie ist **nicht akzessorisch**.

Daher hat B gemäß §§ 1192 I, 1154 BGB eine Grundschuld in Höhe von 900.000,– € erworben.

B. Möglicherweise ist der Anspruch auf Duldung der Zwangsvollstreckung aus § 1147 BGB aber **nicht durchsetzbar**.

Dies ist der Fall, wenn S gegen die B **Einreden** zustehen.

I. Nach § 1157 S. 1 i.V.m. § 1192 I BGB kann S gegenüber B die **Einreden** geltend machen, welche ihm **ursprünglich** gegenüber der H-Bank zustanden.

II. Fraglich ist also, ob ursprünglich **S gegenüber der H-Bank eine Einrede** besaß, welche er nach Abtretung der Grundschuld **auch B entgegenhalten** könnte.

1. Die Grundschuld ist selbst nicht vom Bestand der zu sichernden Forderung abhängig. Es wird allerdings zwischen dem Grundstückseigentümer als Sicherungsgeber und dem Grundschuldgläubiger als Sicherungsnehmer **schuldrechtlich** eine **Sicherungsabrede** vereinbart, dass die Grundschuld der Sicherung einer Forderung in bestimmter Höhe dienen soll. Wenn diese Forderung gar nicht oder nur zu einem Teil zur Entstehung gelangt, ist der **Sicherungsnehmer** nach § 821 BGB **ungerechtfertigt** um die Forderung aus der Grundschuld **bereichert**. Damit konnte die H-Bank ursprünglich den Anspruch aus § 1147 BGB in Höhe von 600.000,– € wegen der Einrede aus § 821 BGB nicht durchsetzen. Dies kann nach § 1157 S. 1 i.V.m. § 1192 I BGB S auch gegenüber der B geltend machen.

2. Zwar besteht nach § 1157 S. 2 i.V.m. § 1192 I BGB grundsätzlich die Möglichkeit zugunsten des neuen Grundschuldinhabers, die **Grundschuld gut-gläubig ohne die Belastung mit einer Einrede** zu erwerben. Dies setzt aber jedenfalls voraus, dass er nichts von dem ursprünglichen Sicherungsgeschäft weiß. Vorliegend **kennt** indes B den **Sicherungszweck** und **die nicht erfolgte Auszahlung** von 600.000,– € des Darlehns. Daher musste B damit rechnen, keinen Duldungsanspruch gegen S in voller Höhe aus der Grundschuld zu besitzen.

B hat somit gegen S keinen durchsetzbaren Anspruch nach § 1147 BGB in voller Höhe von 900.000,– €.

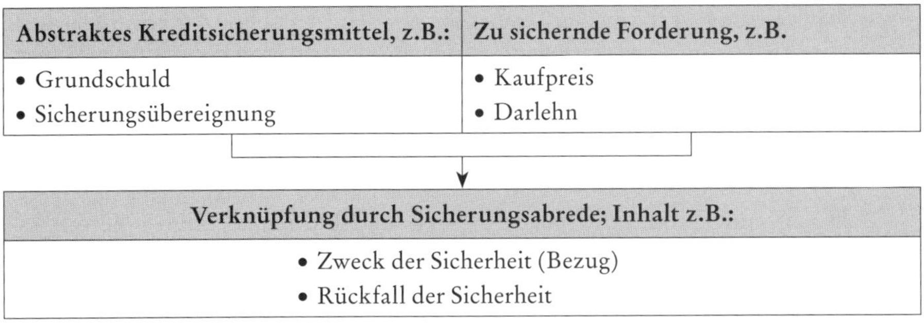

Abbildung 32: Sicherungsabrede

Fall 5: Einredefreier gutgläubiger Erwerb der Grundschuld[300]

Wie verhält es sich, wenn im vorigen Fall die B-Bank zwar den Sicherungszweck der Grundschuld kannte, aber nichts von der unterbliebenen Auszahlung der Darlehnsvaluta i.H.v. 600.000,– € an S durch die H-Bank wusste?

Lösung:

Im Unterschied zum Ausgangsfall könnte die B-Bank die **Grundschuld gutgläubig einredefrei** nach §1157 S.2 BGB i.V.m. §1192 BGB erworben haben. Dies wäre der Fall, wenn die B gemäß §892 I BGB beim Erwerb der Grundschuld von der H **gutgläubig** davon ausgehen durfte, dass mangels entsprechender Eintragungen **keine Einrede** gegen die Grundschuld bestand.

I. Dazu ist zunächst ein **rechtsgeschäftlicher Erwerb** i.S.v. §892 I BGB erforderlich. Zwischen B und H ist die Grundschuld durch **Abtretung**, also rechtsgeschäftlich übertragen worden.

II. Das **Grundbuch** muss hinsichtlich eines eintragungsfähigen Rechts **unrichtig** sein.

   1. Dies ist deswegen **problematisch**, weil die Grundschuld nicht akzessorisch ist. Es würde dieser fehlenden Akzessorietät widersprechen, wenn wie bei einer Hypothek eine zu sichernde Forderung eingetragen werden könnte.

   2. Wenn jedoch §1157 S.2 BGB den einredefreien Erwerb bei gutem Glauben an den im Grundbuch eingetragenen Inhalt vorsieht, ist daraus zu schließen, dass **später entstandene Einreden** gegen die Grundschuld sehr wohl **eintragbar** sind. Die Einrede aus §821 BGB war nicht eingetragen, damit war also das Grundbuch **unrichtig**.

III. S hätte, um einen gutgläubigen Erwerb zu verhindern, etwa im Wege einer einstweiligen Verfügung nach §899 BGB einen **Widerspruch** gegen die Richtigkeit des Grundbuchs eintragen lassen können. Ein solcher Widerspruch wurde nicht eingetragen, so dass ein gutgläubiger einredefreier Erwerb der Grundschuld prinzipiell möglich war.

IV. Fraglich ist jedoch, ob B **gutgläubig** war.

[300] BGH WM 1984, S.1078f.; BGHZ 59, 1.

1. Nach Rechtsprechung des Reichsgerichts[301] führte schon die **reine Kenntnis vom Sicherungscharakter** der Grundschuld zur Bösgläubigkeit des Erwerbers, weil bei einer Sicherungsgrundschuld immer möglich ist, dass die zu sichernde Forderung nicht besteht. Danach wäre B, welche den Sicherungscharakter der Grundschuld kannte, bei deren Erwerb bösgläubig im Hinblick auf eine mögliche Einrede gegen die Grundschuld gewesen.
2. Damit würde indes die Sicherungsgrundschuld im Ergebnis einer akzessorischen Hypothek ähneln, was dem Willen des Gesetzes widerspricht, welches die Grundschuld auch **ohne eine zu sichernde Forderung für verkehrsfähig** erklärt. Daher bejaht der BGH[302] eine Bösgläubigkeit erst, wenn der Erwerber nicht nur den Sicherungscharakter kennt, sondern darüber hinaus **positive Kenntnis** davon hat, dass die zu sichernde **Forderung nicht oder nicht vollständig entstanden** ist.

Also hat in der Abwandlung B gegen S einen durchsetzbaren Anspruch nach § 1147 BGB auf Duldung der Zwangsvollstreckung i.H.v. 900.000,– €.

§ 24
Beschränkt dingliche Rechte an Immobilien – Nutzungsrechte

Beschränkt dingliche Rechte können darauf gerichtet sein, **nicht zur Verwertung** des Grundstücks zu führen, sondern einzelne **Nutzungsrechte** einzuräumen. Hierher gehören vor allem der **Nießbrauch** an unbeweglichen Sachen, §§ 1030 ff. BGB, sowie die **Dienstbarkeiten**, §§ 1090 ff. und 1018 ff. BGB.

Dienstbarkeiten	
Grunddienstbarkeit, §§ 1018 ff. BGB	**Beschränkte persönliche Dienstbarkeit, §§ 1090 ff. BGB**
Inhalt § 1018 BGB: • Belastung des Grundstücks: Nutzung des Eigentums eingeschränkt • zugunsten des **jeweiligen** Eigentümers eines **anderen Grundstücks** (vgl. auch § 1019 BGB, sog. herrschendes Grundstück)	**Inhalt** § 1090 BGB: • Belastung des Grundstücks: Nutzung des Eigentums eingeschränkt (wie Grunddienstbarkeit) • zugunsten eines bestimmten Berechtigten • gem. § 1192 BGB nicht übertragbar

Abbildung 33: Dienstbarkeiten

Fall 1: Dienstbarkeit

Erik D. Rothe (E) ist Eigentümer eines größeren, gewerblich genutzten Grundstücks, auf dem neben Gastronomie auch Einzelhandel betrieben werden soll. Die Nachdurst-Brauerei (B) vereinbart mit E, dass E der B die Einrichtung einer

[301] RGZ 91, 218 (224 f.).
[302] BGHZ 59, 1 (2 f.); BGH NJW 1988, S. 1375 ff. (1377/1378).

Gaststätte erlaubt und dass weder E noch Dritte einen Gastronomiebetrieb auf dem Grundstück durchführen. Außerdem sollen auf dem Grundstück einzig Lagerung und Verkauf des ebenso süffigen wie kopfschmerzträchtigen Fliegen-Pils der Brauerei B gestattet sein. Im Gegenzug soll die B dem E einen bestimmten jährlichen Betrag zahlen.

Kann zugunsten der B eine entsprechende Dienstbarkeit im Grundbuch eingetragen werden?

Lösung:

Eine **Grunddienstbarkeit** kann gemäß §§ 1018, 1019 BGB nur zugunsten des **Eigentümers eines anderen Grundstücks**, des sog. **herrschenden Grundstücks**, bestellt werden. Daher kommt vorliegend ausschließlich eine beschränkte **persönliche** Dienstbarkeit in Betracht, nach der B Berechtigte i.S.v. § 1090 BGB sein soll.

Eine beschränkte persönliche Dienstbarkeit mit dem zwischen B und E vorgesehenen Inhalt entsteht gemäß § 873 I BGB durch **Einigung** und **Eintragung** im Grundbuch. Notwendig ist also, dass B und E inhaltlich eine zulässige wirksame Dienstbarkeit gemäß §§ 1090 I, 1018 BGB vereinbaren. Die B und der E müssen sich über eine **Duldungs- oder Unterlassungspflicht** des Eigentümers im Hinblick auf die Nutzung seines Grundstücks nach § 1018 BGB einigen.

A. Nach der angestrebten Einigung dürfen weder E noch Dritte das Grundstück zum Betrieb einer Gaststätte nutzen.

Hierdurch wird einerseits **B berechtigt**, das Grundstück des E zu nutzen, andererseits **E zur Duldung verpflichtet**. E darf nicht selbst oder über Dritte einen Gaststättenbetrieb errichten, so dass der Inhalt der Einigung zwischen E und B auch hinreichend bestimmt ist. Nach dem BGH liegt **eine einheitliche Dienstbarkeit** vor, die als solche eingetragen werden kann, ohne dass zwischen Benutzungsrecht zugunsten B und Unterlassungsverpflichtung zulasten des E unterschieden werden müsste[303].

B. Fraglich ist, ob auch die Verpflichtung, keine anderen Biersorten von dem Grundstück aus zu vertreiben, Gegenstand einer Dienstbarkeit sein kann. Bedenken bestehen insofern, als **nicht generell der Verkauf** von Bier etwa durch Einzelhändler oder E selbst **untersagt** werden soll, sondern **nur der Verkauf anderer Sorten** als der Marke „Fliegen-Pils". Hier ist zu berücksichtigen, dass Dienstbarkeiten eine **Grundstücksbelastung** und damit dingliche Rechte darstellen, welche die **Eigentumsausübung beschränken**.

I. **Unbedenklich** wäre es insofern, wenn E untersagt würde, **überhaupt** Bier auf dem Grundstück zu verkaufen bzw. dies Dritten zu gestatten. Die Nutzung des Grundstücks wäre damit eingeschränkt, eine entsprechende Dienstbarkeit wäre zulässig.

II. Vorliegend soll jedoch nicht der Bierverkauf überhaupt untersagt, sondern **nur der Verkauf von Konkurrenzprodukten verhindert** werden. Eine solche **Wettbewerbsklausel** kann nach dem BGH nicht Gegenstand einer Dienstbarkeit sein. Die Einschränkung der freien Wahl zwischen Warenlieferanten

[303] BGHZ 29, 244 (246 ff.).

ist **kein Ausfluss** des **Eigentums am Grundstück**[304]. Es können also nur unmittelbar aus dem Eigentum selbst hergeleitete Nutzungsmöglichkeiten durch eine Dienstbarkeit eingeschränkt werden.

Damit kann der sich auf die Auswahl von Verkaufsprodukten beziehende Teil der Verpflichtung nicht als Dienstbarkeit vereinbart werden. Es wäre lediglich u.U. eine entsprechende schuldrechtliche Verpflichtung des E ohne Eintrag im Grundbuch möglich.

---

304 BGHZ 29, 244 (249).

C. Handelsrecht

Das Handelsrecht ist das **Sonderprivatrecht** der **Kaufleute**. Zentraler Begriff des am 1.1.1900 in Kraft getretenen HGB, dessen Technik es ist, wie das BGB zuerst Allgemeines, dann Besonderes zu regeln, ist daher der **Kaufmann**. Die Kaufmannseigenschaft hat eine Reihe von **Sonderregelungen** zur Folge, die den Besonderheiten des Handelsverkehrs Rechnung tragen und häufig einer zügigeren Geschäftsabwicklung dienen sollen. Das kann Vor- und Nachteile für den Kaufmann mit sich bringen.

Neben dem **Kaufmannsbegriff** und den hieraus resultierenden **Handelsgeschäften** sind weiterhin die Vorschriften über die **Firma** und das **Handelsregister** von Bedeutung, ebenso die **selbständigen** und **unselbständigen Hilfspersonen** des Kaufmanns.

I. Gewerbebegriff und Kaufmannseigenschaft

Durch das **Handelsrechtsreformgesetz** ist zum 1.7.1998 u.a. der Kaufmannsbegriff völlig neu gefasst worden[305]. Insbesondere der Dienstleistungsbereich wird nunmehr vom Handelsrecht mit erfasst. **Jede gewerbliche Tätigkeit** führt danach grundsätzlich zur Kaufmannseigenschaft, § 1 HGB.

Sowohl **natürliche** als auch **juristische Personen** sowie **Personengesellschaften** können Kaufleute sein. Der Unterschied besteht darin, dass eine **natürliche Person** in der Regel ein **Handelsgewerbe** i.S.v. § 1 HGB betreibt bzw. eine **Personengesellschaft** den **Zweck** haben muss, ein **Handelsgewerbe** zu betreiben (vgl. § 105 HGB). Demgegenüber sind **juristische Personen** oft unabhängig von ihrem Geschäftsgegenstand sog. **Formkaufleute** (vgl. § 6 II HGB).

§ 25
Das Handelsgewerbe

natürliche Personen	Personengesellschaften	juristische Personen
Handelsgewerbe	Handelsgewerbe	durch gesetzliche Regelung
Kaufmannseigenschaft		

Abbildung 34: Erwerb der Kaufmannseigenschaft

305 Zur Rechtslage vor und nach der Reform vgl. Baumbach/Hopt-Hopt, § 1 Rnrn. 1–9 m.w.N

Der Gewerbebegriff

- Die Tätigkeit muss **nach außen** erfolgen („**am Markt**"). Heimliches Spekulieren oder stille Beteiligung an einem fremden Handelsgewerbe genügen nicht.
- Die Tätigkeit muss **selbständig** (eigene Rechnung, eigenes Risiko) erfolgen. Abgrenzungskriterien enthält § 84 I 2 HGB: wer im Wesentlichen **frei seine Tätigkeit gestalten** und **seine Arbeitszeit bestimmen** kann, ist selbständig.
- Die Tätigkeit muss **auf Dauer angelegt** (also: **nachhaltig**) sein. Weder einmalige noch gelegentliche Aktivitäten erfüllen dieses Kriterium.
- Die Tätigkeit muss mit **Gewinnerzielungsabsicht** erfolgen. Nicht entscheidend ist, ob tatsächlich Gewinn erzielt wird[306].
- **Negative Kriterien: Freie Berufe**, die zwar selbständig ausgeübt werden, gehören ebenso nicht zum Gewerbegriff wie **Land- und Forstwirtschaft**, sofern nicht § 3 II HGB vorliegt. Generell gilt, dass dort, wo die **persönliche Leistung** im Vordergrund steht, etwa auch bei einem Maler oder Schriftsteller, ein Gewerbe ausscheidet und die Tätigkeit freiberuflich[307] ausgeübt wird.
- Strittig ist, ob die Tätigkeit eine **legale** sein muss. Nach abnehmender, aber wohl noch herrschender Meinung ist dies der Fall, d.h. die Geschäfte müssen zivilrechtlich gültig und einklagbar sein[308].

Fall 1: Freiberufler oder Gewerbetreibender

Der multimedial talentierte Mike Rohsaft (M) entwirft Speise- und Visitenkarten, Flyer, Broschüren, Werbeprospekte, Kalender sowie Werbematerial aller Art, ohne ein Studium als Industrial-Designer absolviert zu haben. Für seine Arbeit hat er mehrfach Preise und Auszeichnungen erhalten, u.a. den Luigi-Colonia-Gedächtnis-Preis. Mittlerweile ist sein Umsatz beträchtlich, er hat 10 Angestellte, eine Buchführung wird eingerichtet. Auf seinen Antrag hin wird er in das Handelsregister als Kaufmann eingetragen. Einen Monat später übernimmt er mündlich eine Bürgschaft zugunsten seines Geschäftsfreundes Felix Auster (F), der von der C-Bank ein Darlehn bekommen hat. Als F nicht an C zahlt, will diese den M in Anspruch nehmen.

Ist das möglich?

Lösung:

C könnte gegen M einen Anspruch auf Zahlung aus § 765 I BGB haben.

C und M haben inhaltlich einen **Bürgschaftsvertrag** i.S.v. § 765 I BGB vereinbart. Die Erklärung des M bedarf dabei nach § 766 BGB grundsätzlich der **Schriftform**,

---

[306] Z.T. will das Schrifttum die Gewinnerzielungsabsicht durch das Merkmal entgeltlicher Tätigkeit am Markt ersetzen, vgl. m.w.N. K/R/M-Roth, § 1 Rn. 7 und 10.

[307] Beispielskataloge Freier Berufe enthalten § 18 I Nr. 1 EStG sowie § 1 II PartGG.

[308] Brox/Henssler, Handelsrecht, Rn. 27; Jung, Handelsrecht, § 5 Rn. 9. A.A. Canaris, Handelsrecht, § 2 Rn. 13; K/R/M-Roth, § 1 Rn. 11. Differenzierend Baumbach/Hopt-Hopt, § 1 Rn. 21.

um nicht nach § 125 BGB nichtig zu sein[309]. Diese Form ist nicht eingehalten worden. Eine **Ausnahme** gilt jedoch gemäß § 350 HGB, wenn M **Kaufmann** ist und das Bürgschaftsversprechen auf seiner Seite ein **Handelsgeschäft** darstellt.

A. M könnte nach § 1 I HGB ein **Handelsgewerbe** betreiben. Dieses Kriterium erfüllt prinzipiell jede Art von **Gewerbebetrieb.** Dieser ist vorliegend jedoch abzugrenzen von der Tätigkeit als **Freiberufler**, welche nicht §§ 1–5 HGB erfüllen kann. Fraglich ist somit, ob M gewerblich tätig ist.

I. M ist **am Markt** tätig.

II. M muss seine Tätigkeit zunächst **selbständig** ausüben[310]. Kriterien hierfür sind in § 84 I 2 HGB enthalten. Generell handelt selbständig, wer im Wesentlichen seine **Tätigkeit frei gestalten** und seine **Arbeitszeit frei bestimmen** kann, vgl. § 84 I 2 HGB. Dies ist im Hinblick auf M der Fall.

III. Die Tätigkeit muss **auf Dauer angelegt**, also **nachhaltig** sein. Weder einmalige noch gelegentliche Aktivitäten erfüllen dieses Kriterium. Hier zieht M seinen Lebensunterhalt aus der Tätigkeit, so dass deren Nachhaltigkeit zu bejahen ist.

IV. Die Tätigkeit muss mit **Gewinnerzielungsabsicht** erfolgen. Nicht entscheidend ist, ob tatsächlich Gewinn erzielt wird[311]. Allenfalls kann nach langanhaltender Verluststrecke ein Hinweis auf fehlende Gewinnerzielungsabsicht bestehen, wenn die Tätigkeit trotzdem aufrecht erhalten wird. Aus dem unter (II.) genannten Grund ist auch dieses Kriterium vorliegend erfüllt.

V. **Freie Berufe** werden zwar selbständig ausgeübt, erfüllen aber ebenso wenig den Gewerbegriff wie Land- und Forstwirtschaft. Generell gilt, dass dort, wo die persönliche Leistung im Vordergrund steht, ein Gewerbe ausscheidet.

1. Unabhängig von der Frage, ob der Betreffende wissenschaftlich, künstlerisch, schriftstellerisch, unterrichtend oder erzieherisch tätig wird, begründen die **Katalogberufe** des § 18 I Nr. 1 EStG bzw. § 1 II 2 PartGG stets eine freiberufliche Tätigkeit.

   Zu den Katalogberufen gehören vor allem die **typischen Freiberufler** wie Ärzte, Architekten, Rechtsanwälte, Steuerberater und Wirtschaftsprüfer. Eine Tätigkeit, die ohne eine erforderliche Erlaubnis, Zulassung oder Bestellung ausgeübt wird, ist kein Katalogberuf. Berufsangehöriger in diesem Sinne ist nur, wer auch die berufsrechtlichen Vorschriften erfüllt, also für einen bestimmten **Beruf zugelassen** ist. Hier fällt die Tätigkeit des M unter keinen ausdrücklichen Katalogberuf.

2. Liegt kein Katalogberuf i.S.d. § 18 I Nr. 1 EStG bzw. § 1 II 2 PartGG vor, kommt es darauf an, ob ein Beruf gegeben ist, der den **Katalogberufen ähnlich** ist. In Frage käme der Beruf des Architekten oder der des Ingenieurs als Vergleichsmaßstab. Es existiert auch eine Designerausbildung (Industrial-Designer), die naturwissenschaftlich-technisch ausgerichtet

[309] Zur Bürgschaft s.o. § 15.
[310] Die Frage nach der Selbständigkeit stellt sich außer im Handels- oder Gesellschaftsrecht häufig im Steuerrecht, im öffentlichen Gewerberecht oder im Arbeitsrecht.
[311] Vgl. Klunzinger, Handelsrecht, § 6 I. 1. b).

ist. Über eine solche Ausbildung verfügt M jedoch nicht. Seine Tätigkeit lässt sich u.U. auch aufgrund eines ausgeprägten ästhetischen Empfindens, handwerklichen Könnens, Gespür für Modetrends und Marktentwicklung ausüben.

Die Voraussetzung, dass der vom Kläger ausgeübte Beruf dem des Ingenieurs oder Architekten sowohl nach Ausbildung als auch nach der tatsächlichen ausgeübten Tätigkeit vergleichbar sein muss, ist also nicht erfüllt.

3. Zu prüfen sind daher die **allgemeinen Kriterien** für eine **künstlerische Tätigkeit**[312]. Dabei schließt der gewerbliche Verwendungszweck und die Verwendung als Gebrauchsgegenstand die Annahme einer künstlerischen Tätigkeit nicht generell aus, wenn die Arbeiten ihrem Gesamtbild nach **eigenschöpferisch** sind und über eine hinreichende **Beherrschung der Technik** hinaus eine bestimmte **künstlerische Gestaltungshöhe** erreichen[313]. Für die Beurteilung der Arbeit eines Designers sind nicht nur die Entwürfe, es ist auch das fertige Produkt heranzuziehen.

   Danach sind Erzeugnisse eines Industriedesigners u.a. dann nicht Ausdruck seiner individuellen Anschauungsweise und Gestaltungskraft, wenn sie z.B. nur einer neuen Moderichtung, einem neuen Stilgefühl folgen, oder wenn die Formgebung aus dem allgemeinen Formenschatz entnommen ist oder auf bekannte Vorbilder zurückgeht. Das gilt auch dann, wenn die Erzeugnisse zwar eigenartig oder technisch vollendet sind und gutes oder bestes handwerkliches Können zeigen, solange sie die geforderte **künstlerische Gestaltungshöhe** vermissen lassen[314].

   Hier hat M für seine Arbeit bereits mehrere Preise und Auszeichnungen verliehen bekommen. Es ist davon auszugehen, dass hierbei nicht allein der Gebrauchszweck beurteilt wurde, sondern gerade die **gestalterische Höhe** und Beherrschung **medialer Techniken** im Vordergrund stand. Insofern wird eher davon auszugehen sein, dass die Tätigkeit des M künstlerischen Anspruch aufweist und nicht zum gewerblichen Bereich zu zählen ist[315].

Also ist M kein Kaufmann nach § 1 HGB.

B. M wäre nur dann nach § 5 HGB Kaufmann **kraft Eintragung**, sofern er eine **gewerbliche Tätigkeit** ausübt. Dies ist – wie gesehen – nicht der Fall. Damit konnte sich M mangels Kaufmannseigenschaft nicht nach § 350 HGB mündlich für den F verbürgen. Seine Erklärung ist gemäß § 125 BGB **formnichtig.**

Somit besteht kein Anspruch der C-Bank gegen M aus § 765 I BGB.

---

312 Den Begriff der Kunst rechtlich zu definieren, ist so gut wie unmöglich; vgl. BVerfGE 30, 173 (188 f.) zu Art. 5 III 1 GG und der dort ausgesprochenen Kunstfreiheit.

313 Vgl. BFHE 121, 410 (416).

314 Vgl. BFHE 71, 549 (551).

315 Die Frage, ob die Tätigkeit eine legale sein muss, ist nach diesem Lösungsweg – Abweichungen sind natürlich vertretbar – nicht mehr zu erörtern. Anders als beim steuerrechtlichen Gewerbebegriff, den die Herkunft des gewerblichen Gewinns nicht weiter interessiert, wird teilweise für erforderlich gehalten, dass die ausgeübte Tätigkeit auch zivilrechtlich unbedenklich ist. Vgl. i.e. Jung, Handelsrecht, § 5 Rn. 9.

Anmerkung:
Zweifelhaft ist generell, ob § 5 HGB überhaupt noch einen **eigenständigen Anwendungsbereich** besitzt, weil **Gewerbe**treibende, die in das Handelsregister eingetragen sind, in jedem Fall bereits nach § 2 HGB als Kaufleute behandelt werden[316]. Einen versehentlich eingetragenen Freiberufler könnte man damit auch nicht nach § 5 HGB als Kaufmann behandelt (str.)[317].

§ 26 Die Kaufmannseigenschaft

Die Kaufmannseigenschaft natürlicher Personen				
Ist-Kaufmann, § 1 HGB	**Kann-Kaufmann, § 2 HGB**	**Kann-Kaufmann, § 3 II HGB**	**Kaufmann kraft Eintragung, § 5 HGB**	**Scheinkaufmann kraft Gewohnheitsrechts[318]**
• Betrieb eines **Handelsgewerbes**, § 1 I HGB • **Gewerbebegriff** (s.o.) • nach Art **und** Umfang kaufmännischer Geschäftsbetrieb erforderlich (kein Kleingewerbe), § 1 II HGB	• **Kleingewerbe** i.S.v. § 1 II HGB • mit **Eintrag** der Firma Erwerb der Kaufmannseigenschaft • **Berechtigung** des Gewerbetreibenden, keine Verpflichtung zur Herbeiführung der Eintragung, § 2 S. 2 HGB	• **Land**- oder **forstwirtschaftliches** Unternehmen • nach Art **und** Umfang kaufmännischer Geschäftsbetrieb erforderlich • mit **Eintrag** Erwerb der Kaufmannseigenschaft • **Berechtigung** des Unternehmers, keine Verpflichtung zur Herbeiführung der Eintragung	• nach **Wortlaut**: Gewerbetreibender, dessen Firma im Handelsregister eingetragen • **tatsächlich**: kein eigener Anwendungsbereich wegen § 2 HGB (str.)	• **Rechtsschein** eines Kaufmanns entstanden • Rechtsschein dem Scheinkaufmann **zurechenbar**: ➢ **selbst** gesetzt oder ➢ **durch Dritten** gesetzt, Betroffener erhält Kenntnis davon und schreitet nicht ein • wer sich auf Anschein beruft, muss **gutgläubig** sein. Nicht bei positiver Kenntnis oder fahrlässiger Unkenntnis. • Rechtsschein muss für Handlung des Gutgläubigen **ursächlich** sein

Abbildung 35: Die Kaufmannseigenschaft

[316] Für überflüssig wird § 5 HGB neben § 2 HGB u.a. gehalten von Jung, Handelsrecht, § 5 Rn. 18 und § 6 Rn. 26; Klunzinger, Handelsrecht, § 6 V 1; Körber, Jura 1998, S. 452 ff. (454); K. Schmidt, NJW 1998, 2161 ff. (2164).
[317] Baumbach/Hopt-Hopt, § 5 Rn. 2; a.A. K/R/M-Roth, § 5 Rn. 1; Lieb, NJW 1999, S. 35 f. (36).
[318] Teilweise werden § 242 BGB oder § 5 HGB analog als Rechtsgrundlagen genannt.

Anmerkung:

Die bis zum 1.7.1998 für die Abgrenzung zwischen **Voll- und Minderkaufmann** bzw. zur Kennzeichnung des Soll-Kaufmanns geltenden Abgrenzungskriterien aus Literatur und Rechtsprechung können weiterhin für die Abgrenzung von **Ist-Kaufmann nach § 1 HGB** und **kleingewerblichem Kann-Kaufmann nach § 2 HGB** herangezogen werden[319].

Indizien für die Abgrenzung nach der **Art**[320], also der **Qualität der Tätigkeit** können sein:

- Vielfalt des Geschäftsgegenstandes
- Schwierigkeit der Geschäftsvorgänge
- Inanspruchnahme von Kredit
- Teilnahme am Scheck- und Wechselverkehr
- Bilanzierung
- Umfangreiche Geschäftskorrespondenz
- Komplizierte Betriebsorganisation

Indizien, die sich auf den **Umfang** beziehen und also **quantitative Merkmale** darstellen, können sein:

- Umsatz
- Höhe des Anlage- und Kapitalvermögens
- Anzahl der Betriebsstätten
- Zahl der Geschäftsabschlüsse
- Anzahl der Beschäftigten
- Lohnsumme

Fall 1: Ist- oder Kann-Kaufmann

Dankwart Blei (B) betreibt allein eine Tankstelle mit einem angeschlossenen Mini-Markt mit Kleinwaren des täglichen Bedarfs, ohne im Handelsregister eingetragen zu sein. Er verpflichtet sich gegenüber der Mineralölfirma M, ausschließlich ihre Produkte anzubieten. Für den Fall, dass B diese Verpflichtung nicht einhält, wird eine Vertragsstrafe in Höhe von 20.000,– € festgelegt. Als B günstig Motoröl der Firma X einkauft und den Kunden anbietet, klagt M gegen ihn auf Zahlung der Vertragsstrafe. Der Anwalt des B beantragt Herabsetzung der Vertragsstrafe um 2/3, weil sie unangemessen hoch sei.

Kann die Vertragsstrafe durch das Gericht herabgesetzt werden?

Lösung:

Nach § 343 BGB kann das Gericht bei **Unverhältnismäßigkeit** eine **Vertragsstrafe,** die nach § 339 BGB wirksam versprochen und verwirkt ist, **herabsetzen**. Gemäß

[319] Schaefer, DB 1998, S. 1269 ff. (1270).
[320] Hierzu vgl. OLG Celle NJW 1963, S. 540 ff.

§ 348 HGB ist eine solche Herabsetzung jedoch **ausgeschlossen**, wenn T **Kaufmann** ist und sein Vertragsstrafversprechen **im Betrieb seines Handelsgewerbes** abgegeben hat.

Die Kaufmannseigenschaft kommt für B nur nach § 1 HGB in Betracht, da er nicht mit seiner Firma nach § 2 HGB im Handelsregister eingetragen ist.

I. Bedenken im Hinblick auf eine für § 1 HGB erforderliche **gewerbliche Tätigkeit** des B bestehen nicht.

II. Möglicherweise ist B jedoch **Kleingewerbetreibender** gemäß § 1 II HGB, der nur nach Eintragung seiner Firma im Handelsregister gemäß § 2 HGB Kaufmann werden kann. Dies wäre der Fall, wenn der **Betrieb** des B nach **Art oder Umfang keine kaufmännische Einrichtung erfordert**.

1. Zur Beurteilung der Frage, ob ein Betrieb nach seiner Art **oder** seinem Umfang eine kaufmännische Einrichtung erfordert, werden verschiedene **Indizien** herangezogen. Die Vielfalt des Geschäftsgegenstandes, innerbetriebliche Organisationsfragen, eine erhebliche Teilnahme am Scheck- und Wechselverkehr oder die Schwierigkeit der Geschäftsvorgänge etwa sprechen der **Tätigkeitsart** nach eher gegen ein Kleingewerbe. Im Hinblick auf den **Umfang** der Tätigkeit werden z.B. Umsatz, Höhe des Anlage- und Kapitalvermögens, Anzahl der Betriebsstätten und Größe derselben, die Zahl der Geschäftsabschlüsse oder die Anzahl der Beschäftigten als Indizien herangezogen.
2. Vorliegend besteht die Tätigkeit des B aus dem Verkauf von Benzin und – im Zusammenhang mit dem Mini-Markt – von Waren in einem ähnlichen Umfang wie bei einem Kiosk. Zusammengenommen damit, dass B den Betrieb ohne Mitarbeiter führt, ist davon auszugehen, dass sein Geschäft keine kaufmännische Einrichtung erfordert, die etwa die Erstellung von Bilanzen notwendig machte.

Also ist B **Kleingewerbetreibender** nach § 1 II HGB. Mangels Eintragung seiner Firma im Handelsregister ist er somit kein Kaufmann. § 348 HGB ist auf ihn nicht anwendbar, so dass das Gericht nicht gehindert ist, die Vertragsstrafe verhältnismäßig herabzusetzen.

Fall 2: Handelsgeschäft und Bürgschaftsversprechen[321]

Die Capital-City-Bank (C) gewährte Zebedäus Lafontaine-Schulte (Z) ein Darlehn i.H.v. 100.000,– € für dessen einzelkaufmännisches Vertriebsunternehmen. Hierfür übernahm sein Schwiegervater Siegbert Schulte (S), der selbst als Großhändler tätig ist und gemeinsam mit Z plante, später eine GmbH zu betreiben, dergestalt eine Bürgschaft, dass er seine Bereitschaft als Bürge der C telefonisch mitteilte und im Anschluss daran bei C ein Bürgschaftsformular blanko unterzeichnete. Dieses Formular wurde von der C später ergänzt.

Nachdem Z in Insolvenz gefallen ist, verlangt C von S Zahlung aus der Bürgschaft. S macht Formmängel geltend und behauptet, die Urkunde sei abredewidrig ausgefüllt worden.

Kann C von S Zahlung verlangen?

---

[321] Vgl. BGH BB 1997, S. 1172 f. Zur Bürgschaft generell vgl. oben § 15.

Lösung:

C könnte gegen S einen Zahlungsanspruch aus einem Bürgschaftsversprechen gemäß § 765 I BGB haben.

A. Eine entsprechende **Erklärung** liegt in der Unterschrift auf der Bürgschaftsurkunde vor.

B. Fraglich ist, ob die Bürgschaft nicht nach §§ 766 S. 1, 125 BGB **formnichtig** ist.

I. Gemäß § 766 bedarf das Bürgschaftsversprechen der **Schriftform,** um den Bürgen vor der Eingehung der Verbindlichkeit zu **warnen** und eventuell als **Beweismittel** im Streitfall dienen zu können.

II. § 766 S. 1 BGB findet auf eine Bürgschaft keine Anwendung, wenn diese **auf der Seite des Bürgen** ein **Handelsgeschäft** ist, § 350 HGB.

1. S ist Großhändler und damit **Kaufmann** nach § 1 I HGB, der nicht lediglich kleingewerblich i.S.v. § 1 II HGB tätig ist.

2. § 350 HGB erfasst nur Verträge, die für denjenigen, der die Haftung übernimmt, ein **Handelsgeschäft** darstellen, also **zum Betrieb** seines Handelsgewerbes i.S.v. § 343 I HGB gehören. Hierfür ist auch ein **mittelbarer, entfernter Zusammenhang ausreichend.** Es genügt, wenn das Geschäft in irgendeiner Weise den Gegenstand des Handelsgewerbes berührt[322].

Fraglich ist jedoch, ob ein solcher, wenn auch entfernter, Zusammenhang vorliegend besteht.

a) Die Verpflichtung durch S wurde ausschließlich im Interesse des Schwiegersohnes übernommen und betraf **dessen** kaufmännischen Betrieb. Die Bürgschaftsübernahme diente **keinerlei eigenen gewerblichen Interessen** des S, sondern geschah aus **privater Veranlassung.**

b) Etwas anderes könnte sich jedoch daraus ergeben, dass S und Z planten, später gemeinsam eine GmbH zu betreiben. In diesem Zusammenhang wäre indes allein die **Kaufmannseigenschaft** der von S und Z angestrebten **juristischen Person** und deren Unternehmenstätigkeit feststellbar. Vorliegend geht es jedoch darum, ob eine sachliche Beziehung zum derzeitigen Handelsgewerbe des Bürgen S besteht.

c) Aus § 344 II HGB könnte sich ein Zusammenhang mit dem Handelsgewerbe des S ergeben. Danach **gelten** die von einem Kaufmann unterschriebenen **Schuldscheine** als **im Betrieb seines Handelsgewerbes gezeichnet,** sofern sich nicht aus der Urkunde das Gegenteil ergibt. **Schuldschein** ist – wie in §§ 371, 952 I BGB – jede vom Schuldner zum Zweck des Beweises für das Bestehen einer Schuld unterzeichnete Urkunde, unabhängig davon, ob die Schuld durch die Urkunde erst begründet oder lediglich bestätigt werden soll. **Auch Bürgschaftsurkunden** gehören hierzu.

---

322 BGH BB 1997, S. 1172 f. (1178) m.w.N.

aa) Aus der Urkunde selbst folgt nicht, dass die Bürgschaft nicht in Zusammenhang mit einem Handelsgewerbe steht, so dass man von der **Vermutung** des § 344 II HGB ausgehen könnte.

bb) Allerdings greift die **Vermutungswirkung erst** ein, wenn **Zweifel** im Hinblick auf die übernommene Verbindlichkeit bestehen. Hier ist zu berücksichtigen, dass die C wusste, dass es bei der Bürgschaft um die Stützung des von Z geführten Unternehmens ging. Im Hinblick auf den S diente die Bürgschaft damit **privaten Belangen**, nämlich der Unterstützung seines Schwiegersohns.

Also war die Bürgschaftserklärung des S der Form nach § 766 S. 1 BGB unterworfen.

III. Fraglich ist, ob das Formerfordernis dadurch **erfüllt** ist, dass S die **Bürgschaftserklärung blanko unterschrieb** und die C **ermächtigte**, die Urkunde zu **vervollständigen**.

Die Urkunde enthielt im Zeitpunkt, als S sie unterzeichnete, **weder** Angaben über den **Hauptschuldner** noch über die **Höhe** der zu sichernden **Verbindlichkeit.** Die **Warnfunktion** des § 766 S. 1 BGB wäre damit nicht erfüllt, weil dem Bürgen nicht vor Augen geführt wird, welche Verbindlichkeit er mit dem Bürgschaftsversprechen eingeht. Auch der Zweck der **Beweissicherung** für den Fall, dass – wie hier – Streit im Hinblick auf die Bürgschaft entsteht, wäre nicht erfüllt.

Damit ist das Bürgschaftsversprechen nach §§ 766 S. 1, 125 BGB **formnichtig.** C hat gegen S keinen Anspruch auf Zahlung aus § 765 BGB.

Formkaufmann, § 6 II HGB

- Nur **juristischen Personen**[323] (**„Vereine“**) möglich, denen eine gesetzliche Vorschrift ohne Rücksicht auf ihren Geschäftsgegenstand die Kaufmannseigenschaft beilegt, § 6 II HGB.
- Beispiele: § 3 AktG, § 13 III GmbHG.

Handelsgesellschaften (OHG, KG)[324], § 6 I HGB

- Besitzen **immer** die **Kaufmannseigenschaft**, § 6 I HGB (vgl. auch §§ 105, 161 HGB).
- **Entstehen** grundsätzlich mit **Eintrag** in das Handelsregister, § 123 I HGB.
- **Ausnahme**: Entstehen bereits mit **Geschäftsaufnahme**, § 123 II HGB, sofern
  - ➢ die Tätigkeit nicht nach § 2 HGB kleingewerblich ist oder
  - ➢ sich in Verwaltung eigenen Vermögens erschöpft (vgl. dazu § 105 II HGB).

---

[323] Dazu unten D. Abbildung 45.
[324] Dazu unten D. Abbildung 44.

II. Die Firma

§ 27
Die Firmenbildung

Nach § 17 HGB ist die Firma eines Kaufmanns der **Name**, unter dem er seine Geschäfte betreibt und die Unterschrift abgibt. Die Firma dient zur **Identifizierung** eines Handelsgewerbes im Geschäftsleben.

Nach früherer Gesetzeslage war die Bildung einer Firma an relativ starre Grundsätze gebunden. Durch die Novellierung des Handelsrechts zum 1.7.1998 haben Kaufleute nunmehr wesentlich freiere Möglichkeiten, eine Firma zu bilden. So sind werbewirksamere **Phantasiebezeichnungen** eines gewerblichen Unternehmens im Gegensatz zur früheren Rechtslage, welche nur eine Firma vorsah, die sich an dem Namen des Kaufmanns (sog. **Personenfirma**) oder an dem Gegenstand des Geschäfts (sog. **Sachfirma**) orientierte, heute durchaus möglich.

Firmenbildung		
Einzelkaufleute: § 19 I Nr. 1 HGB	„eingetragener Kaufmann"/ Abkürzung (e. Kfm./e.Kfr.)	Axel Schweiß e. Kfm.; Martha Pfahl e. Kfr.
OHG: § 19 I Nr. 2 HGB	„offene Handelsgesellschaft"/ Abkürzung[325] (OHG, oHG, OH, offen HG etc.)	Axel Schweiß offene HG.; Nirwana-OHG
KG: § 19 I Nr. 3 HGB	„Kommanditgesellschaft"/ Abkürzung (KG, Kommand-itG etc.)	Axel Schweiß KG; Dostojewski, Schulz und Söhne KG
AG: § 4 AktG	„Aktiengesellschaft"/Abkürzung (AG)	Wackelpeter-AG
KGaA: § 279 I AktG	„Kommanditgesellschaft auf Aktien"/Abkürzung (KGaA)	Doppel-Axel KGaA; Jens Schlächte Gesellschaft mbH & Co KGaA[326]
GmbH: § 4 GmbHG	„Gesellschaft mit beschränkter Haftung"/Abkürzung (GmbH)	Perpetuum-Mobile-GmbH; Hansi Spukt GmbH
Genossenschaft: § 3 GenG	„eingetragene Genossenschaft"/Abkürzung (eG)	Bollerwasser eG
Ist bei OHG oder KG **kein persönlich haftender Gesellschafter** eine **natürliche Person**, muss dies nach § 19 II HGB aus der **Firma hervorgehen**. Dies ist z.B. bei der Firmierung „GmbH & Co. KG" gewährleistet.		

Abbildung 36: Firmenbildung

[325] Nicht genügend ist mehr ein das Gesellschaftsverhältnis allgemein andeutender Zusatz wie „& Co", vgl. Baumbach/Hopt-Hopt, § 19 Rn. 11.

[326] Gem. § 279 II AktG muss aus der Firma hervorgehen, dass keine natürliche Person persönlich haftet.

Firmengrundsätze:

➢ **Firmenwahrheit**

Die Firma muss gemäß § 18 I HGB lediglich zur **Kennzeichnung des Kaufmanns geeignet** sein und **Unterscheidungskraft** besitzen. Weiterhin gilt der **Grundsatz der Firmenwahrheit**: täuschende Zusätze dürfen keiner Firma beigefügt werden, § 18 II HGB. Der **Grundsatz der Firmenwahrheit** schützt den Rechtsverkehr vor Firmenmissbräuchen[327].

➢ **Firmenöffentlichkeit, § 29 HGB**

Firmenöffentlichkeit bedeutet, dass die Firma zur Eintragung in das Handelsregister anzumelden ist, § 29 HGB. Daneben sind Änderungen nach § 31 I HGB, Insolvenzeröffnung und deren Aufhebung, § 32 HGB, sowie das Erlöschen der Firma, § 31 II HGB, einzutragen.

➢ **Firmenbeständigkeit, §§ 21 ff. HGB**

Ausnahmsweise ist die **Fortführung** einer **alten Firma** durch einen neuen Geschäftsinhaber oder bei Änderung des Namens des alten Geschäftsinhabers möglich, obwohl dadurch im Prinzip die Firmenwahrheit beeinträchtigt wird:

- Der Kaufmann ändert seinen Namen, z.B. nach einer Heirat; dies ist der Fall des § 21 HGB.
- § 22 HGB betrifft den Fall des Geschäftserwerbs sowie der ausdrücklichen (!) Einwilligung der Berechtigten in die Firmenfortführung.
- § 24 HGB meint den Fall des Ein- oder Austritts von Gesellschaftern.

➢ **Firmeneinheit, § 17 HGB**

Für ein und dasselbe Unternehmen darf nur **eine** Firma existieren, wie aus § 17 HGB geschlossen wird.

➢ **Firmenausschließlichkeit und Firmenunterscheidbarkeit, §§ 30, 18 I HGB**

Den Schutz des Firmeninhabers bezweckt § 30 HGB: Eine neue Firma muss sich von anderen am Ort ansässigen in das Handelsregister eingetragenen Firmen deutlich **unterscheiden**.

Gegen den **unbefugten Gebrauch einer Firma** durch einen anderen gewährt u.a. § 37 II HGB Schutz. Man kann **Unterlassung** des Gebrauchs verlangen, im Übrigen auch **Schadensersatz** i.V.m. § 823 BGB oder aus § 826 BGB.

Fall 1: Täuschungsverbot bei Firmenbildung[328]

T will als Einzelkaufmann einen selbständigen Gewerbebetrieb im Bereich der Datenverarbeitung eröffnen. Formell korrekt meldet er die Firma „MEDITEC Theo Rettich eingetragener Kaufmann“ zur Eintragung ins Handelsregister an. Als Gegenstand des Unternehmens bezeichnet er den „Handel mit Computern, EDV-Hard- und Software sowie die Bereitstellung der dazugehörigen Dienstleistungen“. Das Registergericht hat Zweifel, ob nicht der von T gewählte Firmenbestandteil „MEDITEC“ geeignet ist, die beteiligten Verkehrskreise über den Unternehmens-

[327] Vgl. BGHZ 22, 88 (90).
[328] BayObLG NZG 1999, S. 761.

gegenstand zu täuschen. Die um ein Gutachten gebetene Industrie- und Handelskammer bejaht dies, da ein Großteil ihrer Mitglieder die angemeldete Firma einem Unternehmen auf dem Gebiet der Medizintechnik zugeordnet hätten.

Muss das Registergericht die Firma wie beantragt eintragen?

Lösung:

Das Registergericht muss die von T beantragte Eintragung vornehmen, wenn die Firma „MEDITEC Theo Rettich eingetragener Kaufmann“ **zulässig** ist.

I. Als Einzelkaufmann muss T die Bezeichnung **„eingetragener Kaufmann“** oder eine entsprechende Abkürzung führen, § 19 I Nr. 1 HGB. Dies ist der Fall.

II. Die Firma muss gemäß § 18 I HGB zur **Kennzeichnung** des Kaufmanns geeignet sein und **Unterscheidungskraft** besitzen. Bedenken diesbezüglich bestehen bei der von T gewählten Firma nicht. Dem Sachverhalt sind keine Anhaltspunkte für eine Verwechslungsgefahr zu entnehmen.

III. Des Weiteren darf die Firma gemäß § 18 II HGB **keine Angaben** enthalten, die zur **Irreführung** der angesprochenen Verkehrskreise über **wesentliche geschäftliche Verhältnisse** geeignet sind. Bedenken bestehen insoweit, als die Bezeichnung „MEDITEC“ auf ein Unternehmen im Bereich medizinisch-technischer Hilfsmittel hindeuten könnte.

1. **Fraglich** ist zunächst, ob dies zu den in § 18 II 1 HGB angesprochenen **geschäftlichen Verhältnissen** zählt. Das sind Umstände, die den Geschäftsbetrieb des Firmenträgers, z.B. den Betriebsinhaber und seine Verhältnisse, Art, Umfang und Branchenbezug betreffen[329]. Hier ist letzteres einschlägig, da eine Täuschung über den Gegenstand des Unternehmens nicht ausgeschlossen ist.

2. Nach § 18 II 2 HGB berücksichtigt das Registergericht allerdings nur die Eignung zur Irreführung über **wesentliche Verhältnisse**, wenn sie **ersichtlich** ist. Hiernach reicht es nicht aus, dass nur Einzelne irregeführt werden könnten, sondern es ist die Möglichkeit der Täuschung der angesprochenen Verkehrskreise, also einer **Gruppe von Adressaten** erforderlich. Es genügt auch nicht, dass die Firma geeignet ist, über die tatsächlichen oder rechtlichen Verhältnisse ihres Inhabers zu täuschen, sondern die in Betracht kommende Irreführung muss von **gewisser Bedeutung** für die angesprochenen Verkehrskreise sein[330].

   Hier ist zu berücksichtigen dass die Wortschöpfung „MEDITEC“ offensichtlich eine **Phantasiebezeichnung** darstellt, welche nicht mit einer echten Sachfirma, die dem Unternehmensgegenstand entnommen sein muss, zu vergleichen ist. Nach dem novellierten **Firmenrecht** sind auch **unterscheidungskräftige Phantasiefirmen**, die nicht dem Unternehmensgegenstand entnommen sein müssen, grundsätzlich **zulässig**[331]. Angesprochene werden sich kaum ein abschließendes Bild über den Gegenstand des Unternehmens lediglich anhand der Phantasiebezeichnung machen. Sollten sich Einzelne

---

[329] K/R/M-Roth, § 18 Rn. 8.
[330] Jung, ZIP 1998, S. 677 ff. (678).
[331] Ältere Entscheidungen sind daher nur bedingt aussagekräftig.

aber dennoch täuschen, so wäre dies unwesentlich, weil der Nachteil nur darin bestünde, dass T mit seiner Firma die Verkehrskreise nicht vollständig erreicht, die er ansprechen will.

Also ist die von T angemeldete Firma zulässig, das Registergericht muss ihre Eintragung vornehmen.

Fall 2: Firmenbildung und unzulässige Firmierung

Dr. Zweitbest (Z) und sein Freund F betreiben einen Handel mit Fitnessgeräten wie dem Fatsuit-Bauchwegtrainer unter der im Handelsregister eingetragenen Firma „Dr. Zweitbest OHG". Z stirbt, F führt das Geschäft unter der alten Firma mit Einwilligung der Erben als Pächter weiter. Der Konkurrent Asbest (A) muss feststellen, dass die Kundschaft offenbar wegen des Doktortitels die Produkte dieser Firma verstärkt erwirbt. A möchte dem F die Firmierung verbieten lassen.

Kann er dies nach dem HGB?

Lösung:

A könnte gegen F einen Anspruch auf **Unterlassen** der Firmierung aus § 37 II 1 HGB haben.

Dies setzt voraus, dass die Firmierung „Dr. Zweitbest OHG" **unzulässig** ist.

I. F könnte u.U. nach § 22 HGB die bestehende Firma fortführen. F hat zwar nicht nach § 22 I HGB das Handelsgeschäft übernommen. Nach § 22 II HGB ist jedoch **ausreichend**, dass er als **Pächter** das Handelsgeschäft mit Einwilligung der Erben weiter- führt.

II. Als **Einzelkaufmann** müsste F jedoch grundsätzlich nach § 19 I Nr. 1 HGB seine Firma mit dem Zusatz **„eingetragener Kaufmann"** bilden, und zwar auch in dem hier vorliegenden Fall einer Firmenfortführung. Bereits aus diesem Grund ist die Fortführung der alten Firma **unzulässig.**

III. Der Grundsatz der Firmenbeständigkeit wird außerdem durch das **Täuschungsverbot** aus § 18 II HGB eingeschränkt.

  1. In Betracht kommt eine Täuschung durch Führen des **akademischen Titels**, dessen Träger bereits verstorben ist. Dem Träger eines akademischen Titels wird in der Öffentlichkeit vielfach besonderes Vertrauen in seine intellektuellen Fähigkeiten, seinen guten Ruf und seine Zuverlässigkeit entgegengebracht[332]. Ein Träger des akademischen Titels existiert tatsächlich nicht mehr. Eine Täuschung durch die Firmierung ist damit gegeben.
  2. Durch den Zusatz „OHG", welcher § 19 I Nr. 2 HGB entspricht, wird darüber hinaus in der Öffentlichkeit der unzutreffende Eindruck vermittelt, als **hafte** neben dem Vermögen des F zumindest ein **weiterer Gesellschafter** für Verbindlichkeiten.
  3. Diese Angaben sind auch **zur Irreführung** der angesprochenen Verkehrskreise über **wesentliche geschäftliche Verhältnisse** geeignet.

Damit ist die Firmierung des F unzulässig, A hat gegen ihn einen Unterlassungsanspruch aus § 37 II HGB.

---

[332] BGH NJW-RR 1992, S. 367 ff. (368).

Weitere Anspruchsgrundlagen im Zusammenhang mit Firmenmissbrauch können sein:

- § 12 BGB (Verletzung des **Namensrechts**)
- § 8 I i.V.m. § 5 UWG oder § 9 i.V.m. § 5 UWG (**irreführende** geschäftliche **Angaben**)
- § 15 V und VI MarkenG (**Missbrauch geschäftlicher Bezeichnungen**)
- § 37 II 2 HGB i.V.m. § 823 II BGB (**Schadensersatz**)

In der Praxis **dominiert** der **markenrechtliche**, weil umfassendere Schutz, welcher zudem gegenüber dem UWG vorrangig ist[333]. Mit dem HGB kann zudem nur die registerrechtliche Zulässigkeit geprüft werden.

Fall 3: Firmierung und Kaufmann kraft Rechtsschein

Einzelkaufmann Axel Schweiß (A) betreibt einen Gemüsegroßhandel. Er ist unter der Firma „Axel Schweiß e. Kfm." im Handelsregister eingetragen. Um das Haftungsrisiko zu verringern, wandelt er in der Folgezeit das Unternehmen in eine GmbH & Co. KG um. Zu diesem Zweck gründet er mit seinem Freund Theo D'Aurant (T) eine GmbH, die als Komplementärin der Kommanditgesellschaft fungiert. Alleiniger Geschäftsführer ist A, Kommanditisten der KG sind A und T. Beide leisten die vereinbarte Einlage. Die Umwandlung in die KG wird zum Handelsregister angemeldet, die neue Firma als GmbH & Co. KG im März eingetragen.

Im Mai bestellt A bei Zwischenhändler V mehrere Ladungen Gemüse. Dabei verwendet er seine alten Briefbögen, auf denen in der Kopfzeile sein Vor- und Nachname sowie die Bezeichnung „Gemüsegroßhandel" aufgedruckt ist. Die Bestellung unterschreibt A lediglich mit „Axel Schweiß". V liefert das Gemüse. Die KG geht kurz darauf Pleite.

Kann sich V an A und T persönlich halten?

Lösung:

1. Teil: Anspruch auf Zahlung gegen A

A. Aus § 433 II BGB

Ein Anspruch des V gegen A aus § 433 II BGB setzt voraus, dass A **selbst** Vertragspartei des Kaufvertrages mit V geworden ist.

I. Hierfür spricht, dass A bei der Bestellung **ausschließlich seinen Namen im Briefkopf** verwendet und auch nur mit **seinem Namen unterschrieben** hat, ohne die KG erwähnt zu haben.

II. Möglicherweise hat A aber trotz dieses Verhaltens nicht sich selbst, sondern die GmbH & Co. KG berechtigt und verpflichtet. Das wäre der Fall, wenn er wirksam als **Stellvertreter** der KG nach § 164 I BGB aufgetreten wäre, so dass diese Vertragspartner des V geworden wäre.

[333] Vgl. Baumbach/Hopt-Hopt, § 37 Rn. 1.

1. In Abgrenzung zum Boten müsste A als Stellvertreter eine **eigene Willenserklärung** gegenüber V abgegeben haben. Die Bestellung hat A selbst abgefasst und abgesendet, so dass eine eigene Willenserklärung des A vorliegt.
2. A müsste mit **Vertretungsmacht** gehandelt haben.

   Als alleiniger **Geschäftsführer der GmbH** war er zu ihrer Vertretung gemäß § 35 I GmbHG befugt und besaß also hierfür Vertretungsmacht. Die GmbH ihrerseits fungiert als Komplementärin der KG. In dieser Eigenschaft ist sie allein vertretungsbefugt bezüglich der KG, wie aus § 170 HGB folgt; A und T als Kommanditisten sind von der Vertretung ausgeschlossen. Also besaß A als **Geschäftsführer** der GmbH auch Vertretungsmacht für die KG.
3. A ist allerdings nicht, wie § 164 I BGB voraussetzt, im Namen des Vertretenen aufgetreten, so dass ein Verstoß gegen das **Offenkundigkeitsprinzip** vorliegen könnte.

   Möglicherweise greift aber eine **Ausnahme** von diesem Prinzip in Gestalt des **Handelns für den Betriebsinhaber** ein. Hierbei sind sich die handelnden Personen darüber einig, dass der tatsächliche Inhaber eines Betriebes Vertragspartei werden soll, sofern das Geschäft **betriebsbezogen** ist[334]. Auch ein Irrtum darüber, wer in Wirklichkeit Betriebsinhaber ist, ist unschädlich[335]. Hier bezog sich das Geschäft auf den Unternehmensgegenstand der KG, den Gemüsehandel, so dass die KG als wahre Betriebsinhaberin aus dem Vertragsschluss zwischen V und A berechtigt und verpflichtet wurde.

Also ist **A nicht Vertragspartner** des V geworden, ein Anspruch gegen ihn aus § 433 II BGB besteht nicht.

B. Aus § 171 I HGB

A hat in seiner Eigenschaft als **Kommanditist** der KG bereits seine **Einlage geleistet**, so dass er gemäß § 171 I 2. H.S. HGB nicht als Kommanditist haftet.

C. Aus Rechtsscheinsgrundsätzen

Damit bliebe aber unberücksichtigt, dass A durch die Verwendung seines Briefkopfes und seiner Unterschrift den Eindruck hervorgerufen hat, er handele nicht für eine Gesellschaft, sondern für sich. Aus diesem Grund könnte er nach **gewohnheitsrechtlich** anerkannten **Rechtsscheinsgrundsätzen** gegenüber V haften.

I. Dies setzt zunächst voraus, dass A einen **falschen Rechtsschein gesetzt** hat, als er unter seinem Namen auftrat.

   1. Hierdurch entstand der **Eindruck**, als wolle ein **Einzelkaufmann** unter seiner Firma (§ 19 I Nr. 1 HGB) ein Handelsgeschäft abschließen, der unbeschränkt und persönlich haftet.

---

[334] BGHZ 62, 216 (221). Vgl. dazu oben § 6.

[335] BGHZ 62, 216 (219); BGH NJW 1992, S. 1380 f. (1381).

2. Dieser Anschein müsste **falsch** sein, m.a.W. die Firmierung als Einzelkaufmann müsste **unzulässig** gewesen sein.

   Nach **Umwandlung** in eine GmbH & Co KG hätte die alte Firma „Axel Schweiß" nur unter den Voraussetzungen des § 24 I HGB weiter geführt werden dürfen. Dessen Voraussetzungen liegen insofern vor, als A und T in Gestalt der KG eine Handelsgesellschaft gegründet haben, indem in das bestehende Handelsgeschäft des A sowohl T als auch die GmbH eintraten.

   Allerdings wäre dann im Rechtsverkehr eine **Täuschung** über die **Haftungsgrundlage** möglich, weil die Öffentlichkeit weiterhin von unbeschränkter persönlicher Haftung des A ausgehen könnte. Nach § 19 II HGB muss nach Umwandlung in eine Gesellschaft, bei der kein persönlich haftender Gesellschafter eine natürliche Person ist, die **Haftungsbeschränkung** in der Firma **kenntlich gemacht** werden. Ebenso ordnet § 4 GmbHG eine **Firmierung** als Gesellschaft mit beschränkter Haftung oder eine entsprechende Abkürzung an. Dies ist nicht geschehen.

Die Firmierung „Axel Schweiß" war also unzulässig, so dass ein falscher Rechtsschein hierdurch entstand.

II. V müsste **gutgläubig** gewesen sein. Dies ist **nicht** der Fall bei **positiver Kenntnis** oder **fahrlässiger Unkenntnis** von den wahren Verhältnissen.

Möglicherweise steht dem guten Glauben des V § 15 II HGB entgegen.

1. Umwandlung und neue Firma sind in das **Handelsregister** eingetragen worden, die Schonfrist zugunsten Dritter von 15 Tagen seit Eintragung, binnen derer sie sich noch auf Unkenntnis berufen können, ist im Mai abgelaufen, als V und A sich über den Vertragsschluss einigten.
2. Dies würde zu dem **widersinnigen** Ergebnis führen, dass A zu seinem **Vorteil** auf den Eintrag im Handelsregister verweisen könnte, obwohl er unzulässig einen Vertrauenstatbestand geschaffen hat, der geeignet war, Dritte zu täuschen. Nach der Rechtsprechung ist daher die Berufung auf § 15 II HGB in diesem Fall wegen **Rechtsmissbrauchs** i.S.v. § 242 BGB **unzulässig**[336].

Also war V gutgläubig.

III. Der **Rechtsschein** muss **ursächlich** für das Geschäft gewesen sein, wovon mangels anderweitiger Angaben auszugehen ist.

Damit haftet A dem V persönlich aus Rechtsscheinsgrundsätzen und ist zur Zahlung der Kaufpreissumme verpflichtet.

2. Teil: Anspruch auf Zahlung gegen T

Ansprüche gegen T **persönlich** als Gesellschafter von GmbH oder Kommanditist der KG scheitern aus den bereits zu A ausgeführten Gründen. Eine **Rechtsscheinshaftung** trifft ihn im Gegensatz zu A **nicht**, so dass V gegen ihn keinen Zahlungsanspruch besitzt.

---

[336] BGHZ 71, 354 (357).

Beispiele für das Setzen eines falschen Rechtscheins:

- **Nichtgewerblich Tätiger**, der sich als Kaufmann geriert
- **Kleingewerbetreibender** ohne Eintrag im Handelsregister, der sich als Kaufmann ausgibt
- Verwendung einer **Fa.** im Briefkopf
- **Irreführende Angaben** über die **Geschäftsgröße**
- **Werbeanzeigen** etc.

§ 28 Firmenfortführung und Haftung

Inhaberwechsel und Eintritt

rechtsgeschäftlicher Inhaberwechsel nach § 25 I HGB	**erbrechtlicher** Inhaberwechsel nach § 27 HGB	**Eintritt** als **persönlich haftender Gesellschafter** in das Geschäft eines **Einzelkaufmanns** nach § 28 HGB	**handelsübliche Bekanntmachung,** § 25 III HGB[337]

Abbildung 37: Inhaberwechsel und Eintritt

Haftung nach § 25 I HGB:

§ 25 I HGB betrifft den **Inhaberwechsel durch rechtsgeschäftlichen Erwerb** und hat eine Form des **gesetzlichen Schuldbeitritts** zur Folge. Dies setzt voraus:

- Ein **Geschäft unter Lebenden** über den **Erwerb** eines **Handelsgeschäftes.**
- **Wie erworben** wird, ist **irrelevant.** Auch ein Pächter ist Erwerber in diesem Sinne, wie aus § 22 II HGB folgt[338].
- **Unerheblich** ist, ob der **Übernahmevertrag wirksam** ist oder etwa durch späteren Rücktritt, Anfechtung etc. beseitigt wird. § 25 HGB hat nach HM eine **Rechtsscheinshaftung** wegen der Firmenfortführung zur Folge.
- Der Erwerber muss das **Unternehmen** unter der **bisherigen Firma** rein **tatsächlich** weiter führen. Auf seine Berechtigung hierzu kommt es nicht an.

---

[337] Hier genügt **jede** Form der **Kundmachung** in handelsüblicher Form, etwa durch Rundschreiben oder Zeitungsinserate und begründet eine besondere Form der **Rechtsscheinhaftung** (Baumbach/Hopt-Hopt, § 25 Rn. 17).

[338] Wer ein gepachtetes Handelsgeschäft unter der bisherigen Firma fortführt, haftet auch für die im Betriebe des Geschäfts begründeten Verbindlichkeiten eines früheren Pächters, BGH WM 1984, S. 474.

- Ob er einen die **Nachfolge andeutenden Zusatz beifügt**, ist nach § 25 I 1 HGB ebenfalls **nicht entscheidend.** Dabei kommt es auf eine wort- und buchstabengetreue Übereinstimmung zwischen alter und neuer Firma nicht an, sondern nur darauf, ob der Verkehr die neue Firma mit der alten identifiziert. Entscheidend ist das **Klangbild** der Firma[339].
- Es darf schließlich keine **abweichende Vereinbarung** entweder **unverzüglich** in das **Handelsregister eingetragen** und **bekannt gemacht** oder dem **Dritten unverzüglich** von **Veräußerer oder Erwerber (!) mitgeteilt** worden sein, § 25 II HGB.

Merke:
§ 15 II HGB gilt **nicht,** da der Haftungsausschluss **keine eintragungspflichtige,** sondern nur eine **eintragungsfähige Tatsache** darstellt.

Haftung nach § 28 HGB:
Unabhängig von einer Firmenfortführung wird nach **Eintritt in das Geschäft eines Einzelkaufmanns** als **persönlich haftender Gesellschafter** (also: mit Gründung einer Personengesellschaft) gehaftet.
- **Übernimmt** die so entstandene OHG oder KG die **Geschäfte,** gehen **Schulden und Forderungen** des Geschäfts auf sie über.
- Auch hier besteht die Möglichkeit, einen **Haftungsausschluss** vorzunehmen, § 28 II HGB.

Fall 1: Firmenfortführung und Haftung

Axel Schweiß (A) betreibt ein Verlagsgeschäft mittlerer Größe. Als er sich aus diesem zurückziehen will, veräußert er das Geschäft an Theo D'Aurant (T), wobei vereinbart wird, dass alte Forderungen und Verbindlichkeiten vom Geschäftsübergang ausgeschlossen bleiben. T führt den Verlag unter der Firma „Axel Schweiß-Verlag, Inhaber Theo D'Aurant" mit Einwilligung des A fort. Eintragungen im Handelsregister werden nicht vorgenommen.

Kurz darauf verlangt der S, ein Buchlieferant des A, der gerüchteweise gehört hatte, T habe unter Vereinbarung eines Haftungsausschlusses das Geschäft übernommen, von T Zahlung einer noch ausstehenden Kaufpreisforderung i.H.v. 15.000,– €. Diese stammt aus einem Vertrag, den S noch mit A abgeschlossen hatte.

T will weiterhin eine alte Forderung, die noch A gegen die Buchhandlung B aus Buchlieferungen begründet hatte, einziehen. B zahlt zwischenzeitlich an T und wird später erneut von A in Anspruch genommen.

T fragt, ob er an S, B fragt, ob sie erneut an A zahlen muss.

[339] Zu allem BGH WM 1985, S. 1475 ff. (1476); BB 1992, S. 87 f. (87); Baumbach/Hopt-Hopt, § 25 Rn. 7.

Lösung:

1. Teil: Ansprüche S gegen T

A. Vertragliche Ansprüche auf Zahlung der Kaufpreissumme

Aus dem **Kaufvertrag** gemäß § 433 II BGB hat S **ausschließlich** gegenüber seinem **Vertragspartner** A einen Anspruch auf Zahlung, nicht hingegen gegenüber A, so dass vertragliche Ansprüche ausscheiden.

B. Anspruch aus § 25 I 1 HGB i.V.m. § 433 II BGB auf Zahlung des Kaufpreises

Möglicherweise **haftet** T für die Forderung des S aufgrund einer **Geschäfts- und Firmenfortführung** i.S.v. § 25 I 1 HGB.

I. Voraussetzung ist zunächst der **Erwerb** eines **Handelsgeschäfts unter Lebenden.**

1. Die Verlagstätigkeit begründet gemäß § 1 HGB ein **Handelsgewerbe.** Laut Sachverhalt handelt es sich um ein Geschäft mittlerer Größe und also nicht um ein kleines Gewerbe i.S.v. § 1 II HGB.
2. Dieses Geschäft hat T von A **zu Lebzeiten erworben.**

II. Im Hinblick auf die **Geschäfts-** und **Firmenfortführung** genügt die **tatsächliche Weiterbenutzung** der Firma bei den Geschäften, wobei es nach § 25 I 1 HGB unerheblich ist, ob ein die Fortführung andeutender Zusatz angefügt wird. T führt also unter der Bezeichnung „Axel Schweiß-Verlag, Inhaber Theo D'Aurant" die Geschäfte unter bisheriger Firma fort.

III. Das Geschäft zwischen S und A müsste eine **im Betrieb begründete Verbindlichkeit** darstellen. Es handelt sich um eine Forderung aus einem Liefervertrag, welcher sich auf die Verlagstätigkeit bezog, also um eine betriebsbezogene Verbindlichkeit zwischen S und A.

Damit liegen die Voraussetzungen von § 25 I 1 HGB vor.

IV. Möglicherweise ist die **Haftung** des T jedoch aufgrund der **Vereinbarung,** die er mit A geschlossen hat, **ausgeschlossen.** Danach sollten alte Forderungen aus dem Geschäft nicht erfasst werden, also T auch nicht für sie haften.

Eine derartige Vereinbarung könnte S gemäß § 25 II HGB nur entgegengehalten werden, wenn sie entweder unverzüglich[340] in das **Handelsregister eingetragen und bekannt gemacht** worden wäre oder dem S als Dritten **durch Erwerber** T **oder Veräußerer** A **mitgeteilt** wurde. Nicht ausreichend ist dagegen, dass der Forderungsinhaber S von anderen Personen von dem Haftungsausschluss Kenntnis erlangt hat. Eine Eintragung der Vereinbarung in das Handelsregister ist ebenfalls nicht erfolgt.

Also haftet T für die Forderung des S gegen B aus § 25 I 1 HGB i.V.m. § 433 II BGB.

2. Teil: Anspruch A gegen B auf Zahlung aus § 433 II BGB

A. Ein Vertrag über die Lieferung von Büchern wurde seinerzeit zwischen B und A abgeschlossen, so dass der **Anspruch** zunächst **entstanden** ist. Eine Forderungsabtretung zwischen A und T gemäß § 407 BGB liegt nicht vor; im

---

[340] BGH WM 1992, S. 736; OLG Hamm NJW-RR 1994, S. 1191.

Gegenteil wurde zwischen ihnen vereinbart, dass der alte Forderungsbestand von der Geschäftsübernahme unberührt bleiben sollte. Damit ist **tatsächlich** weiterhin **A Inhaber** der Forderung gegen B.

B. Möglicherweise kann sich jedoch B gegenüber A auf § 25 I 2 HGB berufen, so dass sie mit **befreiender Wirkung** nach § 362 I BGB an T die Zahlung leisten konnte.

I. Die **Voraussetzungen** der Geschäfts- und Firmenfortführung liegen vor (s.o.).

II. A als bisheriger Inhaber hat auch **in die Firmenfortführung eingewilligt.**

III. Die **Forderung** ist **im Betrieb** des A **begründet** worden.

IV. Ein **Ausschluss** nach § 25 II HGB ist **nicht** erfolgt (s.o.).

Damit hat B an T mit schuldbefreiender Wirkung nach § 25 I 2 HGB geleistet und muss nicht erneut an A zahlen.

Merke:
Auch **Forderungen** gelten nach § 25 I 2 HGB als auf den Erwerber **übergegangen,** falls der bisherige Inhaber oder seine Erben in die Firmenfortführung **einwilligen.** Dies ist allerdings nur bei formfrei erwerbbaren Forderungen möglich[341]. **Grund** für das Erfordernis einer **Einwilligung** ist, dass der Veräußerer nur dann Gefahr laufen soll, eine Forderung zu verlieren, wenn er auch selbst eine Ursache für den Anschein des Forderungsübergangs auf den Erwerber gesetzt hat[342].

Fall 2: Anwendbarkeit der Vorschriften über die Firmenfortführung[343]

X besaß gegen die Reiner Roststahl-GmbH, eine Metallwarenfabrik, eine Kaufpreisforderung in Höhe von 7.600,– €. Ein gegen die Reiner Roststahl-GmbH beantragtes Insolvenzverfahren wurde mangels Masse nicht eröffnet. Der Betrieb wurde zunächst eingestellt.

Die Reiner Roststahl-KG, die sich bis dahin allein als Grundstücksgesellschaft betätigt und der Reiner Roststahl-GmbH die Geschäftsräume vermietet hatte[344], nahm daraufhin die Produktion der GmbH in den bis dahin an diese vermieteten Geschäftsräumen wieder auf. Hierfür übernahm sie 80 Mitarbeiter der vormals 200 Beschäftigten der GmbH und verwendete dazu Briefköpfe, die zwar die Firma als „Reiner Roststahl KG Metallwarenfabrik" auswiesen, die aber im Wesentlichen den Briefköpfen der GmbH glichen, insbesondere mit dem auffälligen Firmenemblem der Reiner Roststahl-GmbH versehen waren.

X begehrt von der Reiner Roststahl KG Zahlung der Kaufpreisforderung gegen die GmbH.

---

[341] Nicht formfrei erwerbbar ist z.B. eine Hypothek mit zugrunde liegender Forderung: nach § 1154 I BGB muss hier die Abtretung in schriftlicher Form erfolgen. I.Ü. vgl. Baumbach/Hopt-Hopt, § 25 Rn. 23; Jung, Handelsrecht, § 19 Rn. 13.

[342] Canaris, Handelsrecht, § 7 Rn. 69; Jung, Handelsrecht, § 19 Rn. 13; K/R/M-Roth, § 25 Rn. 11.

[343] BGH BB 1992, S. 87 f.

[344] Häufige Konstruktion, um bei Insolvenz der Produktionsgesellschaft Grundstücke nicht Teil der Insolvenzmasse werden zu lassen.

Lösung:

X könnte gegen die KG einen Anspruch auf Zahlung der Kaufpreisforderung aus §§ 161 I, 124 I, 25 I HGB i.V.m. § 433 II BGB haben.

Fraglich ist, ob die KG für die im Betrieb der GmbH entstandene Verbindlichkeit gegenüber X einstehen muss. Eine **Haftung** könnte aus § 25 I 1 HGB folgen.

I. § 25 I 1 HGB müsste **anwendbar** sein.

1. Fraglich ist dies wegen der **zwischenzeitlichen Produktionseinstellung**, ehe die KG den Betrieb übernahm. Die wesentlichen Grundlagen des Handelsgeschäfts, die innere Organisation und die Geschäftsbeziehungen blieben jedoch erhalten, wenngleich sie ruhten. Die KG hatte als Übernehmer die **Möglichkeit**, das Unternehmen umgehend weiter zu führen und den Betrieb wieder aufzunehmen. Auch konnte der stillgelegte Betrieb mit den verbliebenen Arbeitnehmern in denselben Geschäftsräumen und mit denselben betrieblichen Einrichtungen unter Anknüpfung an die bisherigen Kunden- und Lieferantenbeziehungen wieder aufgenommen werden. Daher steht die zwischenzeitliche Betriebsstillegung § 25 I 1 HGB nicht entgegen[345].

2. Da das **Insolvenzverfahren beantragt** und **mangels Masse abgelehnt** worden war, könnte die Anwendung des § 25 I HGB **ausgeschlossen** sein. Wäre es zur Eröffnung des Insolvenzverfahrens gekommen, gälte Folgendes:

   Bei Veräußerung eines Unternehmens durch einen Insolvenzverwalter greift § 25 I 1 HGB nicht ein[346]. Denn hier dient der durch den Verkauf erzielte Gegenwert bereits der **allgemeinen** und **gleichmäßigen Befriedigung aller Gläubiger.** Schließlich besteht ein Interesse der Gläubiger an der bestmöglichen Verwertung der Masse, die jedoch nicht erreicht werden könnte, wenn der Erwerber einer Haftung nach § 25 I HGB ausgesetzt wäre[347].

Da diese Gründe allein den Besonderheiten eines eröffneten Insolvenzverfahrens Rechnung tragen, nicht aber generell auf die Übernahme eines überschuldeten Unternehmens zutreffen, ist die Anwendung des § 25 I HGB im vorliegenden Fall jedoch nicht ausgeschlossen[348].

II. Fraglich ist, ob die KG ein unter Lebenden erworbenes Handelsgeschäft unter der bisherigen Firma i.S.d. § 25 I 1 HGB fortgeführt hat.

1. Es muss ein **Handelsgeschäft** vorliegen. Ein solches Handelsgeschäft war die Reiner Roststahl GmbH nach § 6 II HGB i.V.m. § 13 III GmbHG. **Erwerb** i.S.d. § 25 I 1 HGB ist jede Unternehmensübertragung und -überlassung[349].

2. Hier wurde der Betrieb im wesentlichen Kern übernommen und fortgeführt, nämlich der wesentliche Teil der Produktion der aufgelösten GmbH mit denselben Räumen, mit denselben Warenbeständen und mit einem Teil des Personals der GmbH unter derselben Anschrift. Für eine Firmenfortführung i.S.d. § 25 I 1 HGB ist einzig entscheidend, dass der **Schwerpunkt des**

---

345 Vgl. BGH BB 1992, S. 87 f. (87).
346 BGHZ 66, 217 (228) zum früheren § 419 BGB; 104, 151 (153).
347 BGHZ 104, 151 (154).
348 A.A. als der BGH Canaris, Handelsrecht, § 7 Rnrn. 26 und 27.
349 Baumbach/Hopt-Hopt, § 25 Rn. 4.

Unternehmens übernommen wurde, so dass sich der nach außen für den Rechtsverkehr in Erscheinung tretende Tatbestand als Weiterführung des Unternehmens in seinem wesentlichen Bestand darstellt[350]. Also liegt eine Unternehmensfortführung i.S.d. § 25 I 1 HGB vor.

3. Problematisch ist, ob von „**Firmen**"-Fortführung die Rede sein kann, weil jetzt als KG firmiert wird, während das Unternehmen ursprünglich von einer GmbH betrieben wurde. Es kommt auf die **Kontinuität des Unternehmens** an, die durch die Fortführung der bisherigen Firma nach außen in Erscheinung tritt. Eine wort- und buchstabengetreue Übereinstimmung zwischen alter und neuer Firma ist nicht erforderlich, sofern der Rechtsverkehr die neue Firma mit der alten identifiziert. Eine solche Identifikation wird bereits wegen des **ähnlichen Klangbildes** der Firma bestehen, so dass der Zusatz „KG" demgegenüber nicht ins Gewicht fällt. Auch die Verwendung des auffälligen **Firmenemblems** der früheren GmbH erweckt den Anschein der Firmenkontinuität[351].

Die KG haftet daher gemäß § 25 I 1 HGB für die im Betrieb der GmbH begründeten Verbindlichkeiten. Damit ist sie auch im Hinblick auf die Kaufpreisforderung des X zur Zahlung verpflichtet.

Fall 3: Inhaberwechsel kraft Erbfolge

E erfährt, dass sein Großonkel G verstorben ist und ihn testamentarisch zum Alleinerben bestimmt hat. G führte bis zu seinem Tode ein Handelsgeschäft als einzelkaufmännisches Unternehmen unter der Firma „Gerngroß e.Kfm.". Nach Durchsicht der Bücher muss E feststellen, dass das Geschäft marode und mit unvorhergesehenen Verbindlichkeiten gegenüber Lieferanten belastet ist.

Was ist dem E anzuraten?

Lösung:

Führt E als **Erbe** ein zum Nachlass gehörendes Handelsgeschäft unter der bisherigen Firma weiter, **haftet** er für frühere Geschäftsverbindlichkeiten gemäß § 27 HGB wie ein Übernehmer nach § 25 HGB. Sinn dieser Haftung ist, die ansonsten nach bürgerlichem Recht mögliche Beschränkung der Erbenhaftung auf den Bestand des Nachlasses nach §§ 1973, 1975 ff., 1990, 1991 BGB auszuschließen.

Will E die Haftung vermeiden, bieten sich ihm folgende Wege:

I. Das Handelsgeschäft muss, um die Haftungsfolge des § 27 HGB auszulösen, zum **Nachlass** gehören. Dies ist etwa bei **Ausschlagung** der Erbschaft nicht der Fall. Diese Möglichkeit hat E gemäß §§ 1942 I, 1944 BGB innerhalb einer Frist von 6 Wochen ab Kenntnis von dem Anfall der Erbschaft. Die Ausschlagung muss E gemäß § 1945 I BGB gegenüber dem Nachlassgericht zur Niederschrift oder in öffentlich beglaubigter Form erklären.

II. Das Geschäft muss für § 27 HGB unter der **bisherigen Firma** weitergeführt worden sein. E kann also seine Haftung dadurch ausschließen, dass er **sofort**

[350] BGH NJW 1992, S. 911 f. (911); Baumbach/Hopt-Hopt, § 25 Rn. 6 m.w.N.
[351] Zur **Unternehmenskontinuität** vgl. Baumbach/Hopt-Hopt § 25 Rn. 6 und 7.

eine **Namensänderung** vornimmt, wobei aus § 25 I 1 HGB folgen wird, dass ein Nachfolgezusatz allein hierfür nicht ausreicht[352]. Möglich ist dagegen die Veräußerung ohne Firma an einen Dritten, um die Haftung auszuschließen. **Ausgeschlossen** ist nach § 23 HGB lediglich der umgekehrte Fall einer **Veräußerung der Firma ohne** das dazugehörige **Handelsgeschäft** (Verbot der sog. **Leerübertragung**).

III. Gemäß § 27 II HGB darf das Geschäft nicht **innerhalb** von **drei Monaten eingestellt** worden sein. **Umstritten** ist, was hierunter zu verstehen ist. Dass eine **spätere Firmenänderung** die Haftung entfallen lässt, wird **vertreten**[353]. Nach anderer Ansicht ist eine **tatsächliche Schließung** des Geschäfts **erforderlich**[354]. Im Hinblick auf diese unklare Rechtslage wäre E eher die komplette Schließung anzuraten.

IV. **Umstritten** ist schließlich die **Anwendbarkeit** des § 25 II HGB auf die Haftung des Erben[355]. Man kann vertreten, dass § 27 HGB auf den **gesamten** § 25 HGB verweist. Andererseits setzt § 25 II HGB eine **Vereinbarung** zwischen Erwerber und Veräußerer voraus und ermöglicht keinen **einseitigen** Haftungsausschluss, wie ihn ein Erbe normalerweise nur vornehmen könnte.

Aus Gründen der Vorsicht sollte daher E entweder das Erbe ausschlagen, den Betrieb schließen oder eine sofortige Firmenänderung vornehmen.

III. Das Handelsregister

Öffentliches Verzeichnis aller Kaufleute, Teil eines Unternehmensregisters, §§ 8, 8a HGB.

Abt. A	Abt. B
• Einzelkaufleute • Personengesellschaften OHG und KG • EWIV • Körperschaften i.S.v. § 33 HGB	• AG • KGaA • GmbH • Versicherungsverein auf Gegenseitigkeit

Eintragungen:

Eintragungspflichtige Tatsachen, z.B.:	Eintragungsfähige Tatsachen, z.B.:
• Firma, § 29 HGB • Prokuraerteilung, § 53 I HGB • Erlöschen der Prokura, § 53 II HGB • OHG, § 106 HGB, KG, § 162 HGB • GmbH, § 10 GmbHG, AG, § 39 AktG	• Eingetragenes Kleingewerbe, § 2 HGB • Eingetragene Land- und Forstwirte, § 3 II, III HGB • Haftungsausschluss nach § 25 II HGB bei Firmenübernahme • Haftungsausschluss gem. § 28 II HGB

[352] Ebenso im Ergebnis K/R/M-Roth, § 27 Rn. 10.
[353] Canaris, Handelsrecht, § 7 Rn. 109; K/R/M-Roth, § 27 Rn. 10.
[354] In diesem Sinne etwa Baumbach/Hopt-Hopt, § 27 Rn. 5; Jung, Handelsrecht, § 19 Rn. 19; RGZ 56, 196 (199).
[355] Dafür z.B. K/R/M-Roth, § 27 Rn. 8; Canaris, Handelsrecht, § 7 Rn. 111 m.w.N. Dagegen z.B. K. Schmidt, Handelsrecht, § 8 IV 3.a).

Wirkung der Eintragung:

i.d.R. deklaratorisch (= rechtskundgebend), z.B.	Ausnahmsweise konstitutiv (= rechtsbegründend), z.B.
• Ist-Kaufmann, § 1 HGB • Firmenänderung, § 31 HGB • Prokuraerteilung, § 53 I HGB • Erlöschen der Prokura, § 53 II HGB • Ausscheiden eines OHG-Gesellschafters, § 143 II HGB	• Eingetragenes Kleingewerbe, § 2 HGB • Eingetragene Land- und Forstwirte, § 3 II, III HGB • Haftungsausschluss nach § 25 II HGB und § 28 II HGB • Entstehen der GmbH, § 11 GmbHG • Entstehen der AG, § 41 I 1 AktG

Bekanntmachung in elektronischem Informations- und Kommunikationssystem, § 10 HGB[356]

Abbildung 38: Das Handelsregister

§ 29
Publizitätswirkungen

Fall 1: Handelsregister und Publizitätswirkung

Der Z wird im März auf einer Gesellschafterversammlung der X-GmbH zu ihrem Geschäftsführer bestimmt. Bei diesem Beschluss wirkte der bereits einen Monat zuvor aus der GmbH ausgeschiedene Gesellschafter W mit und stimmte zusammen mit zwei Gesellschaftern bei zwei Gegenstimmen für die Bestellung des Z zum Geschäftsführer. Ende April erfolgt die Eintragung des Z als Geschäftsführer der GmbH im Handelsregister und eine entsprechende Bekanntmachung. Z vereinbart Ende Mai in Vertretung für die GmbH, die Metallwaren herstellt, einen Kaufvertrag mit Y über eine Lieferung.

Als die X-GmbH von Y Zahlung des Kaufpreises verlangt, beruft sich dieser darauf, Z habe die GmbH nicht wirksam vertreten können. Er widerrufe den Vertrag aus diesem Grund. Die X-GmbH verweist demgegenüber darauf, dass die Bestellung des Z zum Geschäftsführer eingetragen und bekannt gemacht worden ist.

Besteht der Zahlungsanspruch der X-GmbH gegen Y?

Lösung:

Der Zahlungsanspruch besteht aus § 433 II BGB, wenn zwischen der X und dem Y ein **wirksamer Kaufvertrag** zustande gekommen ist. Dies setzt voraus, dass die X wirksam durch Z als **Geschäftsführer** (§ 35 GmbHG) nach § 164 I BGB **vertreten** wurde.

A. Z hat eine **eigene Willenserklärung im Namen** der X-GmbH[357] abgegeben.

B. Fraglich ist, ob er **Vertretungsmacht** besaß.

---

[356] Vgl. www.handelsregister.de

[357] Zur GmbH vgl. unten D. IV.

I. Er könnte vertretungsberechtigt gewesen sein, wenn er in **wirksamer** Weise **zum Geschäftsführer** der GmbH **bestellt** worden wäre, wie aus § 35 I GmbHG folgt.

1. Die **Bestellung** zum Geschäftsführer erfolgt gemäß § 46 Nr. 5 GmbHG durch entsprechende Bestimmung der Gesellschafter. Diese erfolgt nach § 47 I GmbHG in **Beschlussform** und bedarf der **Mehrheit der abgegebenen Stimmen.**
2. Hierbei wirkte indes der nicht mehr der Gesellschaft angehörende W mit. Dieser durfte an Beschlüssen der GmbH nicht mehr teilnehmen, so dass es sich in Wirklichkeit um einen **unwirksamen Scheinbeschluss** handelte[358]. Also ist Z in Wirklichkeit nicht Geschäftsführer der GmbH geworden und besaß **tatsächlich keinerlei Vertretungsmacht.**

II. Möglicherweise folgt etwas anderes daraus, dass die Bestellung des Z zum Geschäftsführer der GmbH im Handelsregister **eingetragen** und entsprechend **bekannt gemacht** wurde.

1. Nach § 15 II 1 HGB muss ein Dritter eine einzutragende Tatsache gegen sich gelten lassen, wenn sie eingetragen und bekannt gemacht worden ist. Dies gilt gemäß § 15 II 2 HGB erst **nach 15 Tagen ab Bekanntmachung.** Dieser Zeitraum ist vorliegend verstrichen: die Bekanntmachung erfolgte Ende April, das Geschäft wurde Ende Mai vereinbart.

   Allerdings gilt § 15 II HGB nur im Hinblick **auf tatsächlich geschehende Tatsachen** und soll in diesem Fall Dritten die Möglichkeit abschneiden, sich auf Unkenntnis der wahren Verhältnisse berufen zu können, nachdem sie eingetragen und bekannt gemacht worden sind[359]. **Tatsächlich** ist indes Z **nicht** in wirksamer Weise zum **Geschäftsführer** bestellt worden, so dass § 15 II HGB ausscheidet.
2. Möglicherweise **gilt** Z jedoch über § 15 III HGB als Geschäftsführer der GmbH.
   a) Die Vorschrift entfaltet **positive Publizität**, d.h. ein Dritter kann darauf **vertrauen,** dass eine **bekannt gemachte eintragungspflichtige Tatsache** auch wirklich **geschehen** ist. Die Bestellung des Geschäftsführers ist nach § 39 GmbHG eine eintragungspflichtige Tatsache, so dass die Vorschrift insoweit anwendbar ist. Auch liegt eine den tatsächlichen Verhältnissen nicht entsprechende **Bekanntmachung** vor.
   b) Allerdings gilt § 15 III HGB **nur zugunsten eines Dritten.** Hier jedoch hat sich Y gerade auf die **wahre Rechtslage** berufen und gemäß § 178 BGB den Vertragsschluss widerrufen. Es besteht ein **Wahlrecht** des Geschäftspartners, ob er sich auf die Publizierung oder die tatsächlichen Verhältnisse berufen will. Letzteres hat Y getan, so dass § 15 III HGB nicht eingreift.
3. Wird an eine **positive Publizitätswirkung der Eintragung kraft Gewohnheitsrechts**[360] gedacht, gilt dasselbe wie im Rahmen von § 15 III HGB:

---

[358] Vgl. BGH WM 1990, S. 638 ff. (639).
[359] Brox/Henssler, Handelsrecht, Rn. 87.
[360] Nach a.A. gilt hierfür § 15 III HGB analog (s.u.).

steht die Eintragung im Handelsregister in Widerspruch zur materiellen Rechtslage, steht es den Geschäftspartnern des Kaufmanns frei, ob sie sich auf den Eintrag berufen oder die tatsächliche Rechtslage geltend machen wollen[361].

Damit hatte Y endgültig mangels wirksamer Bestellung keine Vertretungsmacht als Geschäftsführer.

C. Der damit gemäß § 177 I BGB zunächst schwebend unwirksame Kaufvertrag ist durch den **Widerruf** des Y nach § 178 BGB **endgültig unwirksam** geworden.

Mangels eines wirksamen Kaufvertrages hat die X-GmbH also keinen Anspruch gegen Y aus § 433 II BGB.

Fall 2: Handelregister, Prokura und Handlungsvollmacht

Alma Marter (A) ist beim Kaufmann Manuel Düse (M), der einen Sanitärgroßhandel betreibt, als Angestellte tätig. Ihr wird Handlungsvollmacht erteilt. Dem Angestellten Pankratz Saldow (P) erteilt M Prokura. Als diese beim Handelsregister angemeldet wird, wird wegen eines Schreibfehlers in der Anmeldung A als Prokuristin eingetragen. Prokura für P wird nicht eingetragen. Eine Bekanntmachung der Eintragung ist versehentlich unterblieben. In der Folgezeit schließt P mehrere Kaufverträge „p.p.“ ab, unter anderem kauft er vom Wannenhersteller W 50 Badewannen. Auch A bleibt nicht tatenlos. Im Namen des M nimmt sie bei der C-Bank kurzfristig ein größeres Darlehn auf und unterschreibt „i.V.“.

Welche Ansprüche haben W bzw. C gegen M ?

Abwandlung: Sekundäre Unrichtigkeit des Handelsregisters

Prokurist P ist vor dem Geschäftsabschluss die Prokura wieder per Widerruf entzogen worden. Dies wurde nicht ins Handelsregister eingetragen. Aus Rache bestellt P „pp“ bei W 500 Badewannen und setzt sich anschließend nach einem tiefen Griff in die Geschäftskasse auf die Cayman-Islands ab.

Kann W von M Zahlung verlangen?

Lösung:

A. Anspruch W/M aus § 433 II BGB

W könnte gegen M einen Anspruch auf Zahlung des Kaufpreises aus § 433 II BGB haben. Dies setzt einen **Kaufvertrag** zwischen W und M voraus. Eine Willenserklärung des M liegt nicht vor. Möglicherweise wurde er jedoch nach § 164 I BGB durch P **wirksam vertreten.**

I. Eine **eigene Willenserklärung** des P, der den Kauf selbst tätigte, liegt vor.

II. Er handelte auch **im fremden Namen**, nämlich **„per procura“** für M.

III. Fraglich ist jedoch seine **Vollmacht**. Möglicherweise besaß er **Prokura**[362] nach §§ 48 ff. HGB.

---

[361] BGHZ 65, 309 (310); BGH WM 1990, S. 638 ff. (639).

[362] Zur Prokura vgl. unten § 33.

1. Die nach § 48 I HGB notwendige **ausdrückliche Erteilung** der Prokura durch den Kaufmann M ist gegeben.
2. Fraglich ist jedoch, welchen Einfluss die **unterbliebene Eintragung** der Prokura im Handelsregister hatte. § 53 I HGB stellt keine Wirksamkeitsvoraussetzung der Prokuraerteilung dar. Die Vorschrift wirkt also **nicht konstitutiv**, sondern lediglich **deklaratorisch**. Die Prokura ist in ihrer Wirksamkeit von der Eintragung im Handelsregister nicht abhängig.

Damit besaß P Vollmacht in Gestalt der Prokura. Also besteht ein Vertrag zwischen M und W, der Anspruch von W gegen M aus § 433 II BGB ist gegeben.

B. Anspruch C/M aus § 488 I 2 BGB

C könnte gegen M einen Anspruch auf Rückzahlung des Darlehns aus § 488 I 2 BGB haben. Dies setzt einen **Darlehnsvertrag** zwischen C und M voraus. M selbst hat diesbezüglich keine eigene Willenserklärung abgegeben. Möglicherweise wurde er jedoch über § 164 I BGB durch A **wirksam vertreten**.

I. A hat den Kredit selbständig für die Firma aufgenommen, so dass eine **eigene Willenserklärung** der A vorliegt.

II. Sie handelte auch **im Namen** des M, nämlich „i.V.“.

III. Fraglich ist indes ihre **Vertretungsmacht**.

1. **Tatsächlich** ist A von M **Handlungsvollmacht**, § 54 HGB, erteilt worden. Eine **Darlehnsaufnahme** wäre allerdings gemäß § 54 II HGB **nicht** von einer Handlungsvollmacht der A **abgedeckt**, sondern nur von einer Prokura, welche zu jeder Rechtshandlung ermächtigt, die (irgend-) ein Handelsgeschäft mit sich bringt, § 49 I HGB.
2. **In Wirklichkeit** ist A **keine Prokura** erteilt worden. Anscheins- oder Duldungsprokura existieren nicht. Dies folgt aus § 48 I HGB, welcher eine **ausdrückliche** Prokuraerteilung durch den Kaufmann verlangt.
3. Möglicherweise gilt wegen der **Publizitätswirkung** des Handelsregisters die A als Prokuristin.

   a) § 15 I HGB schützt den guten Glauben daran, dass eintragungspflichtige Tatsachen sich grundsätzlich auch aus dem Register ergeben müssten (sog. **negative Publizität**). Hier hingegen geht es nicht um eine unterlassene, sondern um eine **falsche Eintragung**, für die § 15 I HGB nicht einschlägig ist.

   b) Nach § 15 II 1 HGB muss ein **Dritter** eine **einzutragende Tatsache gegen sich gelten** lassen, wenn sie eingetragen und bekannt gemacht worden ist. Allerdings gilt § 15 II HGB nur im Hinblick auf **Tatsachen, die der Wirklichkeit entsprechen** und soll in diesen Fällen **Dritten** die **Möglichkeit nehmen**, sich auf **Unkenntnis der wahren Verhältnisse berufen** zu können, nachdem sie eingetragen und bekannt gemacht worden sind[363]. Zudem ist tatsächlich A nicht Prokura erteilt worden, so dass § 15 II HGB in jedem Fall ausscheidet.

---

[363] Brox/Henssler, Handelsrecht, Rn. 87.

c) Möglicherweise gilt jedoch über § 15 III HGB A als Prokuristin des M.

aa) Die Vorschrift entfaltet **positive Publizität**, d.h. ein Dritter kann darauf vertrauen, dass eine **bekannt gemachte eintragungspflichtige**[364] **Tatsache** auch wirklich geschehen ist. Die Prokuraerteilung ist nach § 53 I HGB eine eintragungspflichtige Tatsache, so dass die Vorschrift insoweit anwendbar ist.

bb) **Einschränkend** wird § 15 III HGB überwiegend dahingehend ausgelegt, dass der **Inhaber** des Handelsgeschäfts die falsche Bekanntmachung **veranlasst** haben muss[365]. Veranlasst ist die unrichtige Bekanntmachung bereits, wenn ein Antrag auf eine Eintragung in das Handelsregister gestellt wurde. Es ist nicht notwendig, dass dieser Antrag selbst bereits irgendwelche Fehlerquellen enthält.

cc) Allerdings liegt eine den tatsächlichen Verhältnissen nicht entsprechende Bekanntmachung bislang nicht vor. Eine Analogie verbietet sich wegen des eindeutigen Wortlauts der Vorschrift[366].

d) Daneben existiert aber **gewohnheitsrechtlich** eine **positive Publizitätswirkung** des **Handelsregistereintrags**. Diese Form der **Rechtsscheinhaftung** ist in **zwei Fallkonstellationen** denkbar:

- Zum einen muss sich derjenige, der eine ihn betreffende unrichtige, nicht erzwungene Eintragung **veranlasst** hat, einem gutgläubigen Dritten gegenüber so behandeln lassen, als sei sie zutreffend. Der gute Glaube des Dritten scheidet bei fahrlässiger Unkenntnis aus.
- Zum anderen kann sich auch derjenige, der zwar die unrichtige Eintragung **nicht** selbst **veranlasst**, sie aber **schuldhaft nicht beseitigt** hat, gegenüber dem gutgläubigen Dritten nicht auf die Unrichtigkeit berufen.

Hier liegt möglicherweise die **erste Fallgruppe** zu Lasten des M vor. Allerdings ist zu berücksichtigen, dass die C-Bank den Vertag mit A abschloss, obwohl diese nicht etwa wie ein Prokurist „p.p." unterschrieb, sondern schlicht „i.V.". Es ist daher eher von **fahrlässiger Unkenntnis** der C-Bank auszugehen, die Anlass gehabt hätte, wegen dieser Vertretungsformel Nachforschungen durch Rückfrage bei M anzustellen.

Damit hat A den M bei dem Darlehnsvertrag nicht wirksam vertreten. Also besteht der geltend gemachte Anspruch der C-Bank gegen M aus § 488 I 2 BGB nicht.

---

[364] Dazu, dass es sich um eine abstrakt oder hypothetisch eintragungspflichtige Tatsache, vorausgesetzt, sie läge in Wirklichkeit vor, handeln muss, vgl. Jung, Handelsrecht, § 12 Rn. 22.

[365] Nachweise bei K/R/M-Roth, § 15 Rn. 29; Jung, Handelsrecht, § 12 Rn. 25 diesbezüglich mit Zweifeln.

[366] Vgl. K. Schmidt, Handelsrecht, § 14 III 2. b). Nach a.A. gilt hier § 15 III HGB analog, vgl. Baumbach/Hopt-Hopt, § 15 Rn. 18 m.w.N.

Lösung der Abwandlung:

W könnte gegen M einen Anspruch auf Zahlung des Kaufpreises aus § 433 II BGB haben. Dies setzt einen **Kaufvertrag** zwischen W und M voraus. Möglicherweise wurde M nach § 164 I BGB durch P **wirksam vertreten.**

I. Eine **eigene Willenserklärung** des P, der den Kauf selbst tätigte, liegt vor und er handelte auch **im fremden Namen** (s.o.).

II. Fraglich ist jedoch seine **Vollmacht.** Ursprünglich besaß er **Prokura** nach §§ 48 ff. HGB. Diese ist ihm jedoch gemäß § 52 I HGB durch Widerruf entzogen worden, so dass P tatsächlich keine Prokura besaß.

III. Fraglich ist, ob sich aus § 15 I HGB etwas anderes ergibt, weil das Erlöschen der Prokura **nicht** ins Handelsregister **eingetragen** wurde (**negative Publizität**).

1. Das Erlöschen der Prokura müsste eine **eintragungspflichtige Tatsache** darstellen. Nach § 53 II HGB ist dies an sich der Fall. Hier könnte jedoch etwas anderes gelten, weil bereits die Prokuraerteilung entgegen § 53 I HGB nicht ins Handelsregister eingetragen worden war (sog. **sekundäre Unrichtigkeit**).

   a) Da das Handelsregister nie den P als Prokuristen auswies, könnte eine Eintragungspflicht des Erlöschens der Prokura sich erübrigt haben[367]. Das Handelsregister ist (jetzt) **richtig** und enthält keine Aussage über eine Prokura des P.

   b) Für eine Eintragungspflicht spricht jedoch, dass die Eintragung der Prokuraerteilung gemäß § 53 I HGB nur **deklaratorische Wirkung** entfaltet, der Dritte aber auch auf anderem Wege außerhalb des Handelsregisters von der Erteilung erfahren haben kann. Auch in diesem Fall darf er auf das **Fortbestehen** der – ursprünglich ja auch wirksam erteilten – Prokura **vertrauen**, sofern das Handelsregister keine Änderung dieser Rechtslage kundgibt[368].

   Das Erlöschen der Prokura des P war also eintragungspflichtig.

2. Das Erlöschen ist weder eingetragen noch bekannt gemacht worden.

3. W besaß keine positive Kenntnis von den wahren Tatsachen.

Somit durfte W vom Fortbestehen der Prokura des P ausgehen. P hat den M wirksam vertreten. Also besteht ein Vertrag zwischen M und W, der Anspruch von W gegen M aus § 433 II BGB ist gegeben.

---

[367] Canaris, Handelsrecht, § 5 Rn. 12; Medicus, Bürgerliches Recht, Rn. 105.

[368] BGHZ 55, 267 (272); 116, 37 (44 f.); Baumbach/Hopt-Hopt, § 15 Rn. 11; K. Schmidt, Handelsrecht, § 14 II 2.b); Hager, Jura 1992, S. 57 ff. (60).

Publizitätswirkungen im Zusammenhang mit dem Handelsregister		
Negative Publizität: § 15 I HGB	**Positive Publizität: § 15 III HGB**	**Positive Publizität: kraft gewohnheitsrechtlicher Rechtsscheinshaftung (str.)**[369]
Voraussetzungen: • eintragungspflichtige Tatsache (z.B. § 53 I HGB) • weder eingetragen noch bekanntgemacht • keine anderweitige positive Kenntnis des Dritten von Tatsache	**Voraussetzungen:** • abstrakt eintragungspflichtige Tatsache[370] • unrichtige Bekanntmachung • Einschränkung: falsche Bekanntmachung irgendwie von demjenigen veranlasst, in dessen Angelegenheiten Eintrag erfolgte[371] • keine anderweitige positive Kenntnis des Dritten von Unrichtigkeit	**Voraussetzungen:** • Tatsache[372] • unrichtig im Handelsregister eingetragen • Rechtsschein von demjenigen veranlasst, den er betrifft. Zwei Möglichkeiten: ➢ falsche Eintragung selbst veranlasst ➢ falsche, nicht selbst veranlasste Eintragung schuldhaft nicht beseitigt • Dritter gutgläubig. Nicht, wenn: ➢ positive Kenntnis von Wahrheit ➢ fahrlässige Unkenntnis von Wahrheit („Kennenmüssen") • Rechtsschein ursächlich
Folge: Dritter darf darauf vertrauen, dass Rechtslage nicht verändert.	**Folge:** Dritter darf darauf vertrauen, dass Tatsache geschehen.	**Folge:** Dritter darf darauf vertrauen, dass Tatsache geschehen.

Abbildung 39: Publizitätswirkungen

Merke:

§ 15 II HGB regelt **keinen Fall positiver Publizitätswirkung zugunsten eines Dritten** durch Eintrag in das Handelsregister! Hier gilt vielmehr, dass **zum Nachteil eines Dritten** eine wahre eintragungspflichtige Tatsache durch ihre Eintragung eine **Gutgläubigkeit** dritter Personen **ausschließt.**

---

[369] So z.B. Canaris, Handelsrecht, § 5 Rn. 45; K. Schmidt, Handelsrecht, § 14 III 2.b), jeweils m.w.N. Nach a.A. wird auf die falsche Eintragung § 15 III HGB zumindest analog angewendet, vgl. Baumbach/Hopt-Hopt, § 15 Rn. 18; K/R/M-Roth, § 15 Rn. 28.

[370] Vgl. Jung, Handelsrecht, § 12 Rn. 22

[371] So die HM, die eine Haftung allein wegen der falschen Bekanntmachung ablehnt, Baumbach/Hopt-Hopt, § 15 Rn. 19; Canaris, Handelsrecht, § 5 Rn. 51; Klunzinger, Handelsrecht, § 13 IV. 3.

[372] Im Rahmen allgemeiner Rechtsscheinsgrundsätze ist gleichgültig, ob die Tatsache eintragungspflichtig oder nur eintragungsfähig ist, vgl. K/R/M-Roth, § 15 Rn. 44 m.w.N.

Fall 3: Handelsregister und „Rosinentheorie"[373]

A und B sind Komplementäre einer KG[374], der noch verschiedene Kommanditisten angehören. Zur Vertretung sollen nach dem Gesellschaftsvertrag aus Sicherheitsgründen immer beide Komplementäre gemeinsam befugt sein (sog. **Gesamtvertretung**, §§ 161 II, 125 II HGB). Dies wird auch ins Handelsregister eingetragen (vgl. §§ 106 II Nr. 4, 161 II HGB). A scheidet später aus der Gesellschaft aus, wobei diesbezüglich eine Eintragung im Handelsregister versehentlich unterbleibt. B schließt im Namen der KG einen Kaufvertrag mit X. Hieraus möchte X den solventen A in Anspruch nehmen.

Besteht ein Anspruch des X gegen A?

Lösung:

Ein Anspruch des X gegen A auf Zahlung des Kaufpreises aus § 433 II BGB i.V.m. §§ 128, 161 II HGB hängt davon ab, dass

- die **KG** beim Vertragsschluss mit X **wirksam durch B vertreten** wurde und
- X sich außerdem darauf berufen darf, A hafte – trotz seines zwischenzeitlichen Ausscheidens – **weiterhin** als **Gesellschafter** (Komplementär) der KG für deren Verbindlichkeiten.

A. Fraglich ist damit zunächst, ob die KG wirksam gegenüber X verpflichtet worden ist.

   I. Zur **Vertretung** einer KG sind ausschließlich die **Komplementäre befugt**, § 170 HGB. Die KG wurde nach Ausscheiden des A wirksam vom einzigen verbliebenen Komplementär vertreten, da eine **Gesamtvertretungsmacht** nach § 125 II HGB danach **nicht mehr** bestand.

   II. Das **Ausscheiden** des A wurde zwar entgegen § 143 II HGB nicht ins Handelsregister eingetragen. Dies hat allerdings – wie meist beim Handelsregister – nur **deklaratorische Bedeutung** und stellt keine Wirksamkeitsvoraussetzung für ein Ausscheiden aus der Gesellschaft dar. **Tatsächlich** war A also **ausgeschieden.**

   III. Wegen der **fehlenden Eintragung** des Ausscheidens hätte X die Möglichkeit, sich auf § 15 I HGB und die unterbliebene Eintragung zu berufen (**negative Publizität**). Da die **Publizitätswirkung** nur **zugunsten Dritter** besteht, kann sich X aber auch auf die **tatsächliche Rechtslage** stützen. Insofern besteht ein **Wahlrecht** gutgläubiger Dritter. Hier beruft sich X auf die wahre Rechtslage und nicht auf die Lage nach dem Handelsregister: tatsächlich wurde die KG wirksam durch B allein vertreten, so dass eine Verbindlichkeit der KG aus §§ 433 II BGB, 161 II, 124 I HGB vorliegt.

B. **Problematisch** ist, ob A hierfür **wie ein Komplementär** der KG nach §§ 128, 161 II HGB haften muss. Diese Haftung setzt voraus, dass A gegenüber X immer noch wie ein Komplementär für Schulden der KG einstehen muss.

   I. **Tatsächlich** ist A nach seinem Ausscheiden **nicht mehr Komplementär.**

---

[373] BGHZ 65, 309.
[374] Zur KG vgl. unten D. III.

II. Da das eintragungspflichtige Ausscheiden entgegen § 143 II HGB nicht eingetragen wurde, fände an sich zugunsten des gutgläubigen X § 15 I HGB Anwendung (s.o.).

III. Damit stellt sich die Frage, ob X sich **einerseits** (A.) auf die **wahre Rechtslage**, andererseits aber auch auf das **Handelsregister** (B.) berufen kann.

1. Eine **Mindermeinung** will dies nicht gestatten. Der Dritte könne immer nur so stehen, wie dies zur Zeit des Vertragsschlusses sich aus dem Handelsregister ergeben habe, wenn er sich hierauf beziehe[375]. Diese Meinung geht von einer **Gesamtwirkung des Handelsregisters** aus.

2. Die HM wie auch der BGH gehen von dem Grundsatz aus, dass die Publizitätswirkungen des Handelsregisters den Dritten nur schützen und ihm **zum Vorteil** dienen sollen[376]. Zudem kann die **„gespaltene" Berufung** auf einerseits wahre Rechtslage und andererseits Registerinhalt auch den Grund haben, dass der Dritte – sofern er überhaupt ins Handelsregister gesehen hat – sich nur über **eine** Tatsache selektiv Kenntnis verschafft hat. Da er aber generell nicht verpflichtet ist, überhaupt ins Handelsregister zu sehen, kann er sich bezüglich der anderen Tatsache auch auf die wahre Rechtslage berufen[377].

   Das **abstrakte Vertrauen** auf das Register wird geschützt, ohne dass man konkret auch Einsicht genommen haben muss. Man kann damit auch nur selektiv Einsicht genommen und bezüglich anderer Tatsachen u.U. auf anderem Wege Kenntnis erlangt haben[378]. Es kann etwa durch ein Rundschreiben bekannt gemacht worden sein, dass B nunmehr allein zur Vertretung der KG befugt ist, ohne dass hierfür weitere Gründe angegeben wurden (**tatsächliche Rechtslage**). Die Einsicht ins Handelsregister kann X wiederum darauf beschränken zu erfahren, ob A als Gesellschafter ausgeschieden ist oder nicht (**negative Publizität, Registerlage**).

Dem wird eher zu folgen sein, so dass im Ergebnis X den geltend gemachten Anspruch gegen A hat.

---

[375] K. Schmidt, Handelsrecht, § 14 II 4. b); Tiedke, DB 1979, S. 245 ff. (247).

[376] BGHZ 65, 309 (310 f.); Baumbach/Hopt-Hopt, § 15 Rn. 6.

[377] K/R/M-Roth, § 15 Rn. 16; BGHZ 65, 309 (311).

[378] Sog. **„Rosinentheorie"** (K/R/M-Roth, § 15 Rn. 16): der Dritte kann sich die Rosinen aus wahrer Rechtslage und Lage nach Handelsregister heraussuchen.

IV. Handelsgeschäfte

§30
Der Handelskauf

Kaufrechtlicher Mangel bis 31.12.01	Kaufrechtlicher Mangel ab 1.1.02
• Fehler, §459 I BGB a.F. • Fehlen zugesicherter Eigenschaften, §459 II BGB a.F.	• Abweichung von vereinbarter oder üblicher Beschaffenheit, §434 I BGB • aliud, §434 III BGB • Minderlieferung, §434 III BGB
Ergänzungen für Kaufleute: • aliud und • Fehlmenge (generell) wie Mangel zu rügen, sofern nicht krasse Abweichung („genehmigungsfähig"), §378 HGB a.F.	Keine Sonderregelung für Kaufleute (§378 HGB a.F.) nötig: • Unerheblich, ob „krasse" Abweichung • Zuviellieferung aber nicht geregelt!

Abbildung 40: Gewährleistung beim Handelskauf

Fall 1: Mängelrüge, aliud und Quantitätsabweichungen

Der im Handelsregister eingetragene Eigentümer mehrerer Restaurants R kauft Anfang des Jahres bei Großhändler G jeweils in Dosen verpackte 5 Paletten Champignons III. Wahl zu je 50,– €, 10 Paletten Pfifferlinge zu je 100,– € und 10 Paletten Steinpilze zu je 200,– €. Die Pilze werden am 04.02. geliefert. R, der sich zu dieser Zeit in Urlaub befindet, bemerkt erst bei der Verarbeitung der Pilze Ende Februar, dass G offenbar die Bestellungen verwechselt hat. Tatsächlich hat G geliefert: 5 Paletten Champignons II. Wahl (Preis je 80,– €), 11 Paletten Pfifferlinge und 9 Paletten Steinpilze. Als R den G auf die Fehllieferung hinweist, meint dieser, er habe hiermit nichts mehr zu tun. R solle den jeweils höheren Kaufpreis zahlen.

Zu Recht?

R bestellt ...	G liefert ...
5 x Champignons III. Wahl (50,– €)	5 x Champignons II. Wahl (80,– €)
10 x Pfifferlinge (100,– €)	11 x Pfifferlinge (100,– €)
10 x Steinpilze (200,– €)	9 x Steinpilze (200,– €)

Lösung:

A. Anspruch G/R auf Zahlung des Kaufpreises für die gelieferten Champignons II. Wahl i.H.v. 400,– €

I. Aufgrund des **ursprünglichen** Vertrages besitzt G gegen R gemäß §433 II BGB nur einen Anspruch auf Zahlung i.H.v. 250,– €.

II. Der **höhere Anspruch** könnte aus § 377 II HGB folgen.

1. Zunächst setzt dies einen Kaufvertrag als **beiderseitiges Handelsgeschäft** voraus. G ist **Kaufmann** gemäß § 1 I, II HGB. R, da er im **Handelsregister** eingetragen wurde, ist als **Gewerbetreibender** jedenfalls nach § 2 HGB Kaufmann. Gemäß § 343 I HGB ist der Kauf auch im Betrieb des Handelsgeschäftes getätigt worden.
2. **Ablieferung** der gekauften Ware ist am 4.2. erfolgt.
3. Fraglich ist die **Mangelhaftigkeit** der Ware. Deren Voraussetzungen sind nicht in § 377 HGB geregelt, sondern in § 434 BGB. Die Abgrenzung von mangelhafter Lieferung zur **Anderslieferung** (**aliud**-Lieferung) erfolgt nach dem Vertragszweck und der Verkehrsanschauung. Im Handel werden Waren in **Handelsklassen** eingeteilt. Die **Abweichung** in der Klasse ist keine schlechte bestellte Ware, sondern etwas anderes, also ein **aliud** zur eigentlich geschuldeten. Also liegt hier eine Anderslieferung vor. Die **aliud-Lieferung** wird nunmehr nach § 434 III 1. Alt. BGB im Kaufrecht **generell** wie ein **Sachmangel** behandelt[379]. Zudem enthält § 434 III BGB **keine Differenzierung** mehr zwischen genehmigungsfähigen und krassen aliud-Lieferungen wie früher § 378 HGB a.F., so dass R **jedenfalls** eine **Rügepflicht** trifft.
4. Diese müsste er verletzt haben. Hier wird vom Gesetz zwischen **offenen** und **versteckten Mängeln** (§ 377 III HGB) unterschieden. Die Abweichung war erkennbar. Daher war eine unverzügliche Rüge notwendig. Die Rüge erst Ende Februar war also verspätet.
5. **Rechtsfolge** nach § 377 II HGB ist, dass die gelieferte Ware als **genehmigt** gilt.
   a) Der Käufer kann demzufolge **keine Gewährleistungsansprüche** geltend machen.
   b) Fraglich ist die **Wirkung** auf den **Kaufpreis**. Nach HM und Rechtsprechung richtet sich dies nach dem Zweck der Rügelast[380]. Der Käufer soll für alle Nachteile einstehen, die sich aus der unterlassenen oder verspäteten Rüge ergeben. Allerdings sollen keine weiterreichenden Ansprüche als bei ordnungsgemäßer Lieferung begründet werden. Der Verkäufer hat damit allenfalls einen Anspruch auf den jeweils höheren Kaufpreis entweder nach der ursprünglichen Vereinbarung oder aber entsprechend der höherwertigen tatsächlich gelieferten Ware, wenn eine **Vertragsänderung** ausdrücklich oder konkludent vereinbart wurde[381].

---

[379] Die aliud-Lieferung stand gemäß § 378 HGB a.F. der Schlechtlieferung gleich, wenn die Abweichung genehmigungsfähig war. Sie durfte nicht offensichtlich von der Bestellung abweichen. Ansonsten durfte der Lieferant nicht auf die Genehmigungswirkung des Schweigens vertrauen. Genehmigungsfähigkeit wiederum war gegeben, wenn die Ware nach Form, Material und Verwendungszweck der bestellten weitgehend entsprach. Dies wäre bei Lieferung von Champignons II. Wahl im Verhältnis zu solchen III. Wahl der Fall.

[380] Brox/Henssler, Handelsrecht, Rn. 417.

[381] Vgl. Brox/Henssler, Handelsrecht, Rn. 417; Canaris, Handelsrecht, § 29 Rn. 73; Jung, Handelsrecht, § 37 Rn. 17; K/R/M-Roth, § 377 Rn. 27a: A.A. K. Schmidt, Handelsrecht, § 29 III 5.c): der höhere Preis sei zu zahlen.

Damit ist der Anspruch des G gegen R auf Zahlung nur i.H.v. 250,– € wegen der Lieferung der Champignons II. Wahl gegeben.

B. Anspruch G/R bezüglich der Pfifferlinglieferung

I. Aufgrund des **ursprünglichen Vertrages** besteht der Anspruch aus § 433 II BGB nur i.H.v. 10 x 100,– €, also 1.000,– €.

II. Ein **erweiterter Anspruch** kann aus § 377 II HGB folgen.

1. Gemäß § 378 2. Alt. HGB a.F. bestand auch bei **Mengenabweichungen** eine Rügepflicht, sofern die Abweichung **genehmigungsfähig** war. Die Mengendifferenz beträgt hier 10 % der Einzellieferung und etwa 4 % der Gesamtmenge. Bei **Fehlmengen um 10 %** wurde von Genehmigungsfähigkeit der Abweichung ausgegangen. Es lag also keine grobe Abweichung vor.

   Damit trat die Genehmigungsfiktion nach § 377 II HGB ein. Fraglich war die Konsequenz für den Kaufpreisanspruch. Die Rechtsprechung **verpflichtete** den Käufer, die **Mehrlieferung** zu **zahlen**. Diese sei ein **stillschweigendes Angebot** auf **Vertragserweiterung**. Dies habe der Käufer durch Unterlassen der Rüge angenommen; ein Zugang der Annahme sei gemäß § 151 BGB entbehrlich. Vertretbar war es jedenfalls, den Käufer zur Mehrzahlung zu verpflichten, weil es ansonsten für ihn widersinniger Weise vorteilhafter wäre, nicht zu rügen. Dies widersprach dem Schutzzweck von § 378 HBG a.F.[382]

2. Fraglich ist, welche Konsequenz ab dem **1.1.2002** die Lieferung einer **Zuvielmenge** hat. Sie ist im Gegensatz zu aliud- und Minderlieferung[383] **nicht** in § 434 III BGB n.F. **als Sachmangel geregelt** worden.

   a) Denkbar ist, die Gründe für ein stillschweigendes Angebot auf Vertragserweiterung, welche die Rechtsprechung bislang annahm, weiterhin für zutreffend zu erachten. Hierfür spricht, dass – wie ausgeführt – durch sein Schweigen der Kaufmann mehr Ware erhielte als er zahlen müsste. Danach bestünde also dieser Anspruch.

   b) Hiergegen spricht indes, dass die Zuviellieferung nach dem BGB gerade keinen Mangel mehr darstellt und eine handelsrechtliche Sonderregelung wie § 378 HGB a.F. nicht mehr existiert. Damit ist auch keine unverzügliche Rüge i.S.v. § 377 HGB erforderlich. Eine Genehmigungswirkung nach § 377 II HGB scheidet aus. R muss nicht mehr als vereinbart zahlen und G muss die Zuvielmenge etwa bereicherungsrechtlich heraus verlangen[384].

C. Anspruch G/R auf Zahlung i.H.v. 2.000,– € bezüglich der Steinpilzlieferung

I. Der Anspruch ist aufgrund des Kaufvertrages über 10 x 200,– € **entstanden.**

---

382 Vgl. Baumbach/Hopt, 30. Auflage, zu § 378 a.F. Rn. 9. A.A. Werner, BB 1984, S. 221 ff. (225 ff.).

383 Auch als **Mankolieferung** bezeichnet, Windel, Jura 2003, S. 793 ff.

384 Brox/Henssler, Handelsrecht, Rn. 418; Jung, Handelsrecht, § 37 Rn. 18.

II. G lieferte lediglich 9 Paletten, so dass B die **Einrede** des teilweise **nicht erfüllten Vertrages** nach § 320 BGB zustehen könnte.

1. § 320 BGB liegt von den **Voraussetzungen** her an sich vor.

2. Die Norm könnte aber durch § 377 II HGB **ausgeschlossen** sein.

a) Die Voraussetzungen des § 378 HGB a.F. lagen vor, da eine **Mengenabweichung** i.H.v. nur 10% als **genehmigungsfähig** anzusehen ist. Im Hinblick auf die **Rechtsfolgen** wurde von der herrschenden Auffassung **differenziert**: Hatte der Verkäufer die **Abweichung offen in Rechnung oder Lieferung ausgewiesen**, war er **nicht schutzwürdig**. Dann hatte die Genehmigungsfiktion nur zu Folge, dass er nicht die Fehlmenge nachliefern musste. Der Käufer musste nur die gelieferte Menge bezahlen. Wenn jedoch, wie hier, die Fehlmenge **nicht offen** zutage trat, musste der **Käufer die Nachteile** aus der unterlassenen Rüge tragen. Die Minderlieferung stand nach §§ 377 II, 378 2. Alt. HGB a.F. der ordnungsgemäßen Erfüllung des Vertrages gleich[385].

Damit war der Anspruch G/R i.H.v. 2.000,– € bezüglich der Steinpilzlieferung gegeben.

b) Nach § 434 III 2. Alt. BGB n.F. wird die Minderlieferung **generell als Sachmangel** behandelt, **ohne** dass zwischen **Genehmigungsfähigkeit** oder krasser Zuweniglieferung unterschieden würde. Insofern gilt auch nach der Rechtslage ab dem 1.1.2002, dass der Anspruch G/R i.H.v. 2.000,– € bezüglich der Steinpilzlieferung gegeben ist.

Fall 2: Untersuchungspflicht des Käufers[386]

Fleischgroßhändler Vincent Wisent (V) liefert eine LKW-Ladung tiefgefrorenen Fleisches an Paul Combuse (P), der mehrere Restaurants betreibt. P hat die Ware bei der Anlieferung stichprobenartig untersucht. 10 Kartons sind aufgerissen worden. Das eingefrorene Fleisch ist einer Sichtkontrolle unterzogen worden, und zwar darauf, ob die Ware richtig eingelagert und verpackt war. Das Fleisch war z.T. bereits bei Anlieferung verdorben und wies später beim Auftauen Verwesungsgeruch auf.

V verlangt von P den vereinbarten Kaufpreis. P macht demgegenüber Gewährleistungsrechte geltend. Insbesondere sei es ihm nicht zuzumuten gewesen, Fleischpartien nach Anlieferung aufzutauen, da damit die Ware nicht mehr brauchbar gewesen wäre.

Besteht der Zahlungsanspruch des V gegen P?

Lösung:

V könnte gegen P einen Anspruch auf Zahlung des vereinbarten Kaufpreises aus § 433 II BGB haben.

A. Der Anspruch ist durch Einigung zwischen V und P zunächst **entstanden**.

---

[385] BGHZ 91, 293 (300).
[386] OLG Oldenburg BB 1998, S. 395 f.

B. Der Anspruch ist **nicht durchsetzbar**, wenn P gegen V die **Mängeleinrede** aus §438 IV 2 BGB zusteht.

I. Die Ware ist i.S.v. §434 I BGB **mangelhaft**.

II. Die **Gewährleistung** und damit auch die **Mängeleinrede** ist jedoch möglicherweise nach §377 II HGB **ausgeschlossen**, sofern P seiner Rügeobliegenheit nicht nachgekommen ist.

1. Sowohl V als auch P sind als Gewerbetreibende in nicht geringem Umfang nach §1 HGB **Kaufleute**. Der Kaufvertrag stand i.S.v. §343 I HGB im Zusammenhang mit ihrer Tätigkeit, so dass ein **beiderseitiges Handelsgeschäft** vorliegt.

2. Die Ware war bei der **Ablieferung mangelhaft** (s.o.).

3. Fraglich ist, ob P die ihm obliegende **Untersuchungs- und Rügepflicht** erfüllt hat. P hat die Ware bei der Anlieferung **unverzüglich** (§121 BGB) **stichprobenartig untersucht**. Das eingefrorene Fleisch ist dabei einer Sichtkontrolle unterzogen worden. Fraglich ist jedoch, ob dieses Vorgehen zur Erfüllung der Untersuchungspflicht ausreicht.

a) Die Untersuchung der Ware muss nach Art und Umfang so vorgenommen werden, wie es **erforderlich** ist, um das Vorhandensein von Mängeln festzustellen. Abzustellen ist auf den nach allgemeiner Verkehrssitte maßgeblichen Geschäftsgang eines branchentypischen Abnehmers. Dabei sind die **Interessen** beider Vertragsparteien gegeneinander **abzuwägen**, und zwar das **Interesse des Käufers** daran, dass **die Ware möglichst unbeschädigt** bleibt und durch die Untersuchung **keine gravierenden Verzögerungen** eintreten, und das **Interesse des Verkäufers** daran, dass er **nicht** nachträglich **nach Abwicklung** des Geschäfts mit **Mängelrügen** konfrontiert wird. Kann ein Mangel nur dadurch ermittelt werden, dass ein Teil der Ware umgestaltet oder sogar verbraucht wird, muss der Käufer auch diese Maßnahmen treffen. Die Verarbeitung ist daher nicht nur zulässig, sondern geboten, wenn man nur hierdurch einen bestimmten Mangel aufdecken kann[387].

b) P hätte sich nicht nur auf eine Sichtkontrolle beschränken dürfen. Es wäre **erforderlich** gewesen, einige der tiefgefrorenen Fleischstücke an- bzw. **aufzutauen**, um das Fleisch dann im gebrauchsfertigen Zustand zu untersuchen. Hierfür spricht auch, dass der Verderbnisgeruch nur dann wahrgenommen werden konnte. Der Zeitaufwand wäre gering gewesen. Durch den Teilverbrauch wären nur geringe Verluste eingetreten, zumal das aufgetaute Fleisch nicht völlig wertlos war. Ein derartiges Vorgehen war P also auch zuzumuten.

Damit sind Gewährleistungsrechte des P gegenüber V gemäß §377 II HGB **ausgeschlossen**, er kann also nicht die Mängeleinrede erheben.

Der Zahlungsanspruch des V gegen P besteht somit und ist auch durchsetzbar.

---

[387] RGZ 68, 368 (370).

Fall 3: Rügepflicht bei Pflichtverletzung und deliktischen Anspruchsgrundlagen[388]

Der K betreibt unter einer in das Handelsregister eingetragenen Firma eine Weinkellerei. Im Oktober bezieht er von der B 50.000 Weinflaschenkorken. Hierbei handelt es sich um die schlechteste der sieben auf dem Markt erhältlichen Qualitätsstufen, mit der üblicherweise billige Weine verkorkt werden, die keiner längeren Lebensdauer ausgesetzt sind. Diese Sorte hatte der K bereits in der Vergangenheit bezogen. Die B ihrerseits bezieht die Korken von einer Tochtergesellschaft in Portugal. In Deutschland werden die Korken von ihr beschriftet, mit einer Emulsion bezogen, getrocknet und steril verpackt. K verkorkt u.a. die hochwertige Spätlese „Herbolzheimer Nierentritt" mit der von B gelieferten Ware. Nach kurzer Zeit stellen sich Trübungen und ein bitterer Geschmack des Weins ein. Einen Monat später, im Dezember, rügt K die schlechte Qualität gegenüber B. Ein von ihm eingeschalteter Gutachter stellt fest, dass die im Oktober gelieferte Ware aufgrund des lockeren Materials „einfach nichts mehr mit Korken zu tun" habe.

K verlangt von B Schadensersatz, nämlich die Nettoverkaufspreise der nicht mehr verwendungsfähigen Weine, die Kosten der Wiederherstellung der noch verwendungsfähigen Weine, die Kosten der Schadensermittlung, Lagerung und Entkorkung.

Mit Erfolg?

Lösung:

K könnte gegen B einen Anspruch auf Schadensersatz im o.g. Umfang haben.

A. Aus §§437 Nr.3, 280 I BGB

In Betracht kommt ein Anspruch aus §§437 Nr.3, 280 I BGB wegen einer mangelbehafteten Lieferung, die zu einem weiterfressenden Mangel und damit zu Schäden an anderen Rechtsgütern des K als der gekauften Sache führt (sog. **Mangelfolgeschäden**). Da es hierbei **nicht** um **Schadensersatz statt** der **Leistung** geht, sind weitere Voraussetzungen nach §280 III BGB nicht zu erfüllen.

I. Ein **Schuldverhältnis** K/B folgt aus dem **Kaufvertrag**.

II. Die Lieferung der besonders schlechten Korkenqualität (vgl. Gutachten) stellt einen **Mangel** i.S.v. §434 I BGB dar.

III. Ein **Verschulden** des B wird gemäß §280 I 2 BGB vermutet.

IV. Fraglich ist jedoch, ob der Anspruch des K über §377 II HGB **ausgeschlossen** ist[389].

1. Gemäß §377 I HGB muss **ein beidseitiges Handelsgeschäft** vorliegen. Gemäß §343 I HGB sind Handelsgeschäfte alle Geschäfte eines Kaufmanns, die zum Betrieb seines Handelsgewerbes gehören, wofür nach §344 I HGB eine Vermutung besteht. Zu prüfen ist also die **Kaufmanns-**

---

[388] BGH NJW 1988, S.52ff.

[389] Zur Frage der Anwendbarkeit auf die bis 2002 geltende PVV vgl. BGHZ 66, 208 (212). Dies ist nach der Schuldrechtsreform unproblematisch, da Mangelfolgeschäden unter §§434, 437 Nr.3, 280 I BGB fallen, vgl. Hk-BGB/Saenger, §437 Rn.9; Palandt/Putzo, §437 Rnrn. 35 und 39.

eigenschaft von K und B. B ist jedenfalls Kaufmann nach §1 I HGB. K ist zumindest gemäß §2 HGB kraft der Eintragung in das Handelsregister Kaufmanns. Also sind K und B Kaufleute, ein beidseitiges Handelsgeschäft liegt mithin vor.

2. Die gelieferte Ware hatte nach Aussage des Gutachters „nichts mehr mit Korken zu tun" und war also **mangelhaft** i.S.v. §434 I BGB[390].
3. K hätte die Ware **unverzüglich** (vgl. §121 BGB) nach der Ablieferung **untersuchen** und **unverzüglich** gegenüber B **rügen** müssen. Die Tatsache, dass bereits in der Vergangenheit nur die schlechteste Qualität bestellt und geliefert wurde, enthebt K insofern nicht von der Untersuchungspflicht, als diesmal die Ware besonders schlecht und damit mangelhaft war. Jede Lieferung ist für sich gesehen zu untersuchen und u.U. zu rügen. Bei **versteckten**, nicht offensichtlichen Mängeln i.S.v. §377 III HGB hat der Käufer zumindest **Stichproben** durchzuführen. Hier hätte K zumindest einige Korken durchschneiden müssen. Die Rüge im Dezember war nicht unverzüglich.

Damit gilt nach §377 II HGB die Ware als genehmigt. Aus §§437 Nr.3, 280 I BGB besteht somit kein Anspruch des K gegen B auf Schadensersatz.

B. Aus §1 I 2 ProdHaftG

Zwar ist **eine andere Sache** als das mangelhafte Produkt selbst beschädigt worden, nämlich der Wein des K. Auch wird B wegen der Bearbeitung der Korken als **Hersteller** i.S.v. §4 I ProdHaftG anzusehen sein. Jedoch findet §1 I 2 ProdHaftG nur dann Anwendung, wenn die Sache von einem **privaten Verbraucher** benutzt wurde. K hat die Korken zu gewerblichen Zwecken erworben und benutzt, so dass ein Anspruch aus ProdHaftG ausscheidet.

C. Aus §823 I BGB

In Betracht kommt ein Anspruch aus unerlaubter Handlung nach §823 I BGB.

I. Die **Voraussetzungen** sind insofern erfüllt, als das **Eigentum** des K an dem Wein durch Lieferung der mangelhaften Korken **fahrlässig** und **widerrechtlich** von B verletzt wurde.

II. Zu erwägen ist aber, ob der Anspruch nach Sinn und Zweck des §377 II HGB **nicht ebenfalls ausgeschlossen** sein muss. Dies ist durch **Auslegung** der Norm zu ermitteln[391].

1. Dem **Wortlaut** nach bezieht sich §377 HGB auf Ansprüche in Zusammenhang mit einem Kaufvertrag. Ob §823 I BGB ebenfalls hierunter fallen kann, bleibt unentschieden.
2. Ein **systematischer Vergleich** mit anderen Normen ergibt Folgendes:

   Aus dem Standort von §377 HGB im 2. Abschnitt des 4. Buches des HGB und der dortigen Überschrift „Handelskauf" folgt, dass die Vorschrift

[390] Kaum vertretbar wäre es, ein aliud anzunehmen. Es handelte sich um die bestellte Ware, die jedoch von schlechter Qualität war.

[391] Die Auslegung von Normen orientiert sich an Wortlaut, Entstehungsgeschichte, systematischem Zusammenhang und Zweck. Zur Entstehungsgeschichte lässt sich in einer Klausur selten etwas sagen.

sich unmittelbar nur auf den Handelskauf zwischen Kaufleuten bezieht. § 377 HGB dient der schnellen Abwicklung von Gewährsmängelansprüchen und also dem **vertraglichen** Abwicklungsschutz. Dies spricht eher für die Nichtanwendbarkeit auf § 823 I BGB.

3. Auch **Sinn und Zweck** der Normen könnten hierfür sprechen.
   a) § 823 I BGB betrifft das sog. **Integritätsinteresse**, vor Verletzung der dort genannten Rechtsgüter verschont zu bleiben. Demgegenüber schützen die vertraglichen Anspruchsgrundlagen das **Vertrauen in die korrekte Vertragsabwicklung**, das sog. **Äquivalenzinteresse.** § 823 I BGB schützt nur **bestimmte Rechtsgüter**, die vertraglichen Anspruchsgrundlagen das gesamte Vermögen des Geschädigten. Die **Regelungsbereiche** sind also **nicht deckungsgleich,** jeder Anspruch hat **spezifische Voraussetzungen**, was für eine **echte Anspruchskonkurrenz** mit jeweils eigenen Regeln spricht[392].
   b) Es besteht auch **kein Anlass**, einen **Kaufmann schlechter zu stellen** als einen beliebigen Dritten, der einen Schaden an seinen Rechtsgütern außerhalb der mangelhaften Sache erlitten hat.
   d) **Vertragliche Ansprüche** sollen i.Ü. die Vertragspartner grundsätzlich **besser stellen** als das starre deliktische Recht. Damit wäre es jedoch nicht vereinbar, über § 377 II HGB den Anspruch aus § 823 I BGB auszuschließen und damit in seiner Anwendung noch zusätzlich einzuschränken.

Damit ist § 377 II HGB nicht auf § 823 I BGB anwendbar. Der Schadensersatzanspruch des K gegen B besteht also. Über § 254 I BGB ist allerdings ein **Mitverschulden** von K zu berücksichtigen, welches darin zu sehen ist, dass er teure Weine mit Korken minderer Qualität versah.

§ 31
Guter Glaube an Verfügungsbefugnis des Kaufmanns

Die **Bezugspunkte** des Gutglaubensschutzes nach BGB und HGB sind unterschiedlich:

- §§ 932–934 BGB schützen den guten Glauben an die **Eigentümereigenschaft** des Veräußerers.
- § 366 HGB schützt weitergehend den guten Glauben an die Befugnis eines Kaufmanns, (für einen anderen) über einen Gegenstand zu **verfügen.**

Fall 1: Guter Glaube an Verfügungsbefugnis

Manni Brutus (B) bringt seinen PKW der Marke Trabant zur Inspektion zu Rainer Alck (A), seines Zeichens Gebrauchtwagenhändler und Werkstattbetreiber. Als Interessent Jean-Pierre Katapulsky (K) auf dem Firmengelände den Trabant sieht,

[392] Vgl. BGH NJW 1988, S. 52 ff. (53).

schlägt sein Sammlerherz höher. Er bietet dem A einen großzügigen Preis für den PKW. A lässt sich breitschlagen und überlässt dem K den Wagen zu dem von K angebotenen Preis. Den B will er hiervon erst später, quasi als Überraschung, in Kenntnis setzen. A übergibt dem K den Wagen samt Kfz-Brief, in dem der B als Halter eingetragen ist. Als A dem B freudestrahlend den günstigen Verkauf mitteilt, ist dieser entsetzt, weil der Trabbi für ihn einen hohen Sentimentalitätswert besitzt. Er verlangt von K den Wagen heraus.

Zu Recht?

Lösung:

Mangels vertraglicher Beziehungen zwischen K und B kommt nur ein Herausgabeanspruch aus § 985 BGB in Betracht.

Dieser setzt voraus, dass K **Besitzer** ist. Er übt i.S.v. § 854 I BGB die **tatsächliche Sachherrschaft** über den PKW aus, so dass diese Voraussetzung erfüllt ist. Problematisch ist indes, ob B immer **noch Eigentümer** des PKW ist[393]. Dies war ursprünglich der Fall. B könnte sein Eigentum jedoch durch ein Rechtsgeschäft zwischen A und K verloren haben. Dies wäre der Fall unter den Voraussetzungen von § 929 S. 1 BGB.

I. Eine **Übergabe** des PKW von A an K ist erfolgt.

II. A und K waren sich auch **einig** darüber, dass K Eigentümer des PKW werden sollte.

III. A war jedoch nicht Eigentümer, er handelte also **nicht berechtigt**.

IV. Nach § 932 I BGB ist auch ein **gutgläubiger Erwerb** vom Nichtberechtigten möglich.

   1. Der PKW war **nicht** i.S.v. § 935 I BGB **abhanden gekommen**: es liegt kein **un-freiwilliger Besitzverlust** seitens des B vor. Dieser hatte vielmehr freiwillig für die Inspektion dem A Besitz an dem Auto eingeräumt.

   2. Jedoch war B im Brief als Halter eingetragen. K war also zumindest **grob fahrlässig**, wenn er ohne weitere Nachforschung an Eigentum des A glaubte, wie aus § 932 II BGB folgt.

V. § 366 I HGB schützt im Handelsverkehr weitergehend den gutgläubigen Erwerber, der zwar nicht guten Glaubens bezüglich der Eigentümerstellung eines Kaufmanns ist, jedoch **an dessen Verfügungsbefugnis** nach § 185 I BGB **glaubt**. Die **Voraussetzungen** des § 366 I HGB sind also zu prüfen.

   1. A ist nach § 1 I HGB **Kaufmann**.

   2. Die Veräußerung der beweglichen Sache PKW geschah **im Betrieb des Handelsgewerbes** des A, § 343 I HGB.

   3. Fraglich ist jedoch der **gute Glaube** des K. U.U. besteht auch im Rahmen des § 366 I HGB wegen des Briefeintrages eine Nachforschungspflicht des K.

      Der Brief enthält keinerlei Aussage hinsichtlich der Verfügungsmacht über den PKW. Der **Besitz** des Briefs spricht jedoch sogar **für den Rechts-**

---

[393] Zur Erinnerung: die Eigentumslage ist „historisch“ zu prüfen.

schein der Verfügungsbefugnis, die Kunden des A diesem etwa eingeräumt haben könnten, damit er für sie ihren Gebrauchtwagen veräußert. Ein Erwerber darf bei einem Autohändler grundsätzlich darauf vertrauen, dass dieser aufgrund entsprechender **Ermächtigung** durch Kunden gemäß § 185 I BGB zur Veräußerung berechtigt und damit verfügungsbefugt ist, sofern keine weiteren Verdachtsmomente vorhanden sind[394] und er sich den Brief vorlegen lässt[395].

Damit liegt § 366 I HGB vor. K ist guten Glaubens bezüglich der Verfügungsbefugnis des A. K ist also nach § 929 S. 1 BGB Eigentümer des PKW geworden.

Ein Anspruch des B gegen K aus § 985 BGB besteht somit nicht.

Fall 2: Kann-Kaufmann und § 366 I HGB

B betreibt einen Dachdeckerbetrieb mit einem Mitarbeiter. Er ist im Handelsregister eingetragen. Um einen Kredit bei seiner Hausbank H zu erhalten, ist er gezwungen, ihr den kompletten Inhalt seines Materiallagers zur Sicherheit zu übereignen. Dabei verschweigt er indes, dass die dort eingelagerten Materialien ihm unter Eigentumsvorbehalt von Baustoffhändler S verkauft wurden und er sie gemäß der Vereinbarung mit S nur im Rahmen seiner normalen Geschäftstätigkeit einsetzen und verarbeiten durfte.

Als B den Kredit nicht termingerecht zurückzahlen kann, verlangt H von ihm die im Lager befindlichen Materialien heraus und lässt sie anderweitig einlagern. Nachdem S hiervon hört, verlangt er seinerseits von H die Herausgabe.

Zu Recht?

Lösung:

Als Anspruchsgrundlage für das Herausgabeverlangen des S gegen die H kommt mangels vertraglicher Beziehungen allein § 985 BGB in Betracht. H ist **Besitzerin** der Materialien i.S.v. § 854 I BGB, nachdem sie diese anderweitig hat einlagern lassen. Fraglich ist, ob S **noch Eigentümer** der Materialien ist.

A. **Ursprünglich** war S Eigentümer.

B. Durch das Geschäft mit B hat S nach § 929 S. 1 BGB noch nicht sein Eigentum verloren, da die Lieferung gemäß § 449 I BGB unter **Eigentumsvorbehalt** erfolgte. Dabei ist die Übereignungserklärung aufschiebend bedingt i.S.v. § 158 I BGB. Bedingung ist die vollständige Kaufpreiszahlung, welche jedoch bislang nicht durch B erfolgt ist.

C. Möglicherweise hat S sein Eigentum an der Ware durch die Vereinbarung einer **Sicherungsübereignung** zwischen B und H verloren.

   I. Eine **Einigung**, dass H Eigentümerin des Materials werden soll, liegt vor. Hierfür genügt auch die Vereinbarung von Sicherungseigentum. Das gesamte Materiallager wurde hiervon erfasst, so dass die Einigung zwischen B und H auch **bestimmt** genug war.

---

[394] Z.B. ein auffällig niedriger Preis.

[395] BGH NJW 2008, S. 3488 ff. (3489) m.w.N.

II. Es liegt zwar **keine Übergabe** nach § 929 S. 1 BGB vor. H und B haben jedoch ein **Besitzkonstitut** nach §§ 930, 868 BGB vereinbart. Dies ist in der **Sicherungsabrede** zwischen B und H zu sehen. Aufgrund dieser Einigung besaß B als unmittelbarer Besitzer gleichzeitig die Ware für die H als mittelbare Besitzerin.

III. Allerdings war B **weder Eigentümer noch ansonsten berechtigt** zur Verfügung über die Materialien. S hat ausdrücklich den B nur gemäß § 185 I BGB dazu **ermächtigt**, die Materialien im Rahmen seiner **üblichen Tätigkeit** zu verwenden, **nicht** dagegen zu **Kreditierungszwecken**.

IV. Ein **gutgläubiger Erwerb** ist über § 933 BGB möglich, da H den Besitz an den Materialien erlangt hat.

Allerdings werden derartige Materialien regelmäßig nur unter Eigentumsvorbehalt von Lieferanten geleistet. Das muss H als Bank auch wissen, so dass sie sich zumindest gemäß § 932 II BGB in **grob fahrlässige Unkenntnis** befindet, wenn sie dies nicht beachtet. Damit ist ein Erwerb wegen guten Glaubens der H an Eigentum des B ausgeschlossen.

V. Möglicherweise besteht jedoch ein **guter Glaube** der H an die **Verfügungsbefugnis** des B nach § 366 I HGB.

1. Fraglich ist zunächst die **Anwendbarkeit** auf B. Dazu müsste er Kaufmann sein.
   a) B übt offenbar i.S.v. § 1 II HGB ein **Kleingewerbe** mit nur einem Mitarbeiter aus. Der Umfang des Betriebs wird daher nicht für einen Kaufmann genügend, so dass § 1 HGB nicht vorliegt.
   b) Allerdings ist laut Sachverhalt B **im Handelsregister eingetragen**, so dass § 2 HGB erfüllt ist. Also ist auch § 366 I HGB anwendbar.
2. Eine Veräußerung beweglicher Sachen im Betrieb des Handelsgewerbes liegt vor.
3. **Fraglich** ist wiederum der **gute Glaube** der H. U.U. besteht auch im Rahmen des § 366 I HGB wegen der typischen Lieferantenvereinbarung eines Eigentumsvorbehalts eine Nachfragepflicht der H. Auch hier wird man davon auszugehen haben, dass die H als Bank wissen muss, dass Lieferanten regelmäßig **nur** eine Verwendung der Ware **im normalen Geschäftsgang** gestatten, damit der Belieferte den Betrieb aufrecht erhalten und die aus seiner Arbeit erlangten Forderungen an die Lieferanten abtreten kann.

Damit liegt § 366 I HGB nicht vor. H hat nicht gutgläubig von B das Eigentum am Material erworben. S ist Eigentümer geblieben. Mithin besteht der Anspruch des S gegen die H aus § 985 BGB auf Herausgabe.

Fall 3: Scheinkaufmann und § 366 I HGB

Der ursprüngliche Gebrauchtwagenhändler und Werkstattbetreiber A ist zwar noch im Handelsregister als Kaufmann eingetragen, hat aber seinen Gewerbebetrieb bereits komplett eingestellt. Als B sich – wie in Fall 1 – wegen einer Inspektion an ihn wendet, nutzt A die Gelegenheit und veräußert den Wagen unter

Vorlage und Übergabe des Kfz-Briefs, in dem B als Halter eingetragen ist, an den K. K weiß zwar nichts von der Eintragung des A im Handelsregister. Da A aber seine alten Briefköpfe und Vertragsformulare aus dem aufgegebenen Autohandel verwendet, hält ihn K ohne weiteres für einen Kfz-Händler.

B verlangt von K den Wagen heraus.

Zu Recht?

Lösung:

K könnte gegen B einen **Herausgabeanspruch** aus § 985 BGB haben.

K ist **Besitzer** des PKW nach § 854 I BGB. Fraglich ist, ob B immer noch **Eigentümer** des PKW ist. Das war er **ursprünglich.** B könnte sein Eigentum jedoch durch ein **Rechtsgeschäft** zwischen A und K verloren haben. Dies wäre der Fall unter den Voraussetzungen von § 929 S. 1 BGB.

I. Eine **Übergabe** des PKW von A an K ist erfolgt.

II. A und K waren sich auch **einig** darüber, dass K Eigentümer des PKW werden sollte.

III. A war jedoch nicht Eigentümer, er handelte also **nicht berechtigt.**

IV. § 932 I BGB ermöglicht einen **gutgläubiger Erwerb** vom Nichtberechtigten.

   1. Der PKW war **nicht** i.S.v. § 935 I BGB **abhanden gekommen.** Es liegt kein **unfreiwilliger Besitzverlust** seitens des B vor. Dieser hatte freiwillig für die Inspektion dem A Besitz an dem Auto eingeräumt.

   2. Allerdings war B im Brief als Halter eingetragen. K war also zumindest **grob fahrlässig,** wenn er ohne weitere Nachforschung an Eigentum des A glaubte, wie aus § 932 II BGB folgt.

V. § 366 I HGB schützt weitergehend den gutgläubigen Erwerber, der zwar nicht guten Glaubens bezüglich der Eigentümerstellung eines Kaufmanns ist, jedoch **an dessen Verfügungsbefugnis** nach § 185 I BGB **glaubt.** Die **Voraussetzungen** des § 366 I HGB müssten also vorliegen.

   1. Fraglich ist zunächst, ob H als **Kaufmann** angesehen werden kann

      a) Nach **Aufgabe des Gewerbebetriebs** liegt § 1 I HGB bezüglich des H nicht mehr vor.

      b) Er könnte nach § 5 HGB **Kaufmann kraft Eintragung** sein. In diesem Fall würde sowohl **zu seinen Gunsten** als **auch Lasten** seine Kaufmannseigenschaft unwiderleglich feststehen. Allerdings setzt auch § 5 HGB den **Betrieb eines Gewerbes** voraus, wie der Wortlaut der Vorschrift ergibt[396]. Dies ist nach der **Geschäftsaufgabe** durch H nicht mehr der Fall, so dass § 5 HGB nicht erfüllt ist.

      c) Möglicherweise ist H **Kaufmann kraft Rechtsscheins** nach **gewohnheitsrechtlichen Grundsätzen.**

---

[396] Zur Frage, ob § 5 HGB damit überhaupt noch einen Anwendungsbereich besitzt vgl. oben S. 204.

aa) Es müsste zunächst ein **falscher Rechtsschein** entstanden sein. Hier hat sich H trotz der Geschäftsaufgabe als Kaufmann geriert. Er hat die alten Briefköpfe und Vertragsformulare aus seinem ehemaligen Gewerbebetrieb verwendet und dadurch den **Anschein erweckt, Kaufmann** zu sein.

bb) Der Rechtsschein muss dem Betreffenden **zurechenbar** sein. Dies ist kein Problem, da H ihn selbst gesetzt hat.

cc) Derjenige, der sich auf den Schein beruft, muss **gutgläubig** sein[397]. Positive Kenntnis oder fahrlässige Unkenntnis sind für den guten Glauben schädlich, liegen aber hier auf Seiten des K nicht vor.

dd) Der Rechtsschein muss – anders als bei §5 HGB, der lediglich die Eintragung verlangt – **für die Handlung des Gutgläubigen ursächlich sein**, sie muss m.a.W. gerade im Vertrauen auf den Rechtsschein vorgenommen worden sein. Hierfür wird mangels anderer Anhaltspunkte der **erste Anschein** sprechen[398].

Damit ist H **Scheinkaufmann**.

2. **Zweifelhaft** ist jedoch, ob **diese Kaufmannsqualifikation** im Rahmen von §366 I HGB **ausreicht**. Die Frage ist umstritten.

   a) Man kann der Ansicht sein, dass entscheidend der Schutz des gutgläubigen Dritten ist. Die HM lehnt dies zu Recht ab, weil der vom Scheinkaufmann veranlasste Rechtsschein zwar **ausschließlich zu seinen Lasten** (**nicht** dagegen: zu seinen Gunsten) geht, aber hierdurch **nicht in die Rechtspositionen unbeteiligter Dritter eingegriffen** werden dürfe[399].

   b) Auch §15 I HGB kann nicht eingreifen, weil diese Vorschrift **nur zu Lasten desjenigen** wirkt, in dessen Angelegenheiten die **Tatsache einzutragen** war. Das ist hier allein A als Verkäufer und nicht der wahre Eigentümer B.

Danach hat K nicht gutgläubig den PKW erworben. B ist Eigentümer geblieben. Ein Anspruch des B gegen K aus §985 BGB auf Herausgabe des PKW besteht damit.

Anmerkung:

Wird der **MM gefolgt**, ist weiter zu prüfen:

3. Die Veräußerung einer beweglichen Sache im Betrieb des Handelsgewerbes liegt vor.

4. Fraglich ist erneut der gute Glaube des K. Insoweit wird der Lösungsweg dem in Fall 1 entsprechen, so dass K gutgläubig Eigentum erworben hat und B von ihm nicht Herausgabe des PKW verlangen kann (s.o.).

---

[397] Anders bei §5 HGB; dort wäre guter Glaube nicht erforderlich.

[398] BGHZ 17, 13 (19); K. Schmidt, Handelsrecht, §10 VIII 3. b) bb).

[399] Brox/Henssler, Handelsrecht, Rn. 3107; K. Schmidt, Handelsrecht, §23 II 1.a) m.w.N.; OLG Düsseldorf DB 1999, S. 89ff. (89); a.A. K/R/M-Koller, §366 Rn. 2.

§ 32
Kaufmännisches Bestätigungsschreiben; Geschäftsbesorgungsverträge

Fall 1: Kaufmännisches Bestätigungsschreiben

Fleischgroßhändler V schließt mit K, dem Inhaber einer Kette von Metzgereigeschäften, mündlich einen Kaufvertrag über 200 Stück Schweinekoteletts. Schriftlich bestätigt er dem K einen Tag später nach seiner Erinnerung die Lieferung von 200 Stück Schweinefilet. K übersieht das Schreiben und schweigt.

Kann V von K Abnahme und Zahlung von 200 Stück Schweinefilet zum entsprechend höheren Preis verlangen?

Lösung:

A. Aufgrund des **mündlich geschlossenen Vertrages** hat V gegen K nur einen Anspruch auf Abnahme und Bezahlung von 200 Schweinekoteletts, § 433 II BGB.

B. Möglicherweise ist dieser Vertrag aber durch die Grundsätze über das **Schweigen auf ein kaufmännisches Bestätigungsschreiben**[400] modifiziert worden, so dass nunmehr 200 Stück Schweinefilet Kaufgegenstand sind und der entsprechend höhere Preis von K zu zahlen ist. Nach § 346 HGB ist im Hinblick auf Bedeutung und Wirkung von Handlungen und Unterlassungen auf die **im Handelsverkehr** geltenden **Gewohnheiten und Gebräuche** Rücksicht zu nehmen. Zu diesen **gewohnheitsrechtlich** anerkannten Gebräuchen[401] gehören das kaufmännische Bestätigungsschreiben sowie die rechtlichen Wirkungen, welche ein Schweigen des Adressaten nach Erhalt eines solchen Schreibens haben kann.

I. Erforderlich sind zunächst **mündliche, fernmündliche oder telegrafische Vertragsverhandlungen**[402]. Dies ist zwischen K und V der Fall gewesen.

II. Die Grundsätze über das kaufmännische Bestätigungsschreiben gelten zwischen **Kaufleuten** oder solchen Personen, die jedenfalls **wie Kaufleute am Geschäftsleben teilnehmen.**

1. V ist Kaufmann nach § 1 I HGB.
2. K ist Inhaber einer Metzgereikette, welche ohne weiteres den Gewerbebegriff erfüllt. Die Voraussetzungen des § 1 II HGB hinsichtlich Art und Umfang des Geschäftsbetriebes werden ebenfalls vorliegen, so dass auch K Kaufmann ist.

III. Von der **Üblichkeit der schriftlichen Bestätigung** ist im kaufmännischen Verkehr auszugehen.

IV. Die Bestätigung muss weiterhin in **unmittelbarem zeitlichen Zusammenhang zum Vertragsschluss** erfolgen. V hat das Bestätigungsschreiben einen Tag nach der mündlichen Vereinbarung mit K an diesen geschickt, so dass auch diese Voraussetzung erfüllt ist.

---

[400] BGH NJW 2007, S. 987 ff. (988).

[401] Vgl. K/R/M-Roth, § 346 Rn. 22 ff. m.w.N.

[402] BGH NJW-RR 2001, S. 680 f. (680); K. Schmidt, Handelsrecht, § 19 III 3.a).

V. K hat dem Schreiben **nicht unverzüglich** (vgl. § 121 BGB) **widersprochen**, so dass in diesem Schweigen grundsätzlich ein Einverständnis im Hinblick auf die Abweichung zum mündlich geschlossenen Vertrag gesehen werden kann.

VI. Es existieren allerdings **Grenzen** für die fiktive Annahme einer Zustimmung durch den Empfänger des Schreibens.

1. Eine Grenze ist die **Redlichkeit des Absenders** der Bestätigung. Eine bewusste Abweichung durch V liegt jedoch nicht vor. Er ging vielmehr selbst davon aus, dass mündlicher Vertrag und Bestätigung inhaltlich übereinstimmten.
2. Die inhaltliche **Abweichung** darf weiterhin **nicht so stark sein**, dass eine Zustimmung nicht mehr im Schweigen gesehen werden kann[403]. Dies wäre etwa der Fall, wenn der Leistungsgegenstand, wie ihn das Bestätigungsschreiben enthält, schlechterdings unbrauchbar für den Empfänger des Schreibens wäre. Dies ist im Hinblick auf Schweinefiletstücke anstelle von Koteletts bei einem Metzgereibetrieb nicht der Fall.

Damit ist durch das Schweigen des K auf das Bestätigungsschreiben des V hin der **Vertrag modifiziert** worden. Somit ist K zu Abnahme und Zahlung der Schweinefilets verpflichtet.

Fall 2: Kaufmännische Geschäftsbesorgung

Kunstsammler Sancho Panzer (S) steht seit kurzer Zeit in geschäftlichem Kontakt mit dem hauptberuflichen Kommissionär Kelvin Fahrenheit (K), der ihm bereits in zwei Fällen günstig Gemälde verschafft hat. Als S durch die Presse erfährt, dass das Museum M einige seiner Bilder zum Verkauf anbietet, schreibt er an K und bittet ihn, zwei Gemälde für ihn zu erwerben, welche von einem Teil der Experten Dalí zugeschrieben werden. K, der normalerweise keine Surrealisten kauft, ist der Meinung, bei den Gemälden handele es sich um Fälschungen. Daher unterlässt er einen Ankauf und meldet sich nicht weiter bei S. Nachdem ein anderer Sammler die Gemälde erwirbt, stellt sich heraus, dass sie tatsächlich von Dalí stammen. Ihr Wert steigt daraufhin auf das Doppelte der Kaufpreissumme, welche M verlangte.

S verlangt von K daraufhin Schadensersatz, den er aus der Differenz zwischen dem von M verlangten und dem heutigen Kaufpreis berechnet. K ist der Ansicht, dass er nicht vertraglich gegenüber S verpflichtet sei. Sollte dies jedoch der Fall sein, erklärt er hilfsweise die Anfechtung.

Hat S gegen K den geltend gemachten Anspruch?

Lösung:

S könnte gegen K einen Schadensersatzanspruch aus § 275 IV i.V.m. §§ 675, 631, 280 I, III, 283 BGB haben.

[403] Vgl. hierzu Brox/Henssler, Handelsrecht, Rn. 301; Jung, Handelsrecht, § 34 Rn. 19; BGHZ 93, 338 (343).

Für den Fall, dass zwischen K und S ein **Kommissionsverhältnis** i.S.d. §§383ff. HGB besteht, liegt ein **entgeltlicher Geschäftsbesorgungsvertrag** vor, welcher auf Herbeiführung eines Erfolges gerichtet war. Sofern K sich die Leistung hieraus schuldhaft unmöglich gemacht hat, wäre er zu Schadensersatz aus §275 IV i.V.m. §§280 I, III, 283 BGB verpflichtet.

A. Dazu müsste zunächst das oben genannte **Schuldverhältnis** zwischen K und S vereinbart worden sein.

I. Das Schreiben des S an K enthielt ein entsprechendes **Vertragsangebot**, §145 BGB.

II. Fraglich ist jedoch, ob eine **Annahme** nach §146 BGB durch K erfolgt ist.

1. Weder ausdrücklich noch schlüssig hat K eine entsprechende Erklärung abgegeben.

2. Möglicherweise ist das **Schweigen** des K wegen §362 I HGB **wie eine Willenserklärung** zu werten.

a) K ist als gewerbetreibender Kommissionär **Kaufmann** nach §1 HGB. S muss nach §345 HGB nicht unbedingt Kaufmann sein.

b) Der Betrieb des K muss die **Besorgung von Geschäften für andere** mit sich bringen. Diese Geschäftsbesorgung ist wie bei §675 BGB zu beurteilen. Geschäfte für einen anderen besorgt, wer außerhalb eines dauernden Dienstverhältnisses eine an sich dem anderen zukommende Tätigkeit rechtsgeschäftlicher oder tatsächlicher Art übernimmt.

K führt **Kommissionsaufträge** für seine Kunden aus, so dass diese Voraussetzung ebenfalls erfüllt ist.

c) Der Kaufmann muss mit dem Antragenden im Moment des Angebots **in Geschäftsbeziehung stehen**. Dabei kommt es nicht auf die bisherige Dauer an. Insofern genügt es, dass K und S seit einiger Zeit miteinander in geschäftlicher Verbindung stehen.

d) Der **Auftrag** muss sich auf **Geschäfte beziehen**, die **üblicherweise der Betrieb des Kaufmanns mit sich bringt**, also zum üblichen Geschäftskreis gehören. K beschäftigt sich an sich nicht mit dem Ankauf von Werken der Surrealisten. Sein persönlicher Interessenschwerpunkt ist indes nicht entscheidend. Es kommt vielmehr darauf an, was **üblicherweise** nach der Verkehrsanschauung zu einem **derartigen Geschäftsbetrieb** gehört. Insofern gehört zum Kommissionsgeschäft im Bereich der Kunstgegenstände generell auch der Ankauf von Gemälden, ohne Unterschied auf ihre kunsthistorische Einordnung.

e) Das Angebot des S ist von K **nicht** i.S.v. §121 BGB **unverzüglich abgelehnt** worden. Durch sein Schweigen ist damit ein Vertrag mit K über ein Kommissionsgeschäft zustande gekommen[404].

[404] **Kein Schweigen** läge vor, wenn K **irgendwie geantwortet** hätte. Die Antwort muss also nicht zwingend Annahme oder Ablehnung des Angebots darstellen, vgl. Baumbach/Hopt-Hopt, §362 Rn.5 m.w.N.

III. **Fraglich** ist, ob dieses **Schweigen anfechtbar** ist. Dies bestimmt sich nach dem **Zweck** des § 362 HGB. Der Kaufmann soll grundsätzlich nicht schlechter stehen, als wenn er das Angebot ausdrücklich angenommen hätte. Bei einem Irrtum über den **Inhalt** (§ 119 I BGB) oder bei **arglistiger Täuschung** (§ 123 BGB) ist also eine **Anfechtung möglich. Nicht möglich** ist die Anfechtung hingegen bei einem **Irrtum über die Bedeutung des Schweigens als Annahme.** Ansonsten würde der Zweck der Rechtssicherheit in § 362 I HGB ins Gegenteil verkehrt. Insoweit liegt ein unbeachtlicher **Rechtsfolge- oder Motivirrtum** vor[405]. Damit kann K also nicht die Anfechtung seines Schweigens erklären. Insofern besteht zwischen K und S ein Schuldverhältnis in Gestalt eines Kommissionsvertrags.

B. Nach dem Verkauf der Bilder ist K zur Leistung der Stückschuld, nämlich zur Verschaffung der Bilder zugunsten des S nicht mehr in der Lage. Insofern liegt ein nachträgliches **Unvermögen** des K gemäß § 275 I BGB vor.

C. Bei Beachtung der erforderlichen Sorgfalt im Kommissionsgeschäft hätte K dieses Unvermögen vermeiden können. Er handelte also **fahrlässig** gemäß § 276 I BGB.

Damit besteht der von S geltend gemachte Schadensersatzanspruch gegenüber K.

V. Hilfspersonen des Kaufmanns

§ 33 Unselbständige Hilfspersonen

Unselbständige Hilfspersonen des Kaufmanns		
Prokurist[406]: § 48 ff. HGB	**Handlungsbevollmächtigter: §§ 54, 55 HGB**	**Angestellter in Laden oder Warenlager: § 56 HGB**
Voraussetzungen: • **Kaufmännisches** Gewerbe, § 1 bzw. § 2 HGB • **Ausdrückliche** Erteilung, § 48 I HGB • Eintragung in das Handelsregister nach § 53 I HGB ist keine Wirksamkeitsvoraussetzung! • **Gesamtprokura** möglich, §§ 48 II, 53 I 2 HGB	**Voraussetzungen:** • **Kaufmännisches** Gewerbe • Vollmachterteilung nach § 167 BGB; auch schlüssig möglich • Unterscheide **General-, Art-,** und **Spezialhandlungsvollmacht** (§ 54 I HGB)	**Voraussetzungen:** • Angestellte Person • in Laden/Warenlager

[405] Vgl. Baumbach/Hopt-Hopt, § 362 Rn. 6.
[406] Vgl. auch oben § 29 Fall 2.

Prokurist[406]: §48 ff. HGB	Handlungsbevollmächtigter: §§54, 55 HGB	Angestellter in Laden oder Warenlager: §56 HGB
Folge: • Ermächtigung zu **allen Arten** von Geschäften und Rechtshandlungen, die **irgendein** Handelsbetrieb mit sich bringt, §49 I HGB • **Ausnahmen**: zur ➢ Veräußerung und Belastung von Grundstücken sowie ➢ des Betriebes („Grundlagengeschäfte"[407]) ist ausdrückliche Ermächtigung nötig	**Folge:** • Ermächtigung im Rahmen des Inhalts der Bevollmächtigung • Erstreckt sich i.Ü. auf alle Geschäfte und Rechtshandlungen, die ein **derartiges** Handelsgewerbe mit sich bringt (branchenübliche Geschäfte), §54 I HGB • **Ausnahmen**: nur bei ausdrücklicher Ermächtigung (§54 II HGB) zu ➢ Grundstücksgeschäften ➢ Wechselgeschäften ➢ Darlehnsaufnahmen ➢ Prozessführung	**Folge:** • **Vermutung** der Ermächtigung zu gewöhnlichen Verkäufen und Empfangnahmen in einem derartigem Laden oder Warenlager • ausgenommen: ➢ ungewöhnliche Geschäfte ➢ **„An"**-Käufe
Beschränkungen: • Gem. §50 I, II HGB Dritten gegenüber unwirksam. **Ausnahme**: Bei Missbrauch der Prokura: ➢ Kollusives Zusammenwirken vom Prokuristen und Drittem zum Schaden des Vertretenen (§138 BGB) ➢ Dritter kennt missbräuchliches Verhalten des Prokuristen oder musste es kennen[408]	**Beschränkungen:** • Im Rahmen der Bevollmächtigung • Nach §54 III HGB braucht gutgläubiger Dritter Beschränkungen der Handlungsvollmacht nicht gegen sich gelten lassen • Guter Glaube nicht, wenn ➢ positive Kenntnis von Beschränkung ➢ Kennenmüssen der Beschränkung	**Beschränkungen:** • Im Rahmen der Vermutungswirkung • durch deutlichen Hinweis an Dritten (z.B. Schild: „Zahlung nur an der Kasse") • Nach §54 III HGB analog braucht gutgläubiger Dritter Beschränkungen der Handlungsvollmacht nicht gegen sich gelten lassen
Schadensersatzpflicht bei Überschreitung der internen Grenzen durch Prokuristen gegenüber Geschäftsherrn z.B. aus §280 I BGB	Überschreiten der Vollmacht: §§177ff. BGB; intern §280 I BGB	Kompetenzüberschreitung: §280 I BGB
Keine Anscheins- oder Duldungsprokura, vgl. §48 I HGB (nur **ausdrückliche** Erteilung), also auch **keine** konkludente Erteilung	Anscheins- oder Duldungsvollmacht möglich	Anscheins- oder Duldungsvollmacht möglich

[407] Hierzu vgl. Jung, Handelsrecht, §25 Rn. 11; Baumbach/Hopt-Hopt, §49 Rn. 2.
[408] Letztes ist nicht unstreitig, vgl. Baumbach/ Hopt-Hopt, §50 Rn. 5, entspricht aber der HM und Rechtsprechung, vgl. BGH WM 1976, S. 632ff. (633); 1984, S. 730ff. (730).

Prokurist[406]: § 48 ff. HGB	Handlungsbevollmächtigter: §§ 54, 55 HGB	Angestellter in Laden oder Warenlager: § 56 HGB
Erlöschen z.B.: • Durch Widerruf, § 52 I HGB • Nicht durch Tod des Geschäftsinhabers, § 52 III HGB! • § 168 I BGB • Verlust der Kaufmannseigenschaft des Inhabers • Einstellung des Handelsgeschäfts	**Erlöschen:** §§ 168–173 BGB	**Erlöschen:** Da Vermutung unwiderleglich nur durch Wegfall einer Voraussetzung für die Vermutung, also z.B. durch Kündigung des Arbeitsverhältnisses

Abbildung 41: Unselbständige Hilfspersonen

Fall 1: Vertretungsmacht von Angestellten[409]

Beate Pauper-Spiritus (B) ist eine Opel-Vertragshändlerin, die mit Neu- und Gebrauchtwagen handelt. Am 19.4. unterzeichneten Korbinian Saklzement (K) und Farin Graben (F), ein Angestellter der B, ein Vertragsformular, nach dessen Inhalt der K seinen gebrauchten Pkw der Marke Opel zum Preis von 5.245,– € an die B verkaufte. Die Zahlung des Kaufpreises verweigert die B mit der Begründung, der Vertrag habe unter der Bedingung gestanden, dass K bei ihr einen Neuwagen kaufe. Weiter macht die B geltend, ihr Angestellter F sei zum Ankauf (Inzahlungnahme) eines Gebrauchtwagens nur im Falle des gleichzeitigen Verkaufs eines Neu- oder eines anderen Gebrauchtwagens an dem Kunden bevollmächtigt gewesen. Von einem anderen Auftreten des F habe B nichts gewusst.

Hat K gegen B einen Anspruch, wenn dies zutrifft?

Lösung:

K könnte gegen B einen Anspruch auf Zahlung des Kaufpreises gemäß § 433 II BGB besitzen. Dies setzt voraus, dass zwischen den Parteien ein **unbedingter Kaufvertrag** zustande gekommen ist. Dies wäre nur der Fall, wenn die abwesende B durch ihren Angestellten F wirksam nach § 164 I BGB beim Vertragsschluss **vertreten** wurde.

A. Eine **eigene Willenserklärung** hat F angesichts dessen, dass ein Kaufpreis offenbar ausgehandelt wurde, abgegeben.

B. Dies müsste **im Namen** des B geschehen sein (**Offenkundigkeitsprinzip**[410]). Ausdrücklich ist dies nicht der Fall. Jedoch wurde das Geschäft im Ladenlokal der B getätigt. Beim sog. **Handeln für den Betriebsinhaber** wird ein **betriebsbezogenes Geschäft** für denjenigen abgeschlossen, der tatsächlich Inhaber des Betriebes ist und der aus dem Geschäft berechtigt und verpflichtet werden soll.

[409] BGH NJW 1988, S. 2109 f.
[410] Dazu s.o. § 6.

C. Der Angestellte F müsste zum Abschluss eines Kaufvertrages **bevollmächtigt** gewesen sein.

I. Eine **ausdrückliche Vollmacht** i.S.v. § 167 BGB liegt **nicht** vor.

II. Die Vollmacht könnte aber aus § 56 HGB folgen. Wer in einem Laden oder in einem offenen Warenlager angestellt ist, gilt nach § 56 HGB zu Verkäufen und Empfangnahmen **als ermächtigt**, die in einem derartigen Laden oder Warenlager gewöhnlich geschehen. **Fraglich** ist jedoch, ob der hier in Rede stehende **Ankauf** des PKW ebenfalls hierunter fällt.

1. Nach dem **Wortlaut** des § 56 HGB sind lediglich **Verkäufe** und nicht auch Ankäufe erfasst. Anders als in anderen gesetzlichen Bestimmungen wie z.B. § 376 III und IV HGB oder § 383 HGB sind nicht die umfassenderen Begriffe „Kauf" und „Verkauf" oder die der Anschaffung und Weiterveräußerung von Waren wie in § 93 I HGB verwendet worden.

2. Bei der **Auslegung** des § 56 HGB ist die Norm mit dem Regelungsumfang anderer handelsrechtlicher Vollmachten zu **vergleichen**. Die **Prokura** ermächtigt gemäß § 49 I HGB grundsätzlich zu allen Geschäften und Rechtshandlungen, die der Betrieb **irgendeines** Handelsgewerbes mit sich bringt. Die **Handlungsvollmacht** erfasst nach § 54 I HGB je nach ihrer Erteilung als General-, Art- und Spezialvollmacht alle Geschäfte, bestimmte Arten von Geschäften oder lediglich einzelne Geschäfte, die der Geschäftsbetrieb gewöhnlich mit sich bringt. Dagegen begründet § 56 HGB eine **gesetzliche Vermutung** für eine Vollmacht des Ladenangestellten nur hinsichtlich Verkäufen und Empfangnahmen. Sie ist also auch insofern von **wesentlich geringerem Umfang** als die vorgenannten Vollmachten.

3. **Fraglich** ist, ob § 56 HGB **analog** auf Ankäufe angewandt werden kann. Die analoge Anwendung einer Norm setzt zunächst eine vom Gesetzgeber nicht geplante **Lücke im Gesetz** voraus, die wegen der weitgehenden **Interessengleichheit von geregeltem und ungeregeltem Fall** durch entsprechende Anwendung der vorhandenen gesetzlichen Regelung geschlossen werden kann[411]. Gegen eine solche Lücke spricht, dass das Gesetz in den §§ 48 ff. HGB und in § 56 HGB sehr detaillierte Regelungen bezüglich Arten und Umfang möglicher Vollmachten enthält. Dies legt es nahe, dass der Wille des Gesetzgebers dahin geht, dass Ladenangestellte zu Ankäufen nicht als bevollmächtigt gelten.

III. Für Angestellte in Läden und Warenlagern kommt – anders als bei der Prokura, welche gemäß § 48 I HGB ausdrücklich zu erteilen ist – eine **Anscheins- oder Duldungsvollmacht** in Betracht[412]. Beide Formen setzen jedoch neben einem Auftreten eines tatsächlich nicht bevollmächtigten Dritten als Vertreter voraus, dass entweder dem Geschäftsherrn dieses Verhalten bekannt war und er es hinnahm (**Duldungsvollmacht**) oder dass

[411] Zur Analogie vgl. oben Abbildung 6.
[412] K/R/M-Roth, § 56 Rn. 12.

er es fahrlässig nicht kannte, aber kennen konnte (**Anscheinsvollmacht**)[413]. Dies ist hier nicht der Fall: B wusste nichts von dem Verhalten des F.

Also besaß F keinerlei Vollmacht, so dass kein Vertrag zwischen K und B zustande gekommen ist.

Damit besitzt K keinen Anspruch aus § 433 II BGB gegen B.

Fall 2: Prokura und Widerruf[414]

Kristof Daun (K) tritt in die Dienste der Betten-Prokrustes-GmbH (B), und zwar als Prokurist für das Ressort Organisation/Bereich Planung. Am 25.3. schreibt ihm B, dass sie mit Wirkung zum 1.4. die Prokura widerrufe. Sie hoffe, dass er in Zukunft seine Arbeitsleistung wieder deutlich steigern könne, um in qualifizierte Aufgaben hineinzuwachsen. Am 7.9. wird das Erlöschen der Prokura im Handelsregister eingetragen. Mit seiner Klage vor dem Arbeitsgericht begehrt K die Feststellung, dass durch die Erklärungen der B im Schreiben vom 25.3. das Arbeitsverhältnis nicht geändert worden und dass die B verpflichtet sei, ihn weiterhin als Prokuristen zu beschäftigen, und zwar mit Aufgaben, welche „üblicherweise dem Sozialbild eines Prokuristen entsprechen".

Hat die zulässige Klage Erfolg?

Lösung:

A. **Fraglich** ist zunächst, ob der **Widerruf** der Prokura **rechtmäßig** war.

I. Gemäß § 52 I HGB ist die Prokura ohne Rücksicht auf das der Erteilung zugrundeliegende Rechtsverhältnis **jederzeit widerruflich**, unbeschadet des Rechts auf vertragsmäßige Leistung. Der Prokurist kann seinen Arbeitgeber umfassend vertreten und verpflichten, ohne dass dieser die Vertretungsmacht nach § 50 I HGB gegenüber Dritten beschränken könnte. Dies wird dadurch ausgeglichen, dass die Prokura **jederzeit** ohne Rücksicht auf das Grundverhältnis **widerrufbar** ist.

II. Möglicherweise **verstößt** der Widerruf jedoch gegen den **Arbeitsvertrag**.

Durch den Widerruf der Prokura bleibt indes gemäß § 52 I HGB die **vertrags-rechtliche Stellung unberührt**. Anders als bei § 168 BGB besteht zwischen Vollmacht und zugrundeliegendem Rechtsverhältnis also **keine Abhängigkeit**. Nach dem Wortlaut der Norm bleibt lediglich der Anspruch auf vertragsmäßige Vergütung erhalten[415].

Damit verstieß der Widerruf der Prokura nicht gegen den Arbeitsvertrag.

III. § 52 I HGB könnte jedoch gegen die **Verfassung** verstoßen, wenn der Arbeitnehmer in seiner **freien Berufsausübung** (Art. 12 I GG) und seiner **Eigentumsgarantie** (Art. 14 I GG) beeinträchtigt wäre. Durch den Widerruf der Prokura wird dem K lediglich die Vertretungsbefugnis entzogen, während alle seine im Vertrag begründeten Rechte aus dem Schuldverhältnis – wie

[413] Zu beiden Vollmachtsformen vgl. Jauernig/Jauernig, § 167 Rnrn. 8 und 9 m.w.N. sowie oben § 6.

[414] BAG DB 1987, S. 51 f.

[415] Baumbach/Hopt-Hopt, § 52 Rn. 1; BAG DB 1987, S. 51 f. (51).

gesehen – erhalten bleiben. Ein Eingriff in Eigentum oder eigentumsgleiche Rechte liegt damit nicht vor. Die Berufsausübung als Prokurist ist von Anfang an mit der jederzeitigen Widerrufsmöglichkeit verbunden, so dass auch kein Eingriff in die Berufsfreiheit vorliegt[416].

Damit war der Widerruf der Prokura insgesamt rechtmäßig.

B. Fraglich ist, ob der K einen **Anspruch auf Wiedererteilung** der Prokura gegen B hat.

I. Aus dem arbeitsrechtlichen Vertrag zwischen K und B kann ein solcher Anspruch nicht folgen; wie gesehen sind Arbeitsverhältnis und Prokurawiderruf voneinander **unabhängig**.

II. Sollte B entgegen einer Zusage im Arbeitsvertrag die Prokura entzogen haben, käme u.U. ein **Schadensersatzanspruch** aus § 628 II BGB oder § 280 I BGB in Betracht. Aber auch ein solcher auf Schadensersatz gerichteter Anspruch kann nur den Ausgleich erlittener Vermögenseinbußen zum Ziel haben und nicht auf Wiedererteilung der Prokura gerichtet sein.

C. Fraglich ist, ob K verlangen kann, im **Aufgabenbereich eines Prokuristen beschäftigt** zu werden.

Grundsätzlich handelt es sich bei der Zuweisung von Arbeit um eine Ausübung der sog. **Direktionsbefugnis des Arbeitgebers**, die nur beschränkt einer rechtlichen Beurteilung zugänglich ist. Allerdings muss die Ausübung dieser Befugnis **analog** § 315 BGB der **Billigkeit entsprechen**, was nach § 315 III BGB **gerichtlich überprüfbar** ist[417]. Allerdings ist eine sozialtypische Tätigkeit eines Prokuristen als **Berufsbild** nicht festzustellen, wie sich schon aus der Vielfalt der dem Prokuristen tatsächlich und rechtlich möglichen Handlungen ergibt. Eine Direktionsüberschreitung der B durch Zuweisung einer nicht adäquaten Tätigkeit liegt also nicht vor.

Damit hat die Klage keinen Erfolg.

Zwar ist der **Umfang** der Prokura gem. § 50 I HGB Dritten gegenüber nicht beschränkbar. Der Kaufmann kann aber im Wege der **Gesamtprokuraerteilung** nach §§ 48 II, 53 I 2 HGB personelle Beschränkungen vornehmen, ähnlich wie bei der OHG über § 125 und III HGB.

Man **unterscheidet**:[418]

- **Echte Gesamtprokura**: mehrere Prokuristen sind immer nur gemeinschaftlich zur Vertretung befugt. Bei der Entgegennahme von Willenserklärungen nach § 164 III BGB soll allerdings Einzelvertretung analog § 125 II 3, II 2 HGB möglich sein[419].
- **Halbseitige Gesamtprokura**: von mehreren Prokuristen ist zumindest einer allein vertretungsbefugt, während i.Ü. Gesamtprokura besteht.

---

416 BAG DB 1987, S. 51 f. (51).
417 Hierzu vgl. BAG NJW 1986, S. 85 f. (86).
418 K/R/M-Roth, § 48 Rn. 13 ff.; Baumbach/Hopt-Hopt § 48 Rn. 6 m.w.N
419 Baumbach/Hopt-Hopt, § 48 Rn. 5.

- **Unechte** oder **gemischte Gesamtprokura**: die Gesamtvertretungsbefugnis des Prokuristen besteht im Zusammenwirken mit einer Peron, die aus anderem Grund vertretungsberechtigt ist, z.B. als Gesellschafter einer OHG nach § 123 HGB (vgl. § 123 III HGB) oder Vorstand einer AG (vgl. § 78 III AktG). Hierbei ist allerdings zu beachten, dass die Geschicke der Gesellschaft nicht allein vom Willen eines Prokuristen abhängen dürfen. Hier ist der Grundsatz der **Selbstorganschaft** zu beachten[420]. Insofern muss immer auch eine Entscheidung und Vertretung ohne den Prokuristen möglich sein, den man ansonsten auch entgegen § 52 HGHB sonst ohne sein Einverständnis nicht die Prokura entziehen könnte.
- **Str.** ist, ob zwischen **Kaufmann und Prokurist** eine Gesamtvertretung möglich ist[421].

Fall 3: Gesamtprokura

Der als Buchgrossist eingetragene und auf theologische Werke spezialisierte Kaufmann Blasius Ölig (B) erteilt seinen Angestellten Philomena Pauper-Spiritus (P) und Rainer Wahn (R) ausdrücklich dergestalt Prokura, dass zwar die P allein zur Vertretung befugt ist, hingegen R nur in Gemeinschaft mit P. Eine Eintragung erfolgt als „Gesamtprokura" von P und R. In der Folgezeit nimmt es R mit der Gesamtvertretung nicht so genau und tätigt Geschäfte für B, ohne die P davon zu informieren. Als der Eros-Verlag (E), der vor allem erotische Literatur herausbringt und mit dem R „p.p." im Namen des B einen Kaufvertrag geschlossen hat, auf Abnahme und Zahlung besteht, weigert sich B.

Kann E von B Zahlung verlangen?

Lösung:

E könnte gegen B einen Anspruch auf Zahlung aus § 433 II BGB haben.

Dies setzt einen wirksamen **Kaufvertrag** zwischen B und E voraus. Insofern fragt sich, ob B wirksam gem. § 164 I BGB durch R **vertreten** wurde.

A. Eine **eigene** Willenserklärung hat R, der den Vertrag mit E selbst aushandelte, abgegeben.

B. Dies geschah auch im Namen des R **„per procura"** (§ 51 HGB).

C. Fraglich ist die **Vertretungsmacht** des R. Gegenständlich ist die Prokura nach außen nicht beschränkbar, wie aus § 50 I HGB folgt. Auch reicht ein Zusammenhang des Geschäfts mit irgendeinem Handelsgewerbe nach § 49 I HGB, so dass der Vertragsgegenstand hier nicht entscheidend ist. Allerdings kann die Prokura personell beschränkt werden.

   I. R wurde **ausdrücklich**[422] zusammen mit P Gesamtprokura i.S.v. § 48 II GHB erteilt. Allerdings liegt keine echte Gesamtprokura, sondern eine

---

[420] Baumbach/Hopt-Hopt, § 48 Rn. 7.

[421] Mit dem Argument, der Kaufmann könne nicht sein eigener Vertreter sein ablehnend z.B. BayObLG NJW 1999, S. 1161 f. (1162); Baumbach/Hopt-Hopt § 48 Rn. 7. Dafür etwa Bärwaldt/Hadding, NJW 1998, S. 1103 ff.

[422] Auch die Beschränkung der Prokura muss ausdrücklich erfolgen, K/R/M-Roth, § 48 Rn. 14.

halbseitige Gesamtprokura vor. P durfte allein für B auftreten, R hingegen nur in Gemeinschaft mit P.

II. Prokura und auch Gesamtprokura sind zwar gem. § 53 I HGB **eintragungspflichtige** Tatsachen; jedoch wirkt die Eintragung nur **deklaratorisch**. Auch die Bezeichnung als „Gesamtprokura" ohne Einschränkung im Handelsregister ist insoweit unschädlich.

Damit besaß R **tatsächlich** keine alleinige Vertretungsmacht.

III. Bei **fehlender Eintragung** einer Gesamtprokura entgegen § 53 I 2 HGB besteht zwar die Möglichkeit, dass ein gutgläubiger Dritter gem. § 15 I HGB von Einzelprokura ausgehen und sich auf **negative Publizität** des Handelsregisters berufen kann[423]. Hier indes ist eine „Gesamtprokura" eingetragen worden, so dass E nicht von Alleinvertretungsmacht des R ausgehen durfte.

Damit hat R nicht wirksam nach § 164 I BGB den B vertreten. Mangels Vertrages zwischen B und E besteht kein Zahlungsanspruch des E gegen B.

§ 34
Selbständige Hilfspersonen

Selbständige Hilfspersonen		
Handelsvertreter, §§ 84 ff. HGB	**Handelsmakler, §§ 93 ff. HGB**	**Kommissionär, §§ 383 ff. HGB**
Voraussetzungen: • gewerbliche Tätigkeit • ständig betraut • Vermittlung oder Abschluss von Verträgen • für einen anderen Unternehmer	**Voraussetzungen:** • gewerbliche Tätigkeit • gelegentlich • Vermittlung von Verträgen • für einen anderen, egal ob Unternehmer • über bestimmte Gegenstände (Waren oder Wertpapiere), vgl. § 93 II HGB	**Voraussetzungen:** • gewerbsmäßige Tätigkeit • Kauf oder Verkauf von Waren oder Wertpapiere • für Rechnung eines anderen, egal ob Unternehmer • im eigenen Namen • auch nur gelegentlich, § 406 I 2 HGB • auch, wenn andere Gegenstände, § 406 I 1 HGB
Abschlussvertreter hat Handlungsvollmacht, vgl. §§ 55, 54 HGB	§§ 652 ff. BGB gelten ergänzend. Jedoch neutrale Stellung des Maklers, §§ 98, 99 HGB, im Gegensatz zum Makler nach BGB	
Provision: §§ 86 b ff. HGB	Provision: § 99 HGB	Provision: §§ 396 ff. HGB

Abbildung 42: Selbständige Hilfspersonen

[423] K/R/M-Roth, § 48 Rn. 14. Zur neg. Publizität vgl. oben, § 29.

Fall 1: Handlungsvollmacht und Duldungs- bzw. Anscheinsvollmacht[424]

Die B-GmbH, ein Wirtschaftsberatungs- und Finanzbetreuungsunternehmen, schließt im Außenbereich Geschäfte mit Kunden unter Einschaltung selbständiger Handelsvertreter ab. Diese führen Bezeichnungen wie Geschäftsstellenleiter, Direktionsmanager, Direktoren. Sie sind berechtigt, das Firmenzeichen der B in Briefbögen und an den Geschäftsstellengebäuden zu benutzen und die Geschäftsräume nach außen als Geschäftsstelle der B zu bezeichnen. Die Verträge dürfen sich nur auf solche Produkte beziehen, welche B den Mitarbeitern in einem detaillierten Produktplan bezeichnet.

X betreibt als Direktionsmanager eine Geschäftsstelle. Dabei ist es ihm seitens der B gestattet worden, privat Nebengeschäfte an Kunden zu vermitteln, wobei er jedoch deutlich machen muss, dass diese Geschäfte nicht im Zusammenhang mit seiner Tätigkeit für B stehen. In der Folgezeit vermittelt X Geschäfte, welche nicht zum Produktangebot der B gehören, unter Verwendung der Briefköpfe der B und in ihrem Namen. Diesbezüglich mahnt ihn B mehrfach und über einen längeren Zeitraum hinweg ab. Obwohl er eine Unterlassungserklärung unterschreibt, schließt X erneut unter Verwendung des Firmenbriefkopfes der B in den Geschäftsstellenräumen ein Beteiligungsgeschäft mit dem Kunden K, welches nicht Teil des Produktplans der B ist. K zahlt hierfür 50.000,– € auf ein Treuhandkonto des X, der das Geld veruntreut und seither spurlos verschwunden ist.

Kann K von B Rückerstattung der 50.000,– € aus vertraglichen Gesichtspunkten verlangen?

Lösung:

K könnte gegen B einen Anspruch auf Erstattung der an X gezahlten Summe aus § 280 I BGB i.V.m. § 675 BGB haben.

A. Hierzu ist zunächst ein **Schuldverhältnis** in Gestalt eines Geschäftsbesorgungsvertrages gemäß § 675 BGB zwischen K und B erforderlich. K und B haben nicht selbst eine entsprechende Einigung erzielt. Die Einigung zwischen K und X würde jedoch K vertraglich verpflichten, wenn **X wirksam als Stellvertreter** der K nach § 164 I BGB aufgetreten ist.

  I. X hat eine **eigene**, selbst formulierte **Willenserklärung** im Rahmen der Einigung mit K abgegeben.

  II. Selbst wenn X **nicht ausdrücklich im Namen** der K aufgetreten ist, folgt jedoch aus dem **Umstand**, dass er Firmenbriefköpfe der K verwendet hat und die Einigung in der Geschäftsstelle erzielt wurde ein Auftreten im Namen der K, § 164 I 2 BGB.

  III. X müsste mit **Vertretungsmacht** gehandelt haben.

    1. Als **selbständiger Handelsvertreter** i.S.v. § 84 I HGB besaß X nach §§ 55, 54 HGB **Handlungsvollmacht**. Dabei war er aber im Hinblick auf Geschäfte für B auf Leistungen nach dem Produktplan beschränkt. Auch wenn § 54 I HGB für die Handlungsvollmacht von einer Berechtigung zu branchenüblichen, „derartigen" Geschäften ausgeht, kann der **Geschäfts-**

[424] BGH NJW 1998, S. 1854 ff.

herr den **Umfang der Vollmacht** – anders als bei der Prokura – **selbst bestimmen**[425], wie auch aus dem Wortlaut von § 54 I HGB folgt, der **General-, Art-, und Spezialhandlungsvollmacht** unterscheidet. **Privatgeschäfte** des X durfte dieser i.Ü. gemäß der Genehmigung **nicht** im Namen der B abschließen. Also handelte X tatsächlich ohne ausdrückliche Vollmacht der B.

2. In Betracht kommt eine **Duldungsvollmacht.** Diese ist im Gegensatz zur Prokura, die gemäß § 48 I HGB nur ausdrücklich erteilt werden kann, im Bereich der Handlungsvollmacht möglich. Zwar ist X hier wie ein Vertreter der B aufgetreten. Diese hat das Verhalten des X in der Vergangenheit aber **nicht unwidersprochen** gelassen, sondern den X abgemahnt und ihn eine Unterlassungsverpflichtung unterschreiben lassen. Eine Duldungsvollmacht besteht daher nicht.

3. Möglicherweise liegt eine **Anscheinsvollmacht**[426] vor. Eine solche ist gegeben, wenn der Vertretene das Handeln des angeblichen Vertreters nicht kennt, es aber bei Anwendung **pflichtgemäßer Sorgfalt hätte kennen** und **verhindern können** und für den Geschäftsgegner daher der **Anschein entstand,** der **Geschäftsherr billige das Handeln** des vermeintlichen Vertreters. Das den Rechtsschein erzeugende Verhalten muss dabei von einer gewissen **Häufigkeit** und **Dauer** sein.

   Hier ist zu berücksichtigen, dass X über einen längeren Zeitraum hinweg derartige Geschäfte im Namen der B tätigte, welche nicht von seiner Handlungsvollmacht abgedeckt waren. Dieses Verhalten war der B zwar bekannt, wie die Abmahnungen zeigen. Vom konkreten Geschäft mit K wusste B allerdings zunächst nichts. Aufgrund der **Häufigkeit** ist aber nach außen hin der **Anschein einer Bevollmächtigung** entstanden, den B bei Anwendung **pflichtgemäßer Sorgfalt** hätte verhindern können. Insoweit wäre an eine Auflösung der Geschäftsbeziehungen zu X zu denken gewesen.

   Damit liegt eine Anscheinsvollmacht vor. B wurde durch den Geschäftsabschluss des X gegenüber K vertraglich verpflichtet. Ein Schuldverhältnis in Gestalt eines Geschäftsbesorgungsvertrages liegt mithin zwischen K und B vor.

B. Die **Pflichtverletzung** liegt in der Veruntreuung der Summe, welche dem X von K für einen Beteiligungserwerb anvertraut worden war.

C. Das **vorsätzliche** Handeln des X ist der B nach § 278 BGB zuzurechnen. Sie schaltete X wissentlich und willentlich zur Erfüllung ihrer Pflichten gegenüber Kunden ein, so dass X als **Erfüllungsgehilfe** der B fungierte.

   Damit liegen die Voraussetzungen des § 280 I BGB vor. Der geltend gemachte Schaden ist K von der B zu ersetzen.

---

[425] K/R/M-Roth, § 54 Rn. 8 und 13.

[426] Vgl. dazu oben § 6 Abwandlung zu Fall 5.

Anmerkung:

Nicht gefragt war nach einer **deliktischen Haftung** der B für das Verhalten des X. Dieser hat eine **Unterschlagung** nach § 246 StGB begangen, für die er selbst nach § 823 II BGB schadensersatzpflichtig ist. Über § 31 BGB kommt insoweit auch eine Haftung der B in Betracht. Zwar ist X **kein Organvertreter** der B. Die Rechtsprechung wendet § 31 BGB jedoch auch auf **eigenständige Vertretungsrepräsentanten** juristischer Personen an, die nicht eine Organstellung inne haben[427]. Darüber hinaus käme auch eine Haftung aus eigenem **Organisationsverschulden** der B nach § 31 BGB in Betracht.

Bei Handelsvertretern wird darüber hinaus auch § 831 BGB von der Rechtsprechung angewendet, sofern der an sich selbständige Gewerbetreibende **ähnlich** stark **weisungsgebunden** ist wie ein Verrichtungsgehilfe.

Weitere **Sozialschutzvorschriften**[428]:

- §§ 89, 89a HGB, **Kündigungsvorschriften**
- § 89b HGB, **Ausgleichsanspruch** (eine Gegenleistung für die Vorteile, die der Unternehmer durch die Tätigkeit des Handelsvertreters erlangt hat und nach der Vertragsbeendigung ohne weitere Provisionsverpflichtungen nutzen kann[429])
- § 92a HGB, **Mindestarbeitsbedingungen**

Rechtsverhältnisse des Kommissionärs

A. Kommissionsvertrag mit dem Kommittenten:

- **Geschäftsbesorgungsvertrag** i.S.v. § 675 BGB
- **Rechte** des Kommissionärs hieraus:
  - ➢ Provisionsanspruch gemäß § 396 I HGB
  - ➢ Aufwendungsersatzanspruch gemäß § 396 II HGB i.V.m. §§ 670, 675 BGB
  - ➢ Gesetzliches Pfandrecht an Kommissionsgut, soweit noch im Besitz des Kommissionärs, § 397 HGB
- **Pflichten** des Kommissionärs hieraus:
  - ➢ Herausgabe des Erlangten, § 384 II HGB
  - ➢ Benachrichtigungs- und Rechenschaftspflicht, § 384 II HGB
  - ➢ Beachtung von Weisungen des Kommittenten, § 385 HGB, sonst nach § 385 I HGB u.U. Schadensersatzpflicht
  - ➢ Treuepflichten allgemein aus §§ 385 ff. HGB

---

[427] Palandt/Heinrichs, § 31 Rn. 6.
[428] Zur Frage der Anwendbarkeit etwa auf Franchisenehmer oder Kommissionsagent vgl. Baumbach/Hopt-Hopt, § 84 Rn. 18 und 19 m.w.N.
[429] BGH NJW-RR 1991, S. 156 ff. (157); Baumbach/Hopt-Hopt, 89b Rn. 2.

B. Vertrag aus Ausführungsgeschäft mit einem Dritten:

- Vertragliche Beziehungen **ausschließlich** zwischen Drittem und Kommissionär
- **Kommittent** kann Anspruch gegen Dritten **erst nach Abtretung** (§§ 398 ff. BGB) geltend machen, § 392 I HGB
- **Intern** gilt Forderung jedoch als **Forderungen des Kommittenten**, § 392 II HGB:
  - ➢ im Verhältnis von Kommissionär und Kommittent
  - ➢ gegenüber Gläubigern des Kommissionärs (keine Pfändung durch oder Abtretung an Gläubiger des Kommissionärs)

Fall 2: Kommission und Anspruch aus dem Ausführungsgeschäft

Kevin-Horst Lafontaine (K) betreibt ein größeres Schmuckgeschäft. Für seinen guten Kunden Xaver Nahdu (X) übernimmt er es, eine Perlenkette in eigenem Namen zu verkaufen. Yves Pachulke (Y) erwirbt sie später von K gegen Zahlung des Kaufpreises. Als K in Geldschwierigkeiten kommt, verwendet er das von Y erhaltene Geld, um eigene Schulden bei seinem Gläubiger Golo Pogo (G) zu begleichen. Nachdem er den Sachverhalt erfährt, verlangt X von Y erneut Zahlung des Kaufpreises. X überlegt außerdem, ob er für den Fall, dass er nichts von Y verlangen kann, gegen K oder G vorgehen könnte.

Abwandlung: Abtretung an Gläubiger des Kommissionärs

Wie verhält es sich, wenn K nicht erhaltenes Geld an seinen Gläubiger G zahlte, sondern dem G die Forderung gegen Y abgetreten hätte?

Lösung:

A. Anspruch X gegen Y auf Zahlung des Kaufpreises aus § 433 II BGB

X könnte gegen Y einen Anspruch auf Zahlung des **Kaufpreises** besitzen.

I. Dies setzt einen **Kaufvertrag** zwischen X und Y voraus. X selbst ist nicht aufgetreten, so dass allenfalls im Wege einer wirksamen **Stellvertretung** durch K nach § 164 I BGB Vertragspartner des Y geworden sein könnte.

1. K hat gegenüber Y eine **eigene Willenserklärung** abgegeben.
2. Dies müsste **im fremden Namen** geschehen sein. Das wäre **nicht** der Fall, wenn K als **Kommissionär** gehandelt hätte, der nach außen hin **im eigenen Namen** auftritt.

   K ist nicht gemäß § 383 HGB gewerbsmäßig damit beschäftigt, Waren oder Wertpapiere für Rechnung eines anderen im eigenen Namen zu kaufen oder zu verkaufen. Er ist **nicht Kommissionär**, sondern Kaufmann mit Umsatzgeschäft. Allerdings findet nach § 406 I 2 HGB Kommissionsrecht auch auf den Kaufmann Anwendung, der nur **gelegentlich** ein Kommissionsgeschäft abschließt, also auch auf K. Dieser trat also im eigenen Namen als Kommissionär gemäß § 406 I 2 HGB auf. X als **Kommittent** tritt nicht nach außen hin in Erscheinung, auch wenn ihn als Eigentümer der Perlenkette die wirtschaftlichen Folgen des Geschäfts treffen sollen. Also hat K **nicht als Stellvertreter** für X einen Vertrag mit Y abgeschlossen. Ein Zahlungsanspruch aus einem Vertrag X/Y besteht somit nicht.

II. Dem gemäß bestimmt § 392 I HGB, dass der **Kommittent Forderungen** aus einem Geschäft, das der Kommissionär abgeschlossen hat, dem Schuldner gegenüber **erst nach einer Abtretung** geltend machen kann. Eine solche Abtretung zwischen K und X nach § 398 BGB ist **hier nicht** erfolgt.

Damit hat X insgesamt **keinen Zahlungsanspruch** gegenüber Y aus § 433 II BGB.

B. Anspruch X gegen K auf Herausgabe des Geldes

I. Aus § 384 II HGB

1. Gemäß § 384 II HGB hat K an X das **aus der Geschäftsbesorgung Erlangte**, also den Erlös, herauszugeben, so dass der Anspruch **entstanden** ist.

2. Der Anspruch wäre nach § 275 I BGB **untergegangen**, wenn dem K die **Herausgabe unmöglich** wäre. Hier ist indes zu berücksichtigen, dass es sich um eine **Geldschuld** des K gegenüber X handelt[430]. Das bedeutet, dass K von seiner Leistungspflicht nicht dadurch frei wird, dass er das Geld ausgibt. Der Anspruch X gegen K **besteht** also weiterhin.

II. Aus § 667 BGB i.V.m. § 675 BGB

Der **Kommissionsvertrag** stellt zugleich einen **Geschäftsbesorgungsvertrag** i.S.v. § 675 BGB dar. Hieraus hat X gegen K ebenfalls den Anspruch auf **Herausgabe des Erlangten** nach § 667 BGB, auf den § 675 BGB verweist.

C. Anspruch X gegen G aus § 812 I 1, 2. Alt. BGB[431]

Mangels vertraglicher Beziehungen zwischen X und G kommt ein **bereicherungsrechtlicher Anspruch** auf Herausgabe des Erlangten in Betracht.

I. Zumindest **Besitz** an dem Geld hat G erlangt.

II. Dies könnte durch **Eingriff** in ein **fremdes Recht mit Zuweisungsgehalt** geschehen sein. In Betracht kommt, dass gegenüber dem G der K nach § 392 II HGB **Berechtigter** des Geldes war. Unter § 392 II HGB fällt jedoch nur die **Forderung** aus dem Geschäft, welches der Kommissionär für den Kommittenten im eigenen Namen abgeschlossen hat. Das aus diesem **Ausführungsgeschäft erhaltene** sog. **Surrogat**, insbesondere der aufgrund des Ausführungsgeschäftes bereits erlangte Kaufpreis, fällt **nicht** hierunter[432]. Die Zahlung des K an G war also auch im Verhältnis zu X wirksam. Dieser kann sich nicht darauf berufen, durch die Zahlung des K an G sei

---

[430] BGHZ 83, 293 (300). „Geld hat man zu haben" lautet ein Merksatz in diesem Zusammenhang.

[431] Dazu oben § 19 Fall 2.

[432] Jung, Handelsrecht, § 41 Rn. 13; BGHZ 79, 89 (94). A.A. ab der 31. Auflage aus Gründen des Kommittentenschutzes Baumbach/Hopt-Hopt, § 392 Rn. 7 m.w.N.: eine analoge Anwendung von § 392 II HGB auf Surrogate wie den Kaufpreis sei geboten. Ebenso K/R/M-Roth, § 392 Rn. 5.

ohne rechtlichen Grund in eines seiner Rechte eingegriffen worden, so dass § 812 I 1, 2. Alt. BGB gegenüber G ausscheidet.

X hat **keinen** Anspruch gegen G.

Lösung der Abwandlung:

A. Anspruch X gegen Y auf Zahlung aus § 433 II BGB

Im Verhältnis zwischen X und Y hat sich in der Abwandlung des Falles nichts geändert. X hat gegen Y **keinen Anspruch** aus § 433 II BGB.

B. Anspruch X gegen K auf Abtretung der Kaufpreisforderung gegen Y

I. Aus § 384 II HGB

1. Durch **Abschluss** des Kommissionsvertrages K/X und des Ausführungsgeschäftes K/Y ist dieser Anspruch **entstanden**.
2. Der Anspruch könnte nach der Abtretung der Forderung an G nach § 398 BGB gemäß § 275 BGB wegen Unmöglichkeit **untergegangen** sein. Dies setzt jedoch voraus, dass die **Abtretung** des K an G **wirksam** war. Der Wirksamkeit der Abtretung im Verhältnis zu X steht indes § 392 II HGB entgegen. Nach dieser Vorschrift **gelten Forderungen,** auch wenn sie noch nicht vom Kommissionär an den Kommittenten abgetreten wurden, gegenüber **Gläubigern des Kommissionärs als Forderungen des Kommittenten.** Eine Abtretung durch den Kommissionär K an dessen Gläubiger G ist damit nach § 392 II HGB **unwirksam**[433]. Also ist K weiterhin zur Abtretung der Forderung an X in der Lage, es liegt keine Unmöglichkeit vor.

Mithin hat X gegen K den Anspruch auf Abtretung aus § 384 II HGB.

II. Aus § 675 i.V.m. § 667 BGB

Der Anspruch besteht **ebenfalls** aus den genannten Normen (s.o.).

C. Anspruch X gegen G

Im Gegensatz zum Ausgangsfall hat G im Verhältnis zu X **nichts erlangt**; die Abtretung war unwirksam. Ansprüche X gegen G scheiden daher aus.

---

[433] RGZ 148, 190 (191); Baumbach/Hopt-Hopt, § 392 Rn. 10.

§35 Transport- und Lagergeschäfte

Transport- und Lagergeschäfte		
Frachtgeschäft §§497ff. HGB[434]	**Speditionsgeschäft, §§453ff. HGB**	**Lagergeschäft, §§467ff. HGB**
• **Frachtführer** Kaufmann, §407 III HGB • Form des **Werkvertrags** gemäß §631 BGB, gewerbsmäßige Beförderung (vgl. §407 III Nr.2 HGB) von Gütern durch den. Frachtführer • Absender und Empfänger nicht personenidentisch: Vertrag zugunsten eines Dritten, eigene Rechte des **Empfänger** Frachtführer (§§421ff. HGB) • **Frachtbrief** (§407 HGB) besitzt nach §409 HGB Beweiskraft für die dort genannten Umstände • **Zahlungsanspruch** nach §407 II HGB i.V.m. §631 BGB gegen den **Absender** des Gutes. Nach §421 HGB II **haftet der Empfänger**, gemäß §421 IV HGB **neben** dem Absender • Gesetzliches **Pfandrecht** nach §441 HGB zugunsten des Frachtführers; **Besonderheiten** (vgl. etwa §§441, 442, 443 HGB). • **Schadensersatzanspruch** des Absenders, den gem. §421 I 2 HGB. auch der Empfänger geltend machen kann • Haftung für **Hilfspersonen** nach §428 HGB	• Gesetzliches **Pfandrecht** aus §475b HGB • **Spediteur** Kaufmann, §453 III HGB • Spediteur **organisiert** Transport (vgl. §§453 I und III, 454 I HGB). **Geschäftsbesorgungsvertrag** i.S.v. §675 BGB • **Zahlungsanspruch** nach §453 II HGB i.V.m. §354 I HGB • Gesetzliches **Pfandrecht** nach §464 i.V.m. §441 HGB zugunsten des Spediteurs • **Schadensersatzanspruch** gem. §461 I HGB • Haftung für **Hilfspersonen** nach §462 HGB	• **Lagerhalter** Kaufmann, §467 III HGB • Bes. Form des **Verwahrungsvertrages** (§§688ff. BGB) • **Lagerschein** (§§475c ff. HGB) mit **Beweiskraft** • **Zahlungsanspruch** nach §467 II HGB • Gesetzliches **Pfandrecht** aus §475b HGB • **Schadensersatzanspruch** gem. §475 HGB

Abbildung 43: Transport und Lagergeschäfte

[434] Zu den Transport- und Lagergeschäften vgl. Canaris, Handelsrecht, §31; Führich, Rnrn. 636–646; Jung, Handelsrecht, §43–46.

Fall 1: Haftung von Frachtführer und Spediteur

Spediteur Axel Schweiß (A) erhält den Auftrag, einen Transport für die Galeristin für Elke Pone (E) zu organisieren. Zu diesem Zweck beauftragt er im eigenen Namen den Frachtführer Theo Dorant (T). Dieser ist – wie dem A bekannt – eigentlich auf den Transport von Altmetall und Baumaterial spezialisiert, sagt aber trotzdem zu, wertvolle Plastiken der E zu befördern. Durch unsachgemäßes Festzurren auf dem LKW werden die Plastiken schwer beschädigt.

Da vom stark verschuldeten T nichts zu holen ist, verlangt E von A Schadensersatz aus Vertrag.

Lösung:

A. E könnte gegen A einen Anspruch auf Schadensersatz aus § 461 I HGB haben.

I. E und A haben einen Vertrag über die **Organisation** eines Transportes und somit einen **Speditionsvertrag** nach § 453 I HGB geschlossen.

II. Allerdings sind die Plastiken nicht in der **Obhut** des A zu Schaden gelangt, wie § 461 I HGB verlangt. Zudem ist Frachtführer T keine in § 462 HGB genannte **Hilfsperson** des A.

Somit scheidet ein Anspruch gegen ihn aus § 461 I HGB aus.

B. E könnte jedoch gegen A einen Anspruch auf Schadensersatz aus § 461 II HGB besitzen.

I. E und A haben einen Vertrag über die Organisation eines Transportes und somit einen **Speditionsvertrag** nach § 453 I HGB geschlossen.

II. A hat bei der **Auswahl** des Frachtführers gemäß § 454 I Nr. 2 HGB offenbar nicht pflichtgemäß gehandelt, als er den vor allem mit Baumaterialtransporten befassten T beauftragte.

Also kann E von A aus § 461 II HGB Schadensersatz verlangen.

D. Gesellschaftsrecht

Zum Gesellschaftsrecht gehören sowohl die **Personengesellschaften** als auch die **juristischen Personen** mit eigener Rechtspersönlichkeit.

Die organisationsrechtliche **Grundform** jeder **Personengesellschaft** ist die **Gesellschaft des bürgerlichen Rechts**, §§ 705 ff. BGB[435]. Besonderheiten gelten etwa für die handelsrechtlichen Gesellschaften offene Handelsgesellschaft und Kommanditgesellschaft. Typisch ist, dass in jedem Fall zumindest **ein persönlich haftender Gesellschafter** vorhanden ist, der gegenüber Gläubigern der Gesellschaft mit seinem Privatvermögen haftet.

Den Personengesellschaften ist das sog. **Verbot der Fremdorganschaft** gemein. Dies bedeutet, dass die Gesellschaft nicht ausschließlich durch Dritte vertreten werden darf, sondern die Gesellschafter die Geschicke der Gesellschaft bestimmen. Eine Ausnahme stellt diesbezüglich die EWIV dar.

Grundform der **juristischen Personen** ist demgegenüber der **Verein**. Er ist vom **Wechsel seiner Mitglieder unabhängig** und besitzt eigene **Rechtspersönlichkeit. Haftungsgrundlage** ist ausschließlich das **Vereinsvermögen.**

Die **Zahl** der möglichen **Gesellschaftsformen** ist grundsätzlich **beschränkt** (sog. **numerus clausus**). Trotzdem sind **Mischformen** wie die GmbH & Co. KG möglich.

Zudem ist aufgrund einer gewandelten Rechtsprechung des EuGH[436] eine Betätigung ausländischer Gesellschaften in Deutschland möglich. Gemäß der dadurch favorisierten **Gründungstheorie**[437] kann also auch über eine Zweigniederlassung i.S.v. §§ 13 ff. HGB z.B. eine **Private Limited**[438] in Deutschland tätig werden. Da diese mit relativ geringem Aufwand gegründet werden kann, andererseits die Gefahr besteht, sich der Kontrolle der deutschen Rechtordnung

[435] Zu den vielfältigen Erscheinungsformen der GbR vgl. Klunzinger, Gesellschaftsrecht, § 4 II.

[436] Vgl. zu diesem Wandel der Rechtsprechung des EuGH die EuGH-Entscheidungen „Daily Mail (NJW 1989, S. 2186 ff.), „Centros“ (NJW 1999, S. 2027 ff.), „Überseering“ (NJW 2002, 3614 ff.), „Inspire Art“ (NZG 2003, S. 1064 ff.), „SEVIC“ (NZG 2006, S. 112 ff.). Zu dieser Rechtsprechung und ihren Auswirkungen vgl. Miras, Rnrn. 92-94.

[437] Danach wird das Gesellschaftsstatut immer durch die Rechtsordnung des Landes bestimmt wird, in dem die Gesellschaft gegründet wurde, unabhängig davon, wo sie ihren tatsächlich tätig wird bzw. ihren Sitz hat. Im Gegensatz dazu knüpfte die in Deutschland herrschende Sitztheorie an den tatsächlichen Sitz der Gesellschaft an. Eine ausländische Gesellschaftsform konnte damit nicht in Deutschland tätig sein und umgekehrt. Folge war die Notwendigkeit von Tochtergesellschaften nach dem jeweiligen Gesellschaftsrecht des Sitzes.

[438] Vgl. Happ/Holler, DStR 2004, S. 720; Müller, BB 2006, S. 837 ff.; Miras, Rnrn. 95 ff. zum Vergleich Ltd./UG.

zu entziehen, wurde durch das **MoMiG**[439] die Möglichkeit einer Unterform der GmbH-Gründung, der **Unternehmergesellschaft** UG (haftungsbeschränkt) eröffnet (dazu unten im Rahmen der GmbH).

Personengesellschaften			
BGB-Gesellschaft	**OHG**	**KG**	**PartG**
§§ 705 ff. BGB	§§ 105 ff. HGB	§§ 161 ff. HGB	PartGG
Gemeinsamer beliebiger **Gesellschaftszweck**	Gemeinsamer **Gesellschaftszweck:** Betrieb eines Handelsgewerbes	Gemeinsamer **Gesellschaftszweck:** Betrieb eines Handelsgewerbes	Gemeinsamer **Gesellschaftszweck:** Zusammenschluss zur Ausübung eines freien Berufs; **kein** Handelsgewerbe, § 1 I PartGG
Haftung der Gesellschafter (§ 128 HGB analog): • unmittelbar • persönlich • unbeschränkt • gesamtschuldnerisch	**Haftung der Gesellschafter** (§ 128 HGB): • unmittelbar • persönlich • unbeschränkt • gesamtschuldnerisch	**Haftung der Gesellschafter:** • Komplementär wie OHG-Gesellschafter • Kommanditist beschränkt auf Einlage, § 171 HGB	**Haftung der Partner:** • Gesamtschuldnerisch, § 8 I PartGG • Haftungsbeschränkung für Berufsausübungsfehler, § 8 II PartGG
Haftung der Gesellschaft mit ihrem Vermögen	**Haftung der Gesellschaft** mit ihrem Vermögen	**Haftung der Gesellschaft** mit ihrem Vermögen	**Haftung der Partnerschaft** mit ihrem Vermögen
Weitere Personengesellschaften: • Stille Gesellschaft, §§ 230 ff. HGB • Reederei, §§ 489 ff., HGB • EWIV[440]			

Abbildung 44: Personengesellschaften

[439] Gesetz zur Modernisierung des GmbH-Rechts und zur Bekämpfung von Missbräuchen (MoMiG) vom 23. Oktober 2008 (BGBl. I S. 2026). Vgl. hierzu Grigoleit/Rieder, GmbH-Recht nach dem MoMiG.

[440] Hierbei handelt es sich um eine europäische grenzüberschreitende Gesellschaftsform mit einheitlichem Organisationsrahmen in den Mitgliedsstaaten. In Deutschland ist sie strukturell der OHG angenähert. Vgl. hierzu i.e. Eisenhardt, Gesellschaftsrecht, Rnrd. 27, 208 und 209; K. Schmidt, Gesellschaftsrecht, § 66.

Juristische Personen				
e.V.	**GmbH**	**AG**	**KG aA**	**Genossenschaft**
keine Handelsgesellschaft	Handelsges., §§ 6 II HGB, 13 III GmbHG	Handelsges., §§ 6 II HGB, 3 AktG	Handelsges., §§ 6 II HGB, 278 III, 3 AktG	Handelsges., §§ 6 II HGB, 17 II GenG
Vertreter: Vorstand, § 26 BGB	**Vertreter**: Geschäftsführer, § 35 GmbHG	**Vertreter**: Vorstand, § 78 I AktG	**Vertreter**: Komplementär, §§ 278 II AktG, 170 HGB	**Vertreter**: Vorstand, §§ 9 I, 24 GenG
Kontrollorgan: Mitgliederversammlung, § 32 BGB	**fakultatives Kontrollorgan**: Aufsichtsrat, § 52 GmbH	**Kontrollorgan**: Aufsichtsrat, § 111 AktG	**Kontrollorgan**: Aufsichtsrat, §§ 278 III, 111, 287 AktG	**Kontrollorgan**: Aufsichtsrat. §§ 9 I, 38 GenG
Weiteres Organ: fakultativ, vgl. § 30 BGB	**Weiteres Organ**: Gesellschafterversammlung, § 48 GmbHG	**Weiteres Organ**: Hauptversammlung der Aktionäre, § 119 AktG	**Weiteres Organ**: Hauptversammlung der Gesellschafter, § 285 AktG	**Weiteres Organ**: Generalversammlung, § 43 GenG

Weitere juristische Personen:
- Versicherungsverein auf Gegenseitigkeit
- Europäische Aktiengesellschaft – Societas Europaea (SE)[441]
- Europäische Genossenschaft – Societas Cooperativa Europaea (SCE)[442]
- Europäische Privatgesellschaft – Societas Privata Europaea (SPE, ab 2010)[443]

Abbildung 45: Juristische Personen

I. BGB-Gesellschaft und Partnerschaft

§ 36
Geschäftsführung und Haftung bei der GbR

Fall 1: Rechtsfähigkeit der GbR und ihre Vertretung; vertragliche und deliktische Haftung

Mario Ahner (A) und Karl Bunkel (B) betreiben gemeinsam und ohne Mitarbeiter eine Reparaturwerkstatt ohne im Handelsregister eingetragen zu sein. Die Geschäfte führen beide je nach Arbeitsanfall. Jo Kurt (K) bringt seinen PKW mit Bremsproblemen in die Werkstatt, wo der Wagen von A entgegengenommen wird. Nach der Reparatur vergisst A, das Bremsventil wieder zuzuschrauben. K verliert, nachdem er den Wagen abgeholt hat, infolgedessen auf der Rückfahrt

[441] Vgl. dazu Eisenhardt, Gesellschaftsrecht, Rnrn. 481 d–481 f; Thoma/Leuering, NJW 2002, S. 1449 ff.

[442] Schulze, NZG 2004, S. 792 ff.

[443] Hommelhoff/Teichmann, DStR 2008, S. 925 ff.; Hopt, EuZW 2008, S. 513; Hadding/Kießling, WM 2009, S. 145 ff.

die Kontrolle über das Fahrzeug und fährt gegen einen Baum. Der PKW wird beschädigt, K verletzt.

Stehen K Ansprüche auf Schadensersatz gegen die Gesellschaft und den B zu?

Während für die OHG nach § 124 I HGB bzw. die KG nach § 161 II HGB der Gesetzgeber angeordnet hat, dass diese Gesellschaften selbst Träger von Rechten und Pflichten sein und klagen bzw. verklagt werden können, fehlt für die **Grundform der Personengesellschaften**, die GbR, eine entsprechende Regelung im BGB. Die HM und Rechtsprechung ging daher **früher** davon aus, dass BGB-Gesellschaften **nicht rechtsfähig** seien.

Dies erschwerte nicht nur die praktische Rechtsverfolgung durch bzw. gegen eine BGB-Gesellschaft[444]. Bei **Rechtsgeschäften** fragte es sich, ob der Handelnde Vertretungsmacht besaß, die übrigen Gesellschafter mit zu verpflichten, wenn er für die BGB-Gesellschaft auftrat[445]. Probleme bereitete auch die **Zurechnung schuldhaft begangener Pflichtverletzungen** durch einen der Mitgesellschafter[446]. Schließlich war auch die Zurechnung **unerlaubte Handlungen** umstritten[447].

Nachdem Rechtsprechung und HM insoweit ihren Standpunkt geändert haben, ist die Behandlung der genannten Fälle einfacher geworden[448]. Dieser als **Akzessorietätstheorie** bezeichnete Ansatz unterscheidet **strukturell** nicht mehr die Haftungssituation bei den Personengesellschaften:

- Aus Geschäften wie auch aus unerlaubten Handlungen wird die betreffende **Gesellschaft berechtigt** und **verpflichtet.**
- Die Gesellschafter haften nicht mehr auf vertraglicher Grundlage als Mitverpflichtete, vielmehr resultiert ihre **Haftung aus dem Gesetz**, wobei § 128 HGB analog auf die GbR angewendet wird. Die Haftung ist **akzessorisch,** weil sie davon abhängt, dass zunächst eine entsprechende Verbindlichkeit der Gesellschaft besteht. **Einwendungen** sind dem Gesellschafter nach § 129 HGB (analog) möglich

Lösung:

A. Ansprüche gegen die aus A und B bestehende Gesellschaft auf Schadensersatz

I. Aus § 634 Nr. 4 BGB i.V.m. § 280 I BGB

1. Ansprüche aus den genannten Vorschriften könnten K gegen die Gesellschaft nur zustehen, wenn diese selbst **rechtsfähig** wäre, damit ein **Schuldverhältnis** zwischen K und der Gesellschaft bestehen kann. A und

---

[444] So mussten Klagen sich gegen alle, unter Umständen auch namentlich unbekannten Gesellschafter einer BGB-Gesellschaft richten.

[445] Konsequenz war die sog. Theorie der Doppelverpflichtung. Danach trat ein Gesellschafter im Zweifel bei Handeln für die Gesellschaft auch im Namen der übrigen Gesellschafter auf.

[446] Bei vertraglichen Schuldverhältnissen wurde etwa angenommen, dass § 425 I BGB durch das Gesellschaftsverhältnis dahingehend abgeändert wurde, dass die Gesellschafter für die schuldhafte Pflichtverletzung eines Mitgesellschafters einstehen wollen.

[447] Etwa in der Frage, ob § 31 BGB analog herangezogen werden konnte.

[448] Auch in einer Klausur dürfte daher allenfalls eine kurze Abgrenzung zur früheren Rechtslage erforderlich sein.

B haben sich gegenseitig **geeinigt**, gemeinsam eine Werkstatt zu betreiben, so dass ein **Gesellschaftsvertrag** i.S.v. § 705 BGB, gerichtet auf einen **gemeinschaftlichen Zweck** vorliegt. Eine OHG könnte nur zum Zweck gegründet werden, ein kaufmännisches Gewerbe zu betreiben, wie aus §§ 105 I, 1 II HGB folgt. A und B betreiben jedoch die Werkstatt allein und ohne Mitarbeiter. Dies spricht eher für einen **kleingewerblichen Betrieb**, so dass § 1 I HGB nicht vorliegt. Die Möglichkeit der **Eintragung** in das Handelsregister nach §§ 105 II, 2 HGB, um dadurch eine OHG entstehen zu lassen, haben A und B **nicht** wahrgenommen. Die zwischen A und B bestehende Gesellschaft ist also keine OHG, sondern eine **GbR**.

a) Diese müsste **rechtsfähig** sein. Die BGB-Gesellschaft ist im Gegensatz zu einer OHG nach § 124 HGB vom **Gesetzgeber nicht** als eigenständiges **Rechtssubjekt** geregelt worden. Daher ging eine **traditionell** orientierte Meinung davon aus, dass Gläubiger bzw. Schuldner nur die Gesellschafter sein können, nicht aber die GbR als solche[449]. Demgegenüber nimmt die heute herrschende **Auffassung** an, dass die **GbR** grundsätzlich **rechtsfähig** ist[450]. Nach der **Akzessorietätstheorie** haftet primär die Gesellschaft, während ihre Gesellschafter ebenso wie bei der OHG nach § 128 HGB analog für die Schuld der GbR einstehen[451]. Die GbR ist also selbst grundsätzlich rechtsfähig.

b) Unter den Voraussetzungen des § 164 I BGB hat A die Gesellschaft wirksam **vertreten**.

aa) Eine **eigene Willenserklärung** des A liegt vor. Zumindest aus den Umständen folgt, dass A nicht nur im eigenen Namen, sondern **im Namen der Gesellschaft** handelte, § 164 I 2 BGB[452].

bb) Fraglich ist die **Vertretungsmacht** des A. **Grundsätzlich** bestimmt sich die Vertretungsmacht der Gesellschafter nach § 714 BGB und **folgt der Geschäftsführungsbefugnis** im Inneren der Gesellschaft. Danach wären gemäß § 709 BGB nur alle Gesellschafter **gemeinschaftlich** geschäftsführungsbefugt und hätten also auch nur gemeinschaftlich Vertretungsmacht. Allerdings handelt es sich bei der Annahme von Reparaturaufträgen um ein Geschäft im normalen und üblichen Unternehmensbereich der GbR. Es erscheint nicht abwegig, deswegen und wegen der arbeitsteiligen Vorgehensweise durch A und B eine **schlüssige (konkludente) Abänderung** des § 709 BGB dergestalt anzunehmen, dass jeder Gesellschafter die üblichen Geschäfte der GbR abschließen darf. Im Übrigen kann in der Geschäftsführung je nach Arbeitsanfall durch einen der beiden Gesellschafter auch eine **gegenseitige Duldungsvollmacht** zu sehen sein. Diese ist auch im Rahmen der Vertretungsmacht einer BGB-Gesellschaft anwendbar[453]. Also besaß B Vertretungsmacht.

---

[449] Vgl. Berndt/Boin, NJW 1998, S. 2854 ff. m.w.N.

[450] K. Schmidt, NJW 2001, S. 993 ff.; Ulmer, ZIP 2001, S. 585 ff. und ZIP 2003, S. 1113 ff.; BGH NJW 2009, S. 594 ff.

[451] BGH ZIP 2003, S. 899 ff. (900); Hk-BGB/Saenger, § 705 Rn. 20.

[452] Zum Handeln für den Betriebsinhaber vgl. oben § 6.

[453] Eisenhardt, Gesellschaftsrecht, Rn. 79 a m.w.N.

Ein **Werkvertrag** zwischen der GbR und dem K wurde somit geschlossen.

2. Ein werkvertraglicher **Mangel** i.S.v. § 633 II BGB als Pflichtverletzung liegt vor, da die Arbeit an den Bremsen nicht korrekt ausgeführt wurde.
3. Von einem **Vertretenmüssen**, welches gemäß § 280 I 2 BGB grundsätzlich vermutet wird, ist im Hinblick auf A nach dem Sachverhalt auszugehen. Fraglich ist, wie dieses der Gesellschaft **zuzurechnen** ist. Eine Zurechnung könnte über § 278 BGB erfolgen. Man könnte annehmen, dass der Gesellschafter als **Erfüllungsgehilfe** der Gesellschaft anzusehen ist[454]. Zutreffender erscheint allerdings eine Zurechnung der § 31 BGB analog, soweit ein **geschäftsführungs- und vertretungsberechtigter Gesellschafter** gehandelt hat[455]. Auch ist generell die Anwendbarkeit des § 31 BGB analog auf die GbR von der Rechtsprechung anerkannt[456]. Unabhängig von der Begründung ist hier die schuldhafte Pflichtverletzung durch den Gesellschafter der GbR zuzurechnen.
4. Eine **Fristsetzung** ist nach §§ 280 I, III, 281 I BGB **nicht** erforderlich, da nicht Schadensersatz **statt** der Leistung verlangt wird.

Also kann K von der GbR Schadensersatz aus **vertraglichen** Gesichtspunkten verlangen.

II. Aus § 823 I BGB i.V.m. 31 BGB analog

Fraglich ist, ob K gegen die GbR einen Anspruch aus **unerlaubter Handlung des A** auf Schadensersatz besitzt.

1. A hat Gesundheit, Körper und Eigentum des K fahrlässig und widerrechtlich verletzt.
2. Diese müsste der GbR analog § 31 BGB **zurechenbar** sein. Mittlerweile hat sich auch der **BGH** mit der **HM** für eine **analoge Anwendung** des § 31 BGB auf die GbR ausgesprochen, so dass ihr ein Handeln ihrer geschäftsführenden Gesellschafter auf diesem Wege zurechenbar ist[457].

Damit haftet die GbR auch aus dem Gesichtspunkt einer unerlaubten Handlung des A.

III. Aus § 831 I

Ein Anspruch gegen die GbR aus § 831 I BGB setzt voraus, dass B als ihr **Verrichtungsgehilfe** handelte. Indes besteht kein Verhältnis der Über- und Unterordnung zwischen Gesellschaft und Gesellschaftern[458]. B handelte nicht weisungsgebunden, so dass ein Schadensersatz der GbR aus § 831 I BGB ausscheidet[459].

---

[454] RGZ 122, 351 (359).
[455] K. Schmidt, Gesellschaftsrecht, § 10 IV 3.
[456] BGHZ 154, 88.
[457] BGHZ 154, 88; Ulmer, ZIP 2003, S. 1113 ff. (1114); K. Schmidt, NJW 2003, S. 1897 ff. (1898 ff.); ders., Gesellschaftsrecht, § 60 II 4. Dagegen Altmeppen, NJW 2003, S. 1553 ff. (1557 f.).
[458] BGHZ 45, 311 (313).
[459] Unerlaubte Handlungen anderer Personen werden der Gesellschaft hingegen nicht analog § 31 BGB zugerechnet. Für sie käme eine Haftung der Gesellschaft nach § 831 I BGB in Betracht.

B. Ansprüche gegen B auf Schadensersatz

I. Aus § 634 Nr. 4 BGB i.V.m. § 280 I BGB i.V.m. § 128 HGB analog

K könnte gegen B einen Anspruch auf **Schadensersatz** aus § 634 Nr. 4 BGB i.V.m. § 280 I BGB i.V.m. § 128 HGB analog haben. Dies ist auf der Basis der nunmehr herrschenden **Akzessorietätstheorie** zu prüfen.

1. Eine **Verbindlichkeit der Gesellschaft** gegenüber dem Gläubiger K liegt vor.
2. B ist auch **Gesellschafter** der BGB-Gesellschaft.
3. Der Sachverhalt enthält keinerlei Anhaltspunkte für **Einwendungen** des Gesellschafters gegen die Verbindlichkeit analog § 129 HGB.

K kann also auch von B Leistung des Schadensersatzes verlangen[460].

II. Aus § 823 I BGB i.V.m. § 31 BGB analog i.V.m. § 128 HGB analog

Fraglich ist, ob K gegen B einen Anspruch aus § 823 I BGB i.V.m. § 31 BGB analog i.V.m. § 128 HGB analog auf Schadensersatz besitzt.

1. Die Gesellschaft haftet für die unerlaubte Handlung ihres **geschäftsführenden** Gesellschafters A, so dass B eigentlich als weiterer **Gesellschafter** analog § 128 HGB einstehen müsste.
2. Die analoge **Anwendung** von § 128 HGB auf **unerlaubte Handlungen** ist jedoch **umstritten.**
   a) Zum Teil wird die entsprechende Anwendung von § 128 HGB bei deliktischem Verhalten eines Gesellschafters **abgelehnt**[461]. Insoweit sei eine **Einschränkung** der Haftung vorzunehmen, weil niemand für deliktische Handlungen eines anderen persönlich zur Haftung herangezogen werden könne[462]. Nach dieser Ansicht haftet B nicht analog § 128 HGB für die Verbindlichkeit der Gesellschaft aus unerlaubter Handlung des A.
   b) HM und BGH sehen **keinen Anlass** für eine solche **Beschränkung**[463]. Umgekehrt sei gerade in den Fällen einer unerlaubten Handlung der Gläubiger, welcher sich den Schuldner nicht habe aussuchen können, zusätzlich **schutzbedürftig.** Hingegen habe gerade ein **Mitgesellschafter** bei der Auswahl und Überwachung der geschäftsführenden Gesellschafter **Einfluss**[464]. Diese Ansicht erscheint auf Grund des noch stärker ausgeprägten Schutzinteresses des Verletzten zutreffend, so dass vorliegend B dem K auch aus dem Gesichtspunkt deliktischer Haftung der Gesellschaft einstehen muss[465].

---

460 Zur Frage, wie der Gesellschafter haftet, vgl. unten § 39 Fall 2.

461 Altmeppen, NJW 2003, S. 1553 ff. (1557); Schäfer, ZIP 2003, S. 1225 ff. (1227 ff.).

462 Altmeppen, NJW 2003, S. 1553 ff. (1557).

463 BGH NJW 2003, S. 1445 ff. (1446 f.); Ulmer, ZIP 2001, S. 585 ff. (597); ders. ZIP 2003, S. 1113 ff. (1114 f.); Flume, DB 2003, S. 1775 ff. (1776).

464 Ulmer, ZIP 2003, S. 1113 ff. (1114).

465 Die Gegenansicht ist natürlich genauso vertretbar.

Fall 2: Gemeinsamer Zweck und Haftung bei der GbR

Kilian Kuhflad (K) ist auf seinen früheren Rechtsanwalt Bert Bricht (B), Sozius der Kanzlei Caspar, David & Friedrich, nicht gut zu sprechen, weil dieser beim Einklagen einer Forderung des K Fristen fahrlässig versäumt hat und die Klage infolgedessen angewiesen wurde. Er möchte mit einem neuen Anwalt einen Schadensersatzanspruch i.H.v. 30.000,– € gegen die Kanzlei insgesamt, aber insbesondere auch gegenüber dem vermögenden F geltend machen. Es ist nicht zu ermitteln, ob die Fristversäumnis auf einem Fehler des B oder der in der Kanzlei angestellten, als bewährt und sorgfältig bekannten Rechtsanwalts- und Notarsgehilfin Heide Witzka (W) beruhte. Die Mandatsverträge schließt nach dem Gesellschaftsvertrag jeder Anwalt eigenständig für die Sozietät ab.

Wie ist die Rechtslage?

Abwandlung: Gemeinsamer Zweck und Haftung bei der Partnerschaft

Wie verhält es sich, wenn zwischen C, D und F eine Partnerschaft besteht und feststeht, dass B den Fehler begangen hat?

Lösung:

1. Teil: Anspruch des K auf Schadensersatz gegen die Gesellschaft

A. Aus § 280 I BGB

K könnte gegen die Gesellschaft einen Anspruch auf Schadensersatz aus § 280 I BGB haben.

I. Dazu müsste zunächst ein **Schuldverhältnis** zwischen einer wirksamen Gesellschaft und dem K bestehen. In Betracht kommt insoweit ein Geschäftsbesorgungsvertrag, also ein auf selbständige wirtschaftliche Wahrnehmung fremder Interessen gerichteter Dienst- oder Werkvertrag[466].

1. Eine auf gemeinsame Berufsausübung als Anwalt gerichtete Gesellschaft (Sozietät) ist auf einen **freiberuflichen,** also keinen gewerblichen **Zweck** gerichtet. Es kommt somit nur eine GbR in Betracht[467]. Bedenken gegen ihre Wirksamkeit bestehen nicht.

2. Die GbR müsste wirksam bei Abschluss des Vertrages mit K durch den Mitgesellschafter B vertreten worden sein.

a) Eine **eigene Willenserklärung** hat B abgegeben.

b) Jedenfalls aus den Umständen der Mandaterteilung in den Räumen der GbR folgt, dass B **im Namen der Sozietät** aufgetreten ist.

c) B müsste **Vertretungsmacht** besessen haben.

Mangels ausdrücklich dem B erteilter Vollmacht nach § 167 BGB richtet sich die **Vertretungsmacht** bei der GbR gemäß § 714 BGB nach der Verteilung der internen **Geschäftsführungsbefugnis.**

aa) Prinzipiell steht die Geschäftsführungsbefugnis nach § 709 I BGB allen Gesellschaftern gemeinsam zu.

---

[466] Hk-BGB/Schulze, § 675 Rn. 4; Palandt/Sprau, § 675 Rn. 2; BGH NJW-RR 1992, S. 560 f. (560).

[467] BGHZ 56, 355 (357); Palandt/Sprau, § 705 Rn. 49.

bb) Allerdings kann der Gesellschaftsvertrag hiervon abweichende Bestimmungen enthalten, wie aus §710 BGB folgt. Mandatsverträge schließt nach dem Gesellschaftsvertrag jeder Anwalt eigenständig für die Sozietät ab. Folglich besaß B auch eine entsprechende Vertretungsmacht gemäß §714 BGB.

Damit liegt ein Schuldverhältnis zwischen K und der GbR vor.

II. Die **Pflichtverletzung** besteht in der Fristversäumnis.

III. Fraglich ist, ob ein der GbR zurechenbares **Verschulden** vorliegt. Sollte B den Fehler begangen haben, wäre seine **schuldhafte Pflichtverletzung** der GbR nach einer MM gemäß §278 BGB, nach der HM hingegen nach §31 BGB analog **zuzurechnen**[468]. Wäre der Fehler durch die W verursacht worden, fände eine **Zurechnung** bei der GbR nach §278 BGB statt.

In jedem Fall läge also ein der GbR **zurechenbares schuldhaftes Verhalten** vor. Der Anspruch des K auf Schadensersatz gegen die GbR besteht damit aus §280 I BGB.

B. Aus §823 I BGB bzw. §826 i.V.m. §31 BGB analog

§823 I BGB scheitert bereits daran, dass nicht Eigentum des K verletzt, sondern lediglich sein von §823 I BGB nicht geschütztes Vermögen durch den verlorenen Prozess beeinträchtigt wurde. Für eine vorsätzliche sittenwidrige Schädigung des K nach §826 BGB, bei der auch Vermögen geschützt würde, fehlt jeder Anhaltspunkt.

Insoweit scheidet ein Anspruch gegen die GbR für eine unerlaubte Handlung des vertretungsbefugten Gesellschafters B aus.

C. Aus §831 I BGB

Auch hier fehlt es an einer Rechtsgutverletzung im o.g. Sinn. Zwar könnte i.Ü. die Angestellte W als Verrichtungsgehilfin angesehen werden, nicht hingegen der B als Gesellschafter[469].

2. Teil: Anspruch des K gegen den F

A. Aus §280 I BGB i.V.m. §128 HGB analog

Der K könnte einen Zahlungsanspruch gegenüber F aus §280 I BGB i.V.m. §128 HGB analog besitzen.

I. Eine **Verbindlichkeit der GbR** aus §280 I BGB besteht gegenüber dem K (s.o.).

II. F ist **Gesellschafter** der GbR. Für Einreden analog §129 HGB ist nichts ersichtlich.

Als Folge kann K auch von F Zahlung verlangen.

B. Aus deliktischen Ansprüchen gegen die GbR i.V.m. §128 HGB analog

Mangels deliktischer Ansprüche des K gegen die GbR besteht auch keine Haftung des F hierfür analog §128 HGB.

---

[468] S.o. Fall 1.

[469] BGHZ 45, 311 (313); Jauernig/Stürner, §715 Rn. 7.

Lösung der Abwandlung:

1. Teil: § 280 I BGB i.V.m. § 7 II PartGG i.V.m. § 124 HGB gegen die Partnerschaft

A. Gegenüber dem Ausgangsfall hat sich die Gesellschaftsform geändert. Es liegt eine nur **Freiberuflern** offenstehende **Partnerschaft** nach § 1 I, II PartGG vor.

B. Nach § 7 II PartGG i.V.m. § 124 HGB wird die Partnerschaft selbst verpflichtet, sie haftet also vorliegend auf Schadensersatz wie im Ausgangfall die GbR.

2. Teil: § 280 I BGB i.V.m. § 8 I PartGG gegen F

Auch hier könnte im Ergebnis dasselbe gelten wie im Ausgangsfall. In § 8 I PartGG ist eine gesamtschuldnerische Haftung neben dem Vermögen der Partnerschaft vorgesehen. Dies gilt jedoch nicht für Schulden nach § 8 II PartGG. Danach haften für **Berufsfehler** neben der Partnerschaft nur diejenigen Partner, welche auch mit der **Bearbeitung des Auftrags befasst** waren. Dies stellt eine **gesetzliche Haftungsbeschränkung** dar[470]. Anders als im Ausgangsfall haftet neben der Partnerschaft also nur B, nicht hingegen einer der anderen Partner.

Haftung der Gesellschafter einer Personengesellschaft:

Gesellschafter haften **nach § 128 HGB direkt oder analog**

- unmittelbar
- in voller Höhe
- persönlich mit ihrem gesamten Privatvermögen
- als Gesamtschuldner i.S.v. §§ 427, 431 BGB bzw. § 128 HGB

Schuldhafte Pflichtverletzungen bzw. **unerlaubte Handlungen** durch einen jedenfalls geschäftsführungsbefugten bzw. vertretungsberechtigten Gesellschafter werden analog § 31 BGB der Gesellschaft zugerechnet.

§ 37
Haftungsbeschränkung bei der BGB-Gesellschaft

Fall 1: GbR mit beschränkter Haftung

A und B schließen sich zum Zweck der gemeinsamen Ausübung der Steuerberatertätigkeit zu einer GbR zusammen. Im Gesellschaftsvertrag wird folgende Bestimmung aufgenommen: „Geschäftsführung und Vertretung der Gesellschaft erfolgen durch jeden Gesellschafter einzeln. Dabei muss die Beschränkung der Haftung auf das Gesellschaftsvermögen beachtet werden. Vertretungsmacht besteht dem gemäß nur im Hinblick auf das Gesellschaftsvermögen." In der Folgezeit verwendet die GbR Briefköpfe, welche den deutlich sichtbaren Hinweis „GbR mbH" enthalten. B mietet für die GbR und unter Verwendung ihrer Geschäftsbriefe eine EDV-Anlage bei X. Als die vereinbarten Mietzahlungen ausbleiben, will X den vermögenden A persönlich in Anspruch nehmen.

Geht das?

[470] Dazu Scharlach/Hoffmann, WM 2000, S. 2082 ff.

Lösung:

X könnte gegen A einen Anspruch auf Zahlung der mit B vereinbarten Miete aus § 535 II BGB i.V.m. § 128 HGB analog besitzen.

A. Dies setzt zunächst voraus, dass die Gesellschaft gemäß § 164 I BGB durch B wirksam **vertreten** wurde.

I. Eine **eigene Willenserklärung** hat B abgegeben.

II. B trat **im Namen** der GbR auf.

III. B müsste **Vertretungsmacht** besessen haben.

Mangels ausdrücklich dem B erteilter Vollmacht nach § 167 BGB richtet sich gemäß § 714 BGB die Vertretungsmacht bei der GbR nach der Verteilung der internen Geschäftsführungsbefugnis.

1. **Prinzipiell** steht die **Geschäftsführungsbefugnis** allen **Gesellschaftern gemeinsam** nach § 709 I BGB zu. Allerdings kann der **Gesellschaftsvertrag** hiervon **abweichende Bestimmungen** enthalten, wie aus § 710 BGB folgt. Nach dem Vertrag war jeder der Gesellschafter einzeln zur Geschäftsführung und Vertretung der Gesellschaft befugt.

2. Allerdings war die **Vertretungsmacht** dahingehend **beschränkt**, dass **ausschließlich** das **Gesellschaftsvermögen verpflichtet** werden durfte, hingegen die **Gesellschafter** selbst **nicht** mit ihrem **Privatvermögen haften** sollten. Fraglich ist somit, ob eine solche Begrenzung der Vertretungsmacht, welche auf eine Haftungsbeschränkung hinausläuft, Dritten gegenüber möglich ist.

   a) Der **BGH** erkannte **grundsätzlich** an, dass Gesellschafter einer GbR im Gesellschaftsvertrag die **Vertretungsmacht** dahingehend **beschränken** können, dass nur Verbindlichkeiten begründet werden dürfen, die sich **ausschließlich** auf das **Gesellschaftsvermögen als Haftungsgrundlage** beziehen[471].

   b) Problematisch ist aber, dass diese **interne Beschränkung publik** gemacht werden muss, um im Außenverhältnis Wirkung zu entfalten. Ansonsten besteht nämlich die **Gefahr**, dass nach den Grundsätzen der **Rechtsscheinshaftung** in Gestalt von **Duldungs- bzw. Anscheinsvollmacht** der Verkehr auf eine unbeschränkte Vertretungsmacht vertrauen darf[472]. In diesem Zusammenhang ist zweifelhaft, ob der einseitige **Hinweis im Briefkopf** auf eine „Gesellschaft des bürgerlichen Rechts mbH" genügen kann[473]. Wegen der **Verwechslungsgefahr** mit der GmbH haben Gerichte zum Teil die Bezeichnung als **firmenrechtlich unzulässig** nach § 18 II HGB bzw. als wettbewerbswidrig nach UWG angesehen[474].

---

[471] BGH WM 1985, S. 56 ff. (57); WM 1987, S. 689 ff. (690); NJW-RR 1990, S. 701 ff. (702).

[472] BGH NJW 1992, S. 3037 ff. (3039); Heermann, BB 1994, S. 2421 ff.

[473] Dafür etwa: OLG Hamm NJW 1985, S. 1846 f. (1847); Kögel, DB 1995, S. 2201 ff. Dagegen: OLG Jena ZIP 1998, S. 1797 ff. m. Anm. Mutter; Bedenken auch bei BGH NJW 1992, S. 3037 ff. (3039).

[474] BayObLG DB 1998, S. 2319 ff.; OLG München DB 1998, S. 2012 f.

c) Mittlerweile hat der BGH die **einseitige** Möglichkeit einer **Haftungsbeschränkung mit Außenwirkung verneint.** Er geht davon aus, dass Gesellschafter für eine im Namen der GbR begründete Verbindlichkeit **kraft Gesetzes**, nämlich § 128 HGB persönlich haften[475]. Danach kann die Haftung nicht durch Namenzusätze[476] oder sonstige Hinweise auf Briefbögen, Rechnungen, etc. beschränkt werden. **Erforderlich** ist vielmehr **eine individuelle Vereinbarung** der Parteien über die beschränkte Haftung im Rahmen des zwischen ihnen geschlossenen Vertrages.

Damit wirkt die Beschränkung der Vertretungsmacht im Gesellschaftsvertrag nicht dem X gegenüber; der bloße Hinweis im Briefkopf war insoweit nicht ausreichend.

B. Als **Gesellschafter** haftet A **kraft Gesetzes** analog § 128 HGB für die Verbindlichkeiten der GbR ohne Beschränkungsmöglichkeit persönlich.

§ 38
Die fehlerhafte Gesellschaft

Fall 1: Fehlerhafte Gesellschaft

Ann Chovy (A), Brett Pudding (B) und Paul Combuse (C) einigen sich darüber, gemeinsam und ohne Mitarbeiter ein Restaurant mit englischen Spezialitäten zu betreiben. Zu diesem Zweck wird ein Lokal angemietet, Inventar angeschafft und es werden Lebensmittel eingekauft. Eintragungen in das Handelsregister werden nicht vorgenommen. Der Betrieb beginnt zunächst schleppend und kommt bald völlig zum Erliegen. Zu allem Überfluss stellt sich heraus, dass B, von dem auch die Idee für das Restaurant stammte, schon vor der Vereinbarung mit den anderen geisteskrank war. Die Lieferanten, mit denen der mit der Geschäftsführung betraute A die Verträge im Namen der Gesellschaft abschloss, dringen auf Bezahlung der gelieferten Ware.

Stehen ihnen Ansprüche gegen die Gesellschaft bzw. die vermögende A zu?

Lösung:

A. Anspruch der Lieferanten gegen die Gesellschaft aus § 433 II BGB

Den Lieferanten könnte gegen die Gesellschaft ein Anspruch aus § 433 II BGB zustehen. Dazu müsste zunächst eine wirksame Gesellschaft entstanden und in der Folgezeit wirksam vertreten worden sein.

I. Fraglich ist, ob eine **wirksame Gesellschaft** besteht.

1. A, B und C haben vereinbart, ein Restaurant ohne Mitarbeiter zu betreiben. Dies spricht eher für eine **kleingewerbliche** Tätigkeit i.S.v. § 1 II HGB. Eine kleingewerbliche OHG entsteht aber erst mit ihrer Eintragung gemäß §§ 2, 123 II HGB. Diese liegt mangels entsprechender Sach-

---

475 BGH BB 1999, S. 2152 ff. (2153) m.N. aus der Entstehungsgeschichte.

476 Etwa „GbR mbH" oder „GbR mit beschränkter Haftung" oder „GbR ohne persönliche Haftung".

verhaltsangaben nicht vor. Damit kann der Geschäftszweck kein solcher sein, der eine OHG gemäß § 105 HGB begründete. Die Gesellschaft sollte also eine GbR sein. A, B und C haben sich geeinigt, gemeinsam ein Restaurant zu betreiben, so dass eine Einigung über einen **gemeinsamen Zweck** nach § 705 BGB existiert.

2. **Bedenken** bestehen allerdings, ob der **Gesellschaftsvertrag wirksam** ist. Bereits vor der Einigung zwischen A, B und C war B geisteskrank und damit gemäß § 104 Nr. 2 BGB **geschäftsunfähig.** Seine Willenserklärung ist daher nach § 105 I BGB **nichtig,** so dass an sich **kein wirksamer Gesellschaftsvertrag** vorliegt. Dies ist insofern misslich, als die „Gesellschaft" in der Vergangenheit **faktisch als Personengesellschaft aufgetreten** ist und bereits Vermögenswerte geschaffen und Geschäfte getätigt hat. In Betracht kommt in diesem Fall eine sog. **fehlerhafte Gesellschaft.** Diese wird angenommen, wenn ein in Wirklichkeit unwirksames Gesellschaftsverhältnis in der Vergangenheit faktisch vollzogen worden ist, um zu berücksichtigen, dass sowohl die Gesellschafter als auch außen stehende Dritte die Gesellschaft bereits als wirksam behandelt haben[477].
   a) Es muss ein **fehlerhafter Gesellschaftsvertrag** vorliegen. Dies ist – wie gesehen – der Fall.
   b) Die **Gesellschaft** muss bereits **in Vollzug gesetzt** worden sein. Regelmäßig ist dies in der Aufnahme der Geschäfte zu sehen. Hier wurden Geschäfte für den Betrieb des Restaurants abgeschlossen und die Tätigkeit aufgenommen. Der Gesellschaftszweck ist also bereits faktisch in Vollzug gesetzt worden.
   c) Es dürfen der Behandlung der Gesellschaft als wirksam allerdings **keine schutzwürdigen Belange** Einzelner oder der Allgemeinheit **entgegenstehen,** die ansonsten durch die Anerkennung der faktischen Gesellschaft umgangen würden. Hier ist zu bedenken, dass gemäß § 105 I BGB Willenserklärungen von Geschäftsunfähigen nichtig sind, ohne dass diesbezüglich eine Heilungsmöglichkeit bestünde. Damit bringt das Gesetz zum Ausdruck, dass der **Schutz Geschäftsunfähiger** in jedem Fall **Vorrang vor dem Vertrauen des Geschäftsverkehrs** in die Wirksamkeit einer Willenserklärung hat. Dies würde unterlaufen, wollte man eine faktische Gesellschaft mit einem Geschäftsunfähigen als Gesellschafter anerkennen.

   Damit besteht zwischen A und C zwar eine **fehlerhafte,** aber **faktisch vollzogene Gesellschaft,** hingegen nicht mit dem B, da sein Schutz insoweit vorrangig ist.

II. Diese Gesellschaft hat A gemäß § 164 I BGB als **geschäftsführende Gesellschafterin** nach § 714 BGB auch wirksam vertreten. Somit bestehen die geltend gemachten Kaufpreisansprüche der Lieferanten gegen die Gesellschaft.

---

[477] Vgl. BGH NJW 1983, S. 748; ZIP 2004, S. 1706 ff. (1707).

B. Anspruch der Lieferanten gegen A aus § 433 II BGB i.V.m. § 128 HGB analog

Möglicherweise haftet die A analog § 128 HGB für die Kaufpreisschulden der Gesellschaft.

I. Wie gesehen liegen derartige **Gesellschaftsverbindlichkeiten** vor.

II. A ist auch **Gesellschafterin** der fehlerhaften Gesellschaft. Mithin haftet sie auf Zahlung.

Voraussetzungen der fehlerhaften Gesellschaft:

- **Fehlerhafter** Gesellschaftsvertrag.
- Die Gesellschaft muss bereits **in Vollzug** gesetzt worden sein. Dies ist regelmäßig der Fall bei Aufnahme der Geschäfte.
- Der Behandlung der Gesellschaft als wirksam dürfen **keine schutzwürdigen Belange** Einzelner oder der Allgemeinheit **entgegenstehen** (z.B. Minderjährigenschutz aus §§ 106 ff. BGB).

Folge: Die faktische Gesellschaft wird für die **Vergangenheit** als **wirksam**, für die **Zukunft** allerdings über § 723 BGB per **Kündigung** bzw. über § 133 HGB[478] per **gerichtlicher Entscheidung** wegen der Fehlerhaftigkeit des Gesellschaftsvertrages für auflösbar gehalten.

Die Grundsätze der **fehlerhaften Gesellschaft** gelten grundsätzlich bei **allen Gesellschaften**[479].

II. Die OHG

Auf die OHG finden gemäß § 105 III HGB die Vorschriften über die GbR Anwendung, soweit das HGB keine Sonderregeln enthält. Wie bereits weiter oben erwähnt, muss der **Zweck** der OHG auf den Betrieb eines **Handelsgewerbes** unter einer **gemeinschaftlichen Firma** gerichtet sein, wobei alle Gesellschafter den Gläubigern unbeschränkt haften, § 105 I HGB. Der Betrieb eines Handelsgewerbes nach den §§ 1-3 HGB unterscheidet die OHG also von der Gesellschaft des bürgerlichen Rechts.

Der Zweck einer OHG kann auch lediglich darin bestehen, z.B. als Holding eigenes **Vermögen** zu **verwalten**, § 105 II HGB.

Die OHG – ebenso die KG, § 161 HGB – kann unter der gemeinschaftlichen Firma **Rechte** erwerben und **Verbindlichkeiten** eingehen sowie vor Gericht verklagt werden oder selbst klagen, § 124 HGB. Nach § 6 I HGB besitzen die Handelsgesellschaften OHG und KG in jedem Fall die **Kaufmannseigenschaft**. Neben dem Gesellschaftsvermögen als **Haftungsgrundlage** existieren – wie bei allen Personengesellschaften – immer persönlich haftende Gesellschafter.

[478] Die Auflösung der fehlerhaften, aber faktisch vollzogenen OHG erfolgt nach § 133 HGB durch Gestaltungsurteil, vgl. BGHZ 3, 285.

[479] Dazu, dass sie auch beim fehlerhaften Beitritt zu einer Gesellschaft gelten, vgl. BGHZ 153, 214 (221).

Mit dem **Abschluss** des **Gesellschaftsvertrages** ist die Gesellschaft im **Innenverhältnis** entstanden.

Liegen nicht die Voraussetzungen des § 1 II HGB vor, ist also nach Art oder Umfang kein kaufmännischer Betrieb notwendig, so entsteht sie im **Außenverhältnis** allerdings erst mit der Eintragung in das Handelsregister[480], wie aus § 123 II HGB folgt. Gleiches gilt für eine Gesellschaft, die **rein vermögensverwaltend** nach § 105 II HGB tätig ist (vgl. § 123 II HGB).

In der Zeit zwischen Abschluss des Gesellschaftsvertrages und Eintragung der Gesellschaft in das Handelsregister ist die nicht schon nach § 123 II HGB als OHG wirksame Personenvereinigung eine **Gesellschaft des bürgerlichen Rechts.**

§ 39
Geschäftsführung und Haftung bei der OHG

Fall 1: Gesamtvertretung, Haftung, Sozialverbindlichkeit und Sozialanspruch

A, B und C haben eine OHG gegründet. Nach dem Gesellschaftsvertrag stehen Geschäftsführungsbefugnis und Vertretungsmacht B und C gemeinsam zu. In das Handelsregister wird versehentlich nur eingetragen, dass A von der Vertretung der Gesellschaft ausgeschlossen ist. C nimmt im Namen der Gesellschaft bei der X-Bank einen Kredit in Höhe von 50.000,– € auf, den er jedoch dazu verwendet, private Spielschulden zu begleichen. Nach Kündigung des Kredits nimmt die X-Bank den solventen A auf Rückzahlung in Anspruch.

A fragt, ob er den Kredit zurückzahlen muss und ob er in diesem Fall seine Aufwendungen von der OHG erstattet bekommt sowie anschließend namens der OHG den C auf Schadensersatz verklagen kann.

Lösung:

A. Anspruch der X-Bank gegen A auf Zahlung aus § 128 HGB i.V.m. § 488 I BGB

Die X-Bank könnte gemäß § 128 HGB den **A persönlich** in seiner Eigenschaft als **Gesellschafter** der OHG in Anspruch nehmen, sofern eine **Verbindlichkeit der Gesellschaft** ihr gegenüber bestünde.

I. A ist **Gesellschafter** der zwischen ihm sowie B und C bestehenden OHG.

II. Es müsste eine **Gesellschaftsverbindlichkeit der OHG** gegenüber der X-Bank aus § 488 I BGB vorliegen. Der Vertragsschluss über das Darlehn erfolgte durch C im Namen der Gesellschaft. Diese wäre nach § 124 I HGB verpflichtet worden, wenn C **wirksam als Vertreter** der OHG i.S.v. § 164 I BGB aufgetreten wäre.

1. C gab eine **eigene** Willenserklärung **im Namen** der OHG ab.

---

[480] Die Eintragungspflicht folgt aus § 106 I HGB, für die KG i.V.m. § 161 II HGB.

2. Fraglich ist jedoch, ob C die erforderliche **Vertretungsmacht** gegenüber der X-Bank besaß.
   a) Grundsätzlich ist gemäß § 125 I HGB **jeder Gesellschafter** zur Vertretung der OHG befugt.
   b) Der **Gesellschaftsvertrag** kann jedoch **Abweichendes** bestimmen. Hier ist A gemäß § 125 I HGB von der Vertretung **ausgeschlossen** und diese Tatsache nach § 106 II Nr. 4 HGB zum Eintrag in das Handelsregister angemeldet worden. Darüber hinaus bestimmte der Gesellschaftsvertrag eine **Gesamtvertretung** i.S.v. § 125 II 1 HGB. Danach waren B und C nur in Gemeinschaft zur Vertretung der Gesellschaft ermächtigt. Also besaß C **tatsächlich** keinerlei alleinige Vertretungsmacht.
   c) Allerdings wurde **versehentlich** die Gesamtvertretung entgegen § 106 II Nr. 4 HGB **nicht** in das **Handelsregister eingetragen**. Insofern könnten zugunsten der X-Bank die Voraussetzungen von § 15 I HGB eingreifen und sie in ihrem Vertrauen auf eine alleinige Vertretungsmacht des C geschützt sein.
      aa) Die **Gesamtvertretung** ist eine **eintragungspflichtige Tatsache** i.S.v. § 15 I HGB, wie aus § 106 II Nr. 4 HGB folgt.
      bb) Sie ist jedoch **nicht** in das Handelsregister **eingetragen** worden.
      cc) Die X-Bank besaß **keinerlei positive Kenntnis** von den wahren Verhältnissen, so dass sie sich auf das Schweigen des Registers berufen kann (sog. **negative Publizität**): sie durfte gutgläubig davon ausgehen, dass C, wie im Normalfall des § 125 I HGB auch, allein zur Vertretung der OHG befugt war.

Damit ist ein Darlehnsvertrag zwischen OHG und der X-Bank zustande gekommen. Nach Kündigung des Darlehns gemäß § 488 III BGB ist eine Verbindlichkeit der Gesellschaft entstanden. Also ist A gemäß § 128 HGB persönlich zur Rückzahlung der Darlehnssumme an die X-Bank verpflichtet.

B. Anspruch des A gegen die OHG auf Ersatz der gezahlten 50.000,– € aus § 110 HGB

Grundsätzlich kann ein **Gesellschafter**, der nach § 128 HGB an einen Gesellschaftsgläubiger geleistet hat, **von der Gesellschaft** nach § 110 HGB **Ersatz fordern**[481].

I. **Ersatzberechtigt** sind nach § 110 HGB alle Gesellschafter, nicht nur die zur Geschäftsführung nach §§ 114 ff. HGB Befugten[482], also auch A.

II. A hat zugunsten der OHG eine Geldauslage und damit eine **Aufwendung** in Gesellschaftsangelegenheiten i.S.v. § 110 I 1. Fall vorgenommen.

III. Es handelte sich um eine **Verbindlichkeit der OHG**, so dass A auch von der **Erforderlichkeit der Aufwendung** ausgehen durfte.

---

[481] Baumbach/Hopt-Hopt, § 128 Rn. 25.
[482] Baumbach/Hopt-Hopt, § 110 Rn. 2.

Damit kann A von der OHG Ersatz seiner Aufwendung nach § 110 I 1. Fall HGB verlangen. Es handelt sich um eine sog. **Sozialverbindlichkeit**, bei der A gehalten ist, **Befriedigung aus dem Vermögen der Gesellschaft** zu suchen und er nicht etwa nach § 128 HGB gegen seine Mitgesellschafter vorgehen kann[483].

C. Anspruch der OHG gegen C auf Schadensersatz aus § 280 I BGB i.V.m. § 124 I HGB, geltend gemacht durch A zugunsten der OHG

I. Möglicherweise besteht ein **Anspruch der OHG auf Schadensersatz** aus § 280 I BGB i.V.m. § 124 I HGB gegenüber C.

1. Ein **Schuldverhältnis** liegt aufgrund des Gesellschaftsvertrages vor.
2. C müsste eine **Pflichtverletzung** begangen haben, welche **nicht** durch **spezielle gesetzliche Regelung** bereits erfasst ist. Entgegen der Vereinbarung im Gesellschaftsvertrag ist C allein als Vertreter der OHG aufgetreten und hat zu ihren Lasten einen Kredit aufgenommen. Er hat damit **pflichtwidrig** gegen die Bestimmungen des Vertrages verstoßen und seine Gesellschafterpflicht schlecht erfüllt. Dieses Verhalten ist nicht anderweitig gesetzlich erfasst, so dass insoweit § 280 I BGB einschlägig ist.
3. C wusste um die Beschränkung seiner Vertretungsmacht, handelte also gemäß vorsätzlich und damit auch schuldhaft nach § 708 BGB[484] i.V.m. § 105 III HGB **schuldhaft.**
4. Durch das Verhalten des C ist der OHG ein **Schaden** in Höhe von 50.000,– € entstanden, die sie dem A als Aufwendung erstatten muss.

Damit besteht ein Anspruch der OHG aus § 280 I BGB i.V.m. § 124 I HGB gegen C auf Schadensersatz.

II. **Fraglich** ist jedoch, ob A diesen **zugunsten der OHG** gegenüber C **geltend machen** kann.

1. A ist grundsätzlich nach § 125 I HGB durch entsprechende Regelung im Gesellschaftsvertrag **von der Vertretung** der OHG **ausgeschlossen** worden.
2. Allerdings könnte dann ein Anspruch gegen den C nicht ohne dessen eigene Mitwirkung geltend gemacht werden. C hätte die Möglichkeit, den Schadensersatzanspruch der OHG gegen sich nicht weiter zu verfolgen. In diesem Fall eines sog. **Sozialanspruchs** der Gesellschaft gegen einen der Gesellschafter im Innenverhältnis ist anerkannt, dass ihn auch ein nicht zur Geschäftsführung oder Vertretung befugter Gesellschafter zugunsten der Gesellschaft geltend machen kann (sog. **actio pro socio**).

Also kann A den C auf Schadensersatz aus § 280 I BGB i.V.m. § 124 I HGB im Namen und zugunsten der OHG in Anspruch nehmen.

---

483 Vgl. dazu BGHZ 37, 299 (301 f.).

484 Der Haftungsmaßstab im Innenverhältnis der Gesellschaft richtet sich nicht nach § 276 BGB, sondern nach der sog., **eigenüblichen Sorgfalt**, wie in § 708 BGB ausgesprochen. Grund für die Haftungsmilderung ist die persönliche Verbundenheit der Gesellschafter untereinander (vgl. Palandt/Sprau, § 708 Rn. 1). Im Fall lag jedoch jedenfalls Vorsatz vor.

Sozialverbindlichkeiten:

- **Verbindlichkeit der Gesellschaft** aus dem **Innenverhältnis**, nämlich aus dem Gesellschaftsvertrag der Gesellschafter untereinander.
- Ein **fordernder Gesellschafter** muss zunächst versuchen, **aus dem Gesellschaftsvermögen** Leistungen zu erhalten. Dies folgt aus § 707 BGB, wonach zur Erhöhung des vereinbarten Beitrages oder zur Ergänzung der durch Verlust verminderten Einlage die Gesellschafter nicht verpflichtet sind.
- Eine unbeschränkte gesamtschuldnerische Haftung besteht also nur gegenüber **außenstehenden Dritten.**

Sozialanspruch und actio pro socio:

- **Sozialansprüche** der Personengesellschaft sind Ansprüche **gegen** die **Gesellschafter** (z.B. auf Zahlung der Beiträge oder Schadensersatz wegen Verletzung von Geschäftsführungspflichten) im Innenverhältnis.
- Sozialansprüche kann auch ein nicht zur Geschäftsführung befugter Gesellschafter im eigenen Namen zugunsten der Gesellschaft geltend machen, etwa ein Kommanditist (sog. **actio pro socio**).

Grund: ansonsten hätten geschäftsführungsbefugte Gesellschafter die Möglichkeit, Ansprüche der Gesellschaft gegen sie selbst nicht weiter zu verfolgen.

Fall 2: Vertretungsmacht, Selbstorganschaft, Gesellschafterhaftung

Manuel Getriebe (M) und Kurt Schluss (K) betreiben gemeinsam mit Severin Saldow (S) in der Rechtsform einer OHG eine Kfz-Werkstatt. Sowohl Geschäftsführungsbefugnis als auch Vertretungsmacht werden auf den geschäftserfahrenen, aber mit mehreren linken Händen ausgestatteten S übertragen, entsprechende Eintragungen im Handelsregister vorgenommen. Um den S zu entlasten, wird später die mit besten Referenzen aus der Inkassobrache ausgestattete Elke Pone (P) als Prokuristin eingestellt und der Gesellschaftsvertrag dahingehend geändert, dass S nur in Gemeinschaft mit P vertretungsbefugt sein soll. Eintragungen insoweit unterbleiben.

Ignaz Imme (I), der seinen Diesel zur Reparatur brachte und einen entsprechenden Auftrag gegenüber S erteilte, ist mit der Ausführung desselben nicht zufrieden. Er verlangt von der Gesellschaft und von S Nacherfüllung. M und K sitzen zur selben Zeit im Flieger nach Mallorca.

Besteht der Anspruch des I gegenüber der OHG bzw. gegen S?

Lösung:

A. Anspruch I gegen die OHG auf Nacherfüllung, §§ 634 Nr. 1, 635 I BGB i.V.m. § 124 I HGB

I könnte gegen die OHG einen Anspruch auf **Nacherfüllung** aus §§ 634 Nr. 1, 635 I BGB i.V.m. § 124 I HGB haben. Gegen die Wirksamkeit der OHG bestehen keine Bedenken.

I. Zunächst müsste ein **Werkvertrag** gemäß §631 BGB zwischen I und der OHG vorliegen. Entscheidend ist, ob die OHG wirksam durch S nach §164 BGB **vertreten** wurde.

1. Eine **eigene Willenserklärung** des S liegt in der Annahme des Auftrages vor.
2. Jedenfalls ergeben die **Umstände** des Vertragsschlusses gemäß §164 I 2 BGB, dass der Werkvertrag **im Namen des Betreibers** des Geschäftes, also der OHG, abgeschlossen werden soll.
3. Problematisch ist die **Vertretungsmacht** des S.

a) Ursprünglich besaß S nach §125 I HGB alleinige Vertretungsmacht. Diese wurde in der Folgezeit jedoch durch eine **unechte Gesamtvertretung** i.S.v. §125 III HGB im Gesellschaftsvertrag abgelöst. Danach sollte S nur in Gemeinschaft mit der Prokuristin P vertretungsbefugt sein.

b) Die **Wirksamkeit** dieser unechten Gesamtvertretung könnte bereits daran scheitern, dass sie entgegen §§106 II Nr.4, 107 HGB nicht als **Änderung der Vertretungsmacht** eines Gesellschafters zur **Eintragung** in das **Handelsregister** angemeldet wurde. Allerdings entfaltet die Eintragung lediglich **deklaratorische Wirkung**[485]. Zumindest hieran scheitert die unechte Gesamtvertretung vorliegend nicht.

c) Bedenken bestehen allerdings insofern, als auf der Grundlage der unechten Gesamtvertretung Geschäfte für die OHG nie ohne Mitwirkung der Prokuristin abgeschlossen werden könnten. Dies verstieße gegen das **Verbot der Drittorganschaft**. Danach muss es möglich sein, Geschäfte auch ohne Mitwirkung eines Nichtgesellschafters tätigen zu können. Dies wird für die OHG auch aus dem Wortlaut des §125 III 1 HGB geschlossen, der eine unechte Gesamtvertretung **nur neben** Einzel- oder echter Gesamtvertretung vorsieht[486]. Somit war S tatsächlich alleinvertretungsbefugt und hat die OHG wirksam vertreten. Ein Werkvertrag zwischen der OHG und I liegt somit vor.

II. Nach dem Sachverhalt ist die Werkleistung **mangelhaft** i.S.v. §633 II BGB.

Im Ergebnis kann somit I von der OHG gemäß §635 I BGB Nacherfüllung verlangen.

B. Anspruch I gegen S auf Nacherfüllung, §§634 Nr.1, 635 I BGB i.V.m. §§124 I, 128 HGB

I könnte gegen S einen Anspruch auf **Nacherfüllung** aus §§634 Nr.1, 635 I BGB i.V.m. §§124 I, 128 HGB haben.

I. Eine diesbezügliche **Verpflichtung der OHG** existiert (s.o.).

II. S ist auch **Gesellschafter** der OHG. Der Anspruch auf Nacherfüllung gegen S besteht an sich.

---

485 Vgl. hierzu oben Abbildung 38.
486 Klunzinger, Gesellschaftsrecht §5 VI. 1. b) cc).

III. Zweifelhaft ist jedoch, ob eine erneute Reparatur von S verlangt werden kann. Damit stellt sich die Frage nach dem **Inhalt der Haftung** nach § 128 HGB.

1. Nach der früheren **Haftungstheorie** kann vom Gesellschafter grundsätzlich nur eine **Geldleistung** verlangt werden. Eine persönliche Erfüllungspflicht besteht danach grundsätzlich nicht. Dies wird von der herrschenden **Erfüllungstheorie** abgelehnt. Die umfassende Haftung der Gesellschafter aus § 128 HGB sei geboten, da sie wesentliche Haftungsgrundlage zu Gunsten der Gläubiger sei[487]. Da § 128 HGB keine Beschränkung auf einen Ausgleichsanspruch in Geld enthält, erscheint dies zutreffend. Danach müsste S grundsätzlich die Reparatur durchführen.
2. Eine **Ausnahme** wird indes dann gemacht, wenn die Erfüllung dem Gesellschafter **unmöglich** oder **unzumutbar** ist. Zwar ist S persönlich nicht in der Lage, die Reparatur durchzuführen. **Unmöglichkeit** nach § 275 I BGB scheidet aber insoweit aus, als er auf Reparatur durch die Mitgesellschafter bzw. durch ein anderes Unternehmen hinarbeiten könnte. Auch ist es nach der Rechtsprechung **nicht unzumutbar**, einen Drittunternehmer mit der Durchführung zu beauftragen[488]. Bei der **Abwägung der Interessen** ist entscheidend, dass dem Gesellschafter in diesem Fall nicht mehr zugemutet wird, als der Gläubiger auf sich nehmen müsste, um sich selbst zu helfen.

Somit kann I auch den S auf Nacherfüllung in Anspruch nehmen.

Fall 3: Überschreiten der Geschäftführungsbefugnis

Anakin (A), Boba (B) und Chewbacca (C) haben die ABC-OHG gegründet, die Softwareentwicklung betreibt. Nach dem Gesellschaftsvertrag ist A allein geschäftsführungs- und vertretungsbefugt. Entsprechende Eintragungen im Handelsregister werden vorgenommen. Als sich eine günstige Gelegenheit bietet, kauft A im Namen der OHG mit notariellem Vertrag ein leer stehendes Bürogebäude von Horst-Kevin Potemkin (H). Als A seinen Mitgesellschaftern von dem Geschäft berichtet, sind diese wenig begeistert und verweigern ihre Zustimmung.

Kann A von der OHG Zahlung des Kaufpreises verlangen und könnte in diesem Fall C im Namen der OHG Ersatz von A verlangen?

Lösung:

A. Anspruch des H gegenüber der OHG auf **Kaufpreiszahlung,** § 433 II BGB i.V.m. § 124 I HGB.

H könnte gegen die OHG einen Anspruch auf Zahlung aus § 433 II BGB besitzen. Dies setzt einen wirksamen **Kaufvertrag** zwischen ihm und der OHG voraus. Hier ist fraglich, ob die OHG wirksam durch den allein auftretenden C nach § 164 I BGB **vertreten** wurde.

---

[487] BGHZ 73, 217 (221); 104, 76, (78); Überblick bei K. Schmidt, Gesellschaftsrecht, § 49 III 1.; Baumbach/Hopt-Hopt, § 128 Rn. 8; K/R/M-Koller §§ 128, 129 Rn. 5. Danach ist nur **nicht** geschuldet die Erfüllung **unvertretbarer Handlungen**, bei denen nur von der Gesellschaft Erfüllung gefordert und nur gem. § 888 ZPO gegen die Gesellschaft und ihre Organe vollstreckt werden kann.

[488] BGHZ 73, 217 (221).

I. A hat den notariellen Kaufvertrag selbst ausgehandelt und damit eine **eigene** Willenserklärung abgegeben.

II. Dies geschah auch **im Namen** der OHG.

III. Fraglich ist die **Vertretungsmacht** des A.

1. Möglicherweise lag ein **außergewöhnliches Geschäft** i.S.v. § 116 II HGB vor, bei dem ein Beschluss sämtlicher Gesellschafter nötig gewesen wäre.

2. Dies beträfe allerdings lediglich die **interne Geschäftsführungsbefugnis**. Die Dritten gegenüber wirkende **Vertretungsmacht** ist vor allem in §§ 125, 126 HGB geregelt.

a) Danach war A gemäß § 125 I HGB **allein** vertretungsbefugt, entsprechende Eintragungen im Handelsregister nach § 106 Nr. 4 HGB lagen vor.

b) Der Umfang der Vertretungsmacht erstreckt sich auf **alle** gerichtlichen und außergerichtlichen Geschäfte und Rechtshandlungen. Die Nennung von Grundstücksveräußerungen in § 126 I HGB hat insoweit klarstellende Funktion[489].

Somit war A auch ohne Mitwirkung von B und C zur Vertretung der OHG berechtigt. Ein Kaufvertrag der OHK mit H besteht, und sie ist zur Zahlung verpflichtet.

B. **Ersatzanspruch** der OHG gegenüber C aus § 678 BGB

I. Im Hinblick darauf, dass A u.U. seine Geschäftsführungsbefugnis nach § 116 HGB überschritten hat, wurde teilweise vertreten, dass er wie ein Geschäftsführer ohne Auftrag (**GoA**)[490] nach § 678 BGB zu haften habe[491].

II. Da jedoch der geschäftsführende Gesellschafter **nicht ohne** rechtliche **Legitimation**, wie bei der GoA üblich, auftritt, ist eher an einen Schadensersatz wegen Pflichtverstoßes aus § 280 I BGB[492] zu denken.

§ 678 BGB liegt also nicht vor.

C. **Ersatzanspruch** der OHG gegenüber C aus § 280 I BGB

I. Dieser Anspruch setzt zunächst ein **Schuldverhältnis** zwischen der OHG und dem A voraus. Hier wird es durch den Gesellschaftsvertrag begründet.

II. Die **Pflichtverletzung** kann darin zu sehen sein, dass A entgegen § 116 II HGB keinen Beschluss aller Gesellschafter abgewartet hat. Der Kaufvertrag müsste also ein **außergewöhnliches Geschäft** darstellen. Außergewöhnlich sind Geschäfte, wenn sie entweder nicht dem **üblichen Geschäftskreis** der Gesellschaft angehören oder mit **besonderen Risiken** behaftet sind[493]. So-

---

489 Hierzu Baumbach/Hopt-Hopt, § 126 Rn. 1. Dazu, dass wie beim Prokuristen Grundlagengeschäfte nicht gedeckt werden vgl. Baumbach/Hopt-Hopt, § 126 Rn. 3; BGH NJW 1995, S. 596 f.

490 Siehe dazu oben § 16.

491 RGZ 158, 302 (312); jedenfalls bei schuldhafter Überschreitung auch Baumbach/Hopt-Hopt, § 114 Rn. 15.

492 Ebenso K/R/M-Koller, § 114 Rn. 7. Für den Geschäftsführer einer GmbH eine GoA ablehnend auch BGH NJW-RR 1989, S. 1255 ff.

493 K/R/M-Koller, § 116 Rn. 2 w.w.N.

wohl im Hinblick auf den wirtschaftlichen Umfang als auch den Geschäftsgegenstand der Software-OHG handelt es sich beim Kauf des Gebäudes um ein ungewöhnliches Geschäft. A hätte also nach § 116 II HGB eine Beschlussfassung aller Gesellschafter abwarten müssen. Eine Pflichtverletzung durch A liegt vor.

III. Dies geschah auch am Maßstab des § 708 BGB schuldhaft, nämlich **vorsätzlich.**

Damit steht der OHG gegen den A ein Schadensersatzanspruch aus § 280 I BGB zu.

Diesen kann im Wege der **actio pro socio**[494] der eigentlich nicht vertretungsberechtigte C im Namen der OHG gegen A geltend machen.

§ 40
Wettbewerbsverbote

Fall 1: Wettbewerbsverbot; actio pro socio

A, B und C haben eine mittelständische OHG gegründet, deren Zweck der Handel mit Computern ist. Nach dem Gesellschaftsvertrag stehen Geschäftsführungsbefugnis und Vertretungsmacht ausschließlich dem B zu. Entsprechende Eintragungen erfolgen im Handelsregister. In der Folgezeit verliert B die Lust an der gemeinsamen OHG und betätigt sich heimlich als Geschäftsführer der „Saftware-GmbH", die Softwareentwicklung betreibt.

A fragt sich, ob er nach Absprache mit C namens der OHG gegen B Ansprüche geltend machen kann.

Lösung:

I. Die OHG könnte gemäß § 113 I i.V.m. § 112 I HGB den B auf **Schadensersatz** bzw. **Herausgabe** der **Geschäftsführervergütung** in Anspruch nehmen.

1. B ist **Gesellschafter** der zwischen ihm, A und C bestehenden OHG, die jedenfalls nach §§ 1 II, 123 II, 105 II HGB aufgrund ihrer Geschäftsaufnahme wirksam entstanden ist.

2. B müsste **im Handelszweig** der Gesellschaft **Geschäfte gemacht** haben.

   a) B war als Geschäftsführer einer fremden GmbH tätig. Es kommt für § 112 HGB **nicht** darauf an, **ob** die Geschäfte für **eigene** oder **fremde Rechnung** abgeschlossen werden, wie auch aus § 113 I 2. H.S. HGB folgt[495].

   b) **Fraglich** ist allerdings, ob Geschäfte **im selben Handelszweig** der OHG geschlossen wurden. Diese handelt mit Computern, während die GmbH Softwareentwicklung betreibt. **Zweck** der §§ 112, 113 HGB ist es, **Interessenkonflikte** zu vermeiden. Daher ist der Begriff „Handelszweig" weit zu fassen. Es handelt sich vorliegend zumindest um

[494] K/R/M-Koller, § 114 Rn. 7.
[495] Baumbach/Hopt-Hopt, § 112 Rn. 4.

die gleiche Branche, bei welcher sich der **Kundenkreis** von OHG und GmbH überschneiden kann. Wissen über Gesellschaftsinterna waren für B insofern auch im Rahmen der Geschäfte für die GmbH nutzbar.

3. Die Tätigkeit erfolgte **ohne Einwilligung** der anderen Gesellschafter. § 112 HGB läge an sich vor.

4. Allerdings kollidiert das **Wettbewerbsverbot** aus § 112 HGB mit dem **Kartellverbot** aus § 1 GWB. Danach sind Vereinbarungen zwischen Unternehmen, die eine Verhinderung, Einschränkung oder Verfälschung des Wettbewerbs bezwecken oder bewirken, verboten. Grundsätzlich sind beide Vorschriften **gleichrangig.** § 1 GWB tritt allerdings insoweit zurück, als **Gesellschaftsinteressen** dies erfordern[496]. Dies ist der Fall, wenn der eigentliche **Zweck** der **Gesellschaft nicht** auf eine **Wettbewerbsbeschränkung** gerichtet und das Wettbewerbsverbot **sachlich** zur Erreichung des kartellrechtlich neutralen Gesellschaftszwecks **geboten** ist[497].

   a) Der **Hauptzweck** der OHG besteht im Handel mit Computern, nicht dagegen darin, den Wettbewerb unter den Gesellschaftern zu beschränken.

   b) Fraglich ist, ob das Wettbewerbsverbot zur Erreichung dieses Hauptzwecks **sachlich geboten** ist. Grundsätzlich besteht ein **legitimes Interesse** der Gesellschaft, dass ihre Gesellschafter nicht interne Informationen aus dem Unternehmen konkurrierend verwenden. Ob dies auch für Gesellschafter gilt, die von der Geschäftsführung ausgeschlossen sind, ist umstritten[498], muss jedoch vorliegend nicht entschieden werden, da B **geschäftsführender** Gesellschafter ist. Somit tritt § 1 GWB hinter das Wettbewerbsverbot des § 112 HGB zurück.

Also ist § 112 I HGB erfüllt. Als Folge eröffnet § 113 I HGB der Gesellschaft eine **Wahlmöglichkeit** zwischen einem grundsätzlich konkret zu berechnenden **Schadensersatzanspruch** und einem Anspruch auf **Herausgabe der Vergütung**, die B als Geschäftsführer bezogen hat[499].

II. Es ist bei der Geltendmachung in Absprache mit C zu verfahren, § 113 II HGB, d.h. es muss ein **Beschluss** zwischen C und A zustande kommen, den Anspruch zu verfolgen.

III. **Fraglich** ist jedoch, **ob A** diesen Anspruch zugunsten der OHG gegenüber B **geltend machen** kann.

1. A ist ebenso wie C grundsätzlich nach § 125 I HGB durch entsprechende Regelung im Gesellschaftsvertrag von der Vertretung der OHG **ausgeschlossen** worden.

---

496 BGH WM 1994, S. 220 ff.

497 BGH NJW 1982, S. 938 f. (939); BGHZ 70, 331 (334 f.); 89, 162 (169).

498 Vgl. Baumbach/Hopt-Hopt, § 112 Rn. 15; Klunzinger, Gesellschaftsrecht, § 5 V. 4. c) m.w.N.; BGHZ 38, 306 (314 ff.).

499 Bei Geschäften des Gesellschafters im eigenen Namen unter Verstoß gegen § 112 HGB besteht auch ein **Eintrittsrecht** der OHG.

2. Allerdings könnte dann ein Anspruch gegen den B nicht ohne dessen eigene Mitwirkung geltend gemacht werden. B hätte die Möglichkeit, den Schadensersatzanspruch der OHG gegen sich nicht weiter zu verfolgen. In diesem Fall eines **Sozialanspruchs** der Gesellschaft gegen einen der Gesellschafter **im Innenverhältnis** ist anerkannt, dass ihn auch ein nicht zur Geschäftsführung oder Vertretung befugter Gesellschafter zugunsten der Gesellschaft geltend machen kann (sog. **actio pro socio**)[500].

Also kann A gegen B den Schadensersatzanspruch aus §§ 113 I i.V.m. § 112 I HGB im Namen und zugunsten der OHG geltend machen.

III. Die KG

Geschäftsführung und Vertretung bei Personengesellschaften		
GbR	OHG	KG
Geschäftsführung: • **Grundsatz**: alle gemeinsam, § 709 BGB • **Abweichung** hiervon durch Gesellschaftsvertrag möglich, § 710 BGB	**Geschäftsführung:** • **Grundsatz**: jeder allein befugt und verpflichtet, §§ 114 I, 115 I HGB • **Abweichung** durch Gesellschaftsvertrag möglich, §§ 114 II, 115 II HGB • **Umfang**: Handlungen, die der gewöhnliche Betrieb des Handelsgewerbes mit sich bringt, § 116 I HGB (sonst: Beschluss aller notwendig, § 116 II HGB) • **Kontrollrechte** auch für von Geschäftsführung Ausgeschlossene, § 118 HGB	**Geschäftsführung:** • Komplementäre **ausschließlich** befugt, § 164 HGB • Kommanditisten besitzen lediglich Kontrollrechte, § 166 HGB • Vorschriften jedoch **dispositiv**
Vertretung der Gesellschafter: • richtet sich gemäß § 714 BGB nach Geschäftsführung • **Grundsatz** daher: alle gemeinsam, §§ 714, 709 BGB • abweichende Vereinbarung nach §§ 710, 714 BGB möglich	**Vertretung der Gesellschaft:** • **Grundsatz**: **jeder einzelne** hat Vertretungsmacht für Gesellschaft, § 125 I HGB • **Abweichung** hiervon in Gesellschaftsvertrag möglich, § 125 I, II und III HGB • **Eintragung** der Abweichung in Handelsregister erforderlich, §§ 106 II Nr. 4, 107 HGB	**Vertretung der Gesellschaft:** • **ausschließlich** durch Komplementäre, § 170 HGB • **zwingende** Vorschrift, keine Abweichung hiervon möglich

Abbildung 46: Geschäftsführung und Vertretung bei Personengesellschaften

[500] Baumbach/Hopt-Hopt, § 113 Rn. 7.

§ 41
Haftung bei der KG

Fall 1: Beschränkte und unbeschränkte Kommanditistenhaftung

Die Rainer Wahn-KG, die einen Großhandel betreibt, besteht aus dem Komplementär Rainer Wahn und den drei Kommanditisten K1, K2 und K3, die jeweils eine Einlage von 50.000,– € leisteten. Die Gesellschaft wurde zunächst nicht in das Handelsregister eingetragen, jedoch nahm sie unmittelbar nach Abschluss des Gesellschaftsvertrages die Geschäfte auf. Hierzu erklärte K1 ausdrücklich sein Einverständnis.

K2 trat erst später der KG bei. Noch vor seiner Eintragung in das Handelsregister als Kommanditist schloss die KG einen Kaufvertrag mit dem Hersteller X ab, aus dem sie eine Kaufpreissumme in Höhe von 70.000,– € schuldig blieb.

In der Zwischenzeit hatte K3 Rainer Wahn überredet, eine private Darlehnsschuld des K3 in Höhe von 25.000,– € namens der KG zu begleichen.

X, der keine Kenntnis davon hatte, dass K1–3 lediglich Kommanditisten sind, überlegt, ob er den ihm zustehenden Kaufpreisanspruch gegen K1–3 geltend machen kann.

Lösung:

A. Anspruch X gegen K1 aus § 433 II BGB i.V.m. § 176 I HGB

X könnte gegen K1 ein Anspruch auf Zahlung der Kaufpreissumme zustehen.

I. Durch Abschluss des Kaufvertrages steht X ein Anspruch aus § 433 II BGB zu. **Anspruchsgegner** ist grundsätzlich die **KG** nach §§ 161 II, 124 I HGB.

II. Als **Kommanditist** haftet K1 nur beschränkt auf die Höhe seiner **Einlage**, hier also 50.000,– €, wie aus § 171 I 1. H.S. HGB folgt. Nachdem er seine **Einlage an die KG geleistet** hat, ist diese **Haftung** jedoch **ausgeschlossen**, § 171 I 2. H.S. HGB, so dass K1 an sich als Kommanditist nicht zu weiterer Haftung verpflichtet ist.

III. Möglicherweise folgt etwas anderes daraus, dass K1 der **Geschäftsaufnahme** der KG **zustimmte**, obwohl sie noch nicht im Handelsregister eingetragen war. Dies könnte zu einer **unbeschränkten Haftung** des K1 aus § 176 I HGB führen.

1. Dies setzt zunächst voraus, dass die **KG** nicht gemäß §§ 161 II, 123 I HGB durch Eintragung in das Handelsregister, sondern bereits **durch Geschäftsaufnahme** nach §§ 161 II, 123 II HGB **wirksam wurde.** Das ist der Fall, wenn es sich bei den von der KG aufgenommenen Geschäften **nicht** um ein **Kleingewerbe** nach § 1 HGB handelt. Die KG ist im Großhandel tätig, so dass § 1 HGB erfüllt ist und sie damit **auch ohne Eintragung wirksam** wurde.
2. Der **Kommanditist** K1 war laut Sachverhalt **mit der Geschäftsaufnahme einverstanden.**

3. Die **Verbindlichkeit** der KG wurde noch **vor der Eintragung** der KG gegenüber X **begründet**.
4. X besaß **keinerlei positive Kenntnis von der Kommanditistenstellung** des K1. Unerheblich ist im Rahmen von § 176 HGB darüber hinaus, ob der Dritte überhaupt Kenntnis von der Person des Kommanditisten besitzt[501]. Damit sind die Voraussetzungen des § 176 I HGB erfüllt.

Folge ist, dass K1 dem X **unbeschränkt** haftet, so dass dieser ihn auf Zahlung in Höhe von 70.000,– € in Anspruch nehmen kann.

B. Anspruch X gegen K2 aus § 433 II BGB i.V.m. § 176 II HGB

X könnte auch gegen K2 ein Anspruch auf Zahlung von 70.000,– € zustehen.

I. Auch K2 haftet an sich nur **beschränkt auf seine Einlage** als Kommanditist und ist **nach Leistung der Einlage** von weiterer Haftung **befreit**, § 171 I HGB.

II. Möglicherweise folgt etwas anderes daraus, dass K2 der **bereits bestehenden KG beitrat** und diese eine **Verbindlichkeit** begründete, **ehe** K2 in das **Handelsregister eingetragen** wurde. Die unbeschränkte Haftung des K2 könnte in diesem Fall aus § 176 II HGB folgen.

1. K2 ist in die bereits bestehende Rainer Wahn-KG **eingetreten**.
2. Die KG hatte eine **Verbindlichkeit** gegenüber X begründet, noch **ehe** K2 als **Kommanditist in das Handelsregister eingetragen** wurde. Im Gegensatz zu § 176 I HGB kommt es hier nicht darauf an, ob der eintretende Kommanditist eine Zustimmung erteilt oder nicht.
3. X **wusste nichts von der Kommanditistenstellung** des K2; auf seine Kenntnis von der Existenz des K2 kommt es im Rahmen von § 176 HGB nicht an (s.o.).

Damit haftet K2 dem X **unbeschränkt** in Höhe von 70.000,– € aus § 176 II HGB.

C. Anspruch X gegen K3 aus § 433 II BGB i.V.m. § 172 IV HGB

X könnte gegen K3 einen Anspruch auf Zahlung von 70.000,– € besitzen.

I. Auch K3 haftet an sich nur **beschränkt auf seine Einlage** als Kommanditist und ist nach Leistung der Einlage von weiterer Haftung **befreit**, § 171 I HGB.

II. Möglicherweise hat jedoch die KG dem K3 seine **Einlage** im Umfang von 25.000,– € **zurückgezahlt**, so dass er nach § 172 IV HGB dem X in dieser Höhe **persönlich** haften muss.

1. Eine **unmittelbare Rückzahlung** eines Teils der Einlage an K3 ist **nicht** erfolgt.
2. Fraglich ist, ob die **Begleichung einer Schuld** des K3 durch die KG in Höhe von 25.000,– € dem gleichsteht. § 172 IV HGB **bezweckt** sicher zu stellen, dass die Einlage der Kommanditisten den Gläubigern der KG als **Haftungsgrundlage** zur Verfügung steht. Dieser Zweck wird auch dann beeinträchtigt, wenn aus dem Vermögen der KG private Verbindlichkei-

[501] BGH NJW 1982, S. 883 ff. (884). A.A. Baumbach/Hopt-Hopt, § 176 Rn. 4.

ten eines der Kommanditisten beglichen werden, so dass auch mittelbare Zuwendungen an den Kommanditisten unter § 172 IV HGB fallen[502].

Damit ist in Höhe von 25.000,– € K3 seine Einlage von 50.000,– € zurückgeflossen. In Höhe von 25.000,– € haftet er dem X gegenüber also persönlich[503].

Die beschränkte Haftung des Kommanditisten:

- Der Kommanditist **haftet** nach § 171 I HGB **nur in Höhe** seiner im Gesellschaftsvertrag vereinbarten **Einlage.**
- Die **Haftung** ist **ausgeschlossen,** sobald die **Einlage** an die KG geleistet wurde, § 171 I 2. H.S. HGB.

Die ausnahmsweise unbeschränkte Haftung des Kommanditisten:

- **Nach § 172 IV HGB** gilt die **Einlage** Gläubigern gegenüber als **nicht geleistet,** wenn sie an den Kommanditisten wieder **zurückgezahlt** worden ist.
- **Nach § 176 I HGB** entsteht ebenfalls eine persönliche unbeschränkte Haftung des Kommanditisten.

  Voraussetzungen:

  - Die KG ist nicht durch Eintragung, sondern durch Geschäftsaufnahme nach § 123 II HGB wirksam geworden.
  - Die KG ist eine Verbindlichkeit vor ihrer Eintragung eingegangen.
  - Der Kommanditist war mit der Geschäftsaufnahme einverstanden.
  - Der Gläubiger darf keine positive Kenntnis von der Stellung des Gesellschafters als Kommanditist haben.
- **Nach § 176 II i.V.m. I HGB.**

  Voraussetzungen:

  - Der Kommanditist tritt in eine bereits bestehende KG ein. Unerheblich ist, auf welche Weise (§ 123 I oder II HGB) die KG wirksam geworden ist.
  - Vor Eintragung des Kommanditisten in das Handelsregister begründet die KG eine Verbindlichkeit.
  - Auf Zustimmung des Kommanditisten zu diesem Geschäft kommt es **nicht** an (!).
  - Keine positive Kenntnis des Gläubigers von Kommanditistenstellung.

Fall 2: Aufwendungsersatzanspruch des Kommanditisten [504]

Rainer-Franz Branntwein (B) ist persönlich haftender Gesellschafter der Branntwein-KG. Zahnarzt Dr. Krankenschein (K) ist als Kommanditist mit einer Gewinn- und Verlustquote von 25 % beteiligt. Als die KG in finanzielle Schwierigkeiten gerät, bittet B den K, Sicherheiten für ein Darlehn der KG bei der S-Sparkasse zu stellen.

---

502 BGHZ 47, 149 (155).
503 Der Gläubiger hat die Wahl, an welchen der Schuldner er sich halten will.
504 BGH (17.12.2001 – II ZR 382/99) www.judicialis.de.

K bestellt daraufhin an einem ihm gehörenden Grundstück eine Grundschuld in Höhe von 100.000,– € für einen seitens der S der KG gewährten Kredit. Später verlangt S von der KG die Rückzahlung des Darlehns und fordert auch den K zum Kontoausgleich auf. Anderenfalls werde sie die Grundschuld verwerten. Nachdem K zur Abwendung der Zwangsvollstreckung 100.000,– € an S gezahlt hat, verlangt er die Erstattung dieses Betrages von der KG, hilfsweise von B persönlich.

Zu Recht?

Lösung:

A. Anspruch des K gegen die KG auf Erstattung

K könnte gegen die KG einen Anspruch auf Erstattung nach §§ 110 I, 161 II HGB haben.

I. K ist **Gesellschafter** der KG.

II. Weiterhin müsste die Zahlung an die Sparkasse eine **Aufwendung** i.S.v. § 110 I HGB darstellen. Aufwendungen sind **freiwillige Vermögensopfer.** Im Hinblick auf diese Freiwilligkeit ist es gleichgültig, ob durch den Gläubiger rechtlicher oder wirtschaftlicher Druck gegenüber dem Gesellschafter ausgeübt wurde und er sich gezwungen sah zu leisten. Die Freiwilligkeit beurteilt sich danach, ob die Leistung nach dem Gesellschaftsvertrag oder sonstigen Abreden **im Innenverhältnis** der Gesellschaft **geschuldet** war oder nicht[505]. Insofern liegt eine Aufwendung des K vor.

III. Fraglich ist jedoch, ob die Aufwendung **in Gesellschaftsangelegenheiten** getätigt wurde. Die Zahlung erfolgte gemäß §§ 1142 I, 1192 I BGB zur **Abwendung** einer drohenden **Zwangsvollstreckung** in das **Privatgrundstück** des K. Diese Leistung kam der Gesellschaft jedoch insofern zugute, als eine Inanspruchnahme durch die S hatte abgewendet werden können. Es ist daher von einer Aufwendung in Gesellschaftsangelegenheiten auszugehen.

IV. Die Aufwendung durfte K angesichts der Leistungsaufforderung durch die S auch für **erforderlich** halten. K kann somit von der KG Erstattung i.H.v. 100.000,– € verlangen.

B. Anspruch K gegen B auf Ausgleich

Fraglich ist, ob und inwieweit K von B **Ausgleich** verlangen kann.

I. In Betracht kommt eine **Haftung** des B für die Erstattungsverbindlichkeit der KG aus § 110 I HGB nach §§ 128, 162 II HGB. § 128 HGB gilt jedoch nur im Verhältnis zu **außenstehenden Dritten**, wie auch aus der Überschrift des dritten Titels folgt. Eine Haftung aus § 128 HGB im Innenverhältnis würde die Gesellschafter intern zu Leistungen über die Einlage hinaus verpflichten und damit gegen das **Verbot der Einlagenerhöhung** aus § 707 BGB i.V.m. §§ 105 III, 161 II HGB verstoßen[506]. Auf Ansprüche der Gesellschafter aus dem **Innenverhältnis** ist § 128 BGB also **nicht anwendbar**[507].

---

[505] Baumbach/Hopt-Hopt, § 110 Rnrn. 7 und 10.

[506] BGHZ 37, 299 (301 f.); Baumbach/Hopt-Hopt, § 110 Rn. 5; K. Schmidt, Gesellschaftsrecht, § 47 II 4. d).

[507] K/R/M-Koller, §§ 128, 129 Rn. 2 m.w.N. Anders jedoch möglicherweise, wenn der

II. Fraglich ist, ob K nach § 426 I 1 BGB einen **anteiligen Ausgleichsanspruch** gegen B besitzt.

1. Möglicherweise widerspricht ein solcher Anspruch ebenfalls dem **Verbot der Einlagenerhöhung** aus § 707 BGB i.V.m. §§ 105 III, 161 II HGB. Hier geht es jedoch um die Verteilung des **externen Haftungsrisikos aller** Mitgesellschafter. Deren externe persönliche und gesamtschuldnerische Haftung besteht **neben** der Beitragspflicht. Auch im Hinblick auf das **Risiko**, dass der Gläubiger nach seiner freien Wahl jeden von ihnen in Anspruch nehmen könnte, ist ein **Ausgleich** im **Innenverhältnis** der Gesamtschuld notwendig[508].
2. Eine solche **gesamtschuldnerische Situation** begegnet jedoch Zweifeln. Im Rahmen von § 128 HGB beruht die Gesamtschuldnerschaft darauf, dass die Gesellschafter Gläubigern gegenüber **im Außenverhältnis unbeschränkt** haften. Dies ist im Hinblick auf Kommanditisten indes nicht der Fall, da ihre Haftung nach § 171 I HGB **beschränkt** ist. In Betracht kommt aber eine **analoge Anwendung** von § 426 I 1 BGB. Diese ist vorliegend gerechtfertigt, weil K als Kommanditist ohne entsprechende Verpflichtung im Außenverhältnis freiwillig Schulden der Gesellschaft getilgt hat. Im wirtschaftlichen **Ergebnis** hat K somit wie ein persönlich haftender Gesellschafter gehandelt[509].
3. Der Ausgleichsanspruch orientiert sich gemäß § 426 I 1 BGB am **Verlustanteil** des B. K muss sich seinen eigenen Verlustanteil von 25 %, also 25.000,– € abziehen lassen. Zu berücksichtigen ist zudem, dass nach § 167 III HGB die **Verlusttragungspflicht** als **Kommanditist** auf den **Kapitalanteil** und eine etwa **rückständige** Einlage **beschränkt** ist. Hierzu enthält der Sachverhalt jedoch keine Angaben.
4. Aus der im **Innenverhältnis** der Gesellschaft geltenden **Treue- und Rücksichtnahmepflicht**[510] ist K gehalten, zunächst seinen ungekürzten Aufwendungsersatzanspruch nach § 110 HGB gegenüber der **Gesellschaft** geltend zu machen, bevor er seine Mitgesellschafter auf anteiligen Ausgleich in Anspruch nimmt[511]. K kann von B in diesem Fall Erstattung i.H.v. jedenfalls 75.000,– € verlangen.

Gesellschafter wie ein außenstehender Dritter Gläubiger der Gesellschaft ist (sog. **Gesellschafter-Gläubiger**).

[508] BGHZ 37, 299 (302); K. Schmidt, Gesellschaftsrecht, § 49 V 2.

[509] BGH (17.12.2001 – II ZR 382/99) www.judicialis.de.

[510] Vgl. hierzu z.B. BGH DB 2005, S. 46 f.

[511] BGH (17.12.2001 – II ZR 382/99) www.judicialis.de; BGHZ 37, 299 (303 f.); BGH NJW 1980, S. 339 (340).

§ 42
Erwerb der Kommanditistenstellung

Fall 1: Übertragung der Kommanditistenstellung; Publizität des Handelsregisters

Vic Karius (V), mit einer Einlage i.H.v. 1 Mio. €, die er seinerzeit bar erbracht hat, Kommanditist der X-KG, möchte aus der Gesellschaft ausscheiden. Seine Mitgesellschafter sind damit einverstanden, dass er seinen Anteil auf Karl Kopf (K) überträgt. Dieser zahlt 1 Mio. € an V und erhält den Kommanditistenanteil von V abgetreten.

Ausscheiden des V wie auch Eintritt des K in die KG werden zum Eintrag in das Handelsregister angemeldet. In der Folgezeit wird zwar K als neuer Kommanditist im Handelsregister eingetragen, ein Eintrag des Ausscheidens des V aus der KG unterbleibt jedoch.

Gläubiger G besitzt gegen die KG eine Kaufpreisforderung i.H.v. 100.000,– €. Er überlegt, ob er von K oder V Zahlung mit der Begründung verlangen kann, er gehe davon aus, beide seien Kommanditisten der KG, die ihre Einlage nicht erbracht haben.

Geht das?

Lösung:

1. Teil: Anspruch G gegen K auf Zahlung von 100.000,– € aus § 171 I HGB i.V.m. § 433 II BGB

G könnte gegen K einen **Zahlungsanspruch** in der genannten Höhe aus § 171 I HGB i.V.m. § 433 II BGB haben. Eine entsprechende **Verbindlichkeit der KG** aus einem Kaufvertrag mit G nach § 433 II BGB i.V.m. § 124 I HGB besteht. **Fraglich** ist, ob K hierfür **unbeschränkt** als Kommanditist einstehen muss.

A. Das setzt zunächst voraus, dass K als **Kommanditist** in die KG **eingetreten** ist. Dies könnte durch Rechtsgeschäft mit V geschehen sein.

I. Die **Übertragung eines Gesellschaftsanteils** könnte durch §§ 717 S. 1, 719 I BGB, die auch bei den Personengesellschaften OHG und KG als Sonderformen der GbR gemäß §§ 105 II, 161 II HGB Anwendung finden, ausgeschlossen sein. Allerdings ist es nach diesen Vorschriften nur **ausgeschlossen, einzelne** Ansprüche oder Anteile aufgrund des Gesellschaftsverhältnisses **abzuspalten**. Die Übertragung der **gesamten Gesellschafterstellung** ist hiervon **nicht betroffen**.

II. Fraglich ist, **wie** die **Übertragung** zu geschehen hat. Grundsätzlich besteht die Möglichkeit, einerseits einen Vertrag zwischen Veräußerer des Anteils (V) und Erwerber desselben (K) abzuschließen und andererseits einen Vertrag zwischen KG und dem neuen Kommanditisten über den Eintritt in die KG[512]. Möglich ist aber auch die hier gewählte Konstruktion eines

[512] Vgl. Eisenhardt, Gesellschaftsrecht, Rnrn. 91 und 92.

Abtretungsvertrages zwischen ausscheidendem und eintretendem Gesellschafter, sofern die übrigen Gesellschafter zustimmen[513].

Damit ist K als Kommanditist in die X-KG eingetreten.

B. Nach § 171 I HGB haftete K jedoch nur unmittelbar, sofern er seine **Einlage** nicht geleistet hat.

I. Mit der Zahlung von 1 Mio. € an V könnte K seine Einlage erbracht haben. Durch die Zahlung wird der Anspruch des V auf **Abfindung** nach § 738 I BGB, der auch auf OHG und KG anwendbar ist[514], befriedigt. Die damit bei der X-KG unangetastet gebliebene Einlage i.H.v. 1 Mio. € wird nunmehr dem K zugerechnet, der in die Kommanditistenstellung des V eingetreten ist. Also hat K seine **Einlage erbracht**. Gemäß § 171 I 2. H.S. HGB ist damit prinzipiell seine Haftung ausgeschlossen.

II. Möglicherweise kann sich jedoch G darauf berufen, keinerlei Kenntnis davon zu haben, dass jetzt K die Einlage durch Zahlung des Kaufpreises an V zugerechnet wird, so dass K persönlich haften müsste. Dies wäre der Fall, wenn zugunsten des G die **negative Publizitätswirkung** des § 15 I HGB eingriffe.

§ 15 I HGB gilt nur für eintragungspflichtige Tatsachen. Nach § 162 I HGB ist **eintragungspflichtig** aber **nur** der **Betrag**, also die nominelle Höhe der Einlage, nicht dagegen die Tatsache, ob oder gar wie die Einlage erbracht wurde. Wird die vereinbarte Einlage nicht erbracht, gilt eben § 171 I 1.H.S. HGB. Das Handelsregister kann also nicht den Anschein erwecken, als sei auf eine eingetragene Haftungssumme noch eine Zahlung zu erbringen[515].

Damit kann sich K gegenüber G auf § 171 I 2.H.S. HGB berufen.

Ein Anspruch G gegen K besteht nicht.

2. Teil: Anspruch G gegen V auf Zahlung aus § 171 I HGB i.V.m. § 433 II BGB

G könnte jedoch gegen V einen **Zahlungsanspruch** aus den genannten Vorschriften besitzen. Fraglich ist, ob V für die Verbindlichkeit der X-KG gegenüber G persönlich als Kommanditist haftet.

A. Tatsächlich ist V aus der KG **ausgeschieden** und damit nicht mehr Kommanditist.

B. Möglicherweise kann sich jedoch G in diesem Punkt auf das **Schweigen des Handelsregisters** nach § 15 I HGB berufen.

Das **Ausscheiden** des V aus der KG war nach § 162 III HGB **eine eintragungspflichtige Tatsache**. Dies gilt auch im Falle eines **Kommanditistenwechsels**[516]. Eine Eintragung ist nicht erfolgt. Also kann V dem insoweit gutgläubigen G nicht entgegenhalten, er sei als Kommanditist bereits aus der KG ausgeschieden.

---

[513] BGHZ 81, 82 (84).
[514] Eisenhardt, Gesellschaftsrecht, Rn. 99.
[515] BGHZ 81, 82 (87).
[516] OLG Hamm DB 2005, S. 45.

C. Nach § 171 I 2. H.S. HGB wäre die Haftung des V als Kommanditist jedoch **ausgeschlossen**, wenn er seine **Einlage** an die KG **erbracht** hätte.

I. **Ursprünglich** hat V seine Einlage bar an die KG geleistet.

II. Nach der Zahlung des Kaufpreises von K an V wird jetzt jedoch die Einlage nicht mehr V, sondern **dem neuen Kommanditisten** K **zugerechnet** (s.o.). Im Hinblick auf V ist also i.S.v. § 172 IV HGB die **Einlage zurückgeflossen**, als K den Kaufpreis für den Kommanditistenanteil an V zahlte. Damit lebt die persönliche Haftung des K wieder auf.

Also hat G gegen V den geltend gemachten Anspruch.

IV. Die GmbH

Die GmbH ist eine

- mit Rechtspersönlichkeit ausgestattete Gesellschaft, also eine **juristische Person** (§ 13 I GmbHG),
- an der sich die Gesellschafter mit **Einlagen** auf das in Stammanteile zerlegte **Stammkapital** beteiligen,
- ohne persönlich für die Verbindlichkeiten der Gesellschaft zu haften (§ 13 II GmbHG, **Trennungsprinzip**).
- Sie ist nach § 6 II HGB i.V.m. § 13 III GmbHG **Formkaufmann.**

Der **Gesellschaftszweck** muss nicht notwendig auf den Betrieb eines Handelsgewerbes gerichtet sein. Es existieren auch **gemeinnützige** GmbH[517]. Auch die öffentliche Hand bedient sich häufig zur Erfüllung **ihrer öffentlich-rechtlichen Aufgaben** der Konstruktion der GmbH. Auch **freiberufliche** GmbH sind mittlerweile anerkannt. Auf der Grundlage von Entscheidungen zur Arzt-GmbH[518] sprach das BayObLG die Zulässigkeit einer Anwalts-GmbH aus. Die BRAO enthielt danach kein ausdrückliches Verbot für den Zusammenschluss von Rechtsanwälten in Form einer GmbH.[519]

Durch das **MoMiG**[520] ins Leben gerufen wurde eine deutlich vereinfachte Form der GmbH als **Unternehmergesellschaft** UG (haftungsbeschränkt), um Konkurrenz zur britischen Limited zu schaffen. **Eckpunkte**[521] sind:

---

[517] Auch diese sind nach § 6 II HGB, § 13 III GmbHG mit der Kaufmannseigenschaft ausgestattet.

[518] Vgl. OLG Düsseldorf, EWiR 1992, S. 187 mit zustimmender Anmerkung Taupitz; BGHZ 124, 224 = BGH NJW 1994, S. 786 ff.

[519] Vgl. BayObLG ZIP 1994, S. 1868 ff. Ebenso für die Zulässigkeit der Anwalts-AG: BayOblG BB 2000, S. 946 ff. m. Anm. Hartung.

[520] Gesetz zur Modernisierung des GmbH-Rechts und zur Bekämpfung von Missbräuchen vom 23. Oktober 2008. Zu den Reforminhalten siehe Grigoleit/Rieder, Rn. 48 ff.

[521] Freitag/Riemenschneider, ZIP 2007 S. 1485 ff. Leyendecker, GmbHR 2008, S. 302 ff.; Weber BB 2009, S. 842 ff.; Leuering, NJW-Spezial 2007, S. 315 ff.

- Ein **Mindeststammkapital** existiert **nicht** (§ 5a I GmbHG). Zwischen 1,– € und 24.999,– € kann also eine UG gegründet werden, Nach Überschreitung dieser Grenze wird sie automatisch eine normale GmbH (§ 5a V GmbHG).
- Es besteht eine gesetzliche Verpflichtung zur **Rücklagenbildung** i.H.v. einem Viertel des Jahresüberschusses (§ 5a III GmbHG). Ziel ist, durch **Thesaurierung** eine höhere Eigenkapitalausstattung mit der Zeit zu erreichen[522]. Diese Pflicht endet, wenn ab 25.000,– € eine normale GmbH „erreicht" ist[523].
- Die **Verwendungsmöglichkeiten** für die Rücklage sind eng gegrenzt (§ 5a III 1 GmbHG)[524].
- Die UG führt eine besondere **Firma** als „ UG (haftungsbeschränkt)" (§ 5a I GmbHG).
- Ein **Musterprotokoll** kann – wie auch bei der normalen GmbH – (§ 2 Ia GmbHG) bei Gründungen mit höchstens drei Gesellschaftern und einem Geschäftsführer statt der sonstigen, aufwändigeren Gesellschaftsverträge verwendet werden. Dies soll den notariellen Gründungsaufwand reduzieren.
- Eine nur **teilweise Einzahlung** des gewählten Stammkapitals vor Anmeldung ist **ausgeschlossen, Sacheinlagen** sind **nicht** möglich (§ 5a II GmbHG).

§ 43
Organe der GmbH

Fall 1: Aufgaben der Organe

In der Schluck & Specht Brauerei-GmbH besteht nach dem Gesellschaftsvertrag ein dreiköpfiger Aufsichtsrat. Des Weiteren ist bestimmt, dass der Geschäftsführer bei außergewöhnlichen Geschäften eine Genehmigung dieses Aufsichtsrats einzuholen hat. Dem alleinigen Geschäftsführer Fritz Geraldo (F) wird für die Gesellschaft eine ehemalige Brauerei vom Eigentümer Karlheinz Potemkin (P) zum Kauf angeboten. Dieser hatte den Betrieb als unrentabel eingestellt. Da der Kaufpreis günstig ist, zögert G nicht lange und schließt im Namen der GmbH mit P den notariellen Kaufvertrag ab. Als die drei Aufsichtsratsmitglieder Schluck, Specht und Sod (S) hiervon erfahren, sind sie wenig begeistert. Zu allem Überfluss stellt sich heraus, dass wegen der dauernden Klagen der Anwohner des Grundstücks über die üblen Gerüche des Betriebes in der Vergangenheit die Gemeinde eine Genehmigung für eine neue Brauerei nicht erteilen wird.

Die S möchten wissen, ob die GmbH dem P zur Kaufpreiszahlung verpflichtet ist und ob sie in diesem Fall den G im Namen der Gesellschaft auf Schadensersatz in Anspruch nehmen können.

---

[522] Grigoleit/Rieder, Rn. 87; Miras, Rn. 213.
[523] Dazu Grigoleit/Rieder, Rn. 87.
[524] Miras, Rnrn. 215–217.

Lösung:

1. Teil: Anspruch P gegen die GmbH auf Zahlung des Kaufpreises, § 433 II BGB i.V.m. § 13 I GmbHG

P könnte gegen die GmbH einen Anspruch auf Zahlung des Kaufpreises aus § 433 II BGB i.V.m. § 13 I GmbHG haben. Dies wäre der Fall, wenn G die GmbH wirksam nach § 164 I BGB vertreten hat.

A. G hat im Namen der GmbH eine eigene Willenserklärung im Rahmen des notariellen Kaufvertrages, § 311b I BGB, abgegeben.

B. Fraglich ist jedoch seine **Vertretungsmacht.**

I. G war als Geschäftsführer grundsätzlich gemäß § 35 I GmbHG **zur Vertretung** der Gesellschaft berechtigt.

II. Nach § 37 I GmbHG war G jedoch der Gesellschaft gegenüber verpflichtet, die **Beschränkungen** einzuhalten, die ihm der Gesellschaftsvertrag im Hinblick auf den Umfang der Vertretungsbefugnis auferlegte. Hier kommt in Betracht, dass der Ankauf eines stillgelegten Brauereigeländes ein **ungewöhnliches Geschäft** darstellt, welches nicht nach üblichen, sich ständig wiederholenden Geschäftsgrundsätzen getätigt werden kann. Eine derart wichtige geschäftliche Investition hätte nach dem Gesellschaftsvertrag der Rücksprache mit dem Aufsichtsrat bedurft. Gleichwohl wirkt diese Beschränkung nach § 37 II GmbHG nicht dritten Personen gegenüber, sondern allein **intern.** Ein für P **erkennbarer Missbrauch** der Vertretungsmacht durch G, welcher die Vertretungshandlung nach § 138 I BGB nichtig machen würde[525], liegt nicht vor.

Somit ist die GmbH verpflichtet, P den vereinbarten Kaufpreis zu zahlen.

2. Teil: Anspruch der GmbH, vertreten durch den Aufsichtsrat, gegen G auf Schadensersatz, § 43 II GmbHG

Fraglich ist, ob und wie die GmbH gegenüber dem Geschäftsführer einen Schadensersatzanspruch geltend machen kann.

A. Der **Aufsichtsrat** müsste zur Geltendmachung von Ansprüchen der Gesellschaft gegenüber dem Geschäftsführer **zuständig** sein.

I. Wenn nach dem Gesellschaftsvertrag als **fakultatives Aufsichtsorgan** ein Aufsichtsrat gestellt worden ist, finden gemäß § 52 GmbHG Vorschriften des Aktiengesetzes entsprechende Anwendung, soweit der Gesellschaftsvertrag nichts anderes bestimmt. Nach § 112 AktG vertritt bei Ansprüchen der Gesellschaft gegenüber **Vorstandsmitgliedern** der Aufsichtsrat die Gesellschaft. Insofern ist der Aufsichtsrat hier zur Geltendmachung etwaiger Schadensersatzansprüche gegenüber dem **Geschäftsführer** zuständig.

II. Zu berücksichtigen ist allerdings, dass es gemäß § 46 Nr. 8 GmbHG zum **Aufgabenkreis der Gesellschafter** gehört darüber zu entscheiden, inwieweit Ersatzansprüche der Gesellschaft aus der Geschäftsführung gegen Geschäftsführer geltend gemacht werden sollen. Diesbezüglich ist ein **Be-**

---

[525] Speziell zur Vertretung der GmbH BGH NJW 1984, S. 1461 f.

schluss der Gesellschafter erforderlich, ohne den weitere Maßnahmen des Aufsichtsrats keinerlei **Außenwirkung** entfalten[526].

B. Ein **Schadensersatzanspruch** der GmbH gegenüber dem G könnte aus §43 II GmbHG folgen.

I. Gemäß dem Gesellschaftsvertrag war es dem Geschäftsführer untersagt, ohne Rücksprache mit dem Aufsichtsrat außergewöhnliche Geschäfte zu tätigen. Diesbezüglich hat G gegen §37 I GmbHG verstoßen (s.o.) und damit schuldhaft seine **Obliegenheiten** als Geschäftsführer **verletzt**.

II. Hierdurch ist der GmbH ein **Schaden** entstanden, da sie ein für sie wertloses Grundstück erworben hat.

Somit kann der Aufsichtsrat für die GmbH einen Schadensersatzanspruch gegenüber G geltend machen.

§44
Gründungsphasen und Haftung bei der GmbH

Fall 1: Gründung der GmbH; Einlageformen

Caspar (C), David (D) und Friedrich (F) wollen in Form einer GmbH einen Kurierdienst gründen. Hierfür soll C 20.000,– € als Einlage leisten, D 10.000,– € und F seinen 12 Jahre alten Privat-PKW als Firmenwagen zum gleichen Wert einsetzen.

Wird die Eintragung der GmbH in das Handelsregister erfolgen?

Abwandlung: Unternehmergesellschaft (haftungsbeschränkt)

Wie verhält es sich, wenn im vorigen Fall C 200,– €, D. 100,– € und F seinen relativ neuen SMART (Wert: 10.000,– €) als Firmenwagen zur Gründung einsetzen wollen und F der alleinige Geschäftsführer sein soll?

Lösung:

Die Eintragung wird nach §9c I GmbHG abgelehnt, wenn die Gesellschaft nicht ordnungsgemäß **errichtet** und **angemeldet** ist[527].

I. Die Gesellschaft wird durch einen **Gesellschaftsvertrag** gegründet. Er wird auch als **Satzung** bezeichnet und muss gemäß §3 GmbHG einen bestimmten **Mindestinhalt** aufweisen. Nach §2 GmbHG ist **notarielle Form** erforderlich.

II. Nach §6 I GmbHG muss die Gesellschaft einen oder mehrere **Geschäftsführer** haben. Diese nehmen die **Anmeldung** zum Handelsregister vor (vgl. §8 GmbHG).

III. Zur Entstehung ist Voraussetzung, dass neben der **Aufbringung des Stammkapitals** die GmbH zum Handelsregister **angemeldet** und dort **eingetragen** wird, §7 I GmbHG.

---

[526] Baumbach/Hueck-Zöller, §46 Rn.61 m.w.N.; BGHZ 28, 355 (357f.).

[527] Zu den Gründungsstadien vgl. Führich Rnrn. 853ff.

IV. Die **Anmeldung** erfolgt nach § 7 II 1 und 2 GmbHG erst, wenn **mindestens ein Viertel des Nennbetrages jedes Geschäftsanteils** gezahlt und **insgesamt die Hälfte des Mindeststammkapitals** vorhanden ist. Nach § 5 I GmbHG beträgt es mindestens 25.000,– € betragen.

V. Nach der **Form**, wie **Einlagen** zu leisten sind, unterscheidet man **Bargründungen, Sachgründungen** sowie **Mischformen** zwischen beiden. Die Möglichkeit, anstelle von Geld Sacheinlagen leisten zu dürfen, muss **ausdrücklich** im **Gesellschaftsvertrag** vorgesehen sein, § 5 IV GmbHG. Hier muss auch genau verzeichnet sein, welcher Gegenstand als Sacheinlage zu welchem Betrag angesehen werden soll. Für **falsche Angaben** wird gemäß § 9a GmbHG **gegenüber der Gesellschaft** gehaftet[528].

Die Sacheinlage des F ist hier offensichtlich **überbewertet** (vgl. § 9 GmbHG). Aus diesem Grund wird gemäß § 9c I 2 GmbHG die Eintragung in das Handelsregister abgelehnt werden.

Lösung der Abwandlung:

In Betracht kommt die Gründung einer **UG (haftungsbeschränkt)** nach § 5a GmbHG.

I. Ein **Mindeststammkapital** existiert bei der UG **nicht** (§ 5a I GmbHG). Zwischen 1,– € und 24.999,– € kann also eine UG gegründet werden. Erst nach Überschreitung dieser Grenze wird sie automatisch eine normale GmbH (§ 5a V GmbHG).

II. Ein **Musterprotokoll** kann – wie auch bei der normalen GmbH – (§ 2 Ia GmbHG) bei Gründungen mit höchstens drei Gesellschaftern und nur einem Geschäftsführer statt der sonstigen, aufwändigeren Gesellschaftsverträge verwendet werden. Die soll den notariellen Gründungsaufwand reduzieren. Problematisch wäre allerdings ein **Abweichen** der Satzung vom Muster, welches § 2 Ia 3 GmbHG nicht erlaubt. U.U. wäre sie dann nach § 125 BGB nichtig, weil die notarielle Form aus § 2 I GmbHG nicht eingehalten wurde. Das gesetzliche Musterprotokoll selbst ist aber oft unzureichend im Hinblick auf wichtige **regelungsbedürftige** Punkte (z.B. Kündigungsrecht, Einziehung von Geschäftsanteilen etc.), welche gerade in der Kautelarpraxis große Bedeutung haben[529].

III. Schließlich ist zu berücksichtigen, dass **Sacheinlagen** gem. § 5a II GmbHG **ausgeschlossen** sind. Aus systematischen Gründen wird eine Heilung über § 19 IV GmbHG nicht möglich sein, da § 5a II GmbHG ein gesetzliches Verbot der Sacheinlage überhaupt ausspricht[530]. Die Auswirkung einer (verbotenen) Sacheinlage wäre Nichtigkeit ihrer Vereinbarung nach § 134 BGB. Da damit aber regelmäßig auch der übrige Gesellschaftsvertrag tangiert würde, wäre vermutlich **Nichtigkeit** der gesamten Satzung nach § 139 BGB die Folge[531].

---

[528] Zu den **Straftatbeständen** wegen falscher Abgaben etc. vgl. §§ 82 ff. GmbHG.

[529] Freitag/Riemenschneider, ZIP 2007 S. 1485 ff. (1487). Nichtigkeit wegen Verstoßes gegen § 2 Ia 3 GmbHG aus § 134 BGB verneint Miras, Rn. 276.

[530] Miras, Rn, 155; Freitag/Riemenschneider, ZIP 2007 S. 1485 ff. (1486); Weber, BB 2009, S. 842 ff. (845). A.A. Grigoleit/Rieder, Rn. 102.

[531] Freitag/Riemenschneider, ZIP 2007 S. 1485 ff. (1486). A.A. Weber, BB 2009, S. 842 ff. (845).

Insofern sollte auf die Vereinbarung einer Sacheinlage verzichtet werden und stattdessen F einen Geldbetrag als Einlage leisten.

Vorgründungsgesellschaft und Vor-GmbH (= Vorgesellschaft)

Dies betrifft **Rechtsgeschäfte vor Entstehen der GmbH durch Eintragung** in das Handelsregister, welche der Betriebsaufnahme dienen (Ankauf von Inventar etwa) oder der Notwendigkeit, schon vor der Eintragung die **eigentlichen Geschäfte** aufzunehmen. Dies kann nicht für die spätere GmbH erfolgen, wie aus § 11 I GmbH zu schließen ist.

Zwei Konstellationen sind zu unterscheiden:

- Handeln noch **vor Abschluss** eines **Gesellschaftsvertrages**: es handelt sich um eine sog. **Vorgründungsgesellschaft**[532].
  - Es liegt grundsätzlich eine BGB-Gesellschaft vor. Gemeinsamer **Zweck**: späterer Abschluss eines notariellen Gesellschaftsvertrags.
  - Wird in dieser Phase bereits ein **Handelsgewerbe** betrieben, handelt es sich um eine OHG i.S.v. § 105 HGB[533].
- Handeln **nach Abschluss** des **notariellen Gesellschaftsvertrages**, aber noch **vor Eintragung in das Handelsregister:**
  - Eine sog. **Vor-GmbH** oder auch **Vorgesellschaft** bzw. **GmbH i.G** (in Gründung) ist entstanden. Sie wird als Gesellschaftsform sui generis angesehen[534].
  - Auf sie wird weitgehend bereits das GmbHG angewendet, soweit es nicht die Eintragung in das Handelsregister voraussetzt.

Geschäfte der Vor-GmbH

Die Vor-GmbH ist **Gesellschaft eigener Art.**

Sie ist passiv parteifähig (also verklagbar) und kann z.B. bereits Komplementärin einer KG sein etc.

Für Geschäfte der Vor-GmbH **haften**

- die Gesellschaft selbst mit ihrem Gesellschaftsvermögen;
- die Gesellschafter nach neuer Rechtsprechung Dritten gegenüber grundsätzlich nicht. Es besteht dagegen eine **unbeschränkte Innenhaftungspflicht** gegenüber der Gesellschaft (sog. **Verlustdeckungshaftung**). Nur **ausnahmsweise** besteht eine **Außenhaftung** der Gesellschafter gegenüber Gläubigern (s.u.).
- Eine persönliche Haftung der **Handelnden** nach § 11 II GmbHG kommt in Betracht.

---

532 Baumbach/Hueck-Hueck/Fastrich, § 11 Rn. 35.

533 BGH (26.4.2004 – II ZR 120/02) www.bundesgerichtshof.de; K/R/M-Koller, § 123 Rn. 3.

534 Baumbach/Hueck-Hueck/Fastrich, § 11 Rn. 6.

Kommt **nach der Eintragung** die GmbH zustande,

- gehen **automatisch** die Verbindlichkeiten der Vor-GmbH auf sie über,
- etwaige **persönliche Verpflichtungen** der Gesellschafter und auch des Handelnden **erlöschen**[535].
- Im **Innenverhältnis** der Gesellschaft haften die Gesellschafter im Verhältnis ihrer Stammeinlagen auf Ausgleich, soweit das satzungsmäßige Stammkapital infolge der Geschäfte der Vor-GmbH nicht mehr voll vorliegt (sog. **Unterbilanzhaftung** oder Vorbelastungshaftung oder Differenzhaftung[536] **nach Eintragung**, vgl. §§ 9, 9a, 24 GmbHG). Sie ist, anders als die Verlustdeckungshaftung vor Eintragung, **immer** und **ohne Ausnahme** wegen des **Trennungsprinzips** aus § 13 II GmbHG **intern**[537].

Merke:

Der Übergang der Verbindlichkeiten nach Eintragung auf die GmbH gilt **nicht** für Verbindlichkeiten in der Phase der **Vorgründungsgesellschaft:** diese weist keine Identität mit den nachfolgenden Gesellschaften auf, ihre Schulden gehen also nicht automatisch über.

Fall 2: Vorgründungsgesellschaft und Haftung

Die Perpetuum-Mobile-GmbH ist in ihrer Entstehung zunächst in dem Stadium angelangt, dass X, Y und Z sich einig sind, als Gesellschafter zu fungieren und der geschäftlich erfahrene Hilfskellner B, der spätere Geschäftsführer, den notariellen Vertrag vorbereiten sowie die Eintragung herbeiführen soll. „Zeit ist Geld" denkt sich demgegenüber B und macht sich sogleich auf die Suche nach Interessenten für die kommenden Produkte der späteren GmbH. K interessiert sich für einen sowohl in der Küche als auch zu Pedikürezwecken verwendbaren automatischen Käsehobel und kauft für sein Geschäft 200 Stück, wobei B „im Namen der Perpetuum-Mobile-Gesellschaft" auftritt. Später zerstreiten sich X, Y und Z und zerstreuen sich in alle Winde.

K verlangt jetzt von B Schadensersatz.

Lösung:

A. Anspruch K gegen B auf Zahlung aus § 11 II GmbHG

K könnte gegen B einen Anspruch auf **Schadensersatz** aus § 11 II GmbHG haben. Dazu müsste B „im Namen der Gesellschaft gehandelt" haben.

I. Laut Sachverhalt ist B **ausdrücklich** im Namen der Perpetuum-Mobile-Gesellschaft gegenüber K aufgetreten.

II. Fraglich ist jedoch, **welche Art von Gesellschaft**, in deren Namen gehandelt wird, für die Haftung nach § 11 II GmbHG vorhanden sein muss.

1. Die Haftung findet statt, wenn vor Abschluss des Kaufvertrages mehrere Personen einen **notariellen Gesellschaftsvertrag** gemäß § 2 I GmbHG

---

[535] BGHZ 80, 129 (144); Klunzinger, Gesellschaftsrecht, § 11 VII. 3. c).
[536] Baumbach/Hueck-Hueck/Fastrich, § 11 Rn. 61.
[537] BGH DStR 2005, S. 2197 f.

abgeschlossen haben und deshalb eine im Rechtsverkehr handlungsfähige **VorGmbH** bestanden hat. Hier ist es indes noch nicht zum Abschluss dieses notariellen Vertrages gekommen, so dass eine Vor-GmbH nicht existierte.

2. X, Y und Z hatten sich dagegen geeinigt, demnächst den notariellen Vertrag abzuschließen. Hierin ist die Vereinbarung eines **gemeinsamen Zwecks** i.S.v. §705 BGB zu sehen, der zwischen den Gesellschaftern eine **Personengesellschaft** entstehen lässt. Es handelt sich um eine **eigenständige Gesellschaft bürgerlichen Rechts**, oder, wenn bereits ein Handelsgeschäft betrieben wird, um eine **offene Handelsgesellschaft**, für deren Verbindlichkeiten alle Beteiligten unbeschränkt persönlich haften. Offenbar sollte hier ein Handelsgewerbe i.S.v. § 1 HGB betrieben werden, so dass keine GbR, sondern eine **OHG** zwischen X, Y und Z vorlag, welche als **Vorgründungsgesellschaft** bezeichnet wird. Zweifelhaft ist, ob § 11 II GmbHG auch in der Vorgründungsphase Anwendung findet.

   a) Dies war **ursprünglich** Meinung in der **Rechtsprechung**[538], wenn im maßgebenden Zeitpunkt greifbare Ansätze zu einer GmbH-Gründung vorhanden und die Verhandlungen hierüber so weit gediehen waren, dass feststand, für wen der Handelnde auftreten sollte.

   b) Der BGH hat diese **Rechtsprechung** jedoch später **geändert**. Danach ist anerkannt, dass erst **mit Abschluss des notariellen Gesellschaftsvertrages** eine **Vorgesellschaft** entsteht, die bereits weitgehend dem GmbH-Recht untersteht, als Träger von Rechten und Pflichten nach außen hin im Rechtsverkehr auftreten kann und mit der Eintragung im Handelsregister ohne weiteres mit allen Rechten und Verbindlichkeiten in der dann entstehenden GmbH aufgeht[539].

      Vor Abschluss des Gründungsvertrages ist das jedoch anders. Eine dann schon bestehende, die spätere GmbH-Tätigkeit vorbereitende Personenvereinigung hat mit der in Aussicht genommenen GmbH im Rechtssinne noch nichts zu tun, insbesondere findet **nicht GmbH-Recht** Anwendung. Rechte und Verbindlichkeiten gehen mit der GmbH-Gründung **nicht automatisch** auf die Vorgesellschaft oder später auf die GmbH über, sondern müssen, wenn sie in die GmbH eingebracht werden sollen, durch besonderes Rechtsgeschäft übertragen werden. Eine Notwendigkeit für die Anwendung von § 11 II GmbHG besteht danach nicht[540].

Also ist auf B § 11 II GmbHG nicht anwendbar, ein Anspruch des K gegen ihn aus dieser Norm scheidet aus.

B. Anspruch K gegen B auf Zahlung aus § 179 I BGB

Ein Zahlungsanspruch des K gegen B könnte sich jedoch aus § 179 I BGB ergeben, wenn B als **Vertreter ohne Vertretungsmacht** aufgetreten ist. Dies wäre

[538] Vgl. z.B. RGZ 122, 172 (174); BGH WM 1981, S. 1300ff. (1301).
[539] BGHZ 80, 129 (144).
[540] BGHZ 91, 148 (152).

der Fall, wenn entweder der vermeintlich Vertretene tatsächlich nicht existierte oder aber der Vertreter keine oder keine ausreichende Vollmacht besaß[541].

I. Hier existierte zwar bereits die **Vorgründungsgesellschaft** zwischen X, Y und Z.

II. Eine **Vollmacht** hatten die Gesellschafter dem B indes nur im Hinblick auf die **Vorbereitung des notariellen Gesellschaftsvertrages** und die **Herbeiführung der Eintragung** der Gesellschaft in das Handelsregister erteilt. Der Entschluss, bereits Geschäfte abzuschließen, beruhte einzig auf der Initiative des B und war von der Vollmacht nicht mehr abgedeckt. Eine Genehmigung seitens der Gesellschafter liegt nicht vor.

Damit besteht der Anspruch K gegen B aus § 179 I BGB.

Fall 3: Vor-GmbH und interne Verlustdeckungshaftung

A, B und C schließen einen notariellen GmbH-Vertrag ab. Am Stammkapital i.H.v. 50.000,– € ist A mit 24.000,– €, B und C sind mit je 13.000,– € beteiligt. Die Gesellschafter leisten ihre Einlagen in voller Höhe. Geschäftsführer ist A, der auch umgehend mit der Aufnahme der Geschäfte beginnen soll und die Gesellschaft zur Eintragung in das Handelsregister anmeldet. Zur Eintragung kommt es jedoch nicht mehr; vielmehr wird Antrag auf Eröffnung des Insolvenzverfahrens über das Vermögen der GmbH in Gründung (i.G.) gestellt. Der Insolvenzverwalter nimmt für die GmbH i.G. A, B und C auf Ausgleich der Verluste der Gesellschaft im Verhältnis ihrer im Gesellschaftsvertrag versprochenen Anteile am Gesellschaftsvermögen in Anspruch. Diese wiederum berufen sich darauf, nur in Höhe ihrer Einlagen zu haften.

Zu Recht?

Abwandlung: unechte Vor-GmbH

Nach Abschluss des notariellen Gesellschaftsvertrages reift in A, B und C der Entschluss, die Eintragung der GmbH doch nicht weiter zu verfolgen. Dennoch werden weitere Geschäfte im Namen der GmbH als Großhandel abgeschlossen. Gläubiger X fragt, ob er die Gesellschaft oder auch die Gesellschafter persönlich auf Zahlung aus einem Kaufvertrag in Anspruch nehmen kann.

Lösung:

Der Insolvenzverwalter ist gemäß § 80 I InsO befugt, die Ansprüche der in Insolvenz befindlichen Gesellschaft geltend zu machen und also auch solche gegen die Gesellschafter, sofern sie bestehen. Fraglich ist damit, ob ein Anspruch der Gesellschaft gegen A, B und C auf eine **unbeschränkte Nachzahlung** besteht oder ob die Gesellschafter sich darauf berufen können, nur beschränkt auf die versprochene **Einlage** zu haften.

A. Es war ursprünglich ständige Rechtsprechung des BGH, dass bei der **Vor-GmbH** die **Gesellschafter Dritten gegenüber** ebenfalls **haften.** Diese Haftung sollte allerdings **analog** den Regeln über die **Kommanditgesellschaft** auf die

[541] BGHZ 91, 148 (152).

Höhe der versprochenen **Stammeinlage beschränkt** sein[542]. Abweichend hiervon urteilten teilweise Arbeits- und Sozialgerichte.

B. Diese Rechtsprechung hat der BGH aufgegeben; ihm folgen BAG und BSG. Der BGH geht von **folgender Konzeption** aus:

I. Er **verneint** eine **Haftungsbeschränkung** der Gesellschafter auf die Höhe der im Gesellschaftervertrag versprochenen Stammeinlage[543]. Eine solche **Haftungsbeschränkung** bilde die **Ausnahme** und müsse sich selbst **aus dem Gesetz** ergeben. Dies sei etwa bei der späteren GmbH der Fall, wie aus § 13 II GmbHG folge. Diese Vorschrift könne indes nicht auf die Vor-GmbH ausgedehnt werden, wie § 11 I GmbHG zeige, der die Eintragung der GmbH voraussetze.

Damit ist eine Harmonisierung zur **ebenfalls unbeschränkten Unterbilanzhaftung** der Gesellschafter eingetreten. In Abkehr zum früheren sog. **Vorbelastungsverbot** hatte der BGH nämlich schon früher ausgesprochen, dass Differenzen zur versprochenen Stammeinlage von den Gesellschaftern bei Eintragung der GmbH voll, also unbeschränkt gemäß ihrem Anteil nachzuleisten sind[544]. Hatte also die Vor-GmbH Minderungen der Einlage erlitten, traf die Gesellschafter eine **interne unbeschränkte Nachzahlungspflicht** gegenüber der GmbH. Dem entspricht jetzt die **unbeschränkte Verlustdeckungshaftung** der Gesellschafter nach der Rechtsprechung.

II. Diese **Verlustdeckungshaftung** soll allerdings grundsätzlich[545] nicht gegenüber Gläubigern der Gesellschaft, sondern auch **nur intern** gelten[546]. Dies stellt ebenfalls eine **Entsprechung** zur **immer** und **ohne Ausnahme** wegen des **Trennungsprinzips** aus § 13 II GmbHG **rein internen Unterbilanzhaftung547** dar. Gläubiger müssen sich also an die Vor-GmbH bzw. die spätere GmbH halten. Diese wiederum kann von den Gesellschaftern Haftung für die Verluste **im Verhältnis der Anteile**, aber **unbeschränkt** in der Höhe verlangen.

Im vorliegenden Fall machte der Insolvenzverwalter einen Anspruch der Vor-GmbH gegenüber den Gesellschaftern, also einen internen Anspruch für die GmbH geltend, so dass die Gesellschafter anteilsmäßig zur Zahlung verpflichtet sind.

Damit sind A, B und C zur unbeschränkten Nachzahlung im Verhältnis ihrer Anteile gegenüber der Vor-GmbH verpflichtet. Diesen Anspruch macht der Insolvenzverwalter zu Recht gegenüber den Gesellschaftern geltend.

Lösung der Abwandlung:

A. Anspruch X gegen die Gesellschaft, § 433 II BGB

X könnte gegen die Gesellschaft einen Anspruch auf Zahlung des Kaufpreises aus § 433 II BGB haben.

---

[542] Vgl. etwa BGHZ 80, 129 (144).
[543] BGH DB 1997, S. 867 ff. (867).
[544] BGHZ 80, 129 (130 und 141).
[545] Zu Ausnahmen siehe unten Fall 4.
[546] BGH DB 1997, S. 867 ff. (868).
[547] BGH DStR 2005, S. 2197 f.

I. Fraglich ist zunächst, welche Gesellschaftsform vorliegt. Nach Abschluss des notariellen Gesellschaftsvertrages bestand an sich eine **Vor-GmbH,** welche selbst Träger von Rechten und Pflichten ist. Dies kann sich dadurch geändert haben, dass die Gesellschafter die Eintragungsabsicht aufgegeben haben, aber dennoch den Betrieb fortführen. Diese Konstellation wird als **unechte Vor-GmbH** bezeichnet und mittlerweile als Personengesellschaft eingeordnet[548].

II. Die Gesellschaft ist im Großhandel und damit **gewerblich** nach § 1 HGB tätig, so dass ihre Haftung sich als **OHG** aus § 124 HGB i.V.m. § 433 II BGB ergibt.

B. Anspruch X gegen die Gesellschafter, § 433 II BGB i.V.m. § 128 HGB

Für diese Verbindlichkeit der OHG haften die Gesellschafter persönlich, unbeschränkt und gesamtschuldnerisch[549] nach § 128 HGB.

Fall 4: Vor-GmbH und ausnahmsweise externe Verlustdeckungshaftung

K ist eine Zusatzversorgungskasse des Baugewerbes und klagt gegen die Beklagten als Mitgesellschafter einer Vor-GmbH auf Zahlung von Beitragsschulden der Gesellschaft. Diese ist durch notariellen Vertrag gegründet worden, ohne dass es in der Folgezeit zur Eintragung der GmbH gekommen ist. Der Geschäftsbetrieb, ein Baugewerbe, wurde jedoch bereits aufgenommen und Arbeitnehmer beschäftigt. Beiträge zur Zusatzversorgungskasse des Baugewerbes, also an die K, erfolgten jedoch nicht.

Ein Antrag auf Insolvenzeröffnung über das Vermögen der Gesellschaft wurde mangels Masse abgelehnt. K möchte nun die Beklagten in Anspruch nehmen.

Geht das?

Lösung:

A. Grundsätzlich können nach der Rechtsprechung **Gläubiger der Vor-GmbH** sich **nur an diese halten**, gegebenenfalls noch an einen **Handelnden** nach § 11 II GmbHG, der im Stadium vor Eintragung der GmbH in das Handelsregister bereits Geschäfte für die GmbH abschloss. Ausnahmsweise besteht eine unmittelbare Haftung der Gesellschafter gegenüber den Gläubigern, wenn etwa die **Vor-GmbH völlig vermögenslos** wird[550].

B. Im vorliegenden Fall ergibt sich danach Folgendes:

I. Eine Haftung der **Handelnden** gemäß § 11 II GmbHG setzt **rechtsgeschäftliches** Handeln voraus, durch welches beim Vertragspartner ein Vertrauenstatbestand gesetzt wird. Die Beitragsschuld zum Versorgungswerk beruht jedoch nicht auf einer entsprechenden rechtsgeschäftlichen Willenserklärung, sondern wird jeweils dem Schuldner unabhängig von seinem Willen **auferlegt**[551].

---

548 BGH NJW 2003, S. 429 ff. (430).
549 BGH NJW 2003, S. 429 ff. (430).
550 BGH DB 1997, S. 867 ff. (869); BSG ZIP 2000, S. 494 ff. (497).
551 Vgl. BAG BB 1997, S. 1208 f. (1208 f.).

II. Auf der Grundlage der neueren Rechtsprechung **haften Gesellschafter einer Vor-GmbH** zwar **unbeschränkt**, aber nur **im Innenverhältnis der Gesellschaft**. Dritte können sich also prinzipiell nicht unmittelbar an die Gesellschafter halten und sie in Anspruch nehmen.

III. Etwas anderes gilt indes für den Fall, dass die **Vor-GmbH vermögenslos** wird und also eine Inanspruchnahme der Gesellschaft sinnlos und dem Gläubiger nicht zuzumuten wäre. Dies liegt hier um so näher, als ein Insolvenzantrag über das Vermögen der Vor-GmbH mangels Masse abgelehnt wurde, so dass von Vermögenslosigkeit der Gesellschaft ausgegangen werden kann[552]. In diesem Ausnahmefall und also auch hier haften die Gesellschafter unmittelbar Dritten gegenüber[553].

Ausnahmsweise persönliche Außenhaftung der Gesellschafter der Vor-GmbH:

Wenn die Inanspruchnahme der Vor-GmbH für Gläubiger offenbar aussichtslos oder unzumutbar wäre, kommt eine Ausnahme in Betracht. Man unterscheidet folgende Fälle:

- Die Vor-GmbH ist **vermögenslos**;
- es existieren **keine weiteren** (und daher schutzwürdigen) **Gläubiger**;
- die Geschäfte werden weitergeführt, obwohl die Eintragung nicht mehr betrieben wird (**unechte Vor-GmbH**);
- es handelt sich um eine **Einmann-Vor-GmbH**;
- es ist **kein Geschäftsführer** bei der Vor-GmbH vorhanden.

Die „Vorratsgesellschaft“

Um Risiken in der Gründungsphase zu minimieren und diese zu verkürzen, ist die Praxis der sog. **Vorratsgesellschaft**[554] entwickelt worden.

- Dabei wird eine GmbH gegründet und im Handelsregister eingetragen. Ihr **Zweck** besteht allerdings einzig darin, später an einen Interessenten veräußert zu werden, der sie mit einem entsprechenden **Unternehmen ausstattet**. Sie selbst verfolgt keine eigenen unternehmerischen Zwecke.[555]
- Die **Rechtsprechung** behandelt die Vorratsgesellschaft rechtlich als **Neugründung**, sobald sie nach ihrem Erwerb mit einem unternehmerischem Zweck versehen wird. Die Vorschriften zur Kapitalausstattung sowie zur Handelsregistereintragung finden damit Anwendungen[556].

---

552 BSG ZIP 2000, S. 494 ff.(497).

553 BGH DB 1997, S. 867 ff. (869); BAG BB 1997, S. 1208 f. (1209). Im Unterschied zum BGH geht aber das BAG davon aus, dass in diesem Ausnahmefall die Gesellschafter nur **anteilig** haften. Das steht in Gegensatz zum BGH, der in seiner Entscheidung offenbar von einer **gesamtschuldnerischen** Außenhaftung ausgeht. Zu den unterschiedlichen Auffassungen vgl. Rohwedder/Schmidt-Leithoff-ders., § 11 Rn. 100 m.w.N.

554 Miras, Rnrn. 179 und 180. Mantelgesellschaft bezeichnet man hingegen den Fall, dass eine „gebrauchte“ GmbH erworben wird, Miras, Rb. 174. Vgl. i.Ü. Klunzinger, Gesellschaftsrecht, § 11 VI. 9.

555 Schaub, NJW 2003, S. 2125 ff. (2126).

556 BGHZ 153, 158; 155, 318.

§ 45
Sicherung des Stammkapitals

Fall 1: Kapitalerhaltung

Dr. Seltsam (S) und Dr. Krankenschein (K) sind zu je 50 % Gesellschafter der Beautycut-GmbH für kosmetische Chirurgie mit einem Stammkapital von 25.000,– €. Als die Gesellschaft infolge diverser Kunstfehlerprozesse in finanzielle Schwierigkeiten gerät und auch von der ansonsten nicht wählerischen C-Bank keinerlei Kredite enthält, gewährt S der GmbH zur Überbrückung ein Darlehn in Höhe von 50.000,– €. Nachdem die GmbH durch die ehemalige Patienten Vivi Sektion erfolgreich auf Schadensersatz verklagt worden ist, muss gleichwohl Insolvenz angemeldet werden. S fragt, wie er sein Darlehn zurück erhalten kann.

Lösung:

I. S besitzt an sich eine **Darlehnsforderung** aus § 488 I BGB gegenüber der GmbH.

II. Nach Eröffnung eines **Insolvenzverfahrens** können Forderungen gemäß § 87 InsO jedoch nur nach den Vorschriften über das Insolvenzverfahren verfolgt werden. Bei der hier vorzunehmenden **Einteilung der Gläubiger** wäre S u.U. gemäß § 39 I Nr. 5 InsO nur **nachrangiger Insolvenzgläubiger**, welcher erst Berücksichtigung fände, sofern die übrigen Insolvenzgläubigern befriedigt sind. Das setzt voraus, dass S der Gesellschaft i.S.v. § 30 I 3 GmbHG ein **Gesellschafterdarlehn** gewährt hat.

1. Anders als nach dem früheren und durch das MoMiG aufgehobenen § 32a GmbHG ist grundsätzlich eine **Rückzahlung** selbst in einer Krise der Gesellschaft möglich.
2. Allerdings muss sich S in der Insolvenz als **nachrangiger Insolvenzgläubiger** gem. § 39 I Nr. 5 InsO behandeln lassen. Dies bedeutet, dass er allenfalls nach Befriedigung der übrigen Insolvenzgläubiger Zahlungen erhält.

Da Gläubigern der GmbH grundsätzlich **nur** das **Stammkapital** der Gesellschaft als Haftungsgrundlage zur Verfügung steht, muss es im Hinblick auf **Aufbringung** und **Erhaltung** abgesichert werden.

Wesentliche Grundsätze zur **Aufbringung des Stammkapitals** sind:

- Die **Verpflichtung** nach § 19 I GmbHG, die Einlage an die GmbH zu leisten.
- **Differenzhaftung** für **minderwertige Sacheinlagen** des Gesellschafters nach § 9 GmbHG.
- Subsidiäre anteilsmäßige **Haftung** der **übrigen Gesellschafter**, § 24 GmbHG.
- Vorschriften zur **Einzahlung** auf die Stammeinlagen in § 19 II-V GmbHG, vor allem:
  - ➢ Verbot der **Befreiung** von der **Einlagepflicht** (§ 19 II 1 GmbHG)
  - ➢ Einschränkung der **Aufrechnung** gegen den Anspruch der Gesellschaft auf **Einlage** (§ 19 II 2 GmbHG)

➢ Verbote bzgl. **verdeckter Sacheinlage** (§ 19 IV 1 GmbHG)[557]
➢ Nur **eingeschränkte Erfüllungswirkung** beim Tatbestand des **Hin- und Herzahlens** (§ 19 V GmbHG)[558]

Um das aufgebrachte **Stammkapital** zu **erhalten**, gelten vor allem:

- Das **Verbot der Rückzahlung** der **Stammeinlage**, § 30 I GmbHG, soweit dadurch eine **Unterbilanz** entstünde.
- Der **Rückzahlungsanspruch** der GmbH gem. § 31 I GmbHG.
- Insoweit haften die übrigen Gesellschafter bei **Ausfall** gemäß dem Verhältnis ihrer Geschäftsanteile, § 31 III 1 GmbHG.
- Die **Pflicht** der Geschäftführer zur Stellung eines **Insolvenzantrags**, sobald die GmbH zahlungsunfähig (§ 17 InsO) oder überschuldet (§ 19 InsO) ist, § 15a InsO, Haftung für Zahlungen nach Eintritt der des Insolvenzgrundes gegenüber der GmbH § 64 I GmbHG.
- Die **Rückzahlung** eines **Gesellschafterdarlehns** kann zwar nach § 30 I 3 GmbHG erfolgen, auch wenn dadurch eine Unterbilanz entsteht. Sie kann aber kann nach § 135 I Nr. 2 InsO der **Insolvenzanfechtung** unterliegen oder gem. § 64 S. 3 GmbHG eine **Ersatzforderung** gegen den auszahlenden **Geschäftsführer** begründen.
- Der Rückzahlungsanspruch ist in der Insolvenz **nachrangig**, § 39 I Nr. 5 InsO (s.o.).

V. Die AG

Vorstand	Aufsichtsrat (AR)	Hauptversammlung	Aktionär
Zuständigkeit: • Geschäftsführung (§§ 76, 77 AktG) • Vertretung der AG, nach außen nicht beschränkbar (§§ 78, 82 AktG) • Vorbereitung von Maßnahmen nach § 83 AktG	**Zuständigkeit:** • Bestellung, Überwachung, Abberufung des Vorstands (§§ 84, 111 AktG) • Vertretung der AG bei Ansprüchen gegen den Vorstand § 112 AktG	**Zuständigkeit:** • Entscheidungen nach § 119 I AktG, z.B.: • Bestellung des AR • Verwendung des Bilanzgewinns • Bestellung des Abschlussprüfers • Satzungsänderung	**Rechte:** • Dividende, § 58 IV, § 60 I, § 174 AktG • Auskunft, §§ 131, 132 AktG • Minderheitenrechte, z.B. § 122 AktG, Einberufung der HV • Antragsrechte, vgl. §§ 125,126 AktG

[557] Zur Neuregelung aufgrund des MoMiG vgl. Grigoleit/Rieder, Rn. 175 ff.; Miras, Rn. 332 ff.
[558] Hierzu vgl. Miras, Rn, 353 ff.

Vorstand	Aufsichtsrat (AR)	Hauptversammlung	Aktionär
• Einberufung der Hauptversammlung (HV), § 121 II AktG		• Kapitalbeschaffung und Kapitalherabsetzung • Auflösung der Gesellschaft • Entlastung von Vorstand und AR, § 120 AktG (kein Verzicht auf Ersatzansprüche, § 120 II 2 AktG!)	• Stimmrecht nach Aktiennennbeträgen, § 134 i.V.m. § 12 AktG • Anfechtungsklage gegen HV-Beschlüsse, § 245 AktG; Nichtigkeitsklage, § 249 AktG • Wahlanfechtung, § 251 AktG
Pflichten: • Beachtung interner Beschränkungen, § 82 II AktG • Ausführung beschlossener Maßnahmen der HV, § 83 II AktG • Berichterstattung an AR, § 90 AktG • Einberufung der HV z.B. nach § 175 AktG • U.U. Schadensersatz gegenüber der AG, § 93 AktG	**Pflichten:** • Einberufung der HV, sofern für Wohl der Gesellschaft erforderlich, § 111 III AktG • Schadensersatz gegenüber der AG, §§ 116, 93 AktG		**Pflichten:** • Einlagepflicht, § 54 AktG, als Hauptpflicht • U.U. Nebenpflichten gem. § 55 AktG • Allgemeine Treuepflicht untereinander bzw. gegenüber der Gesellschaft[529]

Abbildung 47: Organisation der AG

§ 46
Organe der AG

Fall 1: Klage des Aktionärs gegen Maßnahmen des Vorstands

Die B-AG, an deren Grundkapital i.H.v. 2 Mio. € der Kläger (K) mit 150.000,– € beteiligt ist, hat zum Unternehmensgegenstand den Umschlag und die Lagerung von Holz sowie die Vermittlung, Durchführung und Finanzierung von Holzgeschäften. Außerdem bestimmt eine später mit Zustimmung des K beschlossene Änderung der Satzung, dass die B sich mit der Beteiligung an bzw. dem Erwerb von Unternehmen beschäftigt und zu diesem Zweck ihren Betrieb ganz oder teilweise den Gesellschaften „überlassen" kann, die sie erwirbt, gründet oder an denen sie sich beteiligt.

559 Dies war lange Zeit strittig, ist aber mittlerweile herrschende Rechtsauffassung, und zwar auch des BGH, vgl. BGH WM 1995, S. 882 ff. (884) m.w.N. Insgesamt hierzu Eisenhardt, Gesellschaftsrecht, Rnrn. 647–651; Hüffer, § 53a, Rn. 14 m.w.N.

Die B möchte den wertvollsten Teil ihres Betriebes, einen Hafen zum Holzumschlag, in eine neue Gesellschaft, die zusammen mit einer anderen Gesellschaft zu gründende Hafen-KGaA einbringen. Die Hafen-KGaA wird gegründet und in das Handelsregister eingetragen. Der Hafen wird mit allen Aktiven und Passiven gegen Übernahme eines Aktienpaketes zum Buchwert eingebracht. Der B-AG verbleiben u.a. holzverarbeitende und holzhandelnde Stätten, die gewinnbringend betrieben werden.

K ist der Ansicht, dies habe ohne Zustimmung der Hauptversammlung nicht geschehen dürfen. Er klagt auf Feststellung der Nichtigkeit der Einbringung des Hafenbetriebes als Sacheinlage in das Vermögen der KGaA.

Mit Erfolg?

Lösung:

A. Grundsätzlich ist einem Aktionär diese Form der **Feststellungsklage** möglich. Die Frage der Übertragung berührt die Stellung des K als Aktionär, so dass eine Klage auf Feststellung nach § 256 ZPO **zulässig** ist[560].

B. Fraglich ist jedoch, ob die Klage auch begründet ist, m.a.W. ob die **gerügte Maßnahme** der AG tatsächlich **nichtig** ist.

   I. In Betracht kommt eine **Vermögensübertragung** durch die B. Diese ist gemäß § 179a AktG[561] **ohne Zustimmung der Hauptversammlung** mangels Vertretungsmacht **nichtig**. Jedoch liegt eine solche Übertragung nur vor, wenn das gesamte Vermögen übergehen würde.

      1. Dies wäre grundsätzlich der Fall, wenn **nur noch unwesentliche Restvermögenswerte** verblieben[562].

      2. Allerdings sind Sinn und Zweck von § 179a AktG zu berücksichtigen. Die Vorschrift bezweckt nicht, Gläubiger vor einer Verflüchtigung von Vermögensobjekten zu schützen, sondern will die **Gesellschafter** davor **sichern**, dass die Gesellschaft ohne ihren Willen das Geschäftsvermögen als Grundlage ihrer satzungsgemäßen Unternehmenstätigkeit komplett aus der Hand gibt[563]. Wird ein lebendes Unternehmen übertragen, liegt § 179a AktG damit dann nicht vor, wenn die AG mit dem verbliebenen Betriebsvermögen ihren satzungsgemäßen **Unternehmenszweck weiter verfolgen** kann. Hier ist zu berücksichtigen, dass der u.a. verbliebene Holzhandel und die Holzverarbeitung den **ursprünglichen**, durch die Satzungsänderung nur modifizierten **Unternehmensgegenstand** ausmachen und weiter von der AG mit Gewinn betrieben werden können.

   Damit ist die Übertragung nicht wegen Verstoßes gegen § 179a AktG nichtig.

---

[560] Im Einzelnen zur Zulässigkeit der Klage, die auch nicht durch §§ 241 ff. AktG ausgeschlossen ist, BGHZ 83, 122 (125-127).

[561] Vormals: § 361 AktG. Über den Originalfall – BGHZ 83, 122 – ist eine Novellierung des AktG hinweggegangen. Die Vorschriften wurden für den Fall der heutigen Fassung angepasst.

[562] RGZ 124, 279 (294 ff.).

[563] BGHZ 83, 122 (128).

II. In Betracht kommt ein **Verstoß gegen die Satzung** durch **Änderung** oder **Erweiterung** des dort beschriebenen Unternehmensgegenstandes **ohne förmlichen Beschluss** nach § 179 AktG.

Hiergegen spricht, dass die Satzung in ihrer neuen Fassung ausdrücklich den Erwerb bzw. die Beteiligung an anderen Unternehmen zulässt. Außerdem ist es nach der Satzung zulässig, zu diesem Zweck den Betrieb teilweise oder sogar ganz auf eine andere Gesellschaft zu übertragen, an der die AG beteiligt ist. Die **Betriebsübertragung** hielt sich damit **im Rahmen der Satzung**, so dass kein Verstoß gegen § 179 AktG vorliegt.

Damit war jedenfalls eine förmliche Satzungsänderung nicht erforderlich.

III. Fraglich ist jedoch, ob der Vorstand handeln durfte, **ohne** die **Aktionäre in einer Hauptversammlung zu befragen.**

1. Dies ist zunächst in **gesetzlich** bestimmten **Fällen** notwendig, wie etwa nach § 293 oder § 179 a AktG, die jedoch hier nicht einschlägig sind (s.o.)

2. Grundsätzlich steht damit die Einberufung einer Hauptversammlung, um eine Entscheidung herbeizuführen, im **Ermessen des Vorstandes** gemäß § 119 II AktG[564]. In **Ausnahmefällen** kann eine Vorlage an die Hauptversammlung jedoch zur **Pflicht des Vorstandes** werden. Dies nimmt die Rechtsprechung an, wenn es sich um **grundlegende Entscheidungen** handelt, die durch die Vertretungsmacht des Vorstandes, seine gemäß § 82 II AktG begrenzte Geschäftsführungsbefugnis wie auch den Wortlaut der Satzung **formal noch gedeckt** sind, gleichwohl aber so **tief in die Mitgliedschaftsrechte** der Aktionäre und deren anteilsmäßig verkörpertes **Vermögensinteresse eingreifen**, dass der Vorstand vernünftigerweise nicht annehmen kann, er dürfe sie in eigener Zuständigkeit treffen, ohne die Hauptversammlung zu beteiligen[565]. Wird in diesen Fällen **keine Hauptversammlung** nach § 119 II AktG einberufen, **verstößt** der Vorstand **gegen Sorgfaltspflichten.**

3. Hier wurde durch die Betriebsübertragung die Unternehmensstruktur der AG auf eine völlig neue Grundlage gestellt. Bei dem übertragenen Hafenbetrieb handelte es sich um den **wertvollsten Betriebsteil,** so dass auch die **Vermögensinteressen** der Aktionäre betroffen waren. Dies geht über den **normalen Rahmen** dessen **hinaus,** was durch die gewöhnliche Befugnis zur Führung der Geschäfte abgedeckt war. Damit musste ein Beschluss der Hauptversammlung durch den Vorstand herbeigeführt werden.

4. **Fraglich** ist allerdings, ob die **Verletzung** der **internen Vorlagepflicht** die rechtliche **Wirksamkeit** der Betriebsübertragung **im Außenverhältnis** berührt. Hier ist zu berücksichtigen, dass gemäß § 82 I AktG die **Vertretungsmacht** des Vorstandes im Außenverhältnis gegenüber Dritten

---

[564] Grund etwa: der Vorstand will sich absichern und seine Verantwortlichkeit nach § 93 IV 1 AktG reduzieren.

[565] BGHZ 83, 122 (131). Um Meinungsstand vgl. Hüffer, § 119 Rn. 17.

nur durch das Gesetz beschränkbar ist. Die Übertragung des Betriebes von der B-AG auf die KGaA war also **rechtswirksam.**

Im Ergebnis hat die Klage des K, die Nichtigkeit der Übertragung festzustellen, keinen Erfolg.

Fall 2: Geschäftsführungsbefugnis; Schadensersatzanspruch der AG gegen ein Vorstandsmitglied[566]

M ist Mitglied des Vorstands der X-AG. Nach der Satzung der AG besteht Gesamtgeschäftsführungsbefugnis dergestalt, dass in jedem Fall zwei Mitglieder des Vorstandes gemeinsam die AG vertreten müssen. Auf Anruf des Dr. Schneyder veranlasst M dennoch kurzerhand am 27.12. allein eine Überweisung eines größeren Geldbetrages an Dr. S., der am 28.12. von einem Konto der AG abgebucht wird. Dr. S hatte auf sofortige Auszahlung eines Darlehnsbetrages gemäß einer angeblichen entsprechenden Vereinbarung zwischen ihm und der AG bestanden. Tatsächlich existierte jedoch ein entsprechender Darlehnsvertrag zwischen der AG und Dr. S überhaupt nicht. Mit einer bei Gericht 5 Jahre später am 28.12. eingegangenen Klage verlangt die AG von M Schadensersatz. M wird die Klage durch das Gericht am 30.12. zugestellt.

Kann die AG den Anspruch geltend machen, wenn M sich „jedenfalls auf Verjährung" beruft?

Lösung:

Die AG könnte gegen M einen **Schadensersatzanspruch** aus § 93 II AktG haben.

A. Der **Anspruch** müsste **entstanden** sein.

I. Dies setzt zunächst eine **Pflichtverletzung** seitens des M voraus.

1. Nach der Satzung i.V.m. § 78 II 1 AktG war M nicht allein zur Vertretung befugt, sondern es bestand eine **Gesamtvertretungsbefugnis** gemeinsam mit einem weiteren Mitglied des Vorstands. Ob M ausnahmsweise nach §§ 115 II HGB, 744 II BGB analog ohne Zustimmung eines anderen Vorstandsmitglieds handelt durfte, hängt davon ab, ob **Gefahr im Verzug** vorlag. Diese begründet eine **Notgeschäftsführungsbefugnis.** Allerdings war hier die Überweisung an Dr. S nicht durch einen objektiven Notfall veranlasst, sondern beruhte auf falschen Angaben. In diesem Fall scheidet **mangels Gefahr im Verzug** eine Notgeschäftsführungsbefugnis aus[567].

   Bereits durch diesen **Kompetenzverstoß** hat M eine Pflichtverletzung begangen.

2. Eine weitere Pflichtverletzung könnte in der **Überweisung** am 27.12. zu sehen sein. Zum einen erfolgte die Auszahlung, ohne dass ein Darlehnsvertrag zugrunde lag. Hierdurch hat M gegen die Sorgfaltspflichten eines ordentlichen und gewissenhaften Geschäftsleiters verstoßen. Zum anderen wäre es geboten gewesen, Zahlungen in bedeutendem Umfang nur gegen angemessene Sicherheitsleistungen zu tätigen.

Damit liegen mehrere Pflichtverletzungen des M vor.

---

566 OLG München BB 1997, S. 1655.
567 OLG München BB 1997, S. 1655.

II. Durch die Überweisung ist der AG ein **Schaden** entstanden.

Damit besteht der Anspruch der AG gegen M aus § 93 II AktG.

B. **Fraglich** ist, ob der Anspruch auch angesichts des Zeitablaufs noch **durchsetzbar** ist. Hierdurch könnte M die Einrede der **Verjährung** nach § 214 BGB möglich sein.

I. Die Ansprüche aus § 93 AktG verjähren gemäß § 93 VI AktG in **5 Jahren.** Der **Lauf der Verjährungsfrist** wird erst in Gang gesetzt, wenn der **Anspruch entstanden** ist. Fraglich ist, ob dies am 27. oder am 28.12. der Fall war. Zur Anspruchsentstehung gehört auch der **Eintritt des Schadens.** Dieser ist der AG nicht mit der Anweisung durch M am 27.12., sondern **mit der Abbuchung des Betrages** vom Konto der AG am 28.12. entstanden. Verjährung wäre also 5 Jahre später, mit Ablauf des 28.12. eingetreten.

II. Damit ist zu prüfen, ob der **Eingang bei Gericht** am 28.12. die Verjährung gemäß § 204 I Nr. 1 BGB **gehemmt** hat. Dies geschieht dadurch, dass der Anspruchsinhaber noch innerhalb der Verjährungsfrist Klage erhebt. Bis zur rechtskräftigen Entscheidung ist dann nach § 209 BGB der Zeitraum der **Hemmung** nicht in die Verjährungsfrist **einzurechnen.**

1. Grundsätzlich hemmt die **Klageerhebung** nach § 253 I ZPO die Verjährung. Nach dieser Vorschrift erfolgt die Erhebung der Klage durch **Zustellung** der Klageschrift **an den Beklagten.** Das allerdings ist am 28.12. noch nicht geschehen. Der **Zugang** lag **erst beim Gericht** vor.
2. Nach § 167 ZPO genügt jedoch zur Fristwahrung als ausreichend der Zugang bei Gericht, wenn die Zustellung „**demnächst** erfolgt". Dies ist mit der Zustellung an M am 30.12. geschehen.

Also hat die AG rechtzeitig die Verjährungsfrist des § 93 VI AktG unterbrochen und kann den Anspruch gegen M weiterhin geltend machen[568].

§ 47
Personalkredit in Konzernbeziehungen

Fall 1: Patronatserklärung

Die Weichware-AG (W) ist ein Unternehmen der Computerindustrie. Alle Anteile der AG werden von der Hard & Soft-GmbH (H) gehalten, einer Holdinggesellschaft. Als die W einen Kredit bei der B-Bank beantragt, verlangt diese Sicherheiten. Daraufhin erklärt sich die H gegenüber der B bereit, die W dergestalt mit Mitteln auszustatten, dass eine Rückzahlung des Kredits auf jeden Fall gewährleistet ist. Eine Weile nachdem der Kreditvertrag zwischen der W und der B abgeschlossen und der Kredit an W gezahlt worden ist, gerät diese in finanzielle Schwierigkeiten und mit der Rückzahlung des Darlehns in Verzug. Daraufhin will die B gegen die H aus deren Erklärung vorgehen.

Was kann B von der H verlangen?

---

[568] Zu Fragen der Vertretung der AG ausnahmsweise durch die Aufsichtsratsmitglieder nach § 112 AktG vgl. Hüffer, § 112 Rn. 2.

Lösung:

A. Anspruch B gegen H aus § 765 BGB

Die B könnte gegen die H einen Anspruch aus einer **Bürgschaft**[569] nach § 765 BGB besitzen[570]. Dies setzt voraus, dass die H sich verpflichtet hat, für eine Verbindlichkeit der W gegenüber der B-Bank einstehen zu wollen.

Dazu müsste ein Zahlungsanspruch der B für den Fall vereinbart worden sein, dass die W nicht zur Rückzahlung des Darlehns in der Lage sein sollte. Hier hat sich jedoch die H verpflichtet, ihr **Tochterunternehmen** finanziell in die Lage zu versetzen, den Kredit zurückzuzahlen. Insofern wird ein **Vertrag zugunsten eines Dritten**, nämlich der W vorliegen. Dieser Vertrag weicht von § 328 I BGB dadurch ab, dass aus ihm die B einen Anspruch erhalten soll, so dass man von einem **unechten Vertrag zugunsten eines Dritten** sprechen kann. Also hat die H kein Bürgschaftsversprechen gegenüber der B abgegeben.

B. Anspruch B gegen H aus einem Garantieversprechen

Die Erklärung der H könnte als **Garantie** zu werten sein. Allerdings ist ein Garantieversprechen dadurch gekennzeichnet, dass der Erklärende **unabhängig** vom Bestand einer zu sichernden Forderung ein **Risiko zu tragen verspricht**. Die Garantie ist also **nicht akzessorisch**. Die Erklärung der W hingegen bezieht sich eindeutig auf die Kreditschuld der H und soll nur für den Fall Wirkung entfalten, dass die H ihrerseits in finanzielle Schwierigkeiten gerät. Insofern wird man auch davon ausgehen müssen, dass die H **nur subsidiär** in Anspruch genommen werden will, was ebenfalls gegen die Annahme einer Garantie spricht.

Eine Garantie ist daher seitens der H nicht erklärt worden.

C. Anspruch B gegen H aus einer Patronatserklärung

Ein Anspruch der B gegen die H könnte jedoch aus einer sog. **harten Patronatserklärung** folgen, welche im Rahmen der Vertragsfreiheit als Sicherungsform eigener Art möglich ist.

I. Dies setzt zunächst eine entsprechende **Patronatsbeziehung** zwischen H und W voraus. Zwischen beiden Gesellschaften besteht i.S.v. § 18 I AktG eine **vertikale Konzernbeziehung**[571], aufgrund derer die H als Muttergesellschaft mit der W als 100 %iger Tochter das **herrschende Unternehmen** darstellt. Im Zusammenhang mit der Erklärung gegenüber der B ist die H also als **Patron**, die W als **Protegé** zu bezeichnen.

II. **Fraglich** ist, ob die Erklärung der H als **rechtsverbindliche Zusicherung** gegenüber der B anzusehen ist, den Kredit ihrer Tochter abzusichern. Insofern ist eine Abgrenzung zur sog. **weichen Patronatserklärung** vorzunehmen. Diese wird regelmäßig als **unverbindliche good-will-Erklärung** aufgefasst, aus welcher der Erklärungsempfänger keine Ansprüche herleiten kann[572].

---

[569] Vgl. dazu oben § 15.

[570] Im Obersatz sollte ausnahmsweise der mögliche Anspruchsinhalt zunächst unbestimmt bleiben, weil erst später zu klären ist, was eigentlich eine „Ausstattung mit Mitteln" als mögliche Verpflichtung der H bedeuten kann.

[571] Zum Konzernbegriff vgl. Hüffer, § 18 Rnrn. 2 und 3.

[572] Beispiel: „Zu unserer Firmenphilosophie gehört auch, die mit uns verbundenen Un-

Die Umstände der Erklärung sprechen für ihre Rechtsverbindlichkeit. Die B verlangte Sicherheiten, ohne die der Kredit nicht an die W ausgezahlt worden wäre. Daraufhin erklärte sich die H zur finanziellen Absicherung gegenüber der B bereit. Eine eher vage und unverbindliche Umschreibung ihres üblichen Geschäftsgebarens ist darin nicht zu sehen, so dass eine harte Patronatserklärung vorliegt.

III. Ob hierfür die Einhaltung einer **Form** analog § 766 S. 1 BGB erforderlich ist, weil die Warnfunktion dies erfordern könnte, kann dahinstehen, da die H jedenfalls gemäß § 6 II HGB i.V.m. § 13 III GmbHG als **Formkaufmann** anzusehen und daher nach § 350 HGB in der Lage ist, entsprechende Verpflichtungen auch formlos eingehen zu können.

IV. **Fraglich** ist damit der **Inhalt** des Anspruchs, den die B gegen H hat.

1. Die B wird von der H **nicht unmittelbar Zahlung an sich verlangen** können, weil dies nicht Inhalt der Verpflichtungserklärung des Patrons ist. Vielmehr soll die W entsprechend finanziell ausgestattet werden. Eine **direkte Zahlung** der H an die B ist allerdings der H gemäß § 267 I BGB möglich, ohne dass B dies ihrerseits jedoch verlangen könnte.
2. Die finanzielle Ausstattung der W, welche sie zur Rückzahlung des Kredits befähigt, kann einerseits dadurch bewirkt werden, dass H an die W **Mittel fließen** lässt, andererseits etwa dadurch, dass Mittel nur **treuhänderisch** der W zur Verfügung gestellt werden. Dies könnte z.B. durch Eröffnung eines entsprechenden Kontos geschehen, welches dem ausschließlichen Zweck der Kreditrückführung dient. Hierdurch kann eine zweckwidrige Mittelverwendung durch den Protegé vermieden werden.

Kapitalaufbringung und -erhaltung	
Sicherung der Kapitalaufbringung: • Verbot der **Unterpariemission** (§ 9 I AktG) • **Sacheinlagen** und **Sachübernahme** beschränkt (§§ 27, 36a II AktG) • **Gründungsprüfung** (§§ 32 ff. AktG)	**Grundsatz der Kapitalerhaltung** u.a.: • Verbot der **Einlagenrückgewähr** (§ 57 AktG) • Verbot des **Erwerbs eigener Aktien** (§§ 71–71e AktG). • **Ausnahmen**, z.B.: ➢ **Schadensabwehr** (§ 71 I 1 Nr. 1 AktG) ➢ **Mitarbeiteraktien** (§ 71 I 1 Nr. 2 AktG)

Abbildung 48: Kapitalaufbringung und -erhaltung

ternehmen in ihrer Bonität zu unterstützen.". Dies stellt lediglich einen unverbindlichen Hinweis auf die „business policy" dar (vgl. OLG Frankfurt/M. DB 2007, S. 2535).

Formen der Kapitalerhöhung			
Kapitalerhöhung gegen Einlagen (§§ 182–191 AktG)	**bedingte Kapitalerhöhung** (§§ 192–201 AktG)	**Kapitalerhöhung aus genehmigtem Kapital** (§§ 202–206 AktG)	**Kapitelerhöhung aus Gesellschaftsmitteln** (§§ 207–220 AktG) (sog. **nominelle Kapitalerhöhung**).

Bezugsrecht
- **Bezugsrecht** für junge Aktien zugunsten von **Altaktionären** bei einer **Kapitalerhöhung** (§ 186 AktG)
- Nach § 186 III-V AktG ist ein **Bezugsrechtsausschluss** gem. § 186 III-V AktG zulässig.

Abbildung 49: Formen der Kapitalerhöhung

VI. Die Publikumsgesellschaft

Publikumsgesellschaften sind dadurch gekennzeichnet, dass eine **große Zahl von Anlegern geworben** wird, um den Kapitalbedarf einer Gesellschaft mit ständig wechselnden Anteilseignern zu befriedigen.
Da **Kapitalerhöhungen** bei AGen sich schwerfällig und rechtlich kompliziert gestalten (vgl. §§ 182ff. AktG), hat sich regelmäßig die Organisation als **Personengesellschaft**, und zwar häufig als KG durchgesetzt. Anteilserwerber werden durch ihren Eintritt Kommanditisten in einer GmbH & Co. KG. Jede neue **Einlage** bewirkt dabei eine **Kapitalerhöhung** der Gesellschaft.
Die **Rechte der Kommanditisten** werden im Gesellschaftsvertrag stark **beschränkt** und z.B. auf ein Kontrollorgan überragen. Da auch der Austritt aus der KG ohne weiteres möglich ist, spricht man auch von **kapitalistisch organisierten Personengesellschaften.**

§ 48 Die Prospekthaftung

Fall 1: Prospekthaftung und Verschulden bei Vertragsschluss

Axel Schweiß (A) ist Mehrheitsgesellschafter und Geschäftsführer der A-GmbH. Diese ist ihrerseits Komplementärin der A-GmbH & Co KG. Hierbei handelt es sich um eine Gesellschaft, deren Gegenstand die ferienmäßige Erschließung des Meeresbodens ist und die Kapitalanlegern zu Investmentzwecken als Kommanditisten offen steht. Dabei ist nach dem Gesellschaftsvertrag die GmbH berechtigt, die erforderlichen Verträge mit Anlegern über deren Eintritt in die KG in deren Namen selbst abzuschließen.

Um potentielle Interessenten zu werben, lässt A ein Hochglanzprospekt vertreiben, in dem die Vorzüge dieser Investmentmöglichkeit angepriesen werden. Dabei wird der Eindruck erweckt, dass mögliche Verluste bei den Gesellschaftern generell einkommensteuermindernd wirken. In diesem Zusammenhang taucht der Name des renommierten Steuer- und Finanzexperten Ernst Haft (E) im Prospekt auf, der zu diesem Thema in der Vergangenheit, aber bezogen auf die damalige, nicht mehr aktuelle Rechtslage verschiedene Schriften veröffentlicht hatte. Außerdem äußert sich Wirtschaftsprüfer Wastl Zeitwert (W) in dem Prospekt und bestätigt die inhaltliche Richtigkeit ausdrücklich und namentlich.

Der Psychiater Dr. Seltsam (S) möchte dringend seine Einkommensteuerlast mindern. Aufgrund des Prospekts schließt er mit dem A als Vertreter der KG einen Beitrittsvertrag.

Als sich herausstellt, dass S die Verluste aus seiner Beteiligung an der KG nicht mit den Gewinnen aus seiner Praxis verrechnen kann, überlegt er, ob er A, W oder E auf Schadensersatz in Anspruch nehmen kann.

Lösung:

1. Teil. Anspruch S gegen A auf Schadensersatz

A. Aus §§ 280 I, 311 II, III, 241 II BGB

S könnte gegen A einen Anspruch auf Schadensersatz aus §§ 280 I, 311 II, III, 241 II BGB wegen **Verschuldens bei Vertragsschluss**[573] haben.

I. Dazu müsste zunächst ein **Schuldverhältnis** zwischen A und S bestehen. Ein solches kann bereits durch die **Aufnahme geschäftlichen Kontaktes** begründet werden, § 311 II Nr. 3 BGB. Es besteht normalerweise nur zwischen dem Geschädigten und demjenigen, der Vertragspartner ist oder werden soll, in diesem Fall also zwischen S und der KG. Eine **Ausdehnung** nimmt § 311 III BGB jedoch in dem Fall vor, dass ein **Vertreter** oder **Sachwalter** im Stadium der Vertragsanbahnung in **besonderem Maße persönliches Vertrauen in Anspruch** nimmt[574].

1. A ist gemäß § 35 GmbHG als **Geschäftsführer** der GmbH das der Gesellschaft nach außen hin überhaupt erst Handlungsfähigkeit verleihende Vertretungsorgan. Die GmbH ihrerseits ist als Komplementärin der KG nach § 170 HGB zur Vertretung befugt, so dass A durch sein Handeln letztlich für die KG auftritt.

2. Im Hinblick auf die **Vertretungsbefugnis** ist weiterhin zu berücksichtigen, dass es bei den Vertragsverhandlungen um den Eintritt des S in die KG geht. Ein solcher Vertrag muss an sich zwischen allen Gesellschafter abgeschlossen werden. Dies ist indes bei der unbestimmten Vielzahl von Kommanditisten bei der **Publikums-KG** kaum möglich. Vorliegend besteht jedoch nach dem Gesellschaftsvertrag eine **Ermächtigung der GmbH**, die für den Eintritt in die KG erforderlichen Verträge selbst und im Namen der KG abzuschließen.

Ein **Schuldverhältnis** nach § 311 II, III BGB lag somit vor.

II. **Als Pflichtverletzung** nach § 241 II BGB kommt die Verletzung von **Aufklärungspflichten** durch A in Betracht. Insofern ist der Hinweis in dem Prospekt falsch, dass **Verluste aus der Gesellschaftsbeteiligung** mit Gewin-

---

[573] Vgl. dazu auch oben § 8 Fall 2.

[574] So auch zur früheren gewohnheitsrechtlichen c.i.c. die Rechtsprechung, BGH WM 1984, S. 889 f. (890); WM 1990, S. 145 ff. (147).

nen aus anderen Einkunftsarten **verrechnet** werden können. Diese frühere Möglichkeit ist durch § 15a EStG beseitigt worden, wonach Verlustverrechnungen mit anderen Einkünften nicht erfolgen dürfen.

III. Als Vertreter der Gesellschaften und Mehrheitsgesellschafter hat A insoweit zumindest die nach § 276 BGB erforderliche Sorgfalt nicht beachtet, er handelte damit **schuldhaft.**

Also besteht ein Anspruch des S gegen A auf Schadensersatz. Hier wird der **Vertrauensschaden**[575], etwa durch Rückzahlung des eingezahlten Einlagebetrages zu ersetzen sein.

B. Aus Prospekthaftung

In Betracht kommt ein Anspruch des S gegen A aus sog. **Prospekthaftung.**

I. Diese hatte die **Rechtsprechung** aus der c.i.c. unter **analoger Anwendung** von § 20 KAGG, § 12 AuslInvestmG und §§ 44 ff. BörsG insbesondere für **Publikumsgesellschaften** entwickelt[576]. Nach diesen Vorschriften wird für Richtigkeit und Vollständigkeit im Zusammenhang mit der **Emission von Wertpapieren** und **Investmentanteilen** gehaftet.

II. Die Haftung für die Richtigkeit und Vollständigkeit eines Prospekts traf diejenigen, die **für die Geschicke der Gesellschaft** und **damit für die Herausgabe des Prospekts verantwortlich** sind[577]. Dies gilt jedenfalls für den A in seiner Stellung als Mehrheitsgesellschafter und Geschäftsführer der GmbH.

III. Nachdem in § 13 **VerkaufsprospektG** (Haftung bei fehlendem Prospekt) und § 13a **VerkaufsprospektG** (Haftung bei fehlendem Prospekt) i.V.m. §§ 44-47 BörsG diese Sachverhalte seit dem 1.7.2005 gesetzlich normiert sind, besteht in Zukunft mangels Gesetzeslücke keine Notwendigkeit mehr für eine Analogie[578].

Jedenfalls ist A dem S auch unter dem Gesichtspunkt der Prospekthaftung zu Schadensersatz verpflichtet, welcher im Umfang dem oben erörterten entspricht[579].

2. Teil. Anspruch S gegen W auf Schadensersatz

A. Aus §§ 280 I, 311 II, III, 241 II BGB

Ein Schadensersatzanspruch des S gegen W aus den genannten Vorschriften setzt ein **Schuldverhältnis** nach § 311 II, III BGB zwischen den Beteiligten voraus. Anders als im Falle des A ist jedoch W **nicht als Vertreter** der KG aufgetreten, welcher bei Inanspruchnahme **besonderen Vertrauens** ebenfalls nach § 311 III BGB haften kann. Ein Anspruch des S gegen ihn aus §§ 280 I, 311 II, III, 241 II BGB scheidet daher aus.

B. Aus Prospekthaftung

Möglicherweise hat S gegen W einen Anspruch aus **Prospekthaftung** aus § 13 VerkaufsprospektG i.V.m. § 44 BörsG.

---

575 Palandt/Heinrichs, § 311 Rn. 57; BGHZ 114, 87 (94).
576 BGHZ 71, 284 (290); 79, 337 (340 ff.); 83, 222 (223 ff.); BHG NJW-RR 2005, S. 23 ff.
577 BGHZ 79, 337 (340); 83, 222 (223); BGH NJW 1995, S. 1025 ff. (1025).
578 So Bohlken/Lange, DB 2005, 1259 ff.
579 Vgl. BGHZ 79, 337 (346); BGH NJW 1993, S. 2865 ff. (2866).

I. Die Prospekthaftung für die Richtigkeit und Vollständigkeit eines Prospekts trifft diejenigen, die **für die Geschicke der Gesellschaft** und **damit für die Herausgabe des Prospekts verantwortlich** sind (vgl. § 44 I Nr. 2 BörsG)[580]. Dies ist im Hinblick auf W nicht der Fall, der als Außenstehender keinerlei maßgeblichen Einfluss auf die Geschicke der KG hat.

II. Darüber hinaus erstreckt sich die Prospekthaftung auf diejenigen, die mit Rücksicht auf ihre **besondere berufliche** und **wirtschaftliche Stellung** oder auf ihre **Eigenschaft als berufsmäßige Sachkenner** die inhaltliche Richtigkeit und Vollständigkeit ihrer in den Prospekt eingeflossenen Informationen **garantieren** und die im Prospekt **ausdrücklich genannt** sind oder ihn sich **zu eigen machen,** also i.S.v. § 44 I Nr. 1 BörsG für den Prospekt die **Verantwortung übernommen** haben[581].

1. Erforderlich ist zunächst die **namentliche Nennung** im Prospekt, was bei W der Fall ist.
2. W hat zudem in seiner Eigenschaft als Wirtschaftsprüfer die Angaben im Prospekt ausdrücklich bestätigt und damit zum Ausdruck gebracht, dass er **mit seiner beruflichen Qualifikation** für sie **eintritt.**

Damit trifft auch den W eine Prospekthaftung gegenüber dem S.

3. Teil. Anspruch S gegen E auf Schadensersatz

A. Aus §§ 280 I, 311 II, III, 241 II BGB

Ein Schadensersatzanspruch aus §§ 280 I, 311 II, III, 241 II BGB setzt ein **Schuldverhältnis** zwischen S und E voraus, welches, wie im Hinblick auf W bereits erörtert, **nicht** vorliegt.

B. Aus Prospekthaftung

Möglicherweise hat S auch gegen E einen Anspruch aus **Prospekthaftung** nach § 13 VerkaufsprospektG i.V.m. § 44 BörsG.

I. Eine Prospekthaftung als für die Geschicke der Gesellschaft und damit **für die Herausgabe des Prospekts verantwortliche Person** betrifft den außenstehenden E **nicht.**

II. E könnte mit Rücksicht auf seine **besondere berufliche Stellung** bzw. **als berufsmäßiger Sachkenner** für die inhaltliche Richtigkeit und Vollständigkeit der Angaben im Prospekt haften.

1. Eine **namentliche Nennung** des E im Prospekt ist erfolgt.
2. Indes ist er **ohne sein Zutun** als Kenner der Materie **zitiert** worden, wobei sich seine Äußerungen offenbar auf eine mittlerweile geänderte Rechtslage bezogen. E hat also nicht zum Ausdruck gebracht, dass er mit seiner beruflichen Qualifikation für die Prospektangaben eintritt.

Damit kann A von E auch nicht aus Prospekthaftung Schadensersatz verlangen[582].

---

580 BGHZ 79, 337 (340); 83, 222 (223).

581 BGHZ 77, 172 (176); 79, 337 (348); 83, 222 (224); BGH WM 1987, S. 425 f. (426).

582 In Einzelfällen hat der BGH die Haftung auch aus einem stillschweigend geschlossenen Auskunfts- oder Beratungsvertrag hergeleitet, BGHZ 74, 103 (106); BGH NJW 1982, S. 1095 ff. (1095).

Literaturverzeichnis

Baumbach/Hopt, HGB, 33. Auflage München 2008 (zitiert: Baumbach/Hopt-Bearbeiter)
Baumbach/Huek, GmbHG, 18. Aufl. München 2006 (zitiert: Baumbach/Hueck-Bearbeiter)
Brox/Henssler, Handelsrecht, 20. Auflage München 2009 (zitiert: Brox/Henssler, Handelsrecht)
Canaris, Handelsrecht, 24. Auflage München 2006 (zitiert: Canaris, Handelsrecht)
Eisenhardt, Gesellschaftsrecht, 14. Auflage München 2009 (zitiert: Eisenhardt, Gesellschaftsrecht)
Führich, Wirtschaftsprivatrecht, 9. Auflage München 2008
Hüffer, AktG, 8. Aufl. München 2008
Grigoleit/Rieder, GmbH-Recht nach dem MoMiG, München 2009
Jauernig, BGB, 12. Auflage München 2007 (zitiert: Jauernig/Bearbeiter)
Jung, Handelsrecht, 7. Auflage München 2008 (zitiert: Jung, Handelsrecht)
Kalwass, Privatrecht, 19. Auflage München 2007
Klunzinger, Einführung in das Bürgerliche Recht, 12. Auflage München 2004 (zitiert: Klunzinger, Bürgerliches Recht)
Klunzinger, Grundzüge des Gesellschaftsrechts, 15. Auflage München 2009 (zitiert: Klunzinger, Gesellschaftsrecht)
Klunzinger, Grundzüge des Handelsrechts, 13. Auflage München 2006 (zitiert: Klunzinger, Handelsrecht)
Koller/Roth/Morck, HGB, 6. Auflage München 2007 (zitiert: K/R/M-Bearbeiter)
Kornblum/Schünemann, Privatrecht für den Bachelor – Multiple-choice-Aufgaben mit Lösungen, 10. Auflage Heidelberg 2008
Medicus, Bürgerliches Recht, 21. Auflage Köln/Berlin/Bonn/München 2007 (zitiert: Medicus, Bürgerliches Recht)
Miras, Die neue Unternehmergesellschaft, München 2008
Müssig, Wirtschaftsprivatrecht, 12. Auflage Heidelberg 2009
Palandt, BGB, 68. Auflage München 2009 (zitiert: Palandt/Bearbeiter)
Schmidt, Gesellschaftsrecht, 3. Auflage Köln/Berlin/Bonn/München 1997 (zitiert: K. Schmidt, Gesellschaftsrecht)
Schmidt, Handelsrecht, 5. Auflage Köln/Berlin/Bonn/München 1999 (zitiert: K. Schmidt, Handelsrecht)
Schünemann, Wirtschaftsprivatrecht, 5. Auflage Heidelberg 2006
Schulze/Dörner/Ebert/Hoeren/Kemper/Saenger/Schulte-Nölke/Staudinger, Handkommentar BGB, 6. Auflage Baden-Baden 2009 (zitiert: Hk-BGB/Bearbeiter)

Stichwortverzeichnis